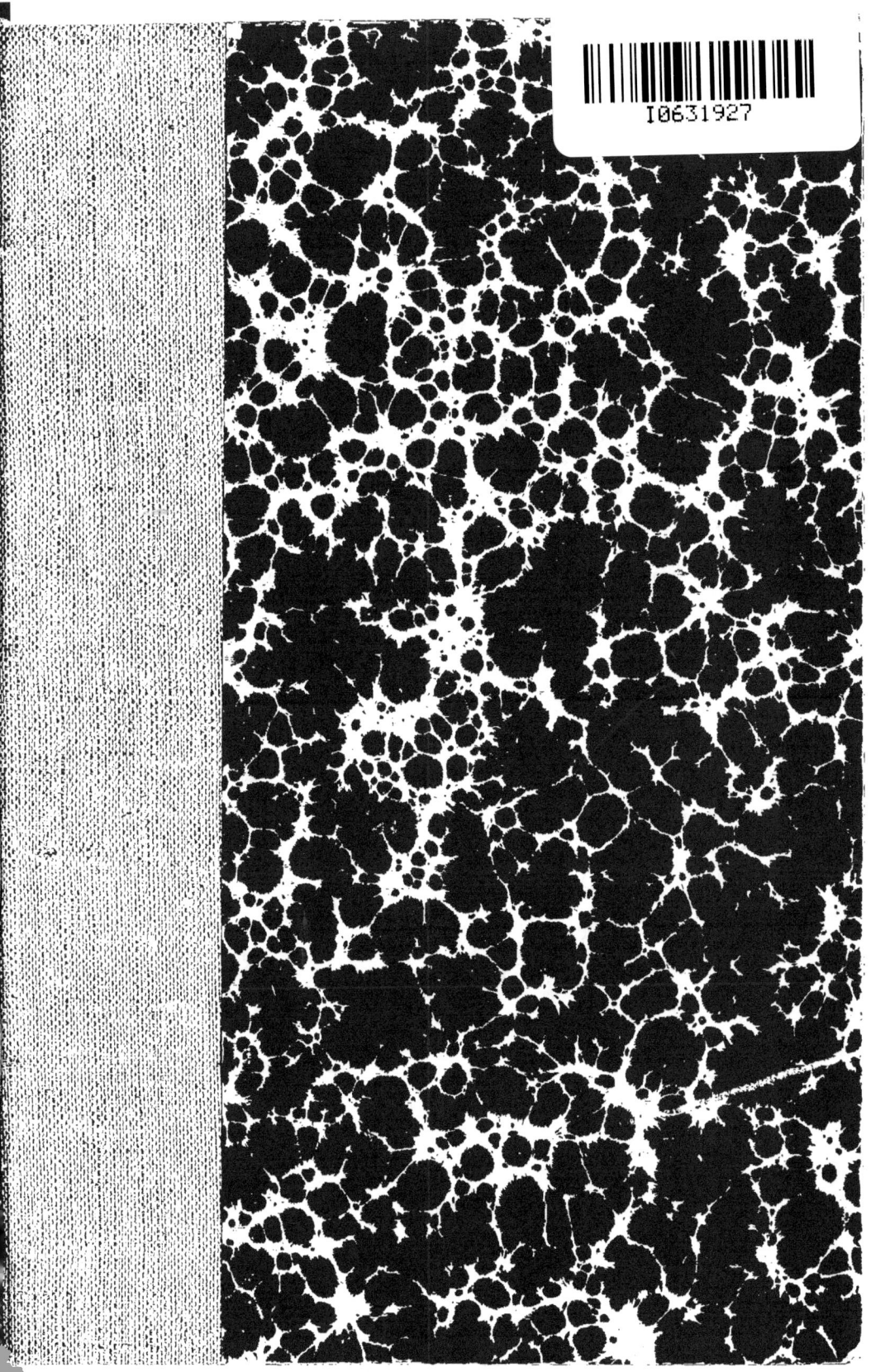

I0631927

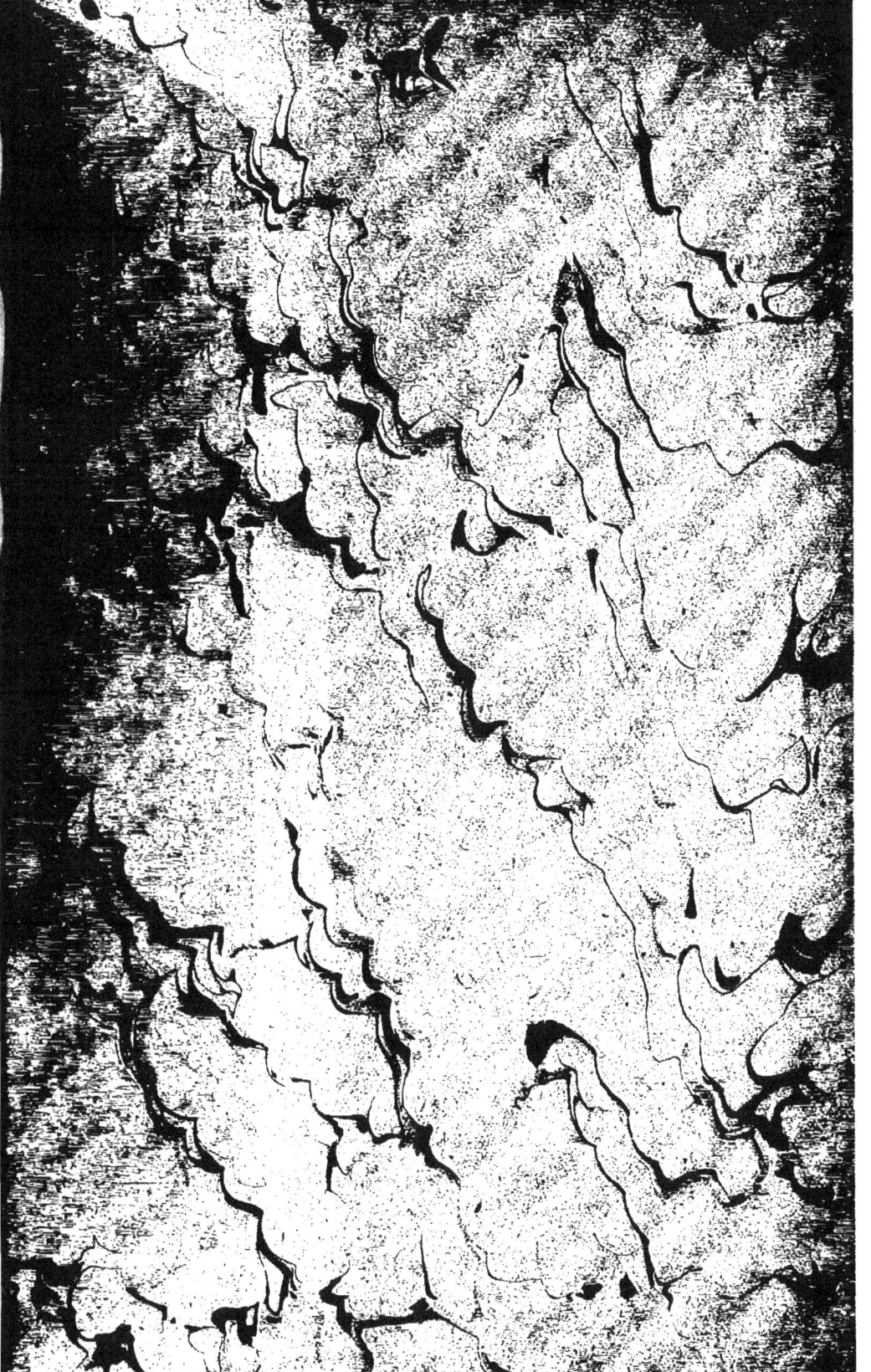

193-201

75

EXPÉDITIONS COLONIALES FRANÇAISES

CONQUÊTE

DE

MADAGASCAR

(1895-1896)

Par JULES POIRIER

AVEC PRÉFACE DE M. LE MYRE DE VILERS

Député, ancien Résident général

(2 CARTES, 12 CROQUIS ET 6 PORTRAITS)

..... Labor omnia vincit
Improbus et duris urgens in rebus egestas.

HIO8

DÉPOT LÉGAL

HAUTE-VIENNE

N° 193

1902

PARIS

Henri CHARLES-LAVAUZELLE

Éditeur militaire

10, Rue Danton, Boulevard Saint-Germain, 118

(MÊME MAISON A LIMOGES)

CONQUÊTE DE MADAGASCAR

(1895-1896)

LR⁴
234

DROITS DE REPRODUCTION ET DE TRADUCTION RÉSERVÉS

EXPÉDITIONS COLONIALES FRANÇAISES

CONQUÊTE DE MADAGASCAR
(1895-1896)

Par JULES POIRIER

AVEC PRÉFACE DE M. LE MYRE DE VILERS

Député, ancien Résident général

(2 CARTES, 12 CROQUIS ET 6 PORTRAITS)

..... *Labor omnia vincit*
Improbus et duris urgens in rebus egestas.

PARIS
HENRI CHARLES-LAVAUZELLE
Éditeur militaire
10, Rue Danton, Boulevard Saint-Germain, 118

(MÊME MAISON A LIMOGES)

DÉDICACE

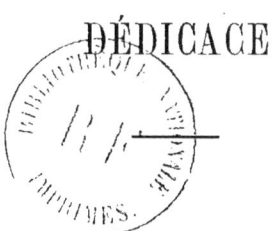

BIBLIOTHÈQUE COLONIALE · POIRIER ·

Aux généraux DUCHESNE, VOYRON et METZIN-GER, les conquérants;

Au général GALLIÉNI, le pacificateur;

Aux vaillants officiers et soldats du corps expéditionnaire de Madagascar,

Je dédie ces pages.

Puisse leur lecture faire grandir dans le cœur de tous l'amour de la Patrie, assurer le respect de cette armée qui a ajouté, par la conquête de Madagascar, un fleuron de plus à la couronne de gloire de la France !

Jules POIRIER.

PRÉFACE

Après 1815, l'Angleterre, qui avait fomenté les coalitions contre Napoléon pour empêcher la France d'exercer sa suprématie en Europe, se trouva, en vertu des traités de paix, maîtresse du reste du monde. Nous ne possédions plus que les petites colonies de la Martinique, de la Guadeloupe, de la Guyane et de la Réunion, les comptoirs du Sénégal, de la côte de Malabar et de la côte de Coromandel, les pêcheries de Saint-Pierre et Miquelon. Un seul port susceptible de recevoir des frégates et des vaisseaux, celui de Fort-de-France, nous était ouvert. Les autres nations n'étaient pas mieux partagées. Dans l'Amérique australe et centrale, les établissements espagnols et portugais, en pleine révolte contre leur mère patrie, tombaient en décomposition. Dépouillée de sa colonie du Cap de Bonne-Espérance, coupée de ses communications avec les Indes Néerlandaises, la Hollande restait à l'entière discrétion de son puissant voisin. Les États-Unis, en voie de formation, se désintéressaient des affaires étrangères à leur continent. Même dans la Méditerranée, la Grande-Bretagne exerçait une sorte de souveraineté, grâce aux forteresses de Gibraltar, de Malte, des îles Ioniennes, commandant les routes de navigation.

Ainsi les vingt années de guerre de la Révolution et de l'Empire, qui avaient ruiné les différents peuples de l'Europe, assuraient à l'Angleterre un monopole absolu sur les colonies, la marine, le commerce et l'industrie. Elle défendait ce monopole avec âpreté, prétendait jouir d'un droit de préemption sur les territoires vacants que provisoirement elle ne jugeait pas utile d'incorporer à son domaine, et ne permettait pas aux autres nations de s'y établir. La moindre tentative de ce genre était considérée comme un acte non amical et réprimée avec une brutalité dont nous fûmes victimes en 1842, lorsque l'amiral Dupetit-Thouars fit accepter notre protectorat par la reine de Tahiti (affaire Pritchard).

Pour maintenir cette situation prépondérante et indiscutée, il suffisait à l'Angleterre d'entretenir une flotte nombreuse et bien armée, facilitant le transport de ses troupes là où elle voulait faire une opération de police; elle n'avait même plus besoin de défendre ses colonies, personne n'étant capable de les attaquer. Aussi sa prospérité se développa-t-elle avec une rapidité vertigineuse.

C'est de cette doctrine invariable que Sir Robert Farquhart, gouverneur de Maurice, s'inspira pour revendiquer en 1816 la souveraineté sur Madagascar. Nos établissements n'avaient pas été visés dans l'instrument de paix, et comme nous y tenions encore une garnison de quelques soldats, nos droits étaient trop incontestables pour ne pas être reconnus. D'autre part, le gouvernement britannique n'attachait qu'une importance secondaire à ces petites colonies où nous avions misérablement échoué, en raison du caractère turbulent des habitants et de la pauvreté du sol; mais il voulait nous empêcher de posséder à Diégo-Suarez une rade en eau profonde. L'occupation de Port-Louis lui avait coûté trop cher pour qu'il ne prît pas de précautions. Aussi n'a-t-il jamais cessé de nous susciter des embarras directement ou indirectement, et on peut affirmer que l'ingérence et les intrigues de la *London's Missionary Society* nous ont conduits aux campagnes de 1883 et de 1895.

Pendant quatre-vingts années, les diplomaties anglaise et française ont lutté d'influence à Madagascar, et, somme toute, nous avons gagné la partie; aujourd'hui la Grande Ile nous appartient. Si cette conquête nous a imposé de lourds sacrifices d'hommes et d'argent, les conséquences en ont été désastreuses pour nos rivaux. Obligés de ménager l'Allemagne, afin de conserver sa neutralité bienveillante, ils ont dû lui faciliter la création d'établissements en Afrique, en Chine, en Océanie, et ont ainsi contribué à constituer une troisième puissance coloniale, jeune, ardente, passionnée d'expansion, à la fois pratique et aventureuse, avec laquelle ils ne tarderont pas à être obligés de compter. Ainsi s'expliquent les inquiétudes et les colères de l'Angleterre dans ces dernières années, colères qui se traduisirent sous le ministère Rosbery par de vaines menaces à l'occasion du conflit franco-siamois, et sous le ministère Salisbury-Chamberlain, par les insolences de sir Edmond Monson au sujet de l'occupation de Fachoda.

Craignant le renouvellement de pareils incidents et

voulant à tout prix conserver l'entière et exclusive possession des communications entre le Cap et l'Égypte,
l'Angleterre fit la guerre aux Boërs qui lui barraient la
route, et, de propos délibéré, s'engagea dans d'inextri-
cables complications. Elle y a compromis son honneur
et son prestige. Ses flottes ne lui suffisent plus, et elle
devra assurer la défense territoriale de ses immenses
possessions ; malgré sa richesse, elle n'y parviendra
pas. Par l'exagération même de sa puissance, elle a
perdu la domination universelle qu'elle exerçait depuis
près d'un siècle sur le monde extérieur ; si elle n'y prend
garde, elle perdra également sa suprématie commerciale
et industrielle.

*   *
*

L'échec infligé à l'Angleterre nous a été fort onéreux ;
il a fallu occuper un pays plus grand que la France,
dépourvu de voies de communications naturelles, peuplé
seulement de trois millions d'âmes, et dont le sol particulièrement pauvre dans son ensemble exigera de lourds
sacrifices avant d'être mis en valeur. Madagascar nous
coûtera certainement un milliard. Cette dépense pouvait-
elle être évitée ?

Malgré tout le mal qu'on en a dit, le traité du 17 décembre 1885, conclu après le combat indécis de Farafate,
nous donnait de sérieux avantages ; il permettait à une
diplomatie avisée, par des empiétements successifs, en
profitant des incidents qui ne pouvaient manquer de se
produire, et qu'au besoin on aurait fait naître, d'exercer
sur le gouvernement royal un véritable protectorat ; le
mot n'avait pas été inséré dans l'instrument de paix, le

premier ministre s'y était formellement opposé, mais le
fait n'en existait pas moins. Jamais chef d'État ne se
trouva dans une situation plus périlleuse que le dictateur; la guerre qui durait depuis deux années avait
exigé d'énormes sacrifices en argent, des villages
entiers étaient dépeuplés. Plus que l'Européen, l'indigène de l'Emyrne est éprouvé par les fièvres paludéennes
de la côte, et la mortalité chez les esclaves, chargés des
transports militaires, était effrayante, ce qui entraînait
la ruine de leurs propriétaires. Sous peine d'être ren-
versé et assassiné, Rainilaiarivony devait traiter, mais
en même temps l'oligarchie hova prétendait ne consentir aucun sacrifice : enorgueillie par les succès
remportés en 1829 sur le commandant Goubeyre, en
1845 sur l'amiral Romain-Desfossés, en 1885 sur
l'amiral Miot, elle se croyait invincible.

En France, nous n'étions pas dans une meilleure pos-
ture; l'opinion publique, fatiguée des expéditions militaires de la Tunisie et du Tonkin, manifestait sa volonté
d'en finir. Les négociations entre les deux puissances se
trouvèrent ainsi dominées par des considérations de politique intérieure. C'est l'explication des équivoques du
traité; les parties contractantes, sans trop se préoccuper du fond, cherchaient réciproquement à donner des
satisfactions de forme à leurs nationaux. Cependant, en
dernière heure, le premier ministre se ravisa et demanda
à nos plénipotentiaires des explications sur le sens et la
portée des différents articles du traité déjà adopté en
principe, avant de le soumettre à la ratification de la
reine. M. Patrimonio et l'amiral Miot, craignant de rouvrir des discussions énervantes qui auraient tout remis

en cause, consentirent à adrésser à Rainilaiarivony une lettre explicative (9 janvier 1886). Ils dépassaient leurs pouvoirs : des agents n'ont pas qualité pour interpréter les termes d'un acte arrêté par le gouvernement qu'ils représentent. Quoique leurs déclarations fussent sans valeur au point de vue du droit international, elles n'en pesèrent pas moins d'un grand poids dans nos relations ultérieures avec la cour d'Emyrne. Le premier ministre devait, et il n'y manqua pas, invoquer continuellement la lettre des plénipotentiaires pour se dérober aux obligations du traité. De son côté la résidence générale, conformément aux instructions du département, se refusa toujours à laisser porter la discussion sur ce point, et le dictateur, après de nombreuses tentatives, finit par renoncer à ses prétentions. Il s'établit entre lui et le représentant de la France un accord tacite de garder le silence sur cette question délicate. Une dernière fois en 1888, elle fut posée à l'occasion de la délivrance de l'exequatur du consul des États-Unis. Le gouvernement français avait obtenu de la Maison-Blanche que ses agents s'adressassent directement au résident général ; sous l'inspiration du consul britannique, le premier ministre refusa d'accepter cette procédure et mit en quarantaine l'honorable M. Campbell. Nous ne pouvions supporter de pareils procédés qui nous auraient déconsidérés aux yeux des autres puissances, et notre agent, malgré son désir d'éviter des complications, — c'était en pleine période boulangiste, — dut exiger l'exécution des dispositions de l'article 2 du traité :

« Un résident, représentant le gouvernement de la République, présidera aux relations extérieures de Ma-

dagascar sans s'immiscer dans l'administration intérieure des États de Sa Majesté la Reine. »

Le premier ministre, au contraire, s'en référait au
post-scriptum de la lettre interprétative ainsi conçu :

« Vous nous avez demandé si le gouvernement de la
reine pourrait, comme par le passé, continuer à négocier des traités avec les puissances étrangères :

» Sans doute, autant que ces traités de commerce
ne seront pas contraires aux stipulations du traité du
17 décembre 1885. »

Le gouvernement malgache en concluait que les
consuls étant des agents commerciaux, la délivrance de
leur exequatur appartenait à Sa Majesté; le résident
général n'avait pas à en connaître.

Rainilaiarivony finit par donner satisfaction au résident général, mais dans sa réponse écrite, avec une four-
berie tout indigène, il eut soin de viser subrepticement
la lettre interprétative.

Les résultats de dix-huit mois d'efforts risquaient
d'être compromis et notre agent, ne pouvant obtenir la
reconnaissance de nos droits, dut amener le pavillon.
Deux jours après, sur les instances de la reine, le premier ministre céda, et il fut convenu que les demandes
d'exequatur présentées par le résident général seraient
soumises au gouvernement royal qui les délivrerait
avec cette mention :

« Que les affaires ayant un caractère politique qui se
présenteraient pour être traitées entre le gouvernement
malgache et les puissances étrangères seront présidées
par le résident français. Le résident général a connaissance de cet acte. »

Nous obtenions satisfaction. La lettre interprétative, *ipso facto*, était considérée comme nulle et non avenue.

Malheureusement, des considérations sur lesquelles nous trouvons inutile d'insister empêchèrent de prendre acte de cette déclaration, et la question d'exequatur, la plus grave de toutes, puisqu'elle permettait aux puissances étrangères de traiter directement avec le gouvernement malgache, resta en suspens.

A partir de ce moment, la résidence générale et le premier ministre vécurent en bonne intelligence. Si nous n'obtenions pas tout ce que nous voulions, nous empêchions ce qui ne nous convenait pas. Avec un peu de patience et de persévérance, nous serions arrivés à une entente entre le protecteur et le protégé; leurs intérêts étaient les mêmes, il ne restait plus qu'à faire disparaître des susceptibilités de forme.

L'accord anglo-français du 5 août 1890, qui reconnaissait notre protectorat sur l'île de Madagascar *avec toutes ses conséquences,* connu à Tananarive par un télégramme de l'agence Reuter, rouvrit l'ère des difficultés.

Cette déclaration brutale de protectorat, prononcée sans même prévenir le gouvernement malgache, qui, sur les conseils des consuls britanniques, s'y était toujours opposé, produisit sur les indigènes une fâcheuse impression. Anglais et Français·furent, avec quelque apparence de raison, taxés de duplicité; les relations entre le résident général et le premier ministre dégénérèrent en conflit permanent. Des discours violents et des menaces, prononcés au Palais-Bourbon, rendirent la situation encore plus tendue. Des actes de violence commis sur nos soldats par le prince Rakotomena, neveu de la reine, pour lesquels Rainilaiarivony fut impuissant à nous donner réparation, compromettaient la sécurité de nos nationaux.

Cependant, le gouvernement de la République, avant de commencer les hostilités, voulant épuiser les moyens de conciliation, se décida à envoyer près de la cour d'Emyrne un plénipotentiaire investi des plus larges pouvoirs. Je fus désigné. On me savait peu favorable à une expédition militaire. J'avais conservé de bonnes relations avec le premier ministre, la reine me témoignait sa confiance, les Hovas reconnaissaient mon esprit de justice. Avant mon départ, le succès de ma mission ne me paraissait pas impossible ; mais, dès mon arrivée à Tananarive, je constatai que la situation intérieure du pays s'était complètement modifiée depuis 1889. Rainilaiarivony, usé avant l'âge et épuisé par les soucis du pouvoir absolu qu'il exerçait depuis trente années, avait perdu une partie de son autorité morale. Sa Majesté, fatiguée de son vieux mari, dont la surveillance incessante la gênait dans ses plaisirs, grisée par les honneurs presque divins qui lui étaient rendus, mal conseillée par sa famille et son entourage, ambitieuse d'exercer personnellement le pouvoir, faisait une opposition systématique au premier ministre. Il suffisait que celui-ci émît un avis pour que la reine prît immédiatement le contre-pied. Le dictateur, trop intelligent et trop expérimenté pour ignorer qu'une guerre avec la France entraînerait l'écrasement de son peuple, voulait à tout prix éviter une rupture et était disposé à accepter nos propositions. Ranavalo et ses partisans, également pacifiques en réalité, mais désireux de mettre Rainilaiarivony en échec, les repoussèrent et furent soutenus dans leur résistance par le parti vieux malgache, de tout temps hostile au Vazaha. Rasanzy et Marc Rabibissoa, secrétaires du premier ministre, qui, sur l'invitation de leur maître, recommandèrent la prudence et la modération, manquèrent d'être assassinés dans la chambre même du conseil.

La guerre était donc inévitable. Sans m'attarder à des discussions stériles, qui auraient fait perdre plusieurs semaines, je déposai l'ultimatum rédigé par le département. N'ayant pas reçu de réponse favorable, j'amenai le pavillon et procédai à l'évacuation. Elle s'accomplit dans de bonnes conditions et, à la fin d'octobre, tous les Français de l'intérieur, femmes, enfants, vieillards, malades, au nombre de trois cent cinquante environ, avaient rejoint nos postes de la côte. Nous n'eûmes aucun décès à déplorer.

*
* *

Nous avions six mois devant nous, avant la saison sèche, pour préparer l'expédition, au lieu d'être obligés, comme cela arrive trop souvent, d'improviser et d'agir sous l'empire de la nécessité. La route de Tananarive à Majunga venait d'être parcourue par l'escorte du résident général, réduite à ses propres ressources, sous le commandement d'un officier distingué, le capitaine Lamolle, qui, assisté de MM. Ranchot et d'Anthouard, du capitaine Martinie et de M. Delhorbe, en avait fait une étude complète. A Suberbieville, les agents de la com-

pagnie aurifère connaissaient la navigation de la Betsiboka qu'ils utilisaient pour leurs approvisionnements.
La carte du nord-ouest de l'île avait été dressée par
les ingénieurs hydrographes de la marine. Nos officiers
de la division navale étaient expérimentés. A Diégo-
Suarez, où nous disposions d'établissements militaires
importants, un bataillon de tirailleurs indigènes, Comoriens, Macouas et Sakalaves, avait été formé; des bœufs
porteurs étaient en dressage. Nous occupions fortement
Tamatave et Majunga.

Les crédits demandés furent votés à une grande
majorité par la Chambre (13 novembre 1894) et le
Sénat.

Tout d'abord, la direction de l'expédition devait être
confiée à la marine : elle disposait de la flotte et des
troupes coloniales; elle avait acquis en ces matières une
certaine expérience dans les campagnes d'Indo-Chine,
du Dahomey et du Soudan. Mais la guerre réclama, par
ce motif qu'elle fournissait la plus forte part des effectifs,
et elle obtint gain de cause. Il semble que son désir était
de profiter de cette occasion pour faire une sorte de
répétition générale de mise en marche, une grande
manœuvre dans laquelle les Malgaches joueraient le rôle
de l'ennemi. Tous les services, toutes les armes, tous
les régiments, tous les bataillons durent fournir des
officiers et des soldats. Afin de ne pas faire de jaloux,
on tira au sort le nom des élus. Rien ne fut négligé pour
doter le corps expéditionnaire des engins les plus perfec-
tionnés. Ne voulant pas priver l'aérostation de figurer
à cette fête militaire, on expédia même trois ballons
avec leurs équipages.

Dans de semblables conditions, le commandant en chef, le général Duchesne, au lieu de prendre dès le début, comme le maréchal de Bourmont, lors de la conquête d'Alger, et précédemment Bonaparte, la direction des différents services, dut la laisser aux comités techniques, remplis de zèle et de capacité, nous le reconnaissons, mais n'encourant aucune responsabilité. Les conséquences de ce défaut d'unité dans la préparation de la guerre furent déplorables. Le warf indispensable au débarquement du personnel et du matériel se trouva trop court de cent mètres. Par suite d'un défaut de méthode, les approvisionnements furent chargés sans discernement, de sorte que nos soldats manquèrent de quinine tandis qu'il en existait sur rade des centaines de caisses enfouies à fond de cale, sous la ferraille des voitures Lefèvre et des canonnières. Ainsi que nous l'expliquerons plus loin, le montage des bateaux de rivière devait précéder l'arrivée des troupes; ils furent prêts à temps, mais les ingénieurs chargés de leur construction ne s'occupèrent pas de leur transport et aucun navire de commerce français n'avait de panneaux assez larges pour recevoir les éléments démontables. Il fallut avoir recours à des bâtiments anglais. Les canonnières, livrées après épreuves à la fin de janvier et au commencement de février, n'arrivèrent à Majunga que dans les premiers jours de mai. Deux mois avaient été perdus à négocier des affrètements. On choisit pour moyen de transport les voitures Lefèvre, qui avaient rendu de bons services dans les plaines sablonneuses du Soudan, mais qui ne convenaient pas à des régions marécageuses ou montagneuses. C'était se condamner à construire une route carrossable.

Le plan de campagne, arrêté à Paris, était irrationnel; ses auteurs ne tinrent aucun compte du milieu spécial où nos troupes devaient opérer, ni de la santé du soldat, ni de la valeur de l'adversaire.

En effet, dans les régions tropicales, l'Européen doit quitter le plus promptement possible la côte, la zone dangereuse où fatalement il s'impaludise. Sur cent hommes qui montaient à Tananarive par Tamatave, quatre-vingt-dix contractaient la fièvre; cependant le voyage ne durait que huit jours, nos soldats étaient portés en filanzana et trouvaient de bons gîtes aux étapes. Personne n'ignore qu'il faut, à tout prix, éviter les terrassements sous peine de provoquer une terrible mortalité.

Il était aisé de soustraire les troupes à ce double péril. La Betsiboka nous offrait une voie de pénétration fluviale de cent cinquante kilomètres et nous n'avions devant nous que des bandes incapables d'opposer une résistance sérieuse. Le Hova, peu belliqueux de sa nature, est plus sérieusement éprouvé par la malaria que le blanc. Hors de l'Emyrne, il peut être considéré, au point de vue militaire, comme une quantité négligeable. Nous en fîmes l'expérience lorsque le premier ministre, sur les conseils intéressés du résident général (1888-1889), envoya une petite armée contre les Sakalaves de la baie de Tulléar. La plupart des soldats désertèrent, les autres se rendirent au roi Tampomanana.

La première brigade aurait dû gagner Mevatanana par

la voie fluviale, y laisser une forte garnison de troupes noires chargées de la police dans le Delta, puis s'élever rapidement jusqu'aux petits Ambohimenas, en pays salubre, par 600 à 800 mètres d'altitude, y concentrer de larges approvisionnements, en attendant l'arrivée du général en chef; enfin, tous les effectifs réunis, marcher sur Tananarive. Deux mois suffisaient pour terminer cette campagne, à la condition cependant de disposer d'un nombre suffisant de bêtes de somme, mulets et surtout bœufs porteurs qui fourniraient la viande sur pied.

Rien n'était préparé pour recevoir le général Metzinger, qui débarqua à Majunga le 28 février 1895, en pleine saison des pluies pendant laquelle les troupes doivent rester à l'abri. Au lieu de cela, elles furent cantonnées sur une étroite bande de sable où l'eau douce manquait, sans baraques, sans tentes, avec leur seul campement. Sous peine d'une démoralisation rapide, il fallait les porter en avant, les mettre en contact avec l'ennemi. Les moyens de transport faisaient défaut; les porteurs indigènes, sur lesquels on avait compté, s'étaient enfuis dans la brousse; pas une canonnière n'était montée; le général ne disposait que de dix-huit mulets. Il dut commencer la funeste route de Majunga à Andriba, qui a causé la mort de milliers d'hommes.

Arrivé le 6 mai, le général Duchesne, qui tombait dans une indescriptible confusion, consacra un mois à rétablir l'ordre et à organiser le service de l'arrière; il rejoignit alors le général Metzinger, qui cheminait lentement dans les marais, jonchant la route de malades et de cadavres avant même que l'expédition fût virtuelle-

ment commencée. Nous ne suivrons pas le corps expéditionnaire dans cette marche douloureuse qui présenta
peu d'intérêt au point de vue militaire; les Malgaches
lâchaient pied aux premiers coups de fusil, abandonnant leurs canons et leurs ouvrages défensifs. Enfin on
atteignit Andriba le 20 août, après cinq mois de fatigues surhumaines. Jamais, à notre connaissance, une
armée ne fut exposée à de pareilles souffrances, à
d'aussi terribles misères.

Les troupes étaient épuisées.

A quoi se résoudre?

La saison sèche était déjà avancée et les pluies pouvaient reprendre au commencement de novembre. Fal-
lait-il passer l'hivernage à Andriba? Cette solution, en
apparence la plus prudente, présentait de gros périls.
Nos troupes auraient été coupées de communications
avec la mer par des coureurs malgaches et sakalaves
avides de pillage; les voitures Lefèvre n'auraient pu
circuler dans les boues compactes de la montagne; nos
hommes eussent risqué de mourir de faim; un désastre
complet eût été à redouter. Le général Duchesne n'hésita pas : avec une admirable fermeté d'âme, se plaçant
au-dessus de toutes les responsabilités, sachant incul-
quer à ses subordonnés la confiance virile qui l'animait,
il décida de marcher sur la capitale, — 150 kilomètres
à parcourir. — Réunissant tous les hommes valides, il
constitua une colonne légère composée de 4.250 combattants, 3 batteries d'artillerie, 1.500 conducteurs kabyles, 250 chevaux, 3.000 mulets ; le riz abandonné par
les Malgaches lui servit à compléter ses vivres.

Le 14 septembre l'avant-garde se mettait en route : le 30 septembre Tananarive était occupée.

Le général avait sauvé son armée et le prestige de la France.

Dans la métropole, l'opinion publique ne rendit pas justice au commandant en chef ; les pertes subies par le corps expéditionnaire étaient trop cruelles pour ne pas provoquer de nombreuses critiques ; le général Duchesne fut rendu responsable, et cependant il avait démontré à l'exécution les erreurs du plan militaire qui lui avait été imposé avant son départ. Puisque la colonne légère avait pu parcourir 150 kilomètres d'Andriba à la capitale, rien n'aurait empêché d'user des mêmes moyens pour franchir les 70 kilomètres d'Andriba à Suberbieville, le point terminus de la navigation. Sans la mauvaise organisation des transports maritimes, sans le choix fâcheux des voitures Lefèvre, la route qui coûta tant de larmes aux familles françaises eût été inutile.

Cette marche, qui n'a pas de précédent dans l'histoire, constitue un fait d'armes autrement brillant que celle de l'Afghanistan. Lord Roberts fut couvert, par ses compatriotes, de gloire, d'honneur et d'argent ; le général Duchesne fut à peine récompensé.

*
* *

Nous avions à choisir entre deux solutions pour utiliser notre conquête : ou annexer Madagascar à la France, ou y établir le protectorat. La première devait nous imposer de lourds sacrifices; la seconde présentait le grave inconvénient de replacer sous le joug des Hovas les indigènes auxquels nous avions promis la liberté et la suppression de l'esclavage.

Ce fut la dernière qu'on adopta, mais dans des conditions qui ne permettaient pas le succès. Cédant à des rancunes invétérées et irraisonnées qui ne sont pas de mise en politique, le département des affaires étrangères s'exprimait ainsi :

« D'autre part, s'il est moins important pour nous que Rainilaiarivony, dont l'autorité sortira probablement fort amoindrie de la crise provoquée par lui, reste au pouvoir, si même il serait vraisemblablement difficile de l'y maintenir après l'installation effective de notre protectorat, il n'en est pas moins vrai que provisoirement nous n'avons aucun intérêt à l'en faire descendre. »

Ce n'était pas le premier ministre, mais la reine qui avait provoqué la rupture en encourageant les déportements de son triste neveu, et plus tard en faisant repousser par le conseil les propositions conciliantes soutenues par Rainilaiarivony.

Si l'autorité du dictateur avait été amoindrie par la défaite, tout au moins avait-il le mérite de l'avoir prévue et de s'être opposé à la guerre. Il tenait encore les rênes d'un gouvernement très compliqué et seul était capable de faire exécuter les clauses de la capitulation. Dès la première heure, il fut mis de côté, relégué dans sa maison de campagne et sacrifié à la reine, son ennemie mortelle. Cette jeune femme ignorante et inexpérimentée se trouva, du jour au lendemain, investie de pouvoirs qu'elle était incapable d'exercer. On a prétendu qu'elle nous trahissait et agissait de concert avec les rebelles; nous ne le pensons pas. Elle ne faisait que suivre les inspirations de son entourage, hostile à notre domination.

Bientôt le général Duchesne rentrait en France et M. Laroche, le 16 janvier 1896, prenait la direction des affaires. Ce choix n'était pas heureux. M. Laroche est un homme encore jeune, instruit, laborieux, d'un caractère conciliant, d'un courage qui touche à la témérité, mais il appartient à la religion réformée. Dans la circonstance, c'était une cause d'impuissance. Les Malgaches, qui se livrent encore aux pratiques des sikidy, considèrent la religion chrétienne comme un instrument de gouvernement entre les mains de leurs chefs. Aussi, presque tous, y compris la reine, étaient-ils disposés à se faire catholiques par respect pour notre autorité. Jusque-là, les intérêts français avaient été représentés par les missions catholiques; les intérêts britanniques par la *London's Missionary Society,* et les indigènes ne purent comprendre qu'un protestant fût chargé d'exercer le protectorat. C'était à leurs yeux une abdication, nous nous soumettions à l'Angleterre. Ajoutons que M. Laroche n'avait pas les pouvoirs nécessaires pour maintenir l'ordre dans un pays profondément troublé, où l'unité de commandement civil et militaire est indispensable. Des conflits avec le général en chef ne tardèrent pas à se produire;

la rébellion éclatait sur tous les points de l'île; il fallait recommencer la conquête. Le général Galliéni en fut chargé et s'installa à Tananarive le 14 septembre. Bien que les effectifs dont il disposait, 11 bataillons, fussent insuffisants, cette mission fut remplie avec une habileté et une rapidité remarquables. En six mois, la tranquillité était rétablie. Sa méthode de pacification par secteurs doit servir de modèle aux gouverneurs coloniaux.

Le général se montra également un administrateur de premier ordre. Des encouragements furent accordés à l'agriculture, au commerce, à l'industrie; une route, travail gigantesque, relie Tamatave à Tananarive; celle de Majunga ne tardera pas à être terminée; les pangalanas sont percées et le chemin de fer commencé. Partout règne une grande activité; militaires et civils rivalisent de zèle; le général est un entraîneur d'hommes. Une justice suffisante a été instituée dès la première heure et l'instruction distribuée à profusion.

Peut-être eût-il été préférable, afin de ménager les finances de la métropole, d'ajourner l'occupation coûteuse des provinces sakalaves de l'Ouest, de se contenter d'exercer sur ces régions un simple contrôle de police. Mais nous reconnaissons qu'il est difficile à un général victorieux de ne pas achever son œuvre, de ne pas avoir la légitime ambition de laisser à ses successeurs une colonie entièrement pacifiée. Si ces ardeurs généreuses devaient être tempérées, c'était au département intéressé de donner des instructions et des directions.

Certes, nous n'avons pas apporté dans cette entreprise politique un esprit de suite, une persévérance dans les résolutions qui eussent considérablement atténué les sacrifices imposés au pays. Néanmoins, après quatre-vingts années d'efforts, nous avons fini par réussir, et c'est un grand honneur pour la France que d'avoir arrêté l'Angleterre dans ses ambitions de domination universelle, et contribué à affranchir les autres peuples de sa tyrannie.

LE MYRE DE VILERS.

INTRODUCTION

L'histoire de l'île de Madagascar occupe une place importante dans celle de la France.

Cette île fut découverte, en 1506, par des navires portugais jetés sur la côte par une tempête. Plus tard, à une époque inexactement fixée, Lorenzo Almeïda, premier vice-roi des Indes, y débarqua le jour de saint Laurent et baptisa la nouvelle terre de ce dernier nom. Des missionnaires portugais vinrent s'y installer ; mais ils se montrèrent si acharnés dans la conversion des indigènes, que ceux-ci les massacrèrent, avec les soldats et les autres Portugais établis sur la côte. Ce fut la fin de l'essai de la colonisation de Madagascar par les Portugais.

En 1637, il se forma, en France, une société de colonisation sous le nom de *Compagnie de l'Orient*. Elle obtint, en 1642, du roi Louis XIII, une lettre-patente l'autorisant à prendre possession de l'île au nom de la France pour y commercer *exclusivement* pendant dix ans. Cette lettre fut confirmée le 20 septembre 1643. Les premiers Français qui vinrent représenter dans l'île cette compagnie furent Cocquet, capitaine du *Saint-Louis*, Pronis et Foucquembourg.

La prise de possession ne se fit pas sans difficulté. Les indigènes tentèrent de refouler nos compatriotes et en massacrèrent un certain nombre. C'est à la suite de son mariage avec la fille d'un chef, Dian Marval, que Pronis réussit à faire admettre ses compatriotes dans l'île. Pendant quelque temps ils jouirent de la paix. En 1646, les indigènes recommencèrent leurs représailles, et les Français durent se réfugier dans la baie de Saint-Augustin pour attendre l'arrivée d'un navire qui les rapatriât en Europe.

En 1648, Étienne de Flacourt fut envoyé à Madagascar, en qualité de directeur de la Compagnie et commandant général de l'île. Il débarqua à Fort-Dauphin qu'il trouva livré à la plus entière anarchie. Il tenta d'enrayer le mal, mais bien vainement ; devant l'insuccès de ses efforts, il quitta l'île, le 20 décembre 1653. L'année suivante ce fut le tour de Pronis.

Le successeur de celui-ci, Desperriers, inaugura une politique de violence et continua à nous aliéner les indigènes. Nous excitâmes davantage leur haine en envoyant, sur les ordres du duc de la Meilleraye, quatre navires et huit cents hommes qui abordèrent dans le plus piteux état.

La Case, *alias Le Vacher*, né à La Rochelle, venu à Madagascar en même temps que cette troupe, devait réparer une partie des erreurs commises par ses prédécesseurs. Il aurait même pu réparer toutes ces erreurs s'il n'avait eu à lutter contre les jalousies de ses compatriotes, de Champmargou, gouverneur de la colonie, en particulier, qui mit la tête de La Case à prix.

A la mort du duc de la Meilleraye, le duc de Mazarin, son fils, céda l'île au domaine royal (1664). Colbert créa à ce moment la grande *Compagnie des Indes* à laquelle fut concédé le droit de haute, moyenne et basse justice sur Madagascar, dont Fort-Dauphin devint le chef-lieu ; l'île prit le nom de *France Orientale*, nom qui se généralisa à toutes les possessions de cette compagnie dans la mer des Indes. Un édit du 1er juillet 1665 rendit à Madagascar le nom d'île Dauphine. Jusqu'en 1672, à part La Case, tous ceux qui furent appelés à un poste dans l'île compromirent la situation, aussi bien par leur incapacité administrative que par le régime de terreur qu'ils voulurent imposer aux indigènes. Aussi vit-on, pendant la nuit de Noël de 1672, se renouveler les Vêpres siciliennes à Fort-Dauphin ; quelques Français seulement échappèrent au massacre.

Madagascar resta abandonnée jusqu'en 1686, époque à laquelle Louis XIV « la réunit solennellement au domaine de la Couronne pour, le roi, en disposer, selon son bon plaisir, en toute propriété, seigneurie et justice ».

Jusqu'en 1768 personne ne se soucia de la colonie française ; quelques explorateurs, plutôt des aventuriers que des hommes de science ou d'administration, vinrent visiter les côtes.

En 1768, le comte de Maudave, propriétaire à l'Ile de France, qui s'était distingué autrefois dans les Indes, présenta au duc de Praslin un mémoire sur la colonisation de Madagascar. Il reçut du roi de France le titre de « commandant pour le roi dans l'île de Madagascar ». Il arriva à Fort-Dauphin le 5 septembre 1768, et s'installa comme représentant de la France. De toutes les promesses d'envoi de troupes, d'argent, de denrées pour échanger avec les indigènes, qui lui avaient été faites au moment de son embarquement, aucune ne fut tenue. De Maudave, livré à ses propres ressources, abandonna l'île. Il eut pour successeur un aventurier hongrois, le comte de Beniowski qui atterrit le 22 septembre 1773 à l'Ile de France.

Beniowski ne fut pas plus heureux que ses prédécesseurs. Il avait réussi cependant par sa haute intelligence, son activité incomparable, à se créer des amitiés parmi les indigènes. Abandonné par la France, entravé dans son action de colonisation par les gouverneurs français de l'île de France, il n'hésita pas à laisser à d'autres sa lourde mission. Il trouva la mort, le 23 mai 1786, dans une embuscade.

De ce jour, la France renonça à garder l'Ile de Madagascar ; elle limita l'occupation à quelques établissements dans lesquels elle installa une garnison.

En 1791, une mission fut envoyée pour étudier sur place les causes des échecs de nos tentatives de colonisation et les moyens de fonder un établissement viable ; ce fut encore peine perdue. En 1801, nouvelle tentative, pareil résultat. En 1804, le général Decaen réunit les points occupés par les Français en un sous-gouvernement auquel il donna Tamatave pour chef-lieu.

En 1811, au moment où l'Angleterre accomplit sa campagne pour la ruine de nos possessions d'outre-mer, Madagascar tomba en son pouvoir. L'île nous fut remise par le traité de Paris. La France en reprit possession définitive en octobre 1818.

Mais des difficultés s'élevèrent entre les autorités françaises et le chef des tribus guerrières des Hovas, Radama Ier, tout disposé à s'inféoder à l'Angleterre.

Prenant notre patience voulue pour de la faiblesse, Radama marcha, en 1825, contre le poste français de Fort-Dauphin et en captura sans peine la faible garnison (1 officier et 5 soldats). Nos réclamations furent vaines. Le chef des Hovas se sentait soutenu par sir Farquhar, gouverneur de l'Ile de France. Ce dernier personnage émettait une extraordinaire prétention : selon lui, Madagascar n'était qu'une dépendance de l'Ile de France, celle-ci devenue anglaise de par les traités de 1815.

Pour en finir avec les tracasseries et ne pas laisser périmer nos droits, le gouvernement de Charles X décida l'expédition de 1829. L'insuffisance des moyens mis en œuvre allait faire manquer le but.

En juillet 1829, le capitaine de vaisseau Gourbeyre, à la tête d'une escadrille de trois bâtiments portant 300 hommes de troupe en sus des équipages, parut devant Tintingue et construisit un fort sur la langue de terre qui couvre la rade. Le 11 octobre, il bombarda Tamatave. Six jours plus tard, le petit corps de débarquement essuyait un échec à Foulepointe. Le 4 novembre, il prenait sa revanche en conquérant le fort de la Pointe-à-Larrée, voisin de Tintingue.

A cause des marais et d'une installation trop sommaire, l'hivernage à Tintingue fut désastreux pour la santé des troupes. Néanmoins, on avait fait des préparatifs pour agir plus vigoureusement pendant l'été de 1830, quand éclata à Paris la révolution de Juillet.

Le gouvernement de Louis-Philippe, peu affermi en face de

l'Europe mal disposée, s'émut du langage comminatoire de la diplomatie anglaise. Tout en réservant nos droits de légitime possession, il ordonna l'évacuation de l'île. Les établissements créés à Tintingue et environs furent incendiés par nous : l'évacuation complète eut lieu en juillet 1831.

Jusqu'en 1845, la métropole s'occupa peu de sa colonie. Elle fut livrée à la plus complète anarchie. Les habitants soutenaient une lutte de conquête de tribu à tribu. Les Hovas, le peuple le plus important de Madagascar, se livra à une guerre qui désola bien longtemps l'île et aboutit à la soumission de plusieurs tribus sous leur autorité. Les Français qui avaient fondé des établissements n'échappèrent pas aux coups des Hovas. Cette année-là, on se décida, de concert avec l'Angleterre, à entreprendre une expédition. Tamatave fut bombardé; des compagnies de débarquement furent lancées à l'assaut de la ville qu'elles ne purent emporter. Elles durent se rembarquer, laissant la victoire à leur adversaire. Les Hovas, entièrement maîtres de l'île, la fermèrent pendant huit ans à toutes relations franco-anglaises.

Ce fut en 1852 que le Français Jean Laborde, resté dans l'île après le bombardement de Tamatave, profitant alors des excellentes relations qu'il avait avec la cour de Tananarive, réussit à rouvrir l'île à notre commerce. Les Anglais ne tardèrent pas à implanter leurs missionnaires et à soutenir contre la France une odieuse campagne qui se prolongea jusqu'en 1895.

Un autre Français, M. Lambert, par les services qu'il rendit personnellement à la reine de Tananarive, contribua, en 1855, à la reprise des relations de la France avec l'île de Madagascar. Il fut chargé, par la souveraine malgache, de venir à Paris présenter à Napoléon III un projet de traité.

Nous étions attachés alors à l'Angleterre par les événements de Crimée. Le souverain ne voulut rien faire sans l'assentiment de son alliée. M. Lambert fut envoyé à Londres. Le chef du Foreign-Office l'écouta, mais déclara qu'il ne pouvait prêter l'appui de son gouvernement au projet de la France et de la cour de Tananarive.

L'Angleterre redoubla d'efforts pour discréditer la France auprès de la souveraine malgache. Elle envoya des missionnaires qui, sous prétexte de convertir les populations à la foi luthérienne, les entretinrent dans la haine de la France.

Jusqu'en 1882, la France eut à subir bien des humiliations, quand, le 28 mars, M. de Freycinet, alors président du conseil, ordonna à notre représentant « de ne laisser porter, ni directement ni indirectement, atteinte aux prérogatives de la France à Madagascar ».

Le premier ministre hova reçut mal l'avis d'avoir à reconnaître les droits de la France. Il continua, comme par le passé, à méconnaître notre autorité. La population devint de plus en plus hostile, si bien que, le 29 mai 1882, M. Baudais, notre représentant, dut se retirer à Tamatave. M. Campan, chancelier du consulat, resté dans la capitale, l'abandonna à son tour, en présence des menaces de mort dont il était l'objet chaque jour.

Le départ des représentants de la France excita davantage la rébellion des Hovas. Elle n'eut plus de bornes et plusieurs de nos compatriotes tombèrent sous les coups mortels des rebelles; des maisons furent pillées, détruites par l'incendie.

Le capitaine de vaisseau Le Timbre, commandant de la station navale des Indes, fut chargé d'une démonstration contre l'île. L'arrivée de nos navires en imposa aux Hovas qui éludèrent l'action par l'envoi, à Paris, d'une mission spécialement chargée de traiter avec le gouvernement français. Cette mission eut de longues conférences au quai d'Orsay sans qu'aucune aboutît à une solution.

Le gouvernement français était décidé plus que jamais à faire respecter son autorité. Le 15 février 1883, le contre-amiral Pierre quitta Toulon. Le 16 mai il était devant Mazangaye, d'où il chassa 2.000 Hovas. Poursuivant sa mission, il envoya à la reine un ultimatum lui enjoignant « de reconnaître nos droits sur l'île, et d'accorder pleine et entière satisfaction aux héri-

CARTE

DE

MADAGASCAR

tiers Laborde », dont les établissements avaient été mis à sac.

La cour de Tananarive répondit à cette demande par un ordre d'expulsion de tous les Français. Le 10 juin, l'amiral Pierre ouvrit le feu contre Tamatave dont les Hovas abandonnèrent les forts qui furent occupés de suite par nos troupes. La santé ne permit pas au vaillant marin de compléter sa victoire, il dut rentrer en France, où il mourut en arrivant en rade de Toulon ; l'amiral Galiber lui succéda.

Le drapeau français flotta successivement sur Vohémar, Fort-Dauphin, Foulepointe et autres lieux du littoral. L'amiral Galiber fut remplacé à son tour par l'amiral Miot, à qui M. de Freycinet ordonna « de faire une nouvelle tentative de conciliation auprès des Hovas ou, faute de s'entendre, de reprendre les hostilités jusqu'à complète satisfaction ».

L'amiral Miot ne fut pas plus heureux que ses prédécesseurs. Après quelques démonstrations sur différents points de l'île, il fit attaquer, le 10 septembre 1885, le camp de Farafate, où les Hovas s'étaient retranchés. Pendant deux heures, nous luttâmes avec une rare énergie ; les efforts de nos troupes se brisèrent contre les retranchements redoutables que l'ennemi avait élevés.

Les troupes françaises durent se replier.

Le 17 décembre 1885, un traité de paix vint mettre un terme aux dissentiments franco-malgaches, en assurant notre protectorat.

La paix fut de bien courte durée ; les difficultés que l'on croyait aplanies par ce traité revinrent en scène dans les circonstances que nous exposons dans la première partie de cette étude.

*\
* *

L'île de Madagascar a une population très variée au point de vue ethnographique. Ses premiers habitants, selon la légende hova, furent les Vazimbas, « peuplade grossière, ignorante et pauvre ; elle ne savait pas travailler le fer, et ce fut là la principale cause de son infériorité dans les guerres qu'elle eut à soutenir contre nos premiers rois. Les *sampy* des Vazimbas étaient bien puissants, mais les nôtres le furent encore davantage. Les Vazimbas furent défaits en plusieurs rencontres ».

Nous ne pouvons entrer dans les détails ethnographiques que comporte l'étude d'un peuple; nous nous bornerons donc à présenter le caractère général des habitants de Madagascar.

Le *Hova* est un être sociable, hospitalier, d'un naturel bienveillant, aimant ses enfants, respectant ses parents, compatissant à la douleur, sauf pour le malade atteint de la lèpre ou de la petite vérole.

D'un caractère doux et pacifique, il évite les querelles, ne s'emporte pas et ne se livre à aucune violence sur les animaux. Très communicatif et très parleur, non sans une facile élocution. Il est musicien, commerçant et d'une très grande habileté pour tout travail manuel.

Les qualités physiques ne laissent rien à envier aux qualités morales : sa résistance à la fatigue et à la douleur, sa prédisposition à l'obéissance égalent les premières.

Chez les *Betsiléos*, les hommes et les femmes sont moins énergiques au travail, moins capables d'efforts vigoureux que les Hovas, mais ils sont plus doux, plus calmes; ils recherchent moins les spéculations véreuses, étant plus probes; leurs goûts sont rudimentaires, quoiqu'ils soient passionnés pour les manifestations artistiques et les inventions.

Les *Antsikanakas* sont insouciants, turbulents, mous et paresseux; ils se contentent de ce que la terre produit sans le travail de l'homme. Ils sont peu connus des Européens parce qu'ils se trouvent en dehors des voies de communication habituelles.

Les *Bezanozanos* sont peu travailleurs et peu guerriers. Les Hovas les emploient aux transports entre Tananarive et Tamatave.

Les *Betsimisarakas* sont probes, doux et détestent les injustices. Malheureusement, ils ont les défauts de leurs qualités :

la paresse, l'ivrognerie, la débauche sont communes aux hommes, aux femmes et aux enfants. Pêcheurs et marins habiles, le travail de la terre leur répugne malgré la luxuriante végétation de cette terre dans les rares endroits où elle est cultivée. L'argent n'a aucun mérite pour eux : ils ne connaissent que la poudre et le plomb.

Les *Antaimoros* sont travailleurs, fidèles, courageux, sobres, mais d'une avarice qui justifie leur âpreté au gain ; vis-à-vis de l'étranger, ils sont insolents, orgueilleux, remplis de morgue et de mépris.

Les *Ankaranas* ou *Antakaras* sont braves et laborieux, habiles dans la construction et le maniement des pirogues.

Les *Sakalaves* sont paresseux à l'excès, surtout pour le travail de la terre.

Les *Baras* ont le même moral que les précédents.

Les *Antandroys* sont robustes, courageux, mais entièrement adonnés à l'ivrognerie.

Les *Mahafalys* vivent encore à l'état sauvage; ce que l'on connaît d'eux les représente comme un peuple fourbe, voleur et d'une immoralité complète.

Les *Masikoras* et les *Tanalas* sont peu connus, en raison de leur état voisin de la vie sauvage.

Enfin les *Antanosses* sont très travailleurs. Avant leur chute sous le joug hova, ils excellaient comme cuisiniers.

*
**

La répartition de la population malgache n'était pas exactement délimitée au moment des hostilités Voici ce qu'elle était, d'après les meilleures sources :

Hova. — L'Imérina ou Emyrne est divisée en huit circonscriptions dont les chefs-lieux sont : Avaradrono, Marovatana, Ambodirano, Vakinankaratra, Vonizongo, Vakinisisaony, Valafafotsy et Inamo. Leur capitale est Tananarive (Antananarivo) dont les rues étaient jadis de véritables fondrières, hérissées de pierres aiguës ou de blocs énormes ; aucune voiture ne pouvait y circuler.

Ce territoire avait pour voisins : au nord, les Antsikanakas ; à l'est, les Sakalaves ; au sud, les Betsiléos ; à l'ouest, les Bezanozanos.

Peuples entièrement soumis aux Hovas. — *Les Antsikanakas.* — Leur territoire est limité : au nord, par les Ankaranas ; à l'est, par les Sakalaves ; au sud, par les Hovas ; à l'ouest, par les Betsimisarakas. Leur population est évaluée à 250.000 habitants environ. Un gouverneur hova réside à Ambatondrazaka, un autre à Amparafavoul. Les hommes sont exempts du service militaire, mais ils doivent porter les paquets de la reine et les munitions des troupes hovas en cas de guerre.

Les *Betsiléos* sont limités : au nord, par les Hovas ; à l'est pas les Betsimisarakas, les Antaimoros et les Tanalas ; au sud, par les Baras, et, à l'ouest, par les Sakalaves. Leur population est évaluée de 400.000 à 500.000 habitants. Les Hovas y ont huit gouverneurs qui résident à Fianarantsoa, capitale, dont la population dépasse 10.000 habitants ; à Ambotsira, Amboinamboarina, Ambohimah, Ambohimandrosa, Calamavone, Fanzacane et Ambalave. Ce pays est généralement peu tranquille ; il est livré au pillage par des déserteurs et des esclaves qui se réunissent en bandes de « fahavalos » et jettent la terreur parmi les habitants plus paisibles.

Les *Bezanozanos* habitent la vallée du Mangoro, entre l'Imerina, à l'ouest, et les Betsimisarakas ; à l'est, les Antsikanakas et le pays des Tanalas, au sud. Ils comptent une population assez importante. Leur capitale est Moramanga, avec 2.000 à 3.000 habitants, où réside un gouverneur hova. Il y a également des fonctionnaires de cet ordre à Belanona et à Anosibe.

Les *Betsimisarakas*, sur le versant oriental de Madagascar, forment une population de 800.000 habitants environ, réparti, sur plus de 3.000 kilomètres carrés. Ce pays est fortement occupé par les Hovas qui ont établi des postes à Tamatave, capitale de la province, à Marvantsetra, Vohijanahary ou Soavinarivo, Ivongo ou Soavirianina, Vohimasina, Mahambo, Mahavelana, Manjakandrianombana, Andevorante et Tanimandry, Betsizaraina, Fanivelona, Antanandava, Tsiatosika.

Les *Ankaranas*, entre le canal de Mozambique et l'océan Indien. — Ils ont pour voisins : au sud, les Sakalaves, les Antsikanakas et les Betsimisarakas. Ils ont été soumis de 1820 à 1840. Un des derniers descendants des chefs ankaranas, le roi Tsialane, s'était réfugié sur les îles françaises de Nosy-Faly et Nossi-Mitsiou, d'où il faisait des incursions sur la côte ouest malgache. Les Hovas sont établis à Ambohimarina et à Vohémar. Ils ont des postes secondaires à Iharana, Anonibe ou Ambohitsara, Mandritsara, Maritandrano, Befandriana et Soavinandriana.

Les *Antaimoros* s'étendent sur les bords de l'océan Indien entre Mananzara et Farafangana. Ils sont limités : au nord, par les Betsimisarakas; au sud, par les Antanosses. Ce sont les seuls peuples soumis qui aient conservé leurs chefs indigènes, qu'ils élisent. Par contre, les Hovas leur ont imposé la dispersion au milieu des populations voisines où ils favorisent leur établissement. C'est une façon de contrebalancer l'autorité des chefs et d'atténuer la haine que leur inspire la servitude. La capitale est Vangaindrano; les centres principaux sont Vahipeno, Farafangana, Ankarana et Mahanana; des gouverneurs hovas résident dans les quatre premiers villages.

PEUPLES SEMI-DÉPENDANTS. — Les *Sakalaves* sont les plus puissants de l'île : ils comptent plus de 500.000 habitants. Leur territoire s'étend de la presqu'île d'Ankify, au nord, à la baie de Saint-Augustin, au sud. Autrefois les Hovas leur payaient tribut. C'est par suite de compétitions au trône entre les familles, que le pays divisé a dû subir le joug hova. Les chefs sakalaves qui règnent sur les quatre divisions autonomes de ce pays sont sans aucune autorité. Ils ont le pouvoir de trancher les différends dans les familles ou les tribus; ils peuvent prononcer l'interdiction des objets réputés *falis*. Dans les villages inoccupés par les soldats hovas, ces chefs règlent les contestations qui s'élèvent entre les habitants. Ils se réclament de l'amitié de la France sur le territoire qui s'étend de la pointe d'Ankify à Anorontsanga.

Les quatre divisions territoriales du pays des Sakalaves sont : le Boïna, l'Ambongo, le Ménabé et le Fierenana.

1° Le Boïna, capitale Majunga, s'étend de la presqu'île d'Ambato au cap Saint-André. Il relève du gouverneur général hova en résidence dans la capitale, dont l'autorité s'étend à vingt-deux gouverneurs. Ce pays paraît peu peuplé à l'intérieur, occupé par de nombreux postes hovas établis sur la ligne de l'Ikopa et du Betsiboka ; les principaux de ces postes, qui assurent les communications avec Tananarive, sont : Kinajy, Ampotaka, Malatsy, Maevatanana, Amparihibe, Amberobe et Mahabo, sur la rive gauche de l'Ikopa ; Vohilena, Andramiantra, Tsarahafatra, Ambodiamantana, Antongondrahoja, Ankola ou Mahatanba et Marowoay, sur la rive gauche de la Betsiboka.

Sur les bords de la mer sont : Anorontsanga, centre militaire et douanier ; Ambodinadiro, Andranamolaza et Befandriana.

On rencontre dans cette province de nombreux chefs sakalaves. Dans les vallées d'Antsira et d'Antsamèle vivent les Sakalaves-Bemazaves, du roi Tsiaras, placé sous le contrôle du gouverneur d'Anorontsanga ; quelques sujets habitent Nossi-Bé.

De la rivière Jonja à l'embouchure du Baramanray vivent les sujets de la reine Binao, dont la résidence est à Ampasimène. On les distingue des sujets de Tsiaras sous le nom de Sakalaves-Besimitres.

Le littoral qui s'étend de la presqu'île de Bavatoubé à la rivière Louza est occupé par des chefs sakalaves sur lesquels on n'a aucun renseignement, sauf sur le village d'Anorontsanga, connu depuis 1837 comme centre militaire et douanier.

Entre l'embouchure de la Louza et la baie de Bombetoke, on rencontre des Sakalaves, des Macquois et des Antalotsas, sur lesquels on manque de renseignements. On sait qu'il y a un roi à Analova, un autre dans la baie de Mahajamba, une reine sur les deux côtés de la baie de Bombetoke, d'autres souverains à Andranoukouke et à Mampiconny. Tous ces souverains ont des vassaux, dont les services sont récompensés par des grades et des faveurs. Les plus influents de ces vassaux sont nommés *andriamaventes* ou juges, fonctions qui équivalent, dans le village où ils résident, à celles d'un maire en France.

Enfin, entre les baies de Bombetoke et de Baly vivent des tribus absolument indépendantes n'obéissant qu'au chef sakalave. Ces pays sont peu connus. Leurs souverains dont les noms ont été rapportés par des voyageurs sont : la reine Anarona, au nord de Bombetoke ; la reine Baberavoune, dans la baie de Marambimitsy ; la reine Lesouc, à Curanez ; la reine Patoune, à Tarante ; la reine Safitame, à Saalala, et le roi Saroudan, à Baly.

2° La province de l'Ambongo, que les Hovas tentèrent de soumettre dès 1835, s'étend de la baie de Baly au sud de Maintirano. Elle comprend les États du Milanza, du Mara et du Mailaka. Les deux premiers États vont de la baie de Baly à l'embouchure du Ranoubé ; ils sont peu connus. Le Mailaka s'étend de Bevarine, à l'embouchure du Ranoubé, au petit village de Tondralou. Les princes régnant sur le Mailaka, au nombre de trois, sont de la famille des Marouséranes ; les principaux ports de cette contrée sont Tamboharano et Maintirano.

3° La province du Menabe s'étend de Tondrolo à l'embouchure du Mangoky. La partie soumise aux Hovas est séparée de la partie indépendante par la rivière d'Andranomena.

Le Menabe hova a pour chef la reine Rasaotra ; elle réside à Mahabo. Les principaux ports de cette région sont : Ambata, Ampatic, sur l'Andranomena ; Morondva, sur la rivière de ce nom ; Lavobe et Belo, ce dernier centre de construction de chaloupes ; Ranoplatsy. Des postes établis à l'intérieur des terres assurent les communications ; ces postes sont : Mahambo, résidence du gouverneur général ; Andakabe, Malaimbandy, Tremo, Manandaza, Ankavandra, Tsiroanomandidy, Manja, Modongy, Ikalamavony.

Le Menabe indépendant a pour chef deux frères : le roi Tohera et le roi Angareza, ce dernier en résidence à Kabo.

On trouve quelques villages côtiers sans importance ; ce sont : Bosy, Tsimandrofauzane, à l'embouchure de la Tsiribine ; Souaze et Mafaidrane, à l'embouchure du Manamboule ; Kimby et Souahane.

4° La province de Fierenana s'étend entre le Manombre et la rivière de Saint-Augustin. La partie soumise aux Hovas comporte seulement le territoire qui s'étend de la rivière de Manombre au petit village de Salar.

Au sud des États du roi Retivac se trouvent ceux de Tampoumana, le plus puissant avant l'incursion hova de 1890. Il gouverne, assisté de trois chefs, sous la surveillance du gouverneur général hova de Tulléar. Son territoire est borné, au sud, par la rivière de Saint-Augustin, jusqu'à Manansouf. Les principaux ports de cette région sont : Manombra, 1.600 cases ; Sarodrano et Saint-Augustin, 500 cases.

La partie indépendante est gouvernée par les rois Andriamanangue et Retivac. Le territoire du premier s'étend au delta de Mangouc ; des chefs résident à Namakié, Maroufonte, Ambouibé, Andalande et à Marouate. Le territoire du roi Retivac s'étend d'Antscranamouf à Fierenamasay ; plusieurs chefs représentent le souverain dans l'intérieur des terres ; sur le littoral, ces représentants sont établis à Lavadouac, Morombé, Lambouarane et à Etsery. Les principaux villages sont : Berate, Andamoutibé, Ankilimaline, Ambalarou, Maroumbé, Landouac et Mandève.

Les *Antanalas* soumis et les *Antanosses* de Fort-Dauphin habitent le territoire sur lequel Fort-Dauphin a été bâti par les Français en 1642, et dont il ne reste du premier établissement, aujourd'hui, que les murailles. Leur population varie entre 150 et 200.000 habitants. Ils ont cherché à se soustraire au joug hova par l'émigration, en se retirant sur les bords du Saint-Augustin, mais ils furent rejoints en 1890 par les

Hovas; depuis ils sont restés sur ce point, mais sous la domination. Il faut dire que l'autorité du gouverneur hova ne dépasse pas Fort-Dauphin.

Les *Baras*, au nord des Tanalas, occupent la partie méridionale du massif central. Ils sont limités : au nord et à l'ouest, par les Betsiléos; à l'ouest, par le Fieranana; au sud, par les Antanosses et les Masikoras; leur capitale est Ihosy, poste important sur la route de Fianarantsoa à la baie de Saint-Augustin, occupé par les Hovas.

PEUPLES INDÉPENDANTS. — Les *Tanalas* ou *Antanalas* indépendants occupent le territoire limité au nord par le Faraony et par la Matitana; au sud, sa superficie qui est un peu inférieure à celle d'un département français peut être évaluée à 5 ou 6.000 kilomètres carrés. Le quart à peine de cette étendue se trouve couvert de grands arbres entrelacés de mille lianes, qui caractérisent la bande forestière de l'est; malheureusement cette forêt, sans cesse assaillie par l'homme, ne compte plus guère que 12 à 15 kilomètres de large. Le reste du pays est coupé de loin en loin, à l'est, par d'autres bandes de bois plus étroites, et, dans sa partie moyenne, par des îlots de verdure ou des bouquets d'arbres mélangés de ravinala. Partout ailleurs, on ne trouve qu'une brousse plus ou moins touffue. Enfin l'herbe croît sur certaines collines et au fond des vallées, constituant d'excellents pâturages pour les troupeaux.

« Tout le pays des Antanalas se présente sous l'aspect le plus tourmenté. Vu du sommet d'Ikongo, c'est une mer houleuse et verdoyante, une suite sans fin de monts et de monticules que séparent les uns des autres d'étroites vallées ou des gorges profondes; on n'y trouve plus, comme dans le pays des Betsiléos, ces plaines basses et humides et ces larges vallées qu'il est si facile d'aménager en rizières fertiles. — *Docteur Besson.* »

La population de ce territoire ne dépasse pas 15.000 habitants. Au point de vue administratif, il est divisé en quatre circonscriptions. A la tête de celle d'Ikongo se trouve le roi Ratsiandraofana; les trois autres sont administrées par des chefs, membres de la famille royale. L'autorité du roi est réduite à sa plus simple expression ; chacun de ses sujets l'aborde et lui parle comme s'il abordait et parlait à son voisin. Le trône n'est pas héréditaire ; le choix du successeur est arrêté par le roi et sanctionné par le peuple.

Il n'y a pas de code ; les procès sont jugés par les chefs de village en premier ressort ; par les chefs de la région en dernier ressort, et par le roi lui-même. La probité des Tanalas est proverbiale ; le vol et l'ivresse leur sont inconnus.

Les *Antanosses* ont abandonné la vallée d'Ambolo pour venir habiter le territoire au nord des Masikoras, et au sud du Fierenana et des Tanalas dans la vallée de l'Onilahy. C'est chez ces peuples que furent faites les premières tentatives de colonisation française.

Ils habitent un pays très pauvre. Ils se divisent en un grand nombre de tribus gouvernées par des chefs indépendants, soumis pour la guerre au roi Raoul Rabesanatsika dont l'autorité est absolue.

La population est évaluée de 150.000 à 200.000 habitants ; ses mœurs et ses coutumes sont à peu près ignorées.

Les *Antandroys* vivent le long du rivage, entre Fort-Dauphin et le cap Saint-Vincent. « Je ne me rappelle pas, dit M. Grandidier, à la suite de la visite qu'il leur fit en 1866, dans tous mes voyages, avoir rencontré un plateau aussi désolé ; l'aspect y est plus triste que dans le désert de l'Arabie et de l'Égypte, où la vue n'est bornée au loin que par des vagues de sable, et offre au moins à l'esprit des idées grandioses. »

Il y a si peu d'eau dans ce pays que le roi seul peut en avoir. Les indigènes calment la soif avec la figue de Barbarie qu'ils mangent crue, parfois cuite sous la cendre. C'est aussi la base de la nourriture augmentée d'un peu de millet qu'ils font griller, quand ils ne le broient pas cru sous la dent, avec une espèce de haricot et des citrouilles ou courges. Ce pays est très peu peuplé ; la vie des hommes « se rapproche plus de celle de la brute ». Sa population est évaluée à 20.000 individus.

Les *Mahafalys*, peuple pauvre, fourbe, voleur, soumis à de

nombreux chefs de bandes, adonné à toutes sortes de super-
stitions et à la plus entière immoralité. Leur territoire s'étend
sur la côte sud-ouest. Il est limité : au nord, par le Fierenana ;
à l'ouest et au sud-ouest, par le canal de Mozambique ; au sud-
est, par les Antondroys ; et à l'est, par une région peu connue.

La population est évaluée à 30.000 habitants. Le littoral offre
quatre abris pour les navires : Nossy-Ve ou Salary, Itampolo,
Ampalaza ou Port-Croker, et la grande baie d'Ampalasy, formée par la pointe Fenambory ou Barlow.

Les *Masikaras*, peuple absolument inconnu, dont le pays
est aussi pauvre que celui des Antondroys qui le limite au
nord ; au sud, par les Tanalas et les Baras ; à l'est, par les
Mahafalys.

Tels sont les peuples que la campagne de 1895-96 a soumis
à la domination française.

SOURCES CONSULTÉES

Général Duchesne : Rapport sur l'Expédition de Madagascar adressé le 25 avril 1896 au Ministre de la guerre.

Commandant Aubier : *La Colonne expéditionnaire et la cavalerie à Madagascar*.

Commandant Legrand-Girarde : *Le Génie à Madagascar*.

Journal officiel : Débats parlementaires.

Livres jaunes sur Madagascar.

Docteur Jean Lémure : *Madagascar. L'Expédition au point de vue médical et hygiénique*.

Docteur G.-A. Reynaud : *Considérations sanitaires sur l'Expédition de Madagascar*.

Gabriel Hanotaux : L'*Affaire de Madagascar*.

A. Martineau, ancien député : *Madagascar en 1894*.

Archives du ministère de la guerre.
    —   du ministère de la marine.
    —   —   —   des colonies.

Général Galliéni : *Rapport sur la situation générale de Madagascar*.

PREMIÈRE PARTIE
PRÉLIMINAIRES DE L'EXPÉDITION

LIVRE PREMIER
Considérations diplomatiques et parlementaires

CHAPITRE PREMIER
DÉNONCIATION DU TRAITÉ DE 1885

Le traité de 1885. — Mission de M. Le Myre de Vilers. — Intrigues anglaises. — Fin de la mission Le Myre de Vilers. — Mission de M. Bompard. — Nouvel échec de la diplomatie française. — Mission de M. Larrouy. — Premiers armements des Hovas. — Troubles en Imérina.

Le traité de 1885.

Le traité conclu le 17 décembre 1885, à la suite de la campagne de 1883-1885, plaçait l'île de Madagascar sous le protectorat de la France. Il accordait à ce pays un résident général qui devait présider « aux relations extérieures de Madagascar, sans s'immiscer dans l'administration intérieure des États de S. M. la reine » (art. 2), avec « droit d'audience privée et personnelle auprès de S. M. la reine » (art. 3).

L'article 6 de ce traité reconnaît que :

Les citoyens français pourront résider, circuler et faire le commerce librement dans toute l'étendue des États de la reine.

Ils auront la faculté de louer, pour une durée indéterminée, par bail emphytéotique, renouvelable au seul gré des parties, les terres, maisons, magasins et toute propriété immobilière. Ils pourront choisir librement et prendre à leur service, à quelque titre que ce soit, tout Malgache libre de tout engagement antérieur. Les baux et contrats d'engagement de travailleurs seront passés par acte authentique, devant le résident français et les magistrats du pays, et leur stricte exécution garantie par le gouvernement.

Dans le cas où un Français devenu locataire d'une propriété immobilière viendrait à mourir, ses héritiers entreraient en jouissance du bail conclu par lui pour le temps qui resterait à courir, avec faculté de renouvellement.

Les Français ne seront soumis qu'aux taxes foncières acquittées par les Malgaches.

Nul ne pourra pénétrer dans les propriétés, établissements et maisons occupés par les Français ou par les personnes au service des Français, que sur leur consentement et avec l'agrément du résident.

. Nous nous engagions, de notre côté, « à prêter assistance à la reine de Madagascar pour la défense de ses États », à « mettre à la disposition de la reine les instructeurs militaires, ingénieurs, professeurs et chefs d'ateliers » qui nous seraient demandés.

Mission de M. Le Myre de Vilers.

Après la ratification de ce traité par les Chambres françaises, M. Le Myre de Vilers fut appelé au poste de résident général. Le 1er avril 1886, notre ambassadeur reçut de M. de Freycinet, alors président du Conseil et ministre des affaires étrangères, des instructions spéciales auxquelles nous empruntons les passages suivants :

..... Le régime qu'il s'agit d'établir à Madagascar diffère sur un point important des organisations adoptées pour la plupart des autres pays soumis, dans des conditions analogues, à notre influence; nous nous sommes engagés, en effet, à nous abstenir de toute immixtion dans les affaires d'administration intérieure. Nous évitons ainsi des responsabilités qu'il eût été dangereux d'encourir dans l'état de civilisation peu avancée où se trouve présentement la population malgache. En présence des dispositions actuelles de l'opinion publique en France qui redoute avant tout, en matière d'expansion coloniale, le renouvellement d'hostilités longues et coûteuses, cette clause du traité a une valeur particulière et c'est sur elle que j'ai voulu tout d'abord appeler votre attention.

Je tiens d'ailleurs à vous signaler, d'une manière générale, comme étant un point auquel nous attachons une grande importance, la nécessité d'éviter tout ce qui pourrait inutilement porter ombrage aux Hovas. Au début surtout, alors que n'étant pas familiarisés avec le nouvel ordre de choses, ils pourront se montrer moins confiants, vous aurez besoin de tout votre tact et de toute votre prudence pour ne point éveiller leurs susceptibilités et pour écarter toute cause de difficulté et de conflit.

C'est dans cette vue qu'il a été décidé d'un commun accord, par les Ministres intéressés, que vous seriez l'intermédiaire obligé de toutes les autorités françaises de l'île, y compris celles des établissements coloniaux de Diégo-Suarez, dans leurs rapports avec les autorités malgaches.

C'est également en vue de faciliter votre tâche par les garanties assurées à votre autorité qu'il a été convenu que vous auriez sous vos ordres, non seulement votre escorte, mais la flottille de Madagascar et l'ensemble du personnel français employé dans l'île. Quant au commandement de la station navale et au commandant des troupes d'occupation de Tamatave, ils relèveront de vous au point de vue politique pendant toute la durée de leur présence sur le territoire ou dans les eaux de Madagascar.

Je suis d'autant plus à l'aise pour insister avec vous sur l'obligation d'éviter tout conflit avec le gouvernement de Tananarive et sur la réserve qu'elle vous impose, que le champ qui demeure assigné à vos efforts est assez vaste pour suffire à l'activité la plus féconde.

Dans la haute situation que vous occuperez, vous serez amené par la force même des circonstances, aussitôt que vous aurez gagné la confiance des Hovas, à diriger le gouvernement indigène par vos conseils. L'ascendant moral que vous donne votre expérience des hommes et des affaires vous permettra, sans vous immiscer dans les questions d'administration proprement dite, de faire entendre d'utiles avis et de guider peu à peu les autorités et le peuple malgaches dans la voie de la civilisation.

L'intérêt que présente pour les Malgaches un tel résultat est évident; celui qui s'y attache pour nous ne l'est pas moins. Le développement des ressources naturelles du pays, ainsi facilité par votre action amicale, aura pour conséquence un accroissement du mouvement commercial dont nos nationaux devront chercher à bénéficier (1).

_____

(1) Livre jaune, « Affaires de Madagascar », page 3.

M. Le Myre de Vilers quitta la France le 8 avril 1886, et arriva à Tananarive le 20 mai. L'accueil qu'il reçut fut froid ; un journal anglais, le *Madagascar Times*, qualifia cette réception d' « enterrement ».

Intrigues anglaises.

Notre résident était à peine installé qu'il se trouva aux prises avec un Anglais, nommé Kingdon, affilié aux missionnaires *méthodistes*.

Cet Anglais avait négocié avec le gouvernement malgache un prêt de vingt millions de francs, à 7 p. 0/0 d'intérêts. Ce service lui était payé, en outre, par la concession d'une banque d'État avec émission de billets, frappe de la monnaie et perception des droits de douane de l'île.

On saisit de suite l'importance qu'il y avait pour notre résident à s'opposer à la réalisation de ce contrat, qui devait ruiner l'autorité française et affirmer celle des Anglais. M. Le Myre de Vilers fit mander le premier ministre de la reine, Rainelaierivoun, et lui fit des remontrances. Le Malgache se retrancha derrière l'article 2 du traité de 1885, par lequel nous ne devions pas nous « immiscer dans l'administration intérieure de l'État de S. M. » ; il maintint le traité Kingdon.

Le gouvernement français, mis au courant de cet incident par son représentant, fit paraître des notes dans les journaux de la métropole dans lesquelles il déclarait ne reconnaître aucune validité au traité Kingdon ; qu'en cas de guerre, il ne garantissait aucune somme aux prêteurs. Ce fut le coup de grâce de l'entreprise Kingdon ; les promoteurs anglais de la banque anglo-malgache furent les premiers à abandonner leur compatriote.

Ce fut une première victoire pour la diplomatie française à Madagascar, complétée par l'établissement, dans l'île, d'une succursale du Comptoir d'escompte qui négocia avec le premier ministre malgache, le 4 décembre 1886, un prêt de quinze millions, à 6 p. 0/0 d'intérêts, sans constitution de banque d'État, sans privilège d'émission de billets, ni frappe de la monnaie.

D'autres difficultés ne tardèrent pas à surgir. Le § 2 de l'article 15 du traité de 1885 nous concédait le « droit d'occuper la baie de Diégo-Suarez, et d'y faire des installations à notre convenance ».

M. Le Myre de Vilers, voulant réaliser cette clause, fournit au premier ministre le programme du projet de nos installations sur une étendue de 24 kilomètres.

Le traité visé, signé par MM. Miot et Patrimonio, avait été suivi d'une lettre, datée du 9 janvier 1886, au gouvernement de Madagascar, dans laquelle les deux représentants de la France commentaient l'application du traité.

Ils disaient, à propos de l'occupation de Diégo-Suarez :

En ce qui concerne le territoire nécessaire aux installations que le gouvernement de la République fera, à sa convenance, dans la baie de Diégo-Suarez, nous croyons pouvoir vous assurer qu'il ne dépassera pas un mille et demi dans tout le sud de la baie, ainsi que dans le contour de l'est à l'ouest, de quatre milles autour du contour nord de la baie, à partir du point de ladite baie le plus au nord.

Le premier ministre malgache, s'autorisant de cette lettre, protesta contre le projet de notre résident ; ce dernier, de son côté, déclara seul valable le traité même. Dans cet incident, nous nous sommes encore trouvés aux prises avec les Anglais. Le *Madagascar Times* engagea le ministre à publier les deux documents, lettre et traité ; ce qui fut fait dans les colonnes dudit journal.

L'attitude de M. Le Myre de Vilers eut raison de la résistance du premier ministre, et, malgré celui-ci, le programme de notre établissement à Diégo-Suarez fut réalisé ponctuellement.

Une autre mèche ne devait pas tarder à être mise aux poudres, à propos de l'*exequatur* à conférer aux consuls.

L'Angleterre avait chargé M. Haggard des intérêts de ses

nationaux; l'Amérique avait dévolu cette mission à M. Campbell. Selon les instructions de leurs gouvernements, le premier se fit accréditer auprès du résident français, le second auprès du ministre malgache.

M. Le Myre de Vilers protesta pour le dernier auprès du ministre Rainelaierivoun ; celui-ci prétendit qu'il ne s'agissait pas d'affaires extérieures, mais d'affaires de politique intérieure, se basant en cela sur les commentaires suivants du paragraphe 1er de l'article 2 du traité contenus dans la lettre Miot-Patrimonio :

Un résident représentant le gouvernement de la République présidera aux relations extérieures.

Cela veut dire que le résident aura le droit de s'ingérer dans les affaires ayant un caractère politique extérieur; qu'il aura le droit de s'opposer, par exemple, à toute cession de territoire à une nation étrangère quelconque, à tout établissement militaire et naval, à ce qu'un secours quelconque en hommes et bâtiments sollicité du gouvernement de la reine de Madagascar par une nation étrangère puisse être accordé sans le consentement du gouvernement français.

Notre résident saisit son ministre des affaires étrangères de cet incident qui fut aplani par la voie diplomatique. L'Amérique consentit à présenter les lettres de son consul à M. Le Myre de Vilers.

Le premier ministre malgache n'accepta pas cette solution. Il informa M. Campbell que, désormais, les intérêts américains ne trouveraient aucune protection dans l'île. Le consul vint entretenir le résident français de cette réponse; celui-ci vit le ministre malgache qui lui dénia une fois encore le pouvoir de conférer l'*exequatur* aux consuls étrangers ; il revendiqua pour son droit la lettre Miot-Patrimonio.

Quelques autres pourparlers suivirent cette conférence ; ils aboutirent à la rupture des relations entamées par les négociateurs. Notre résident quitta Tananarive, emmenant les cinquante hommes d'infanterie de marine qui composaient le détachement d'occupation de la capitale, prévu à l'article 5 du traité de 1885.

Le gouvernement malgache comprit tout le danger de sa conduite vis-à-vis de la France. Il se hâta de rappeler nos troupes et de reprendre les négociations. Il fut arrêté que toutes « les affaires d'ordre politique qui devaient être traitées entre le gouvernement de Madagascar et les puissances étrangères seraient présidées par le résident général ».

Malgré sa fermeté, M. Le Myre de Vilers ne reçut qu'une promesse verbale de la part du premier ministre malgache.

Entre temps, l'habile diplomate français obtint un congé et revint en France, en mars 1888. L'intérim de la résidence fut rempli par M. Larrouy. Il fut troublé par une campagne honteuse, mais stérile en résultats, du *Madagascar Times* contre la résidence générale, dans le but de provoquer un mouvement d'opinions défavorables à la France.

Dans le pays, les procédés employés étaient identiques. Les Anglais ne manquaient pas une occasion de nous susciter des embarras. Un commerçant anglais de Majunga, en même temps agent consulaire, M. Knott, soulevait des troubles dans l'Ouest, excitait les Macquois à résister aux Hovas ; puis, lorsqu'il les avait compromis, les abandonnait à leur malheureux sort, les laissait massacrer par les Hovas et cherchait alors à nous rendre responsables de ces massacres. A Tamatave, nous étions également assurés de trouver devant nous le consul britannique, chaque fois que nous voulions apporter des améliorations dans les services utiles aux étrangers.

Toutefois, cette mauvaise humeur des Anglais ne paralysait pas beaucoup notre action ; elle était plutôt une reconnaissance de notre situation et de notre force relative qu'une preuve de l'autorité britannique. L'ensemble de la population hova restait insoucieuse de ces polémiques de presse et de ces rivalités plus ou moins avouées des Européens (1).

M. Le Myre de Vilers revint à Madagascar, en novembre 1888, persuadé que sa présence y serait de courte durée ; rien, en effet, ne lui faisait prévoir l'aplanissement des difficultés antérieures que le traité de 1885 avait soulevées et contre les-

---

(1) *Madagascar en 1894*, par A. Martineau, p. 78.

quelles ses efforts devaient rester stériles devant le mauvais vouloir et les obséquiosités de Rainelaierivoun, comme ceux de ses collaborateurs si dévoués : MM. d'Authoüard et Ranchot.

C'est au cours de cette seconde partie de sa mission que M. Le Myre de Vilers eut à réprimer les incursions des Mahafales. Cette répression fut confiée aux Hovas. Sur les conseils de notre résident, le premier ministre malgache organisa l'expédition contre Tulléar, en passant par Midony, Malaimbande, Morondava, où elle s'embarqua sur le *Normandy*; les troupes étaient commandées par Rainimiadane, alors 14e honneur.

Ce corps expéditionnaire, parti de Tananarive le 7 avril 1888, se trouva, en octobre suivant, entre Andakabé et Morondava. Bientôt la maladie et la désertion, auxquelles se joignirent les rigueurs de l'hiver, réduisirent ses effectifs. A la fin de février, au moment de l'embarquement à bord du *Normandy*, on ne comptait plus que six cents hommes.

Le 8 mars 1889, les Hovas débarquèrent à Tulléar où personne ne comptait les voir. Ils avaient une telle confiance en la victoire, qu'ils laissèrent aux Sakalaves le temps de lever leurs troupes. Mal en prit à Rainimiadane, car il dut mettre bas les armes, à la première rencontre, devant 3 à 4.000 ennemis.

Le 24 mars, les Hovas se rembarquèrent au nombre de 4 ou 500 et vinrent à Ranoupatse attendre les ordres de leur souveraine.

Une deuxième expédition fut décidée. Entre temps, M. Le Myre de Vilers revint en France, sans avoir pu aplanir aucune des difficultés auxquelles il s'était heurté.

Fin de la mission de M. Le Myre de Vilers.

Comme le laissait prévoir la conduite du premier ministre malgache, la mission de M. Le Myre de Vilers ne pouvait donner de résultats. Il faut retenir que ce dernier avait eu le grand mérite de sauvegarder les intérêts français dans la négociation de l'emprunt et que ses batailles diplomatiques s'étaient traduites par un accroissement de notre influence et par une affirmation non équivoque de notre protectorat.

Si M. Le Myre de Vilers ne put triompher dans la question de l'*exequatur*, il faut reconnaître que les conditions dans lesquelles était établi notre protectorat étaient loin de favoriser son action diplomatique. La France s'était installée à Tananarive « sans avoir donné à son représentant une escorte suffisante ou sans avoir pris un gage de la sincérité des Hovas (1) ». Il ne pouvait donc que se baser sur son influence personnelle et sur sa fermeté, mais quand ces facteurs ne sont pas secondés par des effectifs armés suffisants, surtout dans un pays comme Madagascar, la question des résultats devient très problématique. Il faut ajouter que le premier ministre malgache n'était pas disposé à accorder ce qui lui était demandé, si on en juge par la conduite qu'il a tenue ouvertement un peu plus tard.

Il espérait alors qu'avec de la patience il pourrait triompher de toutes nos revendications, et qu'avec le temps, il serait en mesure de s'opposer à toute action française en préparant la lutte armée. Mais n'anticipons pas sur les événements et disons que, pour le moment, il se borna à faire des semblants de concessions et à « ruser ». Dans ces conditions, la situation, déjà difficile, ne pouvait que s'aggraver de jour en jour.

Mission de M. Bompard.

La succession de M. Le Myre de Vilers échut à M. Bompard, un homme jeune encore, mais qui avait déjà fait ses preuves.

Dès son arrivée à Tananarive, notre représentant s'attacha à trouver un terrain d'entente. Il fit toutes les concessions possibles, sans dépasser les limites qu'imposait notre dignité.

Il parvint, grâce à cette attitude, à introduire au service du gouvernement malgache le capitaine Lavoisot, qui fut chargé d'organiser et d'instruire les soldats indigènes. Deux autres Français furent attachés auprès du premier ministre et, enfin,

---

(1) Martineau. *Op. cit.*, p. 82.

quelques concessions furent faites à nos nationaux. Le Comptoir d'escompte, relevé des quelques difficultés qui faillirent compromettre son existence, put ouvrir ses caisses aux commerçants de l'île et leur faciliter les transactions.

M. Bompard développa le service postal dont les courriers atteignaient Fort-Dauphin au sud, Fianarantsoa dans l'intérieur et Vohémar au nord; une agence résidentielle fut installée à Mananzara pour veiller aux intérêts de nos colons établis sur le littoral sud-est.

Près d'une année s'était écoulée paisiblement depuis l'arrivée de M. Bompard — juillet 1889 — et rien ne faisait prévoir une ère prochaine de difficultés.

Le 5 août 1890, la France et l'Angleterre signèrent une convention en vertu de laquelle la première consentait « à modifier l'arrangement du 10 mars 1862 en ce qui touche le sultan de Zanzibar. En conséquence, elle s'engagea à reconnaître le protectorat britannique sur les îles de Zanzibar et de Pembâ, aussitôt qu'il lui aura été notifié (1). »

De son côté, l'Angleterre déclara accepter :

Le protectorat de la France sur l'île de Madagascar, avec ses conséquences, notamment en ce qui touche les *exequatur* des consuls et agents britanniques qui devront être demandés par l'intermédiaire du résident général français.

Dans l'île de Madagascar, les missionnaires des deux pays jouiront d'une complète protection. La tolérance religieuse, la liberté pour tous les cultes et pour l'enseigement religieux sont garanties.

Il est bien entendu que l'établissement de ce protectorat ne peut porter atteinte aux droits et immunités dont jouissent les nationaux anglais dans cette île (2).

Échec de la diplomatie française.

La façon dont notre diplomatie négocia cette entente avec l'Angleterre fut un véritable pas de clerc. M. Bompard connut l'existence de ce traité « par les dépêches Reuter », à leur arri-

---

(1) Livre jaune. *Op. cit.*, p. 7.
(2) Livre jaune. *Op. cit.*, p. 8.

vée à la cour malgache. Cette nouvelle jeta une perturbation complète dans les affaires et détruisit l'œuvre accomplie par notre résident depuis son arrivée à Madagascar.

A Tamatave, le gouverneur hova évacua ses armes et ses munitions en lieu sûr et se mit à construire des fortifications sur les derniers contreforts des montagnes qui descendent à la mer. Les commerçants, non moins inquiets, écrivirent à leurs agents de l'intérieur de cesser toutes affaires. Pour tout le monde, la guerre allait éclater.

A Tananarive on fut moins alarmé ; le gouvernement hova commença par douter de la réalité des bruits qui circulaient ; puis le résident général ayant reçu notification officielle de l'arrangement du 5 août et en ayant fait connaître les termes, une situation nouvelle se produisit. En vingt-quatre heures, M. Bompard, qui était plutôt « persona grata » auprès de Rainelaierivoun, devint pour tous l'ennemi. On l'accusa d'avoir masqué sous des dehors bienveillants et conciliants des entreprises ténébreuses qui avaient abouti à l'accord anglo-français (1).

Comme bien on le pense, le gouvernement malgache maintint ses prétentions ; il refusa de reconnaître notre autorité et déclara se soucier bien peu de l'intervention de l'Angleterre qui n'avait rien à voir dans nos affaires.

Et dès lors commença pour notre résident une série de tracasseries dont le point de départ fut encore la question de l'*exequatur*.

Le 17 novembre 1890, M. Herbette, notre ambassadeur à Berlin, était avisé par le baron de Marschall, secrétaire d'État des affaires étrangères de l'empire allemand, que son gouvernement reconnaissait également « le protectorat de la France sur Madagascar avec toutes ses conséquences ».

Aussi, le moment venu d'accréditer son représentant dans l'île de Madagascar, l'Allemagne se souvint de sa reconnaissance et donna l'ordre à M. Tappenbeck, son consul, de s'entendre avec le résident français. Le 1er juin 1891, M. Bompard se rendit auprès du premier ministre Rainelaierivoun et l'en-

(1) Martineau. *Op. cit.*, p. 94.

tretint de la question. Il refusa de « consentir à aucune procé-.
dure dont le peuple malgache pourrait inférer que Madagascar
ait perdu son indépendance et soit placé sous notre protectorat (1) ».

M. Bompard ne désarma pas ; il continua à voir le premier
ministre jusqu'au 2 juillet, avec l'espoir chaque jour de l'amener à composition. Ce jour-là, il fut convaincu plus que jamais
de l'entêtement de Rainelaicrivoun et de l'inutilité de son in-
sistance à obtenir satisfaction dans la question de l'*exequatur*.
Il écrivit à M. Ribot, ministre des affaires étrangères, le résultat de ses démarches successives.

> Rainelaierivoun, dit-il, consent bien à recevoir de ma main la
> demande d'*exequatur*, mais il se refuse obstinément à envoyer sa
> réponse par mon intermédiaire. Bien que je ne possède aucun
> moyen d'empêcher le premier ministre d'écrire directement à
> M. Tappenbeck, et que par conséquent cette procédure puisse être
> suivie malgré mon opposition, je n'ai pas cru devoir accepter une
> transaction qui nous aurait liés pour l'avenir dans des conditions
> qui ne conviendraient peut-être pas au gouvernement (2).

M. Ribot référa sur-le-champ au gouvernement allemand de
ces incidents ; le 10 juillet, il répondit à M. Bompard :

> Le gouvernement allemand, à qui j'avais demandé de confirmer
> à son agent la recommandation de n'agir que de concert avec vous,
> a déclaré qu'il était tout disposé à faciliter la reconnaissance de nos
> droits et que, bien que les instructions données à M. Tappenbeck
> ne pussent laisser aucun doute sur ces intentions, il s'empresserait
> de les renouveler si nous avions à lui signaler un défaut d'entente
> entre son consul et la résidence (3).

Le 28 août, notre ministre des affaires étrangères envoya,
par télégramme, de nouvelles instructions à M. Bompard.
Nous en détachons ce paragraphe :

> En ce qui concerne le mode de délivrance de l'*exequatur*, je ne vois
> pas d'inconvénient à ce que le premier ministre adresse l'*exequa-
> tur* à M. Tappenbeck, pourvu qu'il soit constaté que la demande a

---

(1) Livre jaune, *Op. cit.*, p. 11.
(2) Livre jaune. *Op. cit.*, p. 11.
(3) Livre jaune. *Op. cit.*, p. 12.

été transmise par vous, ce fait étant suffisant pour établir que nous consentons à la délivrance. Quant à la constatation de la transmission de la demande par votre intermédiaire, si le premier ministre ne croit pas devoir y faire allusion dans l'acte, elle pourrait résulter d'une lettre de vous à M. Tappenbeck et d'une note qui serait publiée (1).

Au moment où ces dernières instructions arrivèrent à M. Bompard, les pourparlers sur cette question étaient clos. Notre résident se garda bien de les reprendre, toutes les chances de conciliation étant épuisées. De plus, des événements d'un ordre particulièrement grave venaient de s'accomplir. Le capitaine Lavoisot et nos deux compatriotes attachés à la personne du premier ministre avaient été disgraciés. Partout soufflait un vent contraire à notre pays.

Malheureusement, écrit M. Bompard le 18 septembre, peu de personnes, depuis l'arrangement du 5 août 1890, osent parler au palais en faveur de la France, à ce point que les jeunes Malgaches, élevés dans notre école de Saint-Maixent, interrogés par Rainelaierivoun sur notre force militaire, ont jugé prudent de répondre que l'effectif officiel de notre armée était une pure fantasmagorie et que, dans les revues, on faisait défiler plusieurs fois les mêmes soldats, afin de tromper le public sur leur nombre réel. Presque seul, l'oncle de la reine, personnage dénué de toute autorité, s'est permis des représentations en faveur de la conciliation, alors que tous les courtisans conseillaient avec passion de nous opposer une fin de non recevoir catégorique (1).

Cette question de l'*exequatur* resta encore en suspens et M. Bompard, ayant demandé pour des raisons de santé à être relevé de son poste, rentra en France en décembre 1891, laissant la situation de la France à Madagascar aussi compromise qu'au moment de son arrivée.

L'intérim de la résidence fut rempli par M. Lacoste. Il ne fut pas plus heureux que ses prédécesseurs pour faire résoudre la question de l'*exequatur* de M. Tappenbeck.

---

(1) Livre jaune. *Op. cit.*, p. 14.

Mission de M. Larrouy.

La succession de M. Bompard parut si lourde à recueillir que le gouvernement éprouva des difficultés à pourvoir à ce remplacement. Il arrêta son choix sur M. Larrouy, consul à Dublin, ancien résident adjoint en 1888.

Dès l'arrivée de M. Larrouy, le premier ministre malgache lui manifesta le désir de reprendre, pour le compte de son gouvernement, le télégraphe, ainsi qu'il l'avait déjà tenté en 1888 et en 1891. L'urgence de maintenir ce service en notre pouvoir, surtout en raison des événements dont l'île allait être le théâtre, ne pouvait échapper au moins clairvoyant : notre résident refusa.

Premiers armements des Hovas.

Le 30 juin 1893, une agitation extraordinaire régnait dans l'île. En voici l'explication que M. Larrouy donna à son gouvernement.

Les bruits et les commentaires auxquels avait donné lieu l'arrivée récente d'armes et de munitions de guerre pour le compte du gouvernement malgache ont produit à Tamatave et sur la côte une vive émotion. On a remarqué que, d'autre part, les opérations du recrutement se poursuivent actuellement dans les provinces avec une rigueur telle qu'elles affectent plutôt le caractère de levées extraordinaires que de simples mesures d'administration. De plus, les corvées ordonnées pour le transport des approvisionnements militaires viennent augmenter un mouvement déjà considérable et occasionnent une agitation générale. C'est par milliers que l'on compte le nombre des hommes réquisitionnés. Les convois de marchandises ne peuvent circuler qu'avec difficulté sur la route de Tamatave à Tananarive et restent souvent en détresse dans les villages, abandonnés par les porteurs que les autorités hovas réquisitionnent pour la corvée. Un de nos courriers postaux a même été retardé.

Cet état de choses s'accentuera probablement encore, car les canons et les munitions débarqués à Vatomandry, les 7 et 8 avril dernier, ne paraissent constituer qu'un premier arrivage d'une commande d'approvisionnements de guerre plus importante. On me signale, en effet, la formation d'un corps de corvéables de 2.000 hommes destiné au transport de 4.375 barils et de 152 boîtes de poudre provenant du Rohl, et on annonce également comme prochaine l'arrivée d'un chargement de vingt à vingt-cinq mille fusils se chargeant par la culasse (1).

A cette lettre, parvenue à Paris le 1er août, le ministre des affaires étrangères répondit, le 11 du même mois :

Les conditions dans lesquelles ont eu lieu les nouvelles commandes, les précautions prises pour en dissimuler le débarquement, les dénégations du premier ministre en réponse à nos questions, montrent chez le gouvernement hova des préoccupations qui ne sauraient nous laisser indifférents. Personne ne menace Madagascar, et nous avons d'ailleurs pris l'engagement, dans le traité de 1885, de défendre les États de la reine contre toute attaque du dehors. Les armements actuels n'ont donc pas de raison d'être, à moins qu'ils ne soient dirigés contre nous. Or, si nous continuons à être animés de sentiments amicaux à l'égard du gouvernement hova, nous ne sommes pas moins résolus à ne pas tolérer plus longtemps, de sa part, une attitude agressive, qui inquiète nos colons et les autres résidents étrangers, et dont l'opinion publique en France commence à être vivement préoccupée. Vous devrez, en conséquence, vous expliquer nettement avec Rainilaiarivony et lui déclarer que vous entendez être tenu au courant, à l'avenir, de toutes les importations d'armes pour le compte du gouvernement hova. Vous ajouterez que nos croiseurs ont reçu l'ordre de s'opposer aux importations clandestines et de saisir les cargaisons. Concertez-vous à ce sujet avec le commandant Richard, qui recevra des instructions du ministre de la marine (2).

Ce langage était bien tardif et provoqué par une diplomatie peu clairvoyante. Il ne pouvait échapper à personne que ces armements avaient un seul objectif : la France. Il serait bien curieux de connaître d'où vint l'idée première de cette insurrection, l'argent nécessaire pour l'acquisition des armes et des poudres. Au moment de la campagne du Dahomey, on se préoccupa de ces points initiaux; on a cru devoir les laisser dans l'oubli pour Madagascar !

_____

(1) Livre jaune, *Op. cit.*, p. 21.
(2) Livre jaune, *Op. cit.*, p. 22.

Troubles en Imérina.

Entre temps, plusieurs de nos nationaux tombèrent sous les coups des indigènes. Le 23 juillet, Georges Müller, chargé d'une mission scientifique, était assassiné ; le 21 octobre, un des postes de M. Suberbie était attaqué par une bande de Fahavolas qui tuèrent un créole, plusieurs indigènes et firent deux Français prisonniers. Dans la nuit du 19 au 20 janvier 1894, la maison de M. Durand, à Tananarive, était cernée par une bande de Malgaches ; au cours de la défense de son habitation, le propriétaire tomba mortellement blessé d'un coup de fusil. Enfin, la question de l'*exequatur* revint sur le tapis dans les conditions que nous connaissons déjà.

Cette situation difficile ne fut pas sans jeter une vive émotion dans la métropole. A la suite d'une interpellation de M. Brunet, député de la Réunion, la Chambre des députés vota, à l'unanimité, l'ordre du jour suivant :

La Chambre, résolue à soutenir le gouvernement dans ce qu'il entreprendra pour maintenir notre situation et nos droits à Madagascar, rétablir l'ordre, protéger nos nationaux, faire respecter le drapeau, passe à l'ordre du jour.

De plus, on décida que les garnisons de Diégo-Suarez et de la Réunion seraient renforcées.

Le gouvernement hova ne resta pas inactif. Aux remontrances qui lui furent faites quant aux armements et aux explosifs, il répondit par le droit absolu que la cour d'Imérina avait d'acheter ce qu'il lui plaît ; il refusa de prendre l'engagement de prévenir notre représentant pour ces mêmes acquisitions ultérieures. Le 12 février, à la suite d'une réunion du premier ministre, des sieurs Parrett et Shervinton, deux personnages chargés spécialement de l'armée, les mesures suivantes étaient arrêtées :

Construction d'un grand fort à Majunga, de trois petits le long de la baie de Bombetoke, d'un fort à Morotsangana et d'un autre à

Vohémar ; réfection et amélioration des ouvrages élevés, en 1883, à Manjakandrianombana, près de Tamatave ; édification d'un fort à Tanimandry ainsi que sur le mont Ifody et sur le pic d'Angavo. Ces projets ont principalement pour but de mettre en état de défense les routes qui, de Tamatave et de Majunga, conduisent à Tananarive.

Il a été décidé, en outre, que les travaux dont il s'agit seraient exécutés le plus discrètement et le plus rapidement possible. Ils seront faits en corvée. Toutefois, afin d'éviter que les travailleurs ne s'enfuient, on leur fournira, contrairement à l'habitude, la nourriture.

Enfin, le personnel d'ouvriers de la cartoucherie installée à Soanierana près Tananarive, par les soins d'un Anglais, M. Hanning, va être augmenté (1).

Les vexations et les attaques contre nos nationaux continuèrent toujours, sans que notre résident pût obtenir la moindre répression contre leurs auteurs.

Voici en quels termes ce fonctionnaire rendait compte à notre ministre des affaires étrangères de la situation de Madagascar, à la date du 30 juin 1894 :

Aussi longtemps que les Hovas ont été retenus par la crainte d'une rupture avec la France qui aurait pu être suivie d'hostilités immédiates, leur attitude à notre égard, bien que toujours malveillante, restait encore relativement modérée dans la forme. Rassurés aujourd'hui au sujet d'une éventualité que leurs informateurs habituels leur présentent comme très lointaine et invraisemblable, ils pensent n'avoir plus de ménagements à garder.

Les gens du palais qui se croient menacés par le développement de l'influence française à Madagascar ont de tout temps excité le peuple contre nous. Plus que jamais, en ce moment, c'est aux Français que sont attribués tous les maux de la situation. C'est pour satisfaire à leurs impitoyables exigences que l'impôt de la piastre est perçu, que l'emprunt forcé est établi, que les corvées de travailleurs sont péniblement organisées dans quelques régions aurifères : ainsi sont motivées toutes les exactions. D'autres causes de mécontentement sont également exploitées contre nous.

De là est évidemment né un état d'esprit parmi les Malgaches, que la coterie qui domine dans les conseils du premier ministre entretient et développe par tous les moyens.

(1) Livre jaune, *loc. cit.*, p. 29.

L'agression de Rakotomena contre un soldat de l'escorte est une manifestation violente des sentiments des grands officiers. Elle n'a été jugée dans l'entourage du palais que comme un acte simplement prématuré et inopportun. Le premier ministre, n'étant plus comme autrefois capable de résister aux entraînements impolitiques de son entourage, semble n'avoir même pas recherché un compromis honorable qui aurait pu mettre fin à l'incident provoqué par Rakotomena. Dans une circonstance analogue et à une époque où il savait montrer plus de vigueur, Rainelaierivoun avait trouvé le moyen de nous donner des satisfactions suffisantes pour éviter un éclat. Il n'en est plus ainsi.

Non content d'assurer au neveu de la reine l'impunité la plus scandaleuse, le premier ministre vient de pousser l'arrogance jusqu'à annoncer que Rakotomena lui a adressé une plainte pour protester contre la publication dans le *Progrès de l'Imérina* et dans le *Ny Malagasy* d'un entrefilet dans lequel étaient exposés les circonstances de l'agression du 13 juin et le rôle que celui-ci y avait joué. Tous les détails de l'affaire étaient déjà de notoriété publique chez les Malgaches avant même que j'en fusse informé. En sortant du palais et en présence de M. d'Anthoüard, Marc Rabibisoa, qui venait d'interpréter les observations que j'avais présentées au premier ministre sur les excès commis par Rakotomena, admettait la véracité de ces mêmes faits, en rejetant la responsabilité de l'inconduite de ce jeune homme sur ses esclaves et ses aides de camp. Le premier ministre, au début de notre entretien, avait essayé d'établir en faveur de Rakotomena un alibi sur lequel il n'a pas eu, d'ailleurs, le courage d'insister, tout en bégayant des objections de détail. En ce moment, on cherche à donner le change à l'opinion malgache en faisant courir le bruit que Rakotomena n'était pour rien dans cette affaire. C'est là un procédé familier aux Hovas et auquel on ne saurait se laisser prendre.

Ce n'est pas seulement dans la capitale, où la présence de la résidence générale et de l'escorte ont tenu jusqu'ici les agitateurs en respect, mais encore dans les provinces, que nous ressentons les effets des excitations dirigées contre les Français. A ces causes générales viennent s'ajouter, à Suberbieville, les froissements journaliers qui résultent des tentatives de répression exercées par les employés de M. Suberbie à l'égard des indigènes soupçonnés ou convaincus de vol d'or ou de se livrer à l'exploitation clandestine des gisements aurifères compris dans les limites de la concession. Nul n'ignore plus à Madagascar que le premier ministre a pris la résolution de chasser M. Suberbie de sa concession. On savait autrefois que les attentats dirigés contre les établissements ou le personnel de ce Français étaient bien rarement punis par les autorités malgaches.

Mais on savait aussi que les officiers hovas ne s'opposeraient pas aux mesures que M. Suberbie et ses agents prendraient eux-mêmes pour en assurer, dans une certaine mesure, la répression effective. Les choses ont changé de face actuellement. Les mêmes conflits s'élevant généralement à l'occasion de la punition de quelques voleurs d'or, qui, en d'autre temps, n'auraient même pas été mentionnés, font maintenant l'objet de récriminations comminatoires de la part du premier ministre.

Nous ne saurions nous étonner si, dans ces conditions, les attentats contre les personnes et les biens des Européens se renouvellent fréquemment. A trois journées de Tananarive, à Ambohimarina, en Emyrne, dans une localité pourvue d'une administration hova, un Français de la Réunion, le sieur Salomon, vient d'être attaqué, volé et blessé par des malfaiteurs.

Notre résident à Tamatave m'a informé, ainsi que je vous l'ai annoncé, qu'un autre Français, le nommé Barnesse, était mort à la suite de circonstances qui n'ont pas paru naturelles. Le gouverneur Rainisolofo, connu par ses sentiments antifrançais, est fortement soupçonné d'avoir fait assassiner notre compatriote.

Ce ne sont pas seulement nos nationaux qui ont à souffrir de ces procédés : M. le vice-consul de S. M. Britannique à Tananarive m'a exprimé les doléances de ses ressortissants. D'après M. Porter, des sujets britanniques sont constamment l'objet de vexations et de dénis de justice de la part des autorités hovas. Une plainte récente, que lui a adressée le sieur Victoir, serait une preuve que les Hovas ne font, sous ce rapport, aucune distinction entre les vazahas de nationalités différentes. Le sujet britannique précité, appelé par ses affaires de commerce à Ambositra, après avoir été l'objet des tracasseries des officiers hovas, a fini par être arbitrairement séquestré, gardé à vue dans une maison et obligé ensuite de quitter la ville sans avoir pu obtenir le recouvrement des sommes qui lui étaient dues par des débiteurs indigènes. M. Porter a eu recours à mon intermédiaire en vue de la transmission de ses protestations au premier ministre et de la réclamation formulée contre le gouvernement malgache par le sieur Victoir.

Les chefs des deux principales maisons américaines représentées à Tananarive éprouvent les mêmes difficultés. Ils constatent, à leurs dépens, la mauvaise foi et la mauvaise volonté que leur témoignent les fonctionnaires hovas.

Le surintendant de la mission norvégienne, le docteur Borchgrevinck, m'exprimait, de son côté, les appréhensions que lui causaient les agissements du parti qui domine actuellement au palais, tout en reconnaissant cependant que la majorité du peuple était loin de partager les sentiments de haine qu'une minorité tyrannique et puissante cherchait à entretenir et à développer.

Dans un de ses derniers rapports, le docteur Besson me signalait dans la province des Betsileo les mêmes tendances et les mêmes excitations (1).

Le conseil des ministres, après un examen de la situation, décida qu'il y avait lieu de temporiser quelque peu, de ne pas rompre brutalement les relations avec le gouvernement malgache, et de gagner ainsi le temps nécessaire aux renforts pour arriver à Diégo-Suarez.

M. Larrouy n'était pas du même avis. Il voulait évacuer brutalement la capitale malgache. Malgré les sages avis de notre ministre des affaires étrangères, notre résident persista dans sa détermination, et toutes ses lettres publiées dans le Livre jaune attestent cette fatale préoccupation. On ne lui laissa pas le temps de l'exécuter, car, à la suite d'un conseil des ministres, tenu le 8 septembre à Pont-sur-Seine, où se trouvait en villégiature M. Casimir-Périer, alors Président de la République, M. Larrouy fut rappelé en France. Avant son départ de l'île, il devait ramener à la côte les femmes, les enfants malades ou invalides; placer l'escorte à Tananarive sous les ordres de M. d'Anthoüard qu'il devait accréditer auprès du premier ministre, comme délégué intérimaire à la résidence générale.

Dans cette même réunion, il fut décidé que M. Le Myre de Vilers, qui connaissait parfaitement la question malgache, serait envoyé en mission spéciale pour procéder sur place à un examen d'ensemble de la situation.

Une fois encore notre diplomatie n'avait pu avoir raison du gouvernement malgache; il ne restait donc qu'à faire parler la poudre.

---

(1) Livre jaune, *Op. cit.*, p. 33.

CHAPITRE II

LA DÉCLARATION DE GUERRE

Nouvelle mission Le Myre de Vilers. — La conférence du 22 octobre. — Nouveau projet de traité avec la France. — Échec de M. Le Myre de Vilers. — Devant les Chambres françaises. — La guerre est déclarée.

Nouvelle mission Le Myre de Vilers.

M. Le Myre de Vilers s'embarqua, le 13 septembre, à bord de l'*Amazone*.

Le gouvernement, après avoir rappelé les circonstances qui provoquaient l'envoi d'un délégué spécial, ajoutait, dans la note qu'il remit, le 12 septembre, à M. Le Myre de Vilers :

Le gouvernement hova ne saurait s'étonner qu'en présence de son mauvais vouloir ou de son impuissance à remplir ses obligations à cet égard, le gouvernement de la République, qui est tenu d'accorder aide et protection à ses nationaux et qui a assumé vis-à-vis des puissances étrangères la responsabilité du maintien de l'ordre et de la sécurité de leurs ressortissants, revendique les moyens d'action nécessaires pour atteindre lui-même ce résultat. En conséquence, après avoir rappelé au premier ministre les nombreux attentats commis dans ces derniers temps contre la vie et la propriété des étrangers et l'impunité absolue dont les coupables ont bénéficié, grâce à la faiblesse ou à la complicité des autorités locales, vous lui ferez connaître que le gouvernement a décidé de renforcer, dans la proportion qui lui paraîtra convenable, l'effectif du détachement stationné à Tananarive. Vous ajouterez que nous nous réservons, le cas échéant, d'envoyer dans l'intérieur de l'île ou de débarquer sur la côte des forces suffisantes pour prévenir ou réprimer les désordres dont nos compatriotes ou les ressortissants étrangers pourraient avoir à souffrir dans leurs personnes ou dans leurs biens.

D'autre part, afin de faciliter les communications du résident général avec la côte et de lui donner les moyens de pourvoir d'une manière efficace à la protection des Français ou des résidents étrangers sur les différents points de l'île, il paraît indispensable de procéder, aussitôt que possible, à l'exécution de certains travaux, tels que l'établissement de lignes télégraphiques, la construction de routes ou de chemins de fer, etc., qui contribueront en même temps au développement du commerce et de la prospérité à Madagascar.

Dans le cas où le gouvernement hova jugerait à propos d'entreprendre lui-même et à ses frais les travaux dont il s'agit, le gouvernement français s'empresserait, comme le prévoit l'article 14 du traité de 1885, et comme il a déjà été fait pour la ligne télégraphique de Tananarive à Tamatave, de mettre à sa disposition les ingénieurs ou agents techniques qui seraient demandés. A défaut d'une semblable initiative de la part du gouvernement hova, il serait dès maintenant entendu que le gouvernement français aura la faculté de procéder à ces travaux, sans qu'aucun obstacle puisse être apporté par la cour d'Emyrne aux œuvres d'utilité publique qui seraient entreprises par la France, en vue d'améliorer les conditions économiques de la grande île.

Enfin, vous n'ignorez pas que l'attention du gouvernement a été appelée sur les commandes importantes d'armes et de munitions faites dans ces derniers temps par le premier ministre hova. En réponse aux observations qui lui ont été adressées à ce sujet, Rainilaiarivony a déclaré que ces commandes répondaient uniquement à des nécessités d'ordre intérieur et qu'elles ne devaient, à aucun degré, être interprétées comme impliquant des intentions agressives à notre égard. Il s'est toutefois refusé à prendre l'engagement qui lui était demandé, de tenir la résidence générale au courant des commandes et importations d'armes qui pourraient être faites pour le compte du gouvernement hova. Vous aurez à revenir sur ce sujet et à insister pour obtenir l'engagement réclamé. Vous rappellerez qu'aux termes de l'article 11 du traité de 1885, le gouvernement de la République a promis de prêter assistance à la reine de Madagascar pour la défense de ses États et qu'il entend se réserver ce soin; que, d'autre part, la France a assumé, vis-à-vis des puissances signataires de l'acte général de Bruxelles, certaines obligations en ce qui concerne le transit des armes qui pourrait avoir lieu par Madagascar à destination de la côte orientale d'Afrique, et qu'elle doit, dès lors, exercer un contrôle sur toutes les importations de cette nature qui seraient faites dans la grande île.

. . . .

En raison de la difficulté des communications avec Madagascar, le gouvernement vous autorise, si vous le jugez à propos, à conclure, sans autre délai et sans avoir à lui en référer pour les questions de détail, un arrangement sur les bases indiquées dans le projet ci-annexé et dont le texte français fera seul foi. Vous êtes autorisé également à prendre d'urgence, sans attendre la ratification de l'arrangement qui interviendrait, les mesures d'exécution que cet acte pourrait comporter, spécialement en ce qui concerne le renforcement du détachement de Tananarive, et à adresser à cet effet les réquisitions nécessaires aux commandants de nos forces de terre et de mer dans l'océan Indien.

Dans le cas où le gouvernement malgache vous opposerait un refus formel, ou chercherait à se dérober en traînant la discussion en longueur, vous le mettriez en demeure de vous faire connaître sa réponse dans un délai que je vous laisse le soin de déterminer, en prévenant le premier ministre que son silence serait considéré comme une fin de non recevoir. A la date que vous aurez fixée, vous améneriez le pavillon, vous prescririez l'évacuation, et vous gagneriez la côte, le plus promptement possible, pour entrer en communication avec le gouvernement.

En quittant Tananarive, vous préviendriez le premier ministre que si, après votre départ, les dispositions du gouvernement de la reine venaient à se modifier, vous ne vous refuseriez pas à recevoir le traité dont vous lui auriez remis le texte, revêtu de sa signature et de la ratification de Sa Majesté.

M. Le Myre de Vilers débarqua à Tamatave le 8 octobre. Il fit connaître immédiatement son arrivée au premier ministre par M. d'Anthoüard, notre délégué intérimaire. Après un repos de vingt-quatre heures dont on profita pour organiser le convoi, M. Le Myre de Vilers se dirigea sur Tananarive où il arriva le 14. Le 15 au matin, il fit sa visite au premier ministre qui la lui rendit le soir même. Le lendemain, la reine lui accorda une audience publique, et le 17, à 10 heures du matin, eut lieu la première conférence au cours de laquelle notre envoyé remit au premier ministre le projet de traité.

Ce projet comportait : Interdiction au gouvernement malgache d'entretenir aucune relation avec les gouvernements étrangers ou leurs agents que par l'intermédiaire du résident français; enregistrement à la résidence des concessions faites par le gouvernement de la reine à des Français ou à des étrangers; droit pour le gouvernement français d'entretenir les forces militaires qu'il jugera nécessaires pour assurer la sécurité de l'île ; enfin, entreprise par ce même gouvernement de tous les travaux d'utilité publique, perception des profits de ces travaux toutes les fois que le gouvernement malgache ne se sera pas chargé de l'exécution de ces travaux.

Le premier ministre demanda quelques jours de réflexion ; il lui fut accordé jusqu'au vendredi, le samedi au plus tard, à 10 heures du matin. Le temps écoulé pour la réponse, Rainelaierivony ne se dérangea pas, poussant l'inconvenance jusqu'à ne pas prévenir notre représentant. Celui-ci, justement vexé du procédé, fit notifier, par M. d'Anthoüard, au gouvernement malgache, d'avoir à accepter nos propositions. Il prévint en même temps le consul britannique, le superintendant de la mission norvégienne et les citoyens français résidant à Tananarive de cette mise en demeure.

Quelques instants après la démarche de M. d'Anthoüard, M. Le Myre de Vilers reçut avis que la conférence aurait lieu, le lundi 22 octobre, à 10 heures du matin.

La Conférence du 22 octobre.

A l'heure dite, le premier ministre se trouva au rendez-vous accompagné de : Rasanjy, Marc Rabibisoa et Rasoa Rainiharisoa ; les représentants de la France étaient, en outre de notre délégué : MM. Ranchot, d'Anthoüard et Berthier.

Le Livre jaune rapporte le procès-verbal suivant de cette conférence :

M. Le Myre de Vilers. — Régulièrement, je ne devrais pas être ici, car la remise de l'ultimatum a clos les négociations. C'est en considération de mes relations amicales avec Votre Excellence que je me suis rendu à son invitation.

Rainelaierivoun exprime ses remerciements et déclare qu'il désire vivement le maintien des bonnes relations.

M. Le Myre de Vilers. — Je le désire également pour l'intérêt de Madagascar.

Rainelaierivoun. — Le gouvernement malgache a étudié lui aussi le moyen de maintenir les bonnes relations, et il a établi un projet de convention qu'il a l'honneur de remettre au plénipotentiaire de la République, en le priant de l'examiner attentivement, car ce document est très long.

M. Le Myre de Vilers. — Le gouvernement de la République ne peut renoncer aux garanties qu'il demande. Quand j'étais à Tananarive, en 1886, un des fils du premier ministre se permit d'envoyer ses esclaves s'emparer des musiciens malgaches qui se trouvaient à la résidence générale. Son Excellence comprit qu'un acte semblable était intolérable : elle me fit faire immédiatement des excuses et punit son fils. Dernièrement, le prince Rakotomena fit battre un soldat français et le premier ministre n'a pas même envoyé une lettre d'excuses au résident général. De pareils procédés sont inacceptables. Je suis donc obligé de maintenir le projet de traité dont j'ai remis une copie à Votre Excellence, projet qui a été arrêté en conseil des ministres, en présence de M. le Président de la République. Le gouvernement malgache doit savoir s'il accepte ou s'il refuse ces propositions.

Son Excellence me dira peut-être que son conseil de cabinet n'est pas d'accord ; dans tous les pays du monde, il en est ainsi : partout il y a des violents qui poussent aux décisions extrêmes, puis, lorsqu'un malheur est arrivé, ils rejettent la responsabilité sur le chef qu'ils ont poussé dans l'abîme. Que Votre Excellence le sache bien, la situation pour Madagascar est excessivement grave. Le gouvernement de la République ne désire pas intervenir dans l'administration intérieure du royaume ; il ne veut pas toucher à la question de la propriété ni à celle du travail, mais il tient essentiellement à assurer aux vazahas de toutes nationalités une protection efficace.

Lorsque la guerre aura été déclarée, nous ne pourrons plus en arrêter le cours. et, par la force des choses, nous devrons vous imposer notre domination.

Que Votre Excellence ne se fasse aucune illusion : le résultat de la guerre n'est pas douteux ; ce sera un écrasement terrible du peuple malgache. Les armées européennes sont actuellement organisées de telle façon que la résistance n'est pas possible sans une longue et savante préparation et sans un armement perfectionné. Je le dis à Votre Excellence en toute amitié, parce que j'ai pour elle beaucoup d'affection ; la guerre sera pour les Malgaches un désastre et ce résultat est mathématiquement sûr. Si je lui parle ainsi, ce n'est pas par mépris pour les Malgaches ; vos soldats pourront être aussi braves que possible, ils n'en seront pas moins battus inévitablement.

Jamais chef d'État n'a été dans une situation aussi périlleuse. Si Votre Excellence ne peut s'entendre avec moi, sa perte, celle de Sa Majesté et celle du royaume s'ensuivront. Au contraire, si elle se met d'accord avec le gouvernement de la République, toutes les difficultés s'aplaniront et le peuple malgache trouvera une prospérité inconnue jusqu'ici.

Rainelaierivoun déclare qu'il ne désire pas la guerre, mais, au contraire, qu'il souhaite le maintien des bonnes relations.

M. Le Myre de Vilers. — Tant que j'ai été résident général, le gouvernement malgache n'a pas eu à se plaindre de moi. Je me suis attaché à entourer la reine de tous les égards possibles; j'ai traité le premier ministre comme un ami. Au sujet des arrestations illégales dont se plaint Votre Excellence, je suis tout à fait en mesure de lui répondre. Aux termes de l'article 4 du traité du 17 décembre 1885, « les litiges entre Français et Malgaches seront jugés par le résident, assisté d'un juge malgache ». Or, mes successeurs ont demandé la constitution de ce tribunal mixte et n'ont jamais obtenu satisfaction. Les vazahas, pas plus que les Malgaches, n'ont le droit de se faire justice eux-mêmes; mais quand la distribution de cette justice est interrompue par la faute d'un gouvernement, ce gouvernement est responsable des excès et des fautes commises. A Madagascar, lorsqu'une contestation surgit entre des vazahas et des indigènes, il n'est pas possible d'obtenir justice; il y a même de sérieuses raisons de croire que les fonctionnaires de la reine sont complices. Un exemple tout récent montre quelle est l'honnêteté de ces derniers : Rainizafimanga, un des officiers qui sont chargés du règlement des affaires entre Malgaches et étrangers, a été pris, il y a quelques jours, en flagrant délit de vol des bois destinés à la construction d'un temple protestant de la place d'Andohalo. Quelle confiance peut-on accorder à de pareils magistrats?

Tous les griefs relevés par Son Excellence ont une importance secondaire à mes yeux, et si nous arrivons à nous mettre d'accord, j'ai l'esprit assez conciliant pour m'entendre avec le premier ministre. Mais nous ne pouvons tolérer que la sécurité des vazahas soit compromise. Depuis deux à trois ans, sept vazahas ont été assassinés, et pas un des coupables n'a été puni, ni arrêté, ni même recherché. Je ne parle pas des attaques nocturnes qui se répètent à Tananarive avec une fréquence surprenante; c'est le motif **pour** lequel le gouvernement français a introduit, dans le projet de traité qui vous est soumis, l'article 3 ainsi conçu :

« Le gouvernement de la République française aura le droit d'entretenir à Madagascar les forces qu'il jugera nécessaires pour assurer la sécurité de ses ressortissants et des résidents étrangers. »

Son Excellence a paru surprise que les sœurs, les missionnaires, les vazahas quittent la capitale; c'est moi qui en ai donné l'ordre. Je suis responsable devant mon gouvernement et devant mon pays de la sécurité de mes compatriotes, et puisque le gouvernement malgache, en temps régulier, n'est pas en mesure de protéger efficacement les vazahas à Tananarive, comme le prouvent les attaques dirigées contre la mission catholique, M. Chayet, M. Durand, M. Gregory, etc., le pourrait-il, au milieu de l'effervescence populaire que provoquera mon départ? Il y a trois jours, la femme d'un missionnaire anglais a été grossièrement insultée par des soldats malgaches sur la place de la Mahamasina. J'ai le devoir de soustraire mes compatriotes à des actes de violence que le gouvernement malgache est impuissant à réprimer.

Je n'ai pris aucune mesure préparatoire jusqu'au jour où Votre Excellence m'a manqué d'égards. Le premier ministre ne pouvait ajourner une conférence dont la date avait été fixée d'un commun accord, sans même se donner la peine de prévenir le plénipotentiaire. En présence d'un tel procédé, j'ai envoyé l'ultimatum que j'avais ordre de lui remettre dans des conditions prévues par le gouvernement de la République. Un ultimatum ne se retire plus. Je suis donc obligé de demander à Votre Excellence si elle veut signer le traité. Votre Excellence se plaint de difficultés de détails, de questions secondaires. Elle me connaît assez pour savoir que je lui donnerai satisfaction si ses réclamations sont fondées. Mais j'en reviens toujours au projet de traité; le gouvernement de la République ne peut laisser plus longtemps les vazahas sans sécurité.

Votre Excellence a entre les mains la paix ou la guerre. En toute amitié, je lui dis : Choisissez la paix.

J'attends la réponse de Votre Excellence . (*Silence.*)

Rainelaierivoun déclare qu'il a préparé une réponse écrite qu'il a remise au plénipotentiaire de la République. Il prie M. Le Myre de Vilers de vouloir bien l'examiner attentivement et à loisir.

M. Le Myre de Vilers. — J'examinerai le document avec le plus grand soin et je donnerai au gouvernement malgache les satisfactions raisonnables. Mais je ne puis modifier le projet de traité qui a été délibéré en conseil de cabinet et en présence de M. le Président de la République. Je ne puis accepter le moindre changement et je suis obligé d'en revenir au même point. Votre Excellence accepte-t-elle, oui ou non?

Avant de quitter Votre Excellence, je tiens à lui parler une dernière fois en ami. Si nous ne parvenons pas à nous entendre, c'est-à-dire si Votre Excellence refuse de signer le projet de traité qui est entre ses mains, elle subira de dures épreuves. Que Votre Excellence n'oublie pas que je ferai tout ce qui sera en mon pouvoir pour lui être utile et apporter un adoucissement à ses malheurs.

L'audience se termine à 4 heures 30 minutes (1).

_____

(1) Livre jaune, *Op. cit.*, p. 48.

Nouveau projet de traité avec la France. — Le 24 octobre, après deux jours de réflexion, le gouvernement malgache remit entre les mains de M. Le Myre de Vilers un contre-projet en vertu duquel il reconnaissait notre résident comme représentant de la France; il assurait la sauvegarde de la personne et des biens de nos nationaux, à la condition que nous n'empêchions pas l'introduction des armes et des munitions, « pour mener à bonne fin cette obligation »; développement du commerce, des industries d'utilité publique sans que la France puisse y mettre obstacle; répression par l'autorité malgache des délits de ses nationaux; la France forcerait M. Suberbie et sa compagnie à payer au gouvernement malgache, pour l'aider à se libérer de ses dettes vis-à-vis du Comptoir d'escompte, un million trois cent soixante-dix mille huit piastres cinquante centimes, et l'intérêt à 6 p. 100 l'an. Si un sujet malgache ou français commet un crime à l'égard de l'un ou de l'autre habitant, le tribunal malgache jugera si le plaignant est Malgache, la résidence si le plaignant est Français; tout prêt d'argent d'un Français à un Malgache sera enregistré au bureau des affaires étrangères de Madagascar; les prêteurs devront un droit de deux centimes par piastre sur les intérêts, taux qui pourra être élevé selon le bon vouloir du gouvernement de la reine; jugement par le tribunal mixte de toute contestation pour convention d'industrie, de commerce ou autre entreprise faite par un Français; enfin, défense à nos troupes de débarquer à terre pour y faire l'exercice.

L'acceptation de telles propositions ne pouvait paraître qu'une conception ridicule de la volonté de la France de se maintenir à Madagascar. Pouvions-nous les ratifier sans renoncer pour toujours au protectorat que nous avions établi par le traité de 1885? Nous n'aurions plus été les protecteurs, mais, au contraire, les protégés des Hovas.

M. Le Myre de Vilers ne répondit pas. Le soir même le délai de mise en demeure expirait. Il prévint le consul anglais et le superintendant norvégien de l'évacuation de Tananarive par les Français; en même temps il fit parvenir au premier ministre l'inventaire des biens de nos nationaux habitant la capitale et dont il lui confiait la garde.

Le premier ministre conçut une vive inquiétude à la réception de cette nouvelle, en raison des tristes conséquences qu'entraîne toute rupture des relations diplomatiques. Le 26 octobre, Rainelaierivoun écrivit à M. Le Myre de Vilers une lettre de laquelle nous détachons les lignes suivantes :

Selon ce que je vous ai souvent répété, nous ne cherchons pas querelle ; mais nous cherchons la continuation des bonnes relations entre les deux gouvernements. C'est notre plus grand désir. Comme preuve de cela, tout ce que nous avons fait ici a été dans ce but.

Bien que la conduite de certains Français dans notre royaume ait été insupportable et en grande quantité, comme je vous l'ai en partie écrit dans la note que je vous ai remise le lundi 22 octobre, nous n'avons rien fait pour troubler la bonne amitié et, dans le projet de traité que je vous ai adressé le 24 octobre, vous y trouverez de nouveau, j'en suis certain, le plus grand désir que nous avons d'entretenir la bonne amitié. Je vous prie, en conséquence, de raconter cela clairement au gouvernement de la République, gouvernement dont on connaît bien le respect de la justice.

Cette lettre n'émut point notre plénipotentiaire ; il jugea inutile de revenir sur les termes de son ultimatum. Le 27 octobre, à 5 heures du matin, le pavillon de la résidence française à Tananarive fut amené et l'escorte prit le chemin de Majunga ; à 6 heures et demie M. Le Myre de Vilers se dirigeait sur Tamatave, où il arriva le 2 novembre.

Devant les Chambres françaises.

Le gouvernement français n'était pas resté inactif pendant la mission de M. Le Myre de Vilers. En présence des rapports qui lui avaient été adressés par son envoyé extraordinaire, il n'avait échappé à personne qu'une expédition pouvait seule ramener le gouvernement malgache au respect des conventions de 1885.

Le 13 novembre, à la Chambre des députés, l'occasion se

présenta pour le gouvernement de justifier qu'il avait suivi de près la question de Madagascar.

M. Boissy d'Anglas demanda à M. Hanotaux, alors ministre des affaires étrangères, de faire connaître à la tribune ce qui s'était passé à Madagascar, le résultat de la mission de M. Le Myre de Vilers et ce que le gouvernement pensait du problème de ce protectorat.

La discussion fut ouverte immédiatement. M. Hanotaux rappela la lutte soutenue par le gouvernement malgache contre l'application du traité de 1885 pendant la résidence de MM. Le Myre de Vilers, Bompard et Larrouy, l'échec du premier de ces personnages dans la récente mission spéciale qui lui avait été confiée; puis, abordant la solution qu'il convenait de donner à la question malgache, le ministre fit les déclarations suivantes :

Une fois l'évacuation accomplie et les propositions de la France rejetées par le gouvernement hova, plusieurs systèmes pouvaient être et ont été effectivement préconisés.

Les uns ont pensé que nous devrions nous contenter d'occuper les ports de la côte, Tamatave, Majunga, Diégo-Suarez, surveiller et, au besoin, entraver le commerce, attendre l'effet de ces mesures en nous agrandissant peu à peu vers l'intérieur.

Cette solution a un grave inconvénient : elle ne termine rien. Ce n'est pas l'expédition tout de suite, il est vrai ; mais c'est l'expédition toujours. (*Très bien! très bien!*)

Nos contingents, maintenus dans des postes peu salubres, condamnés à une lutte constante de broussailles et d'avant-postes, n'auront même pas l'élan d'une campagne décisive. (*Marques d'approbation.*) On perdra autant de monde, on dépensera autant d'argent, notre influence ne fera pas un progrès, le commerce souffrira et il faudra bien finir, un jour ou l'autre, par résoudre le dilemme de l'évacuation complète ou de l'action décisive. (*Très bien! très bien!*) Mais, ce jour-là, l'expédition se fera contre un adversaire prévenu, aguerri, enhardi, mieux organisé et mieux dirigé, et, par conséquent, dans des conditions bien plus difficiles.

On a aussi parlé de la simple occupation de Diégo-Suarez comme point stratégique, et l'on a pensé que le gouvernement hova ne ferait pas de difficulté de laisser s'accroître notre colonie dans le nord de l'île, si nous renoncions au traité de 1885.

Cette solution a été préconisée notamment par des publicistes étrangers. (*On rit.*) Elle aurait en effet, au point de vue auquel ils se placent, un réel avantage. En laissant le gouvernement hova libre de ses mouvements, on le jetterait dans les bras des agents douteux qui pullulent déjà autour de lui. (*C'est cela! — Très bien!*)

Nous serions acculés à la mer, sans l'espoir d'un développement sérieux à l'intérieur. La colonie de Diégo-Suarez, sans territoire, sans avenir, sans ravitaillement, deviendrait un coûteux et périlleux embarras. Cette solution est pire peut-être encore que la précédente. (*Marques d'assentiment.*)

Enfin, messieurs, il restait la solution franche, nette, claire, de l'évacuation, de l'abandon total de l'île. Cette solution, le gouvernement ne s'y est pas arrêté un seul instant. Il la repousse en elle-même; il la repousse dans ses conséquences. (*Très bien! très bien!*)

Qu'on le veuille ou qu'on ne le veuille pas, messieurs, qu'on l'approuve ou qu'on le blâme, la France est, comme la plupart des puissances européennes, entraînée vers une politique d'expansion lointaine qui n'est pas seulement la suite d'une volonté raisonnée ou d'un dessein calculé, mais qui est la résultante naturelle de ce besoin d'activité qui compte parmi les meilleurs symptômes de la santé chez les races vigoureuses. (*Très bien! très bien!*)

Malgré des difficultés sérieuses, des déboires parfois pénibles, cette tendance a été se développant depuis quinze années, depuis que la France a repris son énergie et ses forces.

Les résultats de cette politique, messieurs, vous les connaissez; vous les consacrez chaque jour par vos votes; vous poursuivez, malgré les charges déjà si lourdes d'une nation qui n'a pas qu'une seule tâche, l'œuvre entreprise par ceux qui vous ont précédés. Plusieurs de ces colonies récentes ont répondu à nos espérances. On peut dire que la possession de certains de ces territoires, parfois si chèrement gagnés, compte déjà parmi les éléments les plus précieux de notre autorité dans les grands problèmes qui, en ce moment, agitent le monde.

Eh bien! messieurs, dans le domaine de notre activité coloniale, Madagascar a toujours pris — et j'ajoute devait prendre — une place au moins égale à celle de nos colonies d'Indo-Chine. Située à l'autre extrémité de l'océan Indien, accotée à cette Afrique australe qui prend en ce moment un si merveilleux essor, placée sur ce chemin du Cap qui peut redevenir bientôt une des grandes voies du commerce universel, entourée de nos colonies de la Réunion, de Mayotte, de Nossi-Bé, des Comores, — Madagascar, « la Grande Terre », comme l'appellent les habitants de ces régions hier si éloignées, maintenant si voisines de nous, — Madagascar offre à notre activité coloniale, à notre prévoyance politique, un champ d'action duquel il serait véritablement impardonnable de détourner nos regards. (*Très bien ! très bien !*)

Au moment où le monde, par la rapidité des communications, se resserre, se rétrécit de jour en jour, au moment où les puissances civilisées se disputent des territoires qui ne peuvent plus rester bien longtemps aux mains des peuplades qui les occupent, devons-nous, pouvons-nous oublier le passé déjà si long qui nous rattache à cette île, les droits acquis si péniblement, et dédaigner les intérêts qui commencent déjà à s'y développer ?

. . . .

Un avenir incertain fait nécessairement un présent précaire. La longue tentative de conciliation poursuivie vainement, pendant près de neuf ans, avec le gouvernement hova a découragé les plus entreprenants.

Le système tel qu'il était appliqué a échoué, il faut entrer dans des voies nouvelles.

Messieurs, disons franchement les choses : il n'y a véritablement de protectorat que quand le protecteur est en mesure de faire prévaloir sa volonté, au moins dans le champ où elle se limite naturellement.

Or, j'ai prouvé tout à l'heure à la Chambre qu'à Madagascar rien de tel n'existait.

Tant que le gouvernement hova pourra échapper à notre influence, tant que, renfermé dans ses montagnes, il se croira à l'abri d'une intervention directe de notre part, il nous refusera dans la pratique ce que les traités mêmes nous reconnaissent.

Les faits parlent et ont surabondamment démontré que la présence effective d'une force sérieuse à Tananarive est indispensable. Elle est d'ailleurs prévue par l'acte de 1885.

Le traité stipule que le résident général sera entouré d'une troupe suffisante pour le garder, pour assurer le respect de ses décisions et, par suite, pour maintenir dans l'île l'ordre et la sécurité nécessaires au séjour de nos nationaux et de tous les résidents qui acceptent notre protectorat.

C'est cette force que nous vous demandons de conduire à Tananarive en l'accompagnant d'effectifs suffisants pour que, sur la route, elle soit à l'abri de toute surprise et qu'elle puisse au besoin briser les résistances qui lui seraient opposées.

Cette solution, nous aurions voulu l'obtenir du consentement du gouvernement hova ; mais, puisqu'il faut la lui imposer, avec votre concours, messieurs, nous la lui imposerons. (*Mouvement.*)

Le gouvernement, messieurs, se propose de déposer sans retard sur le bureau de la Chambre un projet de crédits lui assurant les ressources nécessaires pour obtenir le résultat qui vient d'être indiqué.

Ce projet devra être étudié par les deux Chambres, et je ne veux pas aujourd'hui en exposer le détail ; mais ce que je puis dire immédiatement, c'est que, dans notre pensée, l'expédition projetée doit être assez forte pour monter, en une seule campagne, jusqu'à Tananarive (*Très bien !*), et pour garder, par la suite, le bénéfice de l'effort qu'elle aura accompli.

Tananarive est à plusieurs centaines de kilomètres de la côte. Située sur un plateau élevé, la ville est, au milieu de l'île, un point culminant qui, par sa position, décide la domination de tout le pays. L'effort à faire pour s'en emparer doit être vigoureux. Mais le résultat sera décisif.

Installée dans la capitale, une garnison solide imposera désormais notre influence sur le pays tout entier.

Encore une fois, messieurs, je ne veux pas entrer ici dans des détails réservés pour une autre discussion. Mais j'ajouterai pourtant que si nous avons pressé le départ de M. Le Myre de Vilers, si nous demandons, dès aujourd'hui, aux Chambres une décision rapide, c'est que, malgré le délai qui nous sépare de la saison pluvieuse, époque où l'on pourra entrer en campagne, le temps nous presse. L'expédition demande à être préparée de longue main. Il faut réunir des moyens de transport, engager des porteurs, affréter et même construire des bateaux. Votre décision est attendue avec impatience par ceux qui auront la responsabilité et l'honneur de la mettre à exécution.

J'ajoute encore, messieurs, que la demande de crédits dont il s'agit repose sur une étude attentive, sur un relevé minutieux des obstacles en présence desquels nous allons nous trouver, et que le gouvernement réclame d'un coup à la Chambre et au pays tous les sacrifices qui lui ont paru nécessaires pour mener à bien l'œuvre une fois entreprise. 15.000 hommes et 65 millions paraissent indispensables. (*Mouvements divers.*)

Ces chiffres sont élevés sans doute, mais nous voulons que cette campagne soit prompte, méthodique et décisive.

C'est pourquoi nous n'hésitons pas à vous demander sans détour tout ce qui nous semble utile pour assurer le succès (1).

---

(1) *Journal officiel*, Chambre des députés, séance du 13 novembre 1894.

La guerre est déclarée.

Après les applaudissements qui couvrirent l'énergique déclaration de M. le Ministre des affaires étrangères, M. le général Mercier, alors ministre de la guerre, déposa une demande de crédits pour faire face à l'expédition projetée. Elle s'élevait à 65 millions, répartis comme il suit :

Ministère de la guerre.

Chap. 1er : Solde, 10 millions.
Chap. 2 : Subsistances, 6.050.000 francs.
Chap. 3 : Habillement et campement, 3 millions.
Chap. 4 : Service de santé, 2.500.000 francs.
Chap. 5 : Transport par terre et par rivière, 8 millions.
Chap. 6 : Remonte et harnachement, 6.600.000 francs.
Chap. 7 : Artillerie, 1.500.000 francs.
Chap. 8 : Génie, 2.500.000 francs.
Chap. 9 : Dépenses diverses et imprévues, 3.350.000 francs.
          Total : 43.500.000 francs.

Ministère de la marine.

Chap. 10 : Câble de Mozambique à Majunga, 3 millions
Chap. 11 : Renforcement de l'escadre en 1894, 700.000 francs.
Chap. 12 : Transports maritimes, 11.700.000 francs.
Chap. 13 : Commandement à Majunga et occupation de Tamatave, 2.600.000 francs.
Chap. 14 : Renforcement de la division navale de l'océan Indien en 1895, 3.500.000 francs.
          Total : 21.500.000 francs.

La discussion de ce budget eut lieu au cours des séances des 23, 24 et 26 novembre. Nous ne nous attarderons pas sur les discours prononcés à cette occasion, nés de la diversité des vues des orateurs. Mais il en est cependant qu'il importe de rappeler parce qu'ils ont été une véritable prophétie des difficultés de l'expédition.

M. Pierre Alype, député des Indes françaises, après avoir

fait le procès de notre politique à Madagascar depuis 1885, exposa les difficultés que nous aurions à vaincre :

..... Il faut, continue l'orateur, de bonnes troupes et de l'argent. C'est ce que vous demandez. Vous avez raison.

Dans cette expédition, il faudra surtout compter avec les difficultés provenant des accidents de terrain. Vous connaissez tous, messieurs, la topographie de Madagascar. Je ne la ferai pas ici. Il n'y a pas de route. Il n'y a que deux sentiers étroits qui conduisent de la côte à Tananarive : l'un part de Tamatave, l'autre de Majunga. Celui de Tamatave est le moins long, mais aussi le plus accidenté. Il y a des marais, des montagnes, des ravins, toutes sortes d'accidents de terrain sur son parcours ; il ne faut pas songer à le suivre. Celui qui part de Majunga est plus long, 430 kilomètres, mais aussi moins accidenté et moins dangereux pour nos troupes. Là nous rencontrerons un fleuve immense qui descend de Tananarive à Majunga. On pourra, dans une large mesure, l'utiliser pour le transport du matériel et des troupes, car il est navigable sur la plus grande partie de son cours.

Quant à la résistance des Hovas, je ne crois pas qu'elle soit beaucoup à redouter. Elle ne sera pas si terrible qu'on le croit. Je sais bien que, grâce à notre inertie, à notre insouciance, les Hovas se sont fortifiés depuis un an ; ils ont reçu d'Europe des munitions, des fusils, des canons ; ils ont établi auprès de Tananarive plusieurs batteries ; ils ont même des canons de longue portée. Mais je suis convaincu que tous ces obstacles disparaîtront devant la vaillance et l'énergie de nos soldats. (*Très bien ! très bien !*)

Pour moi, l'hésitation n'est plus possible : il faut faire l'expédition ; nous avons des droits à revendiquer, à faire respecter ; il faut que les Hovas sachent, une fois pour toutes, qu'on n'insulte pas impunément le drapeau français. (*Très bien ! très bien !*)

Mais je suis d'avis que nous prenions toutes nos précautions. Il ne faut pas renouveler ici les fautes commises au Tonkin et qui nous ont coûté si cher au début de l'occupation ; il ne faut pas prendre de demi-mesures. Il faut faire l'expédition en grand ou ne pas la faire du tout. Tout ou rien, voilà mon sentiment à cet égard.

A son tour, M. Isaac, député de la Guadeloupe, vint demander au gouvernement de prendre des dispositions dont la méconnaissance par les organisateurs de l'expédition devait avoir les plus terribles conséquences. Ces conseils appartiennent à l'histoire comme les événements, et c'est pour cela que nous demandons la permission de les rapporter ici :

..... Ce n'est pas, je le répète, le point de vue purement militaire qui doit nous préoccuper; la difficulté est ailleurs.

Elle est tout entière, d'une part, dans la question du transport du matériel et de l'approvisionnement, et, autre part, dans la question de l'évacuation des malades, qui seront assurément nombreux lorsque les troupes expéditionnaires traverseront les régions basses et insalubres.

Aussi, au sujet de l'emploi des crédits, je voudrais donner quelques aperçus, peut-être un peu spéciaux et topiques, et je demande d'avance pardon à la Chambre d'entrer dans ces détails. (*Bruit.*)

. . . .

...... Depuis 1889 des explorations et même des missions officielles ont parcouru Madagascar et démontré que s'il y a des côtés tout à fait inabordables, il y en a d'autres par lesquels, en se servant de la voie fluviale, par exemple, on peut rencontrer des pentes moins abruptes et même arriver à Tananarive par des voies carrossables, qui sont à créer, bien entendu. Je n'ai pas à insister sur ces détails, ce sont des faits qui sont connus de tous ceux qui se sont occupés d'un peu près de la question depuis plusieurs années.

D'autres de nos collègues ont envisagé seulement le chiffre des crédits et l'ont trouvé trop élevé.

Je serai tenté, pour ma part, de trouver le contraire. En tous cas, on peut s'étonner de la distribution qui a été faite de ces crédits; on peut s'étonner que ces crédits soient partagés uniquement entre le ministre de la guerre et le ministre de la marine, à l'exclusion du ministre des colonies. Et je me demande comment on pourra réaliser une expédition à Madagascar, à côté de la Réunion, à côté de Diégo-Suarez et de Nossi-Bé, en plein domaine colonial, par conséquent, sans que le ministre des colonies ait à intervenir.

Tout à l'heure, je disais que la difficulté consistait dans le transport du matériel d'une part, et dans l'évacuation des malades, d'autre part. Messieurs, c'est ce dernier point qui doit vous préoccuper d'abord. (*Bruit de conversations.*)

. . . .

...... Dans un pays comme Madagascar, la première préoccupation qui doit nous frapper, c'est le soin à donner aux nombreux malades que nous aurons. Il va sans dire qu'il y aura à construire sur le plateau un hôpital, dans la région salubre du pays, et en rapports immédiats avec le théâtre des opérations. Il servira pour les malades difficilement transportables; mais les autres devront être évacués au loin.

Je ne pense pas qu'on puisse songer à établir des hôpitaux sur le rivage de Madagascar : une pareille création serait faite en violation des règles les plus élémentaires de l'hygiène et au mépris de la vie des hommes. (*Bruit.*)

Je vous demande pardon d'insister sur ce point. Mais, messieurs, j'ai suivi de près l'expédition du Dahomey. Ceux d'entre vous qui savent les écoles qui ont été faites au Dahomey comprendront combien il est important de se rendre compte de toutes ces choses.

Je ne parle pas pour le gouvernement, qui est renseigné, lui ; je parle pour les députés qui ne se sont peut-être pas occupés d'assez près de la question et pour lesquels il est peut-être bon de lever un côté du voile.

Vous aurez à évacuer des malades loin du théâtre des opérations. Il ne faut pas songer à créer des hôpitaux sur la côte de Madagascar, parce que là c'est la mort certaine des hommes qui y seront retenus.

Je vais vous rappeler un souvenir : Dans l'expédition de 1884-1885, où nous nous sommes tenus sur la côte, où nous avons fait précisément une opération du genre de celle qu'on nous recommandait ici même dernièrement, la morbidité s'est élevée jusqu'à 59 p. 100, chiffre remarquable, vous le voyez !

Les fièvres de Madagascar ne tuent pas rapidement. Elles affaiblissent l'homme ; elles lui rendent absolument impossible toute espèce d'activité et d'énergie, si bien que l'évacuation des malades serait un problème absolument insoluble si le ministère des colonies ne possédait pas de magnifiques hôpitaux et de superbes sanatoria à la Réunion, par exemple, et des établissements moins grandioses, sans doute, mais plus rapprochés encore, à Nossi-Bé et à Diégo-Suarez. Ces établissements auront à subir des aménagements spéciaux, des appropriations nouvelles, et il faudra aussi, sans doute, élever des constructions nouvelles. (*Bruit de conversations.*)

Je demande pardon à la Chambre de l'impatienter...

M. Paschal Grousset. On devrait cependant écouter ! Il s'agit de la santé de nos soldats ; il n'y a rien de plus important.

M. Isaac. Je dis que nous avons près de Diégo-Suarez, sur le territoire de la colonie française, un emplacement d'une salubrité incontestable, la montagne d'Ambre qui est à environ 1.200 mètres au-dessus du niveau de la mer. Or, tout le monde sait que dans les zones intertropicales les maladies qui sévissent sur le littoral ne peuvent pas s'élever à cette altitude.

L'installation d'un hôpital sur la montagne d'Ambre aurait un autre avantage : ce serait d'éviter aux malades et aux blessés la traversée pénible par le cap d'Ambre. Il y aurait donc lieu de faire quelque chose en cet endroit.

Voilà des années qu'on nous parle de construire un sanatorium sur la montagne d'Ambre. Il n'existe pas encore. Et cependant, croyez-vous qu'il n'y eût rien à faire là? Je ne parle pas d'élever des constructions luxueuses et dispendieuses dans le genre de celles qui existent ailleurs, mais au moins on pourrait établir des baraquements confortables, en état de donner asile à un nombre important de malades.

Qui fera cela? Est-ce que vous allez demander au ministre de la guerre ou au ministre de la marine de faire ces aménagements, ces constructions sur des territoires qui dépendent du ministère des colonies, à l'exclusion de ce ministère? N'allez-vous pas ainsi provoquer et renouveler tous ces conflits si regrettables et si alarmants que nous avons déjà vu se produire entre ces administrations rivales? (*Très bien! Très bien! sur divers bancs.*)

Ce n'est pas tout. J'ai parlé de la difficulté des transports du matériel et des approvisionnements; nous aurons un tonnage considérable à mouvoir à Madagascar. Il ne faut pas compter qu'on trouvera dans cette île des vivres pour les hommes. Il sera impossible d'y appliquer la règle qui consiste à faire vivre les soldats sur le pays occupé et à nourrir la guerre par la guerre. Il faudra absolument tout y transporter.

On a parlé de porteurs. Or, quelle est la charge d'un porteur? Elle est de 30 kilogrammes. Vous voyez quelle armée de porteurs il vous faudra pour un transport utile. J'ajoute que vous ne trouverez pas un porteur pour la guerre, au moins dans les premiers temps, par la raison que tous ceux dont on pourrait se servir appartiennent à des peuplades que nous avons abandonnées aux représailles des Hovas. Aujourd'hui, ces gens-là se défient, ils ont peur.

Cela est si vrai que les explorateurs eux-mêmes ont toutes les peines du monde à se procurer des porteurs; ceux-ci sont menacés de mort, et plus d'une fois l'effet a suivi la menace, lorsqu'ils ont consenti à les servir.

On parle des Sakalaves. Les Sakalaves amis et alliés de la France! En général, il faut se défier de toute illusion à l'égard des sentiments de ces peuplades à notre égard.

Vous connaissez les fahavalos. Le nom par lequel on désigne ces pillards, qui ont fait tant de mal à nos compatriotes et à nos comptoirs, a assez retenti dans la presse. Qu'est-ce donc que les fahavalos? C'est un ramassis de bandits appartenant autant à l'élément sakalave qu'à tout autre. Donc, vous ne trouverez pas de porteurs.

Fera-t-on les transports par mulets? On parle d'envoyer un grand nombre de mulets d'Europe à Madagascar. Messieurs, le mulet est un animal très délicat, qui vit et travaille difficilement dans les pays chauds; à la moindre blessure, il faut abattre l'animal. Il lui faut, en effet, de longs mois de repos et de soins pour se rétablir, et cela est si vrai que ceux qui y ont été expédiés en 1884 et 1885 sont tous morts très rapidement. Il n'y a à Madagascar qu'un animal de transport, c'est le bœuf zébu.

M. CHAUTEMPS, *rapporteur*. Et l'éléphant?

M. ISAAC. L'éléphant n'est qu'une plaisanterie. Le bœuf zébu, on le trouvera dans le pays même; il coûtera moins cher que le mulet et il aura l'avantage d'être acclimaté.

Une question encore, messieurs, et j'ai fini. Elle a une certaine importance, car elle vous permettra de comprendre à quelle époque il sera utile de mettre en route nos soldats.

Je parlais des rivières navigables. Il y a, en effet, à Madagascar, suivant les zones où l'on se place — je n'ai pas à insister sur ce point — des rivières qui sont navigables pour les pirogues et les boutres du pays; mais toutes, à partir d'avril, n'ont plus que 50 centimètres d'eau; par conséquent, elles ne pourront porter que des canonnières ou des chalands d'une construction légère et d'un très faible tirant d'eau.

Or, ces canonnières et ces chalands, notre marine n'en possède pas le premier modèle. Il faudra en construire, et, pour en avoir seulement dix ou douze, il faut bien un délai de quatre mois.

Il faudra ensuite transporter ce matériel spécial par tranches jusqu'au point d'atterrissage choisi : encore un mois. Et il aura fallu créer là, à l'avance, des ateliers de construction pour débarquer ce matériel, le remettre en état, réarmer ces bâtiments; encore un mois. Puis il faudra transporter jusqu'au point de concentration qu'on aura désigné, les hommes, le matériel, les approvisionnements. Pour cela, un mois sera encore nécessaire. En tout : sept mois.

Et je ne tiens pas compte des retards imprévus et même prévus, non plus que des délais inévitables d'une pareille opération. De telle sorte qu'on ne peut pas admettre que l'expédition soit rendue — je pourrais dire à pied d'œuvre — au point de concentration avant le mois de juillet.

La conclusion pratique de cette constatation, c'est qu'il ne faut pas songer à diriger nos soldats vers Madagascar avant d'avoir fait les appropriations et les constructions hospitalières dont j'ai parlé, avant d'avoir préparé sur la côte, au point de départ, tout le matériel de transport qui aura été reconnu nécessaire.

Si le souci de la vie des hommes préside, comme j'en suis certain, à l'organisation de cette campagne, on se gardera d'envoyer d'avance nos soldats camper pendant des mois ou même des semaines sur le littoral, car ce serait par avance la ruine de l'expédition. (*Très bien! Très bien!*)... (1).

Le 26 novembre, la Chambre des députés acceptait les 65 millions demandés; 372 députés votèrent pour, et 135 contre.

Le 6 décembre suivant, après une courte discussion, le Sénat ratifiait le vote de la Chambre par 267 voix contre 3; le lendemain la loi était promulguée au *Journal officiel*.

Tels sont les faits diplomatiques et parlementaires qui servent de préface aux événements militaires de la conquête de Madagascar.

---

(1) *Journal officiel*. Chambre des députés, séance du 26 novembre 1894.

LIVRE II

Préparation militaire de l'expédition.

CHAPITRE PREMIER

CONSTITUTION DES UNITÉS DU CORPS EXPÉDITIONNAIRE

Premiers préparatifs de l'expédition. — Les erreurs du ministre des affaires étrangères. — Organisation des unités du corps expéditionnaire. — Ordre de bataille. — Effectifs du corps. — Critiques soulevées contre cette organisation.

Premiers préparatifs de l'expédition.

Un an avant le vote des crédits nécessaires à une expédition, le gouvernement s'était préoccupé de l'organisation de cette expédition. Il avait chargé les ministres de la guerre et de la marine d'élaborer le programme.

Les commissions constituées pour ce travail furent unanimes à reconnaître les difficultés qu'il y aurait à vaincre, notamment :

Absence complète de toutes voies de communication autres que des sentiers à peine tracés, franchissant des obstacles naturels considérables ;

Insalubrité générale du climat, surtout dans les parties basses de l'île ;

Défaut général de ressources locales, sauf en Emyrne.

Ajoutons à cela l'armée hova dont nous nous fîmes une idée de sa valeur bien autre qu'elle n'était, ainsi qu'en témoignèrent les événements.

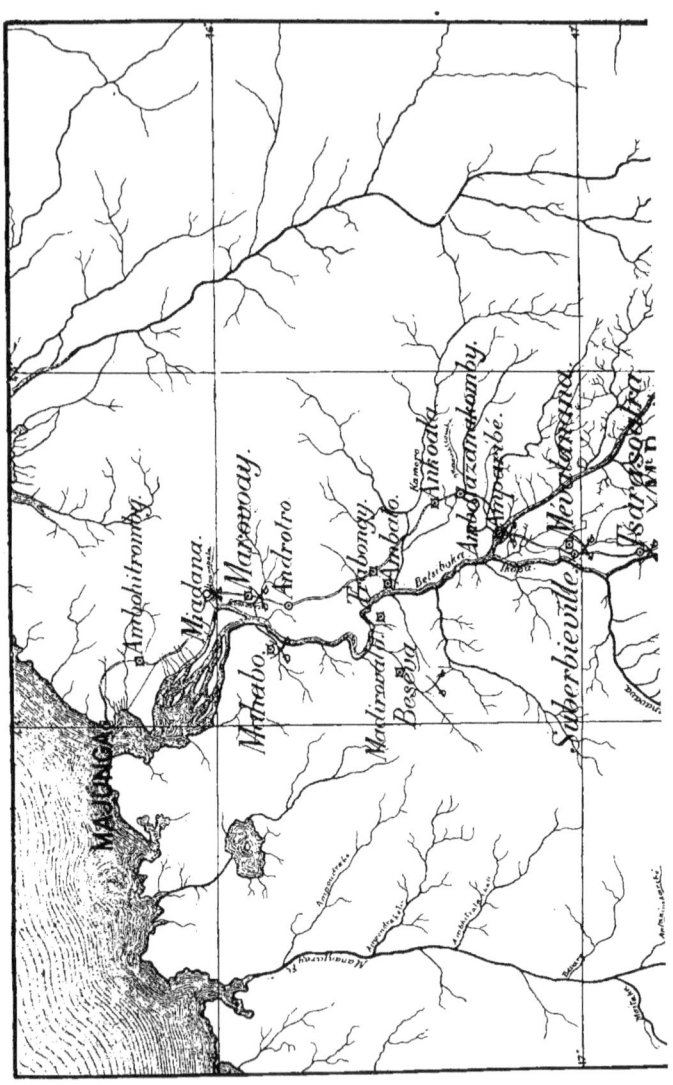

Itinéraire de Majunga

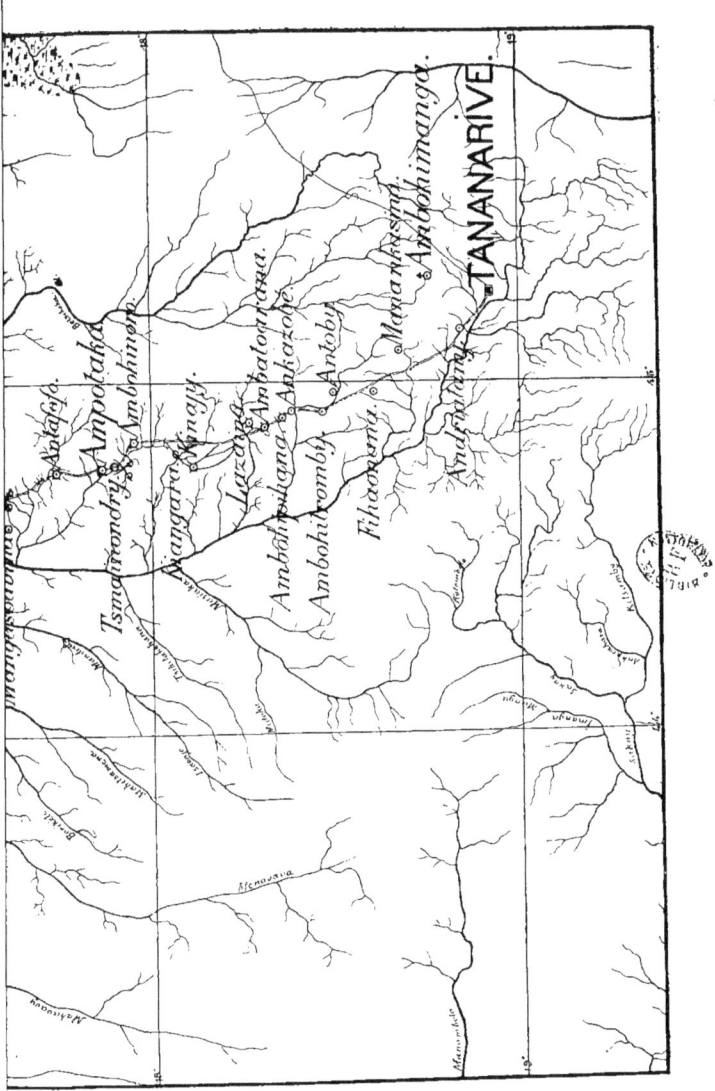

ve. — *Echelle* : 1/2.000.000.

Le gouvernement ne crut pas devoir s'en remettre au travail des commissions de la guerre et de la marine; il tint à en contrôler les assertions. Dans ce but, au mois d'août 1894, il constitua une commission mixte composée d'un représentant de chacun des ministères intéressés: affaires étrangères, ministère de la guerre, des colonies et de la marine. Contrairement à ce que nous constatons chaque jour, cette commission alla vite en besogne, car, moins d'un mois après son organisation, elle présenta un rapport dans lequel se trouvaient exposés toutes les connaissances géographiques que nous avions de l'île de Madagascar, une étude militaire et un plan des opérations; en un mot, elle avait élaboré tout ce que réclamait, en travail de cabinet, l'effort que nous devions faire pour assurer le respect du traité de 1885.

Ce travail fixait : l'effectif du corps expéditionnaire à 12.000 hommes dont le ravitaillement serait assuré par l'arrière; le port de Majunga pour débarquement des troupes; les vallées de la Betsiboka et de l'Ikopa pour la marche sur Tananarive, avec emploi de la Betsiboka jusqu'à son confluent avec l'Ikopa « pour le transport du matériel et d'une partie des troupes ».

Les erreurs du ministre des affaires étrangères.

L'œuvre de cette commission trouva un apologiste en la personne de M. Hanotaux, ministre des affaires étrangères, qui fit son éloge, le 6 décembre 1894, à la tribune du Sénat.

Nous avons étudié, dit l'orateur, avec le plus grand soin la question non seulement par nous-mêmes, mais avec le concours d'hommes particulièrement compétents et bien renseignés, appartenant aux divers ministères intéressés. Nous avons demandé à ces fonctionnaires et à ces officiers qui, presque tous, ont parcouru les divers chemins entre la capitale et les différents points de la côte, nous leur avons demandé une étude approfondie de toutes les questions que soulève une pareille expédition : modes de transport, porteurs ou coolies, animaux de bât ou de trait, en un mot, moyens d'action de toute sorte.

Nous leur avons demandé sur tous les points des renseignements précis, détaillés, minutieusement étudiés. C'est de ces renseignements que s'est dégagée pour nous, peu à peu, non seulement la conviction que la campagne était possible, mais que les difficultés que l'on prévoyait, et dont je n'entends pas nier l'importance, étaient au moins exagérées (1).

A vingt-cinq ans de distance, le ministre Ollivier avait tenu à peu près pareil langage.

L'expérience devait démontrer, malheureusement, que, si quelque chose était exagéré, c'étaient les affirmations de M. Hanotaux. Non seulement les événements ont prouvé que pas plus le ministère de la guerre que celui de la marine et pas davantage celui des colonies étaient capables d'entreprendre l'expédition telle qu'elle avait été conçue par la commission mixte. De plus, un an après, M. Cavaignac, ministre de la guerre, obligé de justifier, devant les représentants du pays, les responsabilités engagées pour l'organisation de l'expédition, confirmait cette incapacité en ces termes :

Il a — le gouvernement — dit M. Cavaignac, à la séance du Sénat du 24 décembre 1894, au ministère de la marine, un bureau des troupes qui n'est qu'une petite fraction de la direction du personnel de la marine. Il a, au ministère des colonies, une direction des troupes qui a bien sa part de responsabilité dans la garde et la défense des colonies, mais qui n'a pas sous la main les troupes mêmes dont elle a besoin pour assurer cette garde et cette défense.

Il reste donc, après cette déclaration, la responsabilité du ministère de la guerre. Oh ! ce ministère, qui nous coûte tant de millions chaque année, n'était pas mieux outillé que la marine et les colonies, ainsi qu'en témoigna le même orateur, le même jour, devant la même assemblée.

On a, dit-il, du jour au lendemain, chargé le ministère de la guerre *d'une mission à laquelle rien ne l'avait préparé.* Est-ce que vous pouvez demander à *une organisation qui n'est pas faite pour cela,* qui n'a *pas avec le monde colonial les points de contact nécessaires,* d'aller du jour au lendemain recruter sur tous les points du globe les moyens d'action dont elle a besoin ?

_____

(1) *L'affaire de Madagascar*, par G. Hanotaux, p. 190.

Quel singulier langage tenait donc M. Hanotaux, quand il déclarait que l'importance des difficultés était « au moins singulièrement exagérée », alors que le chef de l'armée, pour justifier ces difficultés, était obligé de constater que rien n'était préparé, rien n'était en mesure de les vaincre !

N'est-ce pas l'histoire des boutons de guêtre en 1870 !

Cette constatation faite, — il importait qu'elle le fût pour prévenir le lecteur contre les critiques qu'il trouvera au cours de ce récit, — nous revenons à l'ordre chronologique des événements.

Organisation des unités du corps expéditionnaire.

La première question à résoudre fut celle de la constitution du corps expéditionnaire. Elle fut l'objet d'une vive discussion à la Chambre des députés. Plusieurs membres de cette assemblée s'opposèrent à ce que les effectifs nécessaires fussent prélevés en France, par crainte d'affaiblir ceux exigés par la mobilisation.

Les affirmations du ministre de la guerre, qu'il n'y avait aucun péril pour notre mobilisation, triomphèrent de la résistance de nos parlementaires. Il fut décidé que le corps expéditionnaire serait constitué, en grande partie, avec les troupes de la métropole.

M. le général Duchesne, commandant la 14ᵉ division d'infanterie, désigné pour chef de l'expédition, fut appelé à Paris, le 28 novembre, pour assister à la préparation des détails d'organisation de l'expédition ; ces détails furent réglés par une commission temporaire dite « d'organisation » composée ainsi qu'il suit :

MM. le colonel de Torcy, chef d'état-major ; lieutenant-colonel de Beylié, sous-chef d'état-major ; lieutenant-colonel Bailloud, directeur des étapes ; colonel Palle, commandant l'artillerie ; lieutenant-colonel Marmier, commandant du génie ; sous-intendant Thomazou, directeur des services administratifs ; médecin principal, Emery-Desbrousses, directeur du service de santé ; tous les chefs de service du corps expéditionnaire désignés déjà par le ministre de la guerre.

Le corps expéditionnaire fut formé de deux brigades. La première, empruntée à l'armée de terre, comprenait : un régiment d'infanterie qui prit le numéro 200, un régiment de marche formé avec des troupes d'Algérie et désigné « régiment d'Algérie », un bataillon de chasseurs qui porta le n° 40.

La brigade d'infanterie de marine fut constituée par un régiment d'infanterie de marine qui prit le numéro 13, un régiment colonial, composé d'un bataillon de volontaires de la Réunion, d'un bataillon de tirailleurs malgaches et d'un bataillon de tirailleurs haoussas.

Les autres troupes comprenaient : un escadron de cavalerie ; deux batteries d'artillerie de terre, deux batteries d'artillerie de montagne, deux sections de munitions, deux sections de parc, un détachement d'ouvriers, un détachement d'artificiers, trois batteries d'artillerie de marine et une section mixte de munitions de cette artillerie ; quatre compagnies du génie, un escadron du train des équipages, le personnel des services administratifs et de santé, le service prévôtal, la trésorerie et les postes.

Un ordre ministériel du 11 janvier 1895 réglementa la formation des diverses unités relevant de la guerre. Les troupes qui devaient prendre part à l'expédition furent désignées le 17 du même mois : leurs compagnies devaient être constituées le 1er février et concentrées, le 200e régiment à Sathonay, les chasseurs à pied à Nîmes, et le régiment d'Algérie en Algérie.

Les hommes du 200e furent pris parmi les volontaires réunissant les meilleures conditions de bonne conduite, de vigueur et d'aptitude à soutenir la lutte contre un climat aussi meurtrier que celui de Madagascar. Le ministre se réserva la désignation des officiers des trois états-majors de bataillon pris parmi les régiments divisionnaires ou régionaux des 1er, 2e, 3e, 4e, 5e, 8e, 14e corps d'armée pour le 1er bataillon ; dans les 12 régiments régionaux du 6° corps, le régiment régional de Paris et les régiments subdivisionnaires des 9°, 10°, 11°, 12° et 15° corps, moins la Corse, pour le 2° bataillon ; les régiments subdivisionnaires des 6°, 7°, 13°, 16°, 17°, 18° corps et régiment de la Corse, les régiments régionaux des 7° et 14° corps pour le 3° bataillon.

Les gradés et les hommes des cadres de l'état-major des bataillons furent désignés par le colonel du 200° ; ces cadres devaient être complétés par un appoint de trente-six hommes fournis par le 6° corps.

Pour constituer l'état-major du régiment, on procéda dans chaque corps d'armée au tirage au sort d'un chef de bataillon, d'un capitaine adjudant-major, de deux lieutenants ou sous-lieutenants comme officier de détail et d'approvisionnement.

L'effectif fut fixé pour le 200° régiment à : 1 colonel, 1 lieutenant-colonel, 3 chefs de bataillon, 1 médecin-major, 16 capitaines, 42 lieutenants ou sous-lieutenants, 6 médecins-majors de 2° classe ou aides-majors, 140 sous-officiers (dont 15 adjudants, 12 sergents-majors, 12 sergents fourriers, 101 sergents), 213 caporaux (dont 12 fourriers), 2.386 soldats, 21 ordonnances, 95 chevaux ou mulets, dont 33 chevaux d'officiers, 3 mulets de selle et 59 de trait.

Le 40° bataillon de chasseurs à pied fut constitué par voie de tirage au sort d'une compagnie prise dans les 11°, 12°, 14° et 22° bataillons de chasseurs ; le noyau formé de volontaires fut complété par d'autres volontaires empruntés aux autres bataillons. Les officiers furent ceux de l'unité-mère. Mais le ministre se réserva de constituer l'état-major ; le personnel troupe de cet état-major fut désigné par le commandant du 14° corps pris dans l'ensemble des bataillons de chasseurs de ce corps d'armée. Le ministre se réserva aussi la nomination d'un capitaine faisant fonctions d'adjudant-major, d'un lieutenant ou sous-lieutenant pour l'emploi d'officier de détail ou d'approvisionnement pris parmi ceux désignés par le gouverneur de Paris et par les commandants des 1er, 2°, 6°, 7°, 14° et 15° corps.

L'effectif du bataillon fut fixé à : 1 commandant, 5 capitaines, 14 lieutenants ou sous-lieutenants, 2 médecins-majors ou aides-majors, 46 sous-officiers (dont 5 adjudants, 4 sergents-majors, 4 sergents fourriers, 33 sergents), 71 caporaux (dont 4 fourriers), 795 soldats dans le rang, 5 ordonnances, 5 chevaux d'officiers, 20 mulets, 19 voitures et 15 conducteurs indigènes.

L'administration du 200e de ligne et du 40e bataillon de chasseurs fut réglée conformément au décret du 10 juin 1889 sur la comptabilité des troupes en campagne. Le bureau chargé d'établir les comptes des unités administratives fut installé, pour le 200e au 142e de ligne, à Montpellier, et pour le 40e bataillon au 28e bataillon de chasseurs, à Grenoble.

Le régiment d'Algérie eut les mêmes effectifs que le 200e ; son premier bataillon fut pris dans les régiments étrangers, les deux autres dans les régiments de tirailleurs algériens.

L'escadron de cavalerie fut constitué, le 12 février 1895, au 1er régiment de chasseurs d'Afrique, avec les volontaires qui demandèrent à prendre part à l'expédition, complétés par d'autres volontaires des autres régiments de chasseurs d'Afrique.

Son effectif comprenait : 2 capitaines, 6 lieutenants ou sous-lieutenants ou vétérinaires en second, 1 maréchal des logis chef, 1 fourrier, 8 maréchaux des logis, 1 brigadier fourrier, 1 maître maréchal ferrant, 16 brigadiers, 3 aides maréchaux ferrants, 4 trompettes, 1 infirmier, 112 cavaliers montés, 12 cavaliers non montés, 4 conducteurs non montés, 4 conducteurs indigènes de voitures.

Les deux officiers de complément, le vétérinaire et les sous-officiers de complément furent tirés au sort parmi ceux des régiments de chasseurs d'Afrique ayant demandé à prendre part à l'expédition.

Le 6e et le 38e d'artillerie furent désignés pour fournir, par voie de tirage au sort, chacun une batterie ; ces unités prirent les numéros 17e et 18e et comptèrent, toutes les deux, au 38e régiment. Au 6e régiment, le tirage eut lieu entre les batteries des quatre groupes ; au 38e, entre celles des 1er et 2e groupes.

La batterie désignée par le sort fournit ses volontaires ; l'effectif fut complété par d'autres volontaires empruntés aux autres corps d'armée et désignés par le général commandant l'artillerie. Le troisième lieutenant de chaque batterie fut pris par voie de tirage au sort, entre les officiers ayant demandé à faire partie de l'expédition et moins anciens que le lieutenant en premier de la batterie-mère. Le ministre se réserva la nomination des officiers de l'état-major.

Les batteries furent composées : 1 capitaine, 3 lieutenants ou sous-lieutenants, 1 adjudant, 1 maréchal des logis chef, 1 maréchal des logis fourrier, 1 sous-chef artificier, 8 maréchaux des logis, 1 brigadier fourrier, 8 brigadiers, 1 brigadier maréchal, 2 aides maréchaux, 6 artificiers, 4 ouvriers en fer, 2 ouvriers en bois, 2 trompettes, 1 infirmier, 52 servants, 50 conducteurs, 4 chevaux, 12 mulets de selle, 92 mulets de trait, 6 pièces, 33 voitures Lefebvre, 33 conducteurs indigènes.

Les deux batteries de montagne, dont l'organisation n'est pas mentionnée dans l'ordre ministériel, étaient les 15e et 16e batteries. Leur effectif fut fixé à : 1 capitaine, 3 lieutenants ou sous-lieutenants, 1 adjudant, 1 maréchal des logis chef, 1 maréchal des logis fourrier, 1 sous-chef artificier, 8 maréchaux des logis, 1 brigadier fourrier, 8 brigadiers, 1 brigadier maréchal ferrant, 2 aides maréchaux, 6 artificiers, 4 ouvriers en fer, 1 ouvrier en bois, 1 bourrelier, 2 trompettes, 1 infirmier, 52 servants, 45 conducteurs, 4 chevaux d'officiers, 4 mulets de selle, 8 mulets haut-le-pied, 29 mulets de bât, 25 mulets de trait, 25 voitures Lefebvre et 27 conducteurs indigènes.

La section de munitions (2e) fut formée à Valence, au 6e d'artillerie, avec des volontaires provenant des 4e, 5e et 15e brigades d'artillerie ; le capitaine et un lieutenant en premier furent désignés par le commandant du 4e corps ; le gouvernement de Paris fournit le lieutenant en second ou sous-lieutenant. Rien n'a été également prévu dans l'ordre du 11 janvier pour la constitution de la 1re section, affectée au groupe d'artillerie de montagne.

L'effectif de ces sections comprenait : 1 capitaine, 2 lieutenants ou sous-lieutenants, 1 adjudant, 1 maréchal des logis chef, 1 maréchal des logis fourrier, 1 sous-chef artificier, 4 maréchaux des logis, 1 aide maréchal, 3 artificiers, 2 ouvriers en fer, 2 ouvriers en bois, 1 bourrelier, 1 trompette, 1 infirmier, 22 servants, 12 conducteurs, 3 chevaux d'officiers, 6 mulets de selle, 7 mulets haut-le-pied, 77 de trait, 1 pièce de 80, 75 voitures Lefebvre et 82 conducteurs.

Les deux sections de parc, 3e et 4e, furent constituées au 38e régiment d'artillerie. La 3e section eut pour origine les volontaires des troupes d'artillerie de la 6e région ; l'autre, la 4e, des volontaires des mêmes troupes d'artillerie des 1er, 2e et 3e corps. La 3e section fut réunie à Toul, le 15 février. Dans chacune de ces sections, 1 maréchal des logis, 1 brigadier et 10 servants devaient connaître la manœuvre des canons de 120 ou de 155 $^m/_m$ sur affût de plate-forme. Les officiers de la 4e section furent désignés par voie de tirage au sort, le capitaine en second dans le 1er corps, le lieutenant en premier dans le 2e corps, le lieutenant en second ou sous-lieutenant dans le 3e corps.

L'effectif de ces sections comprenait : 1 capitaine, 2 lieutenants ou sous-lieutenants, 1 adjudant, 1 maréchal des logis chef, 1 sous-chef artificier, 4 maréchaux des logis, 1 brigadier maréchal ferrant, 3 brigadiers, 1 aide maréchal, 3 artificiers, 2 ouvriers en fer, 2 ouvriers en bois, 1 bourrelier, 1 trompette, 1 infirmier, 22 servants, 12 conducteurs, 3 chevaux, 6 mulets de selle, 7 mulets haut-le-pied, 92 mulets de trait, 1 pièce de 80 de campagne, 1 pièce de 80 de montagne, 1 forge de campagne, 76 voitures Lefebvre et 97 conducteurs indigènes.

Le détachement d'ouvriers fut formé à Nîmes à l'aide de prélèvements faits sur toutes les autres compagnies, ou, à défaut de ceux-ci, avec des ouvriers de batterie ; le capitaine fut désigné par le ministre et placé à la 2e compagnie.

Ce détachement avait l'effectif suivant : 1 capitaine, 7 maréchaux des logis, 2 brigadiers ouvriers en bois, 2 brigadiers ouvriers en fer, 1 brigadier bourrelier, 3 maîtres ouvriers en bois, 3 maîtres ouvriers en fer, 8 menuisiers, 4 charpentiers, 4 charrons, 13 forgerons, 15 serruriers, 6 bourreliers, 4 chaudronniers.

Le détachement d'artificiers fut également formé à Nîmes à l'aide de volontaires; il compta à la 1re compagnie; son lieutenant fut désigné par le ministre. Il comprenait : 1 lieutenant, 2 maréchaux des logis, 2 brigadiers, 10 servants, 1 cheval, 1 mulet de trait, 1 voiture Lefebvre et 1 conducteur indigène.

Le noyau de chaque compagnie du génie fut tiré au sort dans les 1er, 3e, 4e et 6e régiments.

Dans le 1er régiment ce tirage eut lieu entre les compagnies suivantes : 4/1, 4/2, 4/3, 5/1, 5/2, 5/3, 5/4; dans le 2e régiment : 1/1, 1/2, 1/3, 2/2, 2/3, 3/1, 3/2, 3/3; dans le 4e régiment : 7/3, 8/1, 8/2, 8/3, 14/3, 13/4; dans le 6e régiment : 9/1, 9/2, 9/3, 10/1, 10/2, 10/3, 10/4, 11/1, 11/2, 11/3.

Parmi l'effectif total de cette troupe du génie, il devait y avoir 30 aérostiers et 130 télégraphistes.

Le capitaine commandant, les deux lieutenants ou sous-lieutenants de chaque compagnie furent tirés au sort. Le ministre de la guerre se réserva de désigner le capitaine en second, le troisième lieutenant, le capitaine commandant, les lieutenants ou sous-lieutenants dont l'emploi était vacant dans les compagnies-mères, les officiers et adjoints du parc, de l'état-major du génie et du commandement du génie des étapes.

Les compagnies furent portées à l'effectif du pied de guerre, dès le 25 janvier, et dirigées, en dehors des éléments venus du 2e génie, le 31 du même mois, sur Montpellier.

Ces quatre compagnies prirent les numéros 11, 12, 13 et 14 et le 2e régiment fut chargé de leur administration. Les aérostiers et les télégraphistes furent organisés, par les soins du colonel du 2e du génie, en deux groupes d'instruction comptant chacun à une compagnie.

Chaque compagnie comprenait : 2 capitaines, 3 lieutenants ou sous-lieutenants, 1 sergent-major, 1 sergent fourrier, 10 sergents, 16 caporaux, 4 maîtres ouvriers, 2 clairons, 2 infirmiers, 1 armurier, 1 bourrelier, 3 conducteurs dont 1 maréchal ferrant, 153 hommes, 5 chevaux, 4 mulets de selle, 4 mulets de bât, 15 de trait, 15 voitures Lefebvre et 215 auxiliaires indigènes, dont 15 conducteurs et 200 ouvriers terrassiers.

Le train des équipages, formé de six compagnies, préleva des hommes dans les différents escadrons. L'effectif de chaque compagnie était fort variable, en raison des services auxquels cette compagnie devait être employée.

La 1re compagnie fut affectée au quartier général de la 1re brigade, à l'ambulance et au convoi administratif (échelon n° 1, deux jours de vivres) de cette même brigade, service des postes, service géographique, une demi-boulangerie de campagne, le service de têtes d'étapes et du parc de débarquement, dépôt de remonte mobile et réserve d'effets, échelon de ravitaillement n° 3. Son effectif comprenait : 1 capitaine, 4 lieutenants ou sous-lieutenants, 3 vétérinaires, 1 adjudant, 1 maréchal des logis chef, 9 maréchaux des logis, 19 brigadiers, 5 aides maréchaux, 6 bourreliers, 1 trompette, 89 conducteurs, 17 ordonnances, 57 chevaux, 15 mulets de selle, 184 mulets haut-le-pied, 22 mulets de bât, 562 mulets de trait, 562 voitures Lefebvre et 647 conducteurs indigènes.

La 2e compagnie avait le quartier général, l'ambulance, le convoi administratif de la 2e brigade, le quartier général du corps expéditionnaire, une demi-boulangerie de campagne, les hôpitaux de campagne 1 (sédentaire), 2, 3, 4, l'échelon de ravitaillement n° 4, 20 voitures-citernes, le sanatorium et l'hôpital d'évacuation. Son effectif comprenait : 1 capitaine, 4 lieutenants ou sous-lieutenants, 1 vétérinaire, 1 adjudant, 1 maréchal des logis chef, 10 maréchaux des logis, 17 brigadiers, 8 aides maréchaux ferrants, 8 bourreliers, 1 trompette, 83 conducteurs, 132 ordonnances, 6 chevaux, 14 mulets de selle, 40 mulets haut-le-pied, 30 mulets de bât, 638 mulets de trait, 618 voitures Lefebvre et 627 conducteurs indigènes.

La 3ᵉ compagnie attelait les échelons de ravitaillement 5, 6, 7, 8, 9 et 20 voitures-citernes. Elle comprenait : 1 capitaine, 4 lieutenants ou sous-lieutenants, 2 vétérinaires, 1 adjudant, 1 maréchal des logis chef, 10 maréchaux de logis, 16 brigadiers, 5 aides maréchaux ferrants, 5 bourreliers et 1 trompette, 73 conducteurs, 7 chevaux, 16 mulets de selle, 50 mulets haut-le-pied, 770 mulets de trait, 758 voitures Lefebvre et 750 conducteurs indigènes.

La 4ᵉ compagnie attelait les échelons de ravitaillement 10, 11, 12, 13 et 14; la 5ᵉ les échelons 15, 16, 17, 18 et 19; elles avaient les mêmes effectifs que la 3ᵉ compagnie.

La 6ᵉ compagnie avait les échelons 20, 21, 22, 23 et 24; son effectif en hommes était le même que les 3ᵉ, 4ᵉ et 5ᵉ; elle n'avait que 16 mulets de selle, 424 de trait, 519 voitures Lefebvre et 745 conducteurs indigènes.

La 30ᵉ section de commis et ouvriers fut formée de : 2 officiers d'administration, 2 adjudants, 6 sous-officiers commis aux écritures, 14 caporaux et 33 soldats également commis aux écritures. Le personnel ouvrier comprenait : 14 sous-officiers dont 1 menuisier, 1 emballeur, 6 boulangers et 6 de professions diverses; 33 caporaux dont 1 menuisier, 1 ferblantier, 2 mécaniciens ou forgerons, 1 serrurier, 21 boulangers, 4 bouchers, 1 meunier et 2 de professions diverses; 248 soldats dont 2 charpentiers, 10 menuisiers, 13 tonneliers, 1 ferblantier, 9 mécaniciens et forgerons, 4 serruriers, 2 cordonniers, 2 emballeurs, 2 tailleurs, 2 voiliers, 10 maçons, 5 fumistes, 140 boulangers, 49 bouchers, 1 meunier et 5 de professions diverses.

La 30ᵉ section d'infirmiers était à l'effectif de 330 hommes dont 23 sous-officiers, 39 caporaux et 268 soldats; chaque ambulance ou hôpital avait des commis aux écritures (2, 3 ou 4), des cuisiniers (2 ou 3), des ouvriers exerçant la profession de menuisier, charpentier, mécanicien ou serrurier.

Les troupes de la 2ᵉ brigade furent également formées par

régiment de trois bataillons ; en ce qui concerne le régiment colonial nous n'avons pas à nous occuper de sa constitution, chacune de ses unités formant une organisation spéciale. Il nous reste donc à parler du 13ᵉ régiment d'infanterie de marine.

Le 1ᵉʳ bataillon fut pris dans la 1ʳᵉ brigade de l'arme, le 2ᵉ dans la 3ᵉ brigade avec l'appoint de 2 adjudants, 2 sergents-majors, 2 sergents fourriers, 16 sergents, 2 caporaux fourriers, 32 caporaux, 8 clairons et 336 soldats prélevés sur la 2ᵉ brigade qui passèrent au 3ᵉ régiment, le 15 mars. La 4ᵉ brigade fournit les deux compagnies et le contingent nécessaires pour compléter le 3ᵉ bataillon, dont deux compagnies avaient été embarquées le 12 janvier. L'effectif des deux nouvelles compagnies fut majoré de 50 hommes pour combler les vides qui avaient pu se produire dans les deux autres.

Au point de vue administratif, ces bataillons comptèrent, de leur formation jusqu'à leur embarquement, le 1ᵉʳ bataillon au 1ᵉʳ régiment d'infanterie de marine, le 2ᵉ bataillon au 3ᵉ régiment, et le 3ᵉ bataillon au 4ᵉ régiment.

Le 13ᵉ régiment devait être concentré à Toulon le 5 avril.

L'effectif fut le même que celui du régiment colonial, soit : 1 colonel, 1 lieutenant-colonel, 3 chefs de bataillon, 19 capitaines, 45 lieutenants ou sous-lieutenants, 15 adjudants, 12 sergents-majors, 12 sergents fourriers, 102 sergents, 12 caporaux fourriers, 201 caporaux, 2.086 hommes, 23 ordonnances, 32 chevaux, 3 mulets de selle, 30 mulets de bât, 77 mulets de trait, 77 voitures Lefebvre et 110 conducteurs indigènes.

Les trois batteries d'artillerie de marine prirent les numéros 7, 8 et 9 du groupe d'Afrique et des Antilles ; le 1ᵉʳ régiment d'artillerie fournit l'état-major à Lorient ; on forma les batteries 7 à Lorient, 8 à Toulon, et la section de munitions à Lorient ; la batterie n° 9 fut formée à Cherbourg et prélevée sur le 2ᵉ régiment. Cette troupe fut concentrée à Philippeville.

Le 4ᵉ régiment d'infanterie de marine, à Toulon, et le 2ᵉ régiment d'artillerie de marine, à Cherbourg, furent chargés de l'établissement des comptes des unités administratives.

Enfin, il convient d'ajouter le personnel de la division navale de l'océan Indien qui fut constituée comme il suit :

Primauguet, croiseur de 1re classe, capitaine de vaisseau Bienaimé, 16 officiers, 255 hommes.

Dupetit-Thouars, croiseur de 3e classe, capitaine de frégate Campion, 9 officiers, 202 hommes.

Dumont-d'Urville, aviso de 1re classe, capitaine de frégate Noirot, 7 officiers, 109 hommes, 4 canons de 14cm, 1 de 10cm, 1 de 65mm, 2 canons-revolvers.

Papin. aviso de 1re classe, capitaine de frégate Havard, 7 officiers, 109 hommes, 2 canons de 14cm, 1 de 10cm, 6 canons-revolvers.

Rance, aviso-transport, capitaine de frégate Legrand, 8 officiers, 110 hommes, 4 canons de 14cm, 2 de 90mm et 4 canons-revolvers.

Romanche. aviso-transport, capitaine de frégate Salaun-Penquer, 8 officiers, 111 hommes, 4 canons de 14cm et 4 canons-revolvers.

Gabès, canonnière, lieutenant de vaisseau Serpette, 5 officiers, 71 hommes, 2 canons de 14cm et 2 de 10cm.

Météore, canonnière, lieutenant de vaisseau Jaubert, 5 officiers, 71 hommes, 2 canons de 14cm, 3 canons-revolvers.

Lynx. canonnière, lieutenant de vaisseau de Gantès, 5 officiers, 71 hommes, 2 canons de 14cm et 2 de 10cm.

Corrèze, ponton, lieutenant de vaisseau Chapelle, 2 officiers, 48 hommes.

Schamrock. transport-hôpital, capitaine de frégate Lieutard, 12 officiers, 285 hommes, 2 canons de 14cm, 3 de 90mm et 5 canons-revolvers.

Soit un effectif total de 79 officiers et 1.369 hommes. Il fut renforcé par les envois successifs du personnel ouvrier des constructions navales qui devait procéder au montage des bâtiments de la flottille fluviale, puis du personnel de la direction du port de Majunga ; enfin, des états-majors et des équipages de la flottille fluviale.

Ces envois comprirent : 1 officier du grade d'enseigne et 51 agents du personnel ouvrier de Cherbourg (dont 6 étaient déjà détachés, à titre de surveillants des travaux, au Havre, à Saint-Denis et à la Seyne) et mis en route le 23 janvier 1895 ; 1 capitaine de vaisseau, directeur du port de Majunga et commandant de la flottille fluviale, désigné le 12 février et embarqué le 12 mars 1895 ; 3 lieutenants de vaisseau, 9 enseignes, 316 officiers mariniers et marins européens affectés à la flottille, qui devaient être augmentés sur place de 120 matelots noirs, et furent embarqués le 12 mars; enfin, tant pour le service de la direction du port de Majunga que pour celui des postes à créer sur la ligne fluviale ou à Nossi-Comba, 3 officiers de vaisseau, 1 aide-commissaire et un détachement de 29 marins européens qui fut porté à l'effectif de 43 hommes par l'envoi, le 27 mai, de 14 marins affectés à l'atelier de réparation de la flottille.

La réunion de tous ces éléments permit de constituer le corps expéditionnaire conformément à l'ordre de bataille suivant :

Ordre de bataille.

Quartier général.

Général commandant : général de division Duchesne.

Officiers d'ordonnance : capitaines d'infanterie hors cadres, brevetés, Bossard et Duchâtelet; lieutenant de vaisseau Simon.

1er GROUPE

Chef d'état-major : colonel de Torcy (infanterie) (1), breveté.

Sous-chef d'état-major chargé du service des renseignements : lieutenant-colonel de Beylié (infanterie de marine), breveté.

État-major : lieutenant-colonel de Nonancourt (infanterie, hors cadres), breveté; commandant Delarue (génie, hors cadres), breveté; capitaines brevetés Herr (artillerie, hors cadres) et Humbert (infanterie de marine); archiviste de 1re classe Mongin.

Ingénieur de la marine : M. Revol (sous-ingénieur).

Service géographique : capitaines d'artillerie Bourgeois, breveté, et Peyronel.

Service des renseignements : commandant Andry (infanterie); capitaines Caré (artillerie, hors cadres), breveté, et Martinie (cavalerie); lieutenant Aubé (infanterie de marine).

2e GROUPE

Commandement de l'artillerie : colonel Palle (artillerie), breveté; capitaines d'artillerie d'Affry de la Monnoye, breveté; Vittu de Kerraoul, breveté, et Lancret (artillerie de marine).

---

(1) Promu général de brigade au cours de la campagne.

Général de Torcy.

Commandement du génie : lieutenant colonel Marmier, du 5e ; les
capitaines Legrand, breveté, Pons, du 5e, et Cré ; les adjoints de
3e classe Durel et Pastorel de Bastugnes.

Direction des services administratifs : sous-intendant militaire de
1re classe Thoumazou ; sous-intendant militaire de 2e classe Godin.

Direction du service de santé : médecin principal de 1re classe Emery-
Desbrousses ; médecin-major de 1re classe Hocquart.

Service vétérinaire : vétérinaire principal de 2e classe Lenthéric.

3e GROUPE

Direction des étapes : lieutenant-colonel Bailloud (artillerie), breveté ;
capitaines d'infanterie brevetés Chanzy, Thomas de Colligny ;
lieutenant Venot (infanterie).

Service de l'artillerie : commandant Sarrebourse de La Guillonnière
(artillerie) ; capitaine Lacroix (artillerie, hors cadres), breveté ;
lieutenant Regnault (artillerie).

Service du génie : le commandant Magué; les capitaines Goudard, Adrian.

Services administratifs : sous-intendants militaires de 2e classe Coppens de Nordlandt et Fauconnet; adjoint à l'intendance Adam.

Prévôté : commandant Gaudelette.(gendarmerie); Herqué, capitaine de gendarmerie, commandant le détachement; Courtot, lieutenant à la garde républicaine, adjoint.

Trésors et postes : M. le payeur principal Prudot.

États-majors des brigades.

1re BRIGADE (ARMÉE DE TERRE)

Général commandant : général de brigade Metzinger.

Officiers d'ordonnance : capitaines d'infanterie brevetés Mirepoix, Wirbel, hors cadres.

Archiviste : archiviste principal de 2e classe Parize.

Service de l'intendance : sous-intendant militaire de 3e classe Pasquier.

200e régiment d'infanterie.

État-major du régiment : colonel commandant, M. Gillon (du 49e); lieutenant-colonel, M. Bizot, breveté, du 72e; capitaine adjoint au chef de corps, M. Deville, breveté du 130e; officier porte-drapeau, M. Blavier, lieutenant au 77e.

1er BATAILLON

État-major : chef de bataillon, M. Rapine du Nozet de Sainte-Marie, du 75e; capitaine adjudant-major, M. Bernard, capitaine au 39e; officier payeur, M. Mans, lieutenant au 51e; officier d'approvisionnement, M. Carlu, lieutenant au 117e.

1re compagnie : MM. d'Hennezel, capitaine au 74e; les lieutenants Pollachi, du 74e; Zuber, du 64e, et Gaulier, du 28e.

2e compagnie : MM. Immelin, capitaine au 124e; les lieutenants de Gayffier, du 124e, Morel, du 103e; le sous-lieutenant de Châteaubriand, du 124e.

3e compagnie : MM. Lecat, capit. au 31e; les lieutenants Doreau et Broyelle, du 31e, et le sous lieutenant Lagarde, du 31e.

4e compagnie : MM. Costille, capitaine, du 29e; les lieutenants Desveaux, du 29e, et Gaudichau, du 134e.

Médecins : MM. Courtot, médecin-major de 2e classe; Sendrail, médecin aide-major de 1re classe.

État-major : chef de bataillon, M. Coutaud, du 162²; capitaine adjudant-major, M. Edeux, capitaine au 78e; officier payeur, M. d'Ollone, lieutenant au 90e; officier d'approvisionnement, M. Petit-jean, lieutenant au 32e.

5e *compagnie* : MM. Mortier, capitaine au 125e; les lieutenants Lessoré de Sainte-Foix et Courbarien, du 125e, et de Saint-Exupéry, du 135e.

6e *compagnie* : MM. Legay, capitaine au 48e; les lieutenants Garnier de la Villesbret et Nicollau, du 48e, et Beaunier, du 41e.

7e *compagnie* : MM. Blandin, capitaine au 65e; les lieutenants Legros et de Vauzelles, du 65e, et Latreille, du 93e.

8e *compagnie* : MM. Deniau, capitaine au 138e; les lieutenants Paris et Rouchon, du 138e, et Aubert (E.), du 78e.

Médecins : MM. de Schuttelaëre, médecin-major de 2e classe; Malaval, médecin aide-major de 2e classe.

État-major : chef de bataillon, M. Pasquier de Franclieu, du 88e; capitaine adjudant-major, M. Gomiot, capitaine au 91e; officier payeur, M. Favatier, lieutenant au 126²: officier d'approvisionnement, M. Baruzy, lieutenant au 151e.

9e *compagnie* : MM. Péria, capitaine au 139²; les lieutenants Antoine et Brau, du 139e; le sous-lieutenant Perrin, du 86e.

10e *compagnie* : MM. Tardieu, capitaine au 143²; les lieutenants Arnaud, du 143e, et Civatte, du 12e, et le sous-lieutenant Bruguière, du 143e.

11e *compagnie* : MM. Tedeschi, capitaine au 9e; les lieutenants Gallé et Regourd, du 9e, et Dumas, du 126e.

12e *compagnie* : MM. Bohler, capitaine au 34e; les lieutenants Lablache-Colombier et Litschfousse, du 34e, et Pinelli, du 144e.

Médecins : MM. Bernard, médecin-major de 2e classe; Raynaud, médecin aide-major de 1re classe.

40e bataillon de chasseurs à pied.

État-major : chef de bataillon, M. Massiet du Biest, breveté, du 14e bataillon; capitaine adjudant-major, M. de Bouvier, capitaine au 4e bataillon; officier payeur, M. Audierne, lieutenant au 17e bataillon; officier d'approvisionnement, M. Dubroca, sous-lieutenant au 30e bataillon.

1re *compagnie :* MM. Juge, capitaine ; les lieutenants Burckhard, Collet et Escallon, du 11e bataillon.

2e *compagnie :* MM. Gloxin, capitaine ; les lieutenants Barbé, Calvet, Vidon, du 12e bataillon.

3e *compagnie :* MM. Ducrot, capitaine ; les lieutenants Jullien, Duc et Rosset, du 14e bataillon.

4e *compagnie :* MM. Delarmey, capitaine ; les lieutenants de La Bigne et Bidault, le sous-lieutenant Genet, du 22e bataillon.

Médecins : MM. Villedary, médecin-major de 2e classe ; Mac-Aulifle, médecin aide-major de 1re classe.

Régiment d'Algérie.

État-major du régiment : colonel, M. Oudri, du 2e étranger ; lieutenant-colonel, M. Pognard, breveté, du 2e tirailleurs ; capitaine adjoint au chef de corps, M. Boé, du 2e étranger ; officier porte-drapeau, M. Vigarosy, lieutenant au 1er tirailleurs.

1er BATAILLON

État-major : chef de bataillon, M. Barre, breveté, du 1er étranger ; capitaine adjudant-major, M. Devaux, du 1er étranger ; officier payeur, M. Beynet, lieutenant (au titre étranger) au 1er étranger ; officier d'approvisionnement, M. Ecochard, lieutenant au 1er étranger.

1re *compagnie :* MM. Perrot, capitaine ; les lieutenants Ayné, Bouanet (au titre étranger) et Mure, du 1er étranger.

2e *compagnie :* MM. Courtois, capitaine ; les lieutenants Gueilhers et Grégory ; le sous-lieutenant Dufoulon, du 1er étranger.

3e *compagnie :* MM. Bulot, capitaine ; les lieutenants Farail et Burchard ; le sous-lieutenant Langlois, du 2e étranger.

4e *compagnie :* MM. Sardi, capitaine (au titre étranger) ; les lieutenants Simon, Motte, Jolivet (au titre étranger), du 2e étranger.

Médecins : MM. Debrie, médecin-major de 2e classe, et Moingeard, médecin aide-major de 1re classe.

2e BATAILLON

État-major : chef de bataillon, M. Lentonnet, du 1er tirailleurs ; capitaine adjudant-major, M. Mahéas, du 1er tirailleurs ; officier payeur, M. Tiel, lieutenant, du 1er tirailleurs ; officier d'approvisionnement, M. Brémond, lieutenant au 1er tirailleurs.

5e *compagnie :* MM. Pradal, capitaine ; les lieutenants Bordeaux, Grass, Mohamed-ben-Fillali (indigène), et le sous-lieutenant indigène Amar-ben-Saïd, du 1er tirailleurs.

6e *compagnie :* MM. Castel, capitaine ; les lieutenants Prud'homme, Augey-Dufresse, et le sous lieutenant indigène X..., du 1er tirailleurs.

7e *compagnie :* MM. Pillot, capitaine ; les lieutenants Blondel, de Bigault de Grandrut, Bel-Kkeir-bel-Ammour (indigène), et le sous-lieutenant indigène El-Arbi-bel-Aïdouni, du 2e tirailleurs.

8e *compagnie :* MM. Girault, capitaine ; les lieutenants Chalet, Djellal (indigène), et les sous-lieutenants Zaigue, M'Ahmed-ben-Medjadi (indigène), du 2e tirailleurs.

Médecins : MM. Béchard, médecin major de 2e classe, et Thooris médecin aide-major de 1re classe.

3e BATAILLON (1)

État-major : chef de bataillon, M. Debrou ; capitaine adjudant-major, M. Servant ; officier payeur, M. Bonvalot, lieutenant ; officier d'approvisionnement, M. Bourgeois, lieutenant.

9e *compagnie :* MM. Gatel, capitaine ; les lieutenants Catin, Eutman-ben Abdallah (indigène), et les sous-lieutenants Jeanpierre et Larbi-ben-Amar (indigène).

10e *compagnie :* MM. Rabaud, capitaine ; les lieutenants Gerst, Béringer, Abdallah-ben-Boudjemah (indigène), et le sous-lieutenant (indigène) Mohamed ben-Ali.

11e *compagnie :* MM. Delbousquet, capitaine ; les lieutenants Robin, Royer, Benmansour (indigène), et le sous lieutenant indigène Mohamed-ou-Amar.

12e *compagnie :* MM. Vernadet, capitaine ; les lieutenants de Gou vello, Mezakchi (indigène), et les sous-lieutenants Meurisse et Belkerla.

Médecins : MM. Delahousse, médecin-major de 2e classe, et Darricarrère, médecin aide-major de 1re classe.

2e BRIGADE (ARMÉE DE MER)

Général commandant : général de brigade Voyron.

Officiers d'ordonnance : les capitaines d'infanterie de marine Ditte, breveté, et Roulet.

Archiviste : archiviste principal de 2e classe Jaubert.

Service de l'intendance : sous-intendant militaire de 3e classe Huguin.

---

(1) Les officiers de ce bataillon ont été empruntés au 3e tirailleurs algériens.

13e régiment.

Colonel: M. Bouguié, du 3e régiment; lieutenant-colonel: M. Gonard, du 2e régiment; capitaine adjoint: M. Drujon, du 8e régiment, détaché au ministère des colonies; lieutenant porte-drapeau : M. Pelletier, du 5e régiment.

1er BATAILLON (FORMÉ A CHERBOURG)

Chef de bataillon : M. Borbal-Combret, du 3e régiment ; capitaine adjudant-major : M. Delimoges, du 1er régiment ; lieutenant officier-payeur : M. Setier, du 1er régiment ; lieutenant officier d'approvisionnement : M. Guégan, du 2e régiment ; médecins : MM. Laffont, de 1re classe ; Lorin, de 2e classe.

1re *compagnie :* capitaine Robard, du 3e régiment ; lieutenants Couzineau, du 1er régiment ; Detrez, du 2e régiment ; sous-lieutenant Bergeron, du 4e régiment.

2e *compagnie :* capitaine David ; lieutenants Laporte et Dubois de Saligny, du 3e régiment, et Archambault, du 2e régiment.

3e *compagnie :* capitaine Laborie, du 6e régiment; lieutenants Desplanques, du 5e régiment, Maritz, du 2e régiment; sous-lieutenant Becker, du 8e régiment.

4e *compagnie :* capitaine Cléret, du 1er régiment; les lieutenants Dejoux, du 5e régiment, Forestier, du 2e régiment; sous-lieutenant Vallod, du 4e régiment.

2e BATAILLON (FORMÉ A ROCHEFORT)

Chef de bataillon : M. Lalubin, du 7e régiment , capitaine adjudant-major : M. Brun, du 7e régiment ; lieutenant officier-payeur : M. Cazeau, du 3e régiment ; lieutenant officier d'approvisionnement : M. de Rauglaudre, du 7e régiment ; médecins : MM. Fortoul, de 1re classe ; Duguet, de 2e classe.

5e *compagnie :* capitaine Mondon, du 3e régiment ; lieutenants Quinet, du 3e régiment, et Migeon, du 2e régiment ; sous-lieutenant Barès, du 3e régiment.

6e *compagnie :* capitaine Kopff ; lieutenants Reitz et Pernot, du 7e régiment ; sous-lieutenant Duchau, du 3e régiment.

7e *compagnie :* capitaine Collinet, du 3e régiment ; lieutenants Richon et Soulas, du 6e régiment ; sous lieutenant Lamothe, du 4e régiment.

8e *compagnie :* capitaine Cozanet ; lieutenants Veuge et de Morel, du 2e régiment ; sous-lieutenant Barrard, du 6e régiment.

3e BATAILLON (FORMÉ A TOULON)

Chef de bataillon : M. Destelle, du 4e régiment ; capitaine adjudant-major : M. Lamolle, du 4e régiment ; lieutenant officier-payeur : M. Hitar, du 8e régiment ; lieutenant officier d'approvisionnement : M. de Sainte-Colombe de Boissonnade, du 8e régiment ; médecins : MM. Trabaud, de 1re classe ; Ibert, de 2e classe.

9e *compagnie* : capitaine Poulliard, lieutenants Barfety (P.-M.-F.), Thal ; sous-lieutenant Brousse, du 4e régiment.

10e *compagnie* : capitaine Lemoine, du 5e régiment ; lieutenants Chabalier et Crépin, du 4e régiment ; Expert-Bezançon, du 8e régiment.

11e *compagnie* : capitaine Montignault, lieutenant Langelot, sous-lieutenants Boisseau, en service à Madagascar ; Martinand, du 4e régiment.

12e *compagnie* : capitaine Rouvier, lieutenant Martel, sous-lieutenants Theveniaut, en service à Madagascar ; Thomassin, du 4e régiment.

Régiment colonial.

Colonel : M. de Lorme, du 2e régiment ; lieutenant-colonel : M. Geil, du régiment de tirailleurs malgaches ; capitaine-adjoint : M. Vimont de l'état-major de l'arme ; lieutenant porte-drapeau : M. Rauch, du 1er régiment.

1er BATAILLON (DÉJA FORMÉ)

(1er bataillon du régiment de tirailleurs malgaches.)

Chef de bataillon, M. Ganeval ; capitaine adjudant-major, M. de Fitz-James ; lieutenant officier-payeur, M. Poisson ; lieutenant officier d'approvisionnement, M. Philippe ; médecins, MM. Feraud, de 1re classe, et Rigaud, de 2e classe.

1re *compagnie* : capitaine Lhoro ; sous-lieutenants Bergalonne, Besse et Roubert.

2e *compagnie* : capitaine Roger ; lieutenants Salvat et Forestou, sous-lieutenant Dominé.

3e *compagnie* : capitaine Jacquemin, lieutenant Lefebvre, sous-lieutenants Boussard et Paris de Bollardière.

4e *compagnie* : capitaine Staup, lieutenant Epardeaux, sous-lieutenants Biguot et Baudelaire.

2ᵉ BATAILLON (DÉJA FORMÉ)

(Bataillon de tirailleurs haoussas.)

Chef de bataillon, M. Vandenbrock ; capitaine adjudant-major, M. Bois ; lieutenant officier-payeur, M. Pignol ; lieutenant officier d'approvisionnement, M. Cluzeau ; médecins, MM. Casanova, de 1ʳᵉ classe, et Rousseau, de 2ᵉ classe.

5ᵉ *compagnie* : capitaine Dufresne, lieutenant Moreau (deux autres lieutenants pris au Sénégal).

6ᵉ *compagnie* : capitaine Freystatter, lieutenants Depuis et Bocher, sous-lieutenant Courtin.

7ᵉ *compagnie* : capitaine Daval, lieutenants Tamburini et Bremaud, sous-lieutenant Bertaux-Levillain.

8ᵉ *compagnie* : capitaine Tirlot, lieutenants Fabiani, Mathieu et Jeannot.

3ᵉ BATAILLON (DÉJA FORMÉ)

(Bataillon de volontaires de la Réunion.)

Chef de bataillon, M. Martin (J.) ; capitaine adjudant-major, M. Latour d'Affaure ; lieutenant officier-payeur, M. Tref ; lieutenant officier d'approvisionnement, M. Deschamps ; médecins, MM. Millon, de 1ʳᵉ classe, et Taddei, de 2ᵉ classe.

9ᵉ *compagnie* : capitaine Hervé, lieutenant Gassouin, sous-lieutenants Jouant et Zeil.

10ᵉ *compagnie* : capitaine Berger, lieutenants Benedetti et Chapuy, sous-lieutenant Merlin.

11ᵉ *compagnie* : capitaine Jesson, lieutenant Sancery, sous-lieutenants Raffié et Dubas.

12ᵉ *compagnie* : capitaine Dudouis, lieutenant Ducharne, sous-lieutenants Arnaudeau et Rouloi.

CAVALERIE

10ᵉ escadron du 1ᵉʳ régiment de chasseurs d'Afrique.

MM. Aubier, capitaine commandant ; Walch, capitaine en 2ᵉ ; les lieutenants en 1ᵉʳ Corhumel, Covillon ; les lieutenants en 2ᵉ Carrez, de Veye, Jouillié.

Officiers de complément : MM. Girardin, lieutenant en 1ᵉʳ, du 4ᵉ chasseurs d'Afrique ; Philpin de Piépape, lieutenant en 2ᵉ, du 3ᵉ chasseurs d'Afrique.

M. de Cointet, lieutenant à la suite de l'escadron, du 20e dragons; vétérinaire : M. Cabriforce, vétérinaire en 2e au 1er chasseurs d'Afrique.

ARTILLERIE

État-major du commandement des batteries : lieutenant-colonel commandant, M. Laval, du 31e; lieutenant adjoint : M. Damon, lieutenant en 1er.

GROUPE DE BATTERIES DE MONTAGNE DE L'ARTILLERIE DE TERRE

État-major du groupe : chef d'escadron commandant, M. Delestrac, du 19e; lieutenants adjoints : les lieutenants en 1er Aldebert, du 11e, et O'Neill, du 7e.

15e *batterie du* 38e *:* MM. Lavail, capitaine en 1er au 13e; Guillemot, lieutenant en 1er au 13e, Liron, lieutenant en 2e au 13e, Pierron, lieutenant en 2e au 12e.

16e *batterie du* 38e *:* MM. Chamblay, capitaine en 1er au 13e; Poncet, lieutenant en 1er au 13e; les lieutenants en 2e Brunet et Rose, du 13e.

1re *section mixte de munitions du* 38e *:* MM. Dauvé, capitaine en 2e; les lieutenants en 2e Huguet et de Roux, du 12e.

GROUPE DE BATTERIES MONTÉES DE L'ARTILLERIE DE TERRE

État-major du groupe : chef d'escadron commandant, M. Ruffey, du 4e; lieutenants adjoints : MM. de Barescut, du 4e; Lelièvre, du 37e.

17e *batterie du* 38e *:* MM. de Carmejane de Pierredon, capitaine en 1er au 6e; Béranger, lieutenant en 1er, Condamin, lieutenant en 2e; Patillon, sous-lieutenant, du 6e.

18e *batterie du* 38e *:* MM. Bovet, capitaine en 1er au 38e; les lieutenants en 1er Dessens et Marmion, et lieutenant en 2e Georges, du 38e.

2e *section mixte de munitions du* 38e *:* MM. Chaton, capitaine en 2e au 31e; Bumoust, lieutenant en 1er au 26e, Jobit, lieutenant en 2e au 13e.

GROUPE DE BATTERIES DE MONTAGNE DE L'ARTILLERIE DE LA MARINE

État-major du groupe : chef d'escadron commandant, M. Henry, breveté, à la suite du 1er régiment; lieutenant adjoint : M. Steiner, à la 1re compagnie d'artificiers ; sous-lieutenant adjoint, M. de Fœlckersahmb-Croppen, du 1er d'artillerie.

7e *batterie du groupe d'Afrique et des Antilles :* MM. Julien, capitaine en 1er; Musquère, lieutenant en 1er au 2e; les lieutenants en 2e Salzard, du 2e, Isabey, du 1er.

8e *batterie du groupe d'Afrique et des Antilles :* MM. Boucher, capitaine en 1er; Camp, lieutenant en 1er à la 5e compagnie d'ouvriers; Patard, lieutenant en 2e au 1er régiment; Glandu, sous-lieutenant au 1er régiment.

9e *batterie du groupe d'Afrique et des Antilles :* MM. Bergeret, capitaine en 1er à la 2e batterie du 2e régiment; Muro, lieutenant en 1er, adjoint au capitaine trésorier du 2e régiment ; les lieutenants en 2e Borel et Hüe, du 1er régiment.

Section de munitions (groupe d'Afrique et des Antilles) : MM. Jordan, capitaine en 2e à l'inspection des fabrications; Labasque, lieutenant en 1er, Gateau, lieutenant en 2e, du 1er régiment.

PARC D'ARTILLERIE

État-major du groupe : chef d'escadron commandant, M. Silvestre, commandant le 6e bataillon à pied ; capitaine adjoint : M. Baquet, capitaine en 1er du 1er régiment ; adjoints : MM. Michon, garde d'artillerie de 2e classe ; Oursin, garde d'artillerie de 3° classe; Creuzet, ouvrier d'état en fer de 1re classe; Héesse, ouvrier d'état en bois de 2e classe.

Détachement d'ouvriers : capitaine Robert, du 13e bataillon.

Détachement d'artificiers : lieutenant Hourcq, de la 2e compagnie d'artificiers.

3e *section de parc du 38e :* MM Seguin, capitaine en 2e; Taratte, lieutenant en 1er au 40°; Pérodeau, lieutenant en 2e au 5e bataillon.

4e *section de parc du 38e :* MM. Wargnier, lieutenant en 1er au 29e; Cornu de Lafontaine, lieutenant en 2° au 11e.

Service de l'artillerie : MM. Pierson, garde d'artillerie, comptable de 1re classe; Charlois, garde d'artillerie de 2e classe ; Lassalle-Séré, garde d'artillerie, chef artificier de 3° classe; Martin, contrôleur d'armes de 3° classe; Marchadié, ouvrier d'état en fer de 2e classe ; Mercier, ouvrier d'état en bois de 2e classe.

Madagascar.   8

TROUPES DU GÉNIE

11ᵉ *compagnie du* 2ᵉ *régiment* : MM. Cauboue, capitaine en 1ᵉʳ au
1ᵉʳ régiment; Lacabe-Plasteig, capitaine en 2ᵉ au 1ᵉʳ régiment;
les lieutenants Noirot, en 1ᵉʳ au 1ᵉʳ régiment; Beighéder-Camp,
en 2ᵉ au 7ᵉ régiment; Fénéon, au 1ᵉʳ régiment.

12ᵉ *compagnie du* 2ᵉ *régiment* : MM. Zobel, capitaine en 1ᵉʳ; Gency,
capitaine en 2ᵉ; les lieutenants en 1ᵉʳ Dorand, du 1ᵉʳ régiment;
Thomas, du 6ᵉ régiment; Bastien, du 3ᵉ régiment.

13ᵉ *compagnie du* 2ᵉ *régiment* : MM. Ferrand, capitaine en 1ᵉʳ au
4ᵉ régiment; Digue, capitaine en 2ᵉ; les lieutenants en 1ᵉʳ Girod,
au 1ᵉʳ régiment; Serra, au 2ᵉ régiment; Fatou, au 4ᵉ régiment.

14ᵉ *compagnie du* 2ᵉ *régiment* : MM. Krug, capitaine en 1ᵉʳ au 6ᵉ régiment; Noguette, capitaine en 2ᵉ; les lieutenants en 1ᵉʳ Simonin,
au 6ᵉ régiment; Balas, au 3ᵉ régiment; Jubelin, lieutenant en 2ᵉ
au 5ᵉ régiment.

Parc du génie : Capitaine chef de parc : M. Noguette, capitaine en
2ᵉ de la 14ᵉ compagnie.

Adjoint : M. Vanstéene, adjoint de 3ᵉ classe.

Service du génie des étapes : Chef du service du génie des étapes. —
M. Magué, major au 1ᵉʳ régiment.

MM. les capitaines de 1ʳᵉ classe : Goudard, Adrian.

MM. les adjoints : Bouchelot, 2ᵉ classe; Conrad, Pradal, Thoyer,
3ᵉ classe.

TRAIN DES ÉQUIPAGES

30ᵉ ESCADRON.

Chef d'escadron, M. Deyme, du 16ᵉ; adjoint au chef d'escadron,
M. Roussel (J.), sous-lieutenant au 16ᵉ.

1ʳᵉ *compagnie* : MM. Fritel, capitaine en 2ᵉ au 5ᵉ; les lieutenants en
1ᵉʳ Pontoise, du 12ᵉ; Rognoni, du 13ᵉ; Alessandri et Pivet, du 17ᵉ.

2ᵉ *compagnie* : MM. Meyrand, capitaine en 1ᵉʳ au 16ᵉ; les lieutenants
en 1ᵉʳ Desbrey, du 3ᵉ; Magenties, du 5ᵉ; Lavigne, du 18ᵉ, et le lieutenant en 2ᵉ Dessirier, du 15ᵉ.

3ᵉ *compagnie* : MM. Félix, capitaine en 1ᵉʳ au 20ᵉ; les lieutenants en
1ᵉʳ Kraft, du 19ᵉ; Dielenschneider, du 3ᵉ; Tuisson, lieutenant en
2ᵉ au 20ᵉ; Dorr, sous-lieutenant au 3ᵉ.

4ᵉ *compagnie* : MM. Violland, capitaine en 2ᵃ au 1ᵉʳ; les lieutenants en 1ᵉʳ Briffault, du 6ᵉ; Aigoin de Montredon, du 5ᵉ; Lanternier, lieutenant en 2ᵉ au 20ᵉ; Roussel, sous-lieutenant au 8ᵉ.

5ᵉ *compagnie* : MM. Iraçabal, capitaine en 2ᵉ; les lieutenants en 1ᵉʳ Chary, du 13ᵉ; Peltier, du 11ᵉ; lieutenant en 2ᵉ, Royer, du 13ᵉ; Michel, sous-lieutenant, du 13ᵉ.

6ᵉ *compagnie* : MM. Buquin, capitaine en 1ᵉʳ au 17ᵉ; les lieutenants en 1ᵉʳ Nicollet et Bonnard, du 19ᵉ; Martin, lieutenant en 2ᵉ, du 15ᵉ; sous-lieutenant Escrivant, du 12ᵉ.

INTENDANCE MILITAIRE ET SERVICES ADMINISTRATIFS

Intendance : les sous-intendants de 3ᵉ classe Damourette et Meyer; l'adjoint à l'intendance Adam; les officiers d'administration de 1ʳᵉ classe des bureaux de l'intendance Latapie, Chiro et Colas; l'officier d'administration de 2ᵉ classe Perrot; les officiers d'administration adjoints de 1ʳᵉ classe des bureaux de l'intendance Bret, Larrey, Porte, Theissen; les officiers d'administration adjoints de 2ᵉ classe Michel, Sire, Henry; l'officier d'administration de 1ʳᵉ classe des subsistances Coyen; les officiers d'administration de 2ᵉ classe Garnier et Foata; les officiers d'administration adjoints de 1ʳᵉ classe des subsistances Rupp, Willaume, Agert, Daudé, Morin, Simoni, Pruvot, Astoul; les officiers d'administration de 2ᵉ classe Greffier, Gaillot, Cazin, Jouclard, Novis, Simon, Dumont; l'officier d'administration adjoint de 1ʳᵉ classe de l'habillement et du campement Thenard; l'officier d'administration adjoint de 2ᵉ classe Moreau.

SERVICE DES COMMANDEMENTS D'ÉTAPES

Les capitaines d'infanterie Lorillard, de Mac-Mahon, Doyen; les capitaines de cavalerie Trafford, de Place, Waddington; le capitaine d'artillerie d'Ambly.

TRÉSORERIE ET POSTES

Payeur principal, chef de service : M. Prudot, receveur des finances, à Dôle ; payeur particulier, chef de comptabilité : M. Sacomant; payeurs-adjoints : M. Testoud, Béchu et Lafont; commis de trésorerie : MM. Grégis, Cromer, Ravillon, Beurton, Nègre et Vallin.

JUSTICE MILITAIRE

Greffier : M. Vergne (Joseph), officier d'administration de 3ᵉ classe.

INTERPRÈTES

Quartier général : Bertier, interprète de 2ᵉ classe; Julien, interprète de 3ᵉ classe ; 2ᵉ brigade : Raybaud, interprète de 3ᵉ classe.

COMMISSION D'ACHAT D'OBOCK

Les capitaines Gendron (artillerie), Caillault (cavalerie) et le vétérinaire Fraimbault.

SERVICE DE SANTÉ

Direction (bureaux) : MM. Gendronneau et Savoie, officiers d'administration adjoints de 1ʳᵉ classe; Sabatier, aumônier protestant.

Ambulance de la 1ʳᵉ brigade : Bourdon, médecin-major de 1ʳᵉ classe; Laffille, médecin-major de 2ᵉ classe ; les médecins aides-majors de 1ʳᵉ classe Chabrut et Julien ; les médecins de 2ᵉ classe de la marine Michel et Boury; Provent, officier d'administration adjoint de 1ʳᵉ classe; Briole, officier d'administration de 2ᵉ classe ; Danjoy, aumônier catholique ; Sabatier, ministre protestant; 28 infirmiers.

Ambulance de la 2ᵉ brigade : MM. Pitot, médecin-major de 1ʳᵉ classe; Prieur, médecin-major de 2ᵉ classe ; Dettling et Friant, médecins aides-majors de 1ʳᵉ classe; Martel, médecin de 2ᵉ classe de la marine ; Esquerre, officier d'administration adjoint de 1ʳᵉ classe ; Tusques, officier d'administration de 2ᵉ classe ; Dupuy, aumônier catholique; 28 infirmiers.

Hôpital de campagne n° 1 : MM. Fluteau, médecin-major de 1ʳᵉ classe; Bischoff, médecin-major de 2ᵉ classe ; les aides-majors de 1ʳᵉ classe Beigneux, Pichon, Jacob; Nanta, pharmacien aide-major de 1ʳᵉ classe ; Loiseau, officier d'administration adjoint de 2ᵉ classe; Desselle et Valery, officiers d'administration adjoints de 1ʳᵉ classe; Rouiet, aumônier catholique ; 48 infirmiers.

Hôpital de campagne n° 2 : MM. Mareschal, médecin-major de 1ʳᵉ classe ; Sabatier, médecin-major de 2ᵉ classe ; Ferrand et Brouner, médecins aides-majors de 1ʳᵉ classe ; Bourdon, médecin de 2ᵉ classe de la marine ; Courtot, pharmacien-major de 2ᵉ classe ; Guyon, officier d'administration adjoint de 1ʳᵉ classe ; Durand, officier d'administration adjoint de 2ᵉ classe ; Laboucarie, aumônier catholique ; 48 infirmiers.

Hôpital de campagne n° 3 : MM. Moine, médecin-major de 1re classe; Soula, médecin-major de 2e classe ; Le Mitouard et Fournial, médecins aides-majors de 1re classe ; Bonain, médecin de 2e classe de la marine; Pellen, pharmacien de 2e classe de la marine ; Bailly, officier d'administration de 2e classe ; Martel, officier d'administration adjoint de 1re classe ; Bardon, aumônier catholique ; 49 infirmiers.

Hôpital de campagne n° 4 : MM. Dantin, médecin-major de 1re classe; Castelli, médecin-major de 2e classe ; les aides-majors de 1re classe Vielle et Cros ; Forgeot, médecin de 2e classe de la marine ; Auché, pharmacien de 2e classe de la marine ; Ménétret, Brissez et Dejour, officiers d'administration adjoints de 1re classe ; Félix, aumônier catholique ; 40 infirmiers.

Hôpital d'évacuation : MM. Lepage, médecin principal de 2e classe ; Fabre, médecin-major de 1re classe ; Watrin, médecin-major de 2e classe ; Pouy, médecin aide-major de 1re classe ; Gaillard et Audiat, médecins de 2e classe de la marine ; Chambard, pharmacien major de 1re classe ; Lamy, pharmacien de 2e classe de la marine ; Boulanger, officier d'administration de 2e classe ; Lacoste et Chiappe, officiers d'administration adjoints de 1re classe; Chevalier, aumônier catholique ; 48 infirmiers.

Sanatorium de Nossi-Comba : MM. Malinas, médecin-major de 1re classe ; Hurstel, médecin-major de 2e classe ; les médecins aides-majors de 1re classe : Lejeune, Viguier, de Libessard ; Pauleau, pharmacien-major de 2e classe ; Arnaud, pharmacien de 2e classe de la marine ; Guyonnet, officier d'administration de 1re classe ; Loger, officier d'administration adjoint de 1re classe ; Vernier, officier d'administration adjoint de 2e classe ; Bruley des Varannes, aumônier catholique ; 53 infirmiers.

Effectifs du corps.

Cet ordre de bataille comportait un effectif de 658 officiers, 14.773 hommes de troupe, 641 chevaux de selle, 6.630 mulets, 54 pièces d'artillerie (1), 5.040 voitures et 7.715 indigènes se décomposant par arme et par service comme il suit (2) :

---

(1) D'après les tableaux de détail arrêtés le 22 février 1895 au ministère de la guerre.

(2) Le rapport (page 13) donne 56 pièces, dont : 30 de 80ᵐᵐ de montagne, 12 de 70ᵐᵐ de campagne et 4 de 120ᵐᵐ court. Si l'on additionne ces trois quantités, on ne trouve que 46 pièces ; d'un autre côté, il faut lire, au lieu de 70ᵐᵐ. 90ᵐᵐ, car nous ne connaissons aucune pièce de campagne du calibre de 70ᵐᵐ.

ÉLÉMENTS.	Généraux de division.	Généraux de brigade.	Colonels et assimilés.	Lieut.-colonels et assimilés.	Chefs de bataillon, d'escadron et assimilés.	Capitaines et assimilés.	Lieutenants, sous-lieutenants et assimilés.	Gardes d'artill°, adj° du génie, Officiers d'administration.	Aumôniers.	TOTAUX DES OFFICIERS.	Adjudants.	Sergents-majors, maréchaux des logis chefs.	Sergents et maréchaux des logis.	Caporaux et brigadiers.	Soldats.	TOTAUX DE LA TROUPE.	Chevaux.	de selle.	haut-le-pied.	de bât.	do trait.	Pièces d'artillerie.	à ridelles.	à couvercles.	citernes.	Indigènes.	OBSERVATIONS.
																		MULETS					VOITURES LEFEBVRE				
Quartier général	1	»	»	»	5	18	10	16	»	41	2	1	12	52	39	106	57	7	»	73	187	»	127	»	»	264	Armée de terre.
1re brigade d'infanterie	»	1	2	2	8	46	120	»	»	179	35	28	267	503	4.974	5.780	86	6	»	63	162	»	111	60	»	228	Armée coloniale.
2e	»	1	2	2	7	40	97	»	»	149	30	»	»	431	4.248	4.963	77	4	»	1	6	»	5	51	»	6	
Cavalerie	»	»	2	»	2	21	8	»	»	10	»	1	12	19	129	161	151	6	85	145	725	34	249	318	»	632	Y compris le groupe de l'artillerie coloniale.
Artillerie	»	»	1	3	6	18	43	»	»	74	18	14	167	102	1.146	1.387	72	74	»	»	34	»	»	»	»	»	
Génie	»	»	»	1	»	13	12	7	»	34	»	4	47	67	708	895	30	25	374	29	129	»	119	40	»	1.032	
Train des équipages	»	»	»	»	1	6	37	»	»	44	6	6	59	100	688	859	93	93	374	52	1.891	»	3.289	560	40	4.269	Moins le train des équipages.
Services administratifs	»	»	»	3	»	»	27	30	9	39	2	»	20	47	281	330	31	29	»	»	»	»	»	»	»	360	Moins le train des équipages.
Service de santé	»	»	1	1	9	16	»	22	»	85	»	»	23	39	268	329	43	»	»	700	»	»	»	»	»	350	Armée coloniale.
Conducteurs soudanais	»	»	»	»	1	»	»	»	»	3	»	»	5	6	»	11	3	»	»	»	»	»	»	»	»	»	
TOTAUX	1	2	»	13	42	102	354	66	9	658	93	78	782	1.366	12.434	14.773	641	205	459	863	5.103	34	4.000	1.000	40	7.715	

14.775 (1).
658
5.040
6.620

(1) Cet effectif doit être porté à 18.340, sans compter les garnisons de Tamatave et de Diégo-Suarez, en raison des renforts qui ont été envoyés de la métropole et qui se répartissent comme il suit : — *Troupes d'infanterie* : 130 tirailleurs algériens, 500 fantassins pour le 200°, 150 chasseurs pour le 40° et 130 pour la légion. — *Artillerie* : 90 artilleurs et 30 ouvriers. — *Génie* : 33 sapeurs ouvriers d'art, 400 hommes formant une 5° compagnie, 30 sapeurs télégraphistes. — *Train des équipages* : 121 dont 26 ouvriers de professions diverses. — *Commis et ouvriers* : 103. — *Infirmiers* : 286. — *Gendarmerie* : 15. — *Troupes de la marine* : 306 pour le 13° régiment; 150 pour le bataillon de volontaires de la Réunion; 500 haoussas pour le régiment colonial. — *Flottille* : 230 officiers mariniers et marins.

Il convient de joindre à ces effectifs les conducteurs auxiliaires et les porteurs. Ce ne fut pas sans peine que l'on résolut, à peu près, cette question, ainsi que l'expose le rapport même du commandant en chef de l'expédition.

Il avait été reconnu, dit-il, après examen, que les colonies françaises de la côte occidentale d'Afrique, qui venaient de pourvoir au recrutement de plusieurs fortes unités indigènes d'infanterie et du train, ne pouvaient, momentanément, fournir d'auxiliaires au corps expéditionnaire ; restaient donc seulement : Madagascar même, Obock, les Comores, l'Algérie et, comme dernière ressource, notre colonie d'Indo-Chine, à qui il fut simultanément fait appel).

Cet appel fut peu entendu à Madagascar, où certains chefs sakalaves de la côte nord-ouest, qui avaient promis le concours de plusieurs milliers de leurs nationaux, ne purent ou ne voulurent en fournir que 400 à peine.

Les résultats furent meilleurs dans nos possessions d'Obock et de l'océan Indien, où différentes missions, successivement envoyées, de janvier à juin 1895, réussirent, en fin de compte, avec l'utile concours des autorités locales, à recruter un peu plus de 1.400 auxiliaires, dont 1.143 Abyssins et Somalis, expédiés en trois convois, et environ 270 Comoriens, également débarqués en trois fois à Majunga.

L'Indo-Chine, d'autre part, offrait, en raison des habitudes sédentaires de la population locale, d'assez pauvres ressources. L'administration locale avait, cependant, cru pouvoir promettre de fournir 2.000 coolies, qui devaient s'embarquer pour Madagascar aux premiers jours de mai, mais dont une brusque irruption du choléra, en Cochinchine, obligea, le 11 avril, à contremander l'envoi.

Restait donc seulement l'Algérie, qui n'avait jamais été mise encore à contribution dans des conditions analogues et où, d'après les évaluations les plus favorables, on ne croyait guère pouvoir trouver plus de 1.500 à 1.800 volontaires. Un officier expérimenté, parlant la langue et rompu aux relations avec les indigènes, y fut envoyé, le 31 décembre 1894, avec l'ordre d'entreprendre, dans les différents districts kabyles, les opérations de ce recrutement spécial. Grâce au concours aussi actif que dévoué des autorités civiles et militaires, la mission confiée à cet officier réussit au delà de toute espérance et, dès le commencement de mars, il pouvait annoncer que le nombre des engagés, presque tous Kabyles, s'élevait à environ 3.500.

Lorsque l'échec de la tentative faite en Indo-Chine rendit nécessaire un nouvel appel à nos possessions algériennes, pour remplacer les 2.000 coolies manquant, elles purent encore faire face à ce nouveau besoin, et réussirent à fournir, au total, un effectif de 5.500 volontaires. On doit, toutefois, reconnaître que les éléments introduits par ce second recrutement et trouvés, en général, parmi la population flottante des villes du littoral, furent moins rustiques, moins énergiques et moins sûrs que les premiers ; ce sont ceux qui, aux prises avec les difficultés et les misères de la campagne, fournirent la grande majorité des malades, des éclopés et des déserteurs.

Quoi qu'il en soit, grâce à l'Algérie, et à l'Algérie presque seule, le corps expéditionnaire put être doté d'un effectif total d'environ 7.300 conducteurs auxiliaires, chiffre encore insuffisant, mais qui représentait, dans les circonstances où se préparait l'expédition, à peu près le maximum de l'effort possible, effort sans lequel on pourrait presque dire que l'expédition fût devenue impossible, pour l'époque et dans les délais prévus.

Critiques soulevées contre cette organisation.

Nous devons examiner, dès maintenant, ce que valait l'organisation de notre corps expéditionnaire telle que nous la connaissons : c'est là où se cache, en partie, le secret de l'hécatombe de Madagascar.

Il semble de tradition chez nous de méconnaître les leçons du passé. Jusqu'ici nous avons eu cependant à compter avec les expéditions coloniales. Que de tombes prématurément ouvertes pendant les campagnes du Tonkin, de Madagascar (1883-1885), du Dahomey ! Et cela parce que nous n'avons jamais voulu comprendre que l'homme n'est pas toujours préparé pour la lutte contre le climat malfaisant.

Qu'il nous soit permis ici, pour mieux faire toucher du doigt la plaie que nous avons toujours ouverte, d'en appeler à la haute autorité de M. le docteur Reynaud, médecin en chef des colonies.

..... L'observation la plus importante est la constatation de l'infime proportion des troupes indigènes. Sur 13 bataillons d'infanterie il y a seulement :

2 bataillons de tirailleurs algériens ;

1 bataillon de tirailleurs malgaches;

1 — de — haoussas.

Soit 4 bataillons (environ 3.200 hommes) pour huit bataillons de troupes européennes et un bataillon mixte de créoles de la Réunion.

L'étude des précédentes expéditions coloniales faites par l'Angleterre a fait voir que les corps expéditionnaires anglais se composent ordinairement d'un tiers de troupes blanches pour deux tiers de troupes indigènes :

En Abyssinie : 3.655 soldats européens, 9.833 indiens;

1re expédition ashantis 2.284 soldats européens, 2.377 indiens;

2e — — 1.050 — 2.050 —

Afghanistan 12.750 — 21.990 —

Le corps expéditionnaire français du Dahomey s'est rapproché de ces proportions. Il comptait 1.423 Européens; 2.158 indigènes.

Pour l'expédition de Madagascar, ces salutaires principes sont abandonnés, et la proportion recommandée par l'expérience est renversée; l'infanterie du corps expéditionnaire comprendra, en effet, un tiers d'indigènes et deux tiers d'Européens; il ne s'agit encore que de l'infanterie. Or les troupes d'artillerie, du génie, de santé, d'administration, du train, etc., sont toutes composées d'Européens, à l'exception d'une compagnie sénégalaise du train (500 hommes sur 4.400 environ, soit 1/9e).

Au total le corps expéditionnaire, à l'effectif de 14.773 hommes, comprenait environ 11.000 soldats européens pour 3.800 soldats indigènes, soit à peine un quart d'indigènes. Cependant le souvenir des guerres précédentes devait être encore assez vivace dans les esprits pour imposer l'emploi dans de plus larges proportions de l'élément indigène. Les organisateurs ne devaient pas oublier qu'au Dahomey les Européens avaient fourni une mortalité par maladies de 122 pour mille, tandis que les indigènes n'avaient que 24 pour mille.

. . . .

Il était malheureusement facile de prévoir ce qu'il adviendrait de ces soldats tout jeunes, n'ayant jamais fait campagne, n'ayant jamais subi l'épreuve de l'action d'un climat chaud, et qui étaient envoyés dans un pays chaud et insalubre. Avant de compter autant de rengagés qu'elle en a maintenant, l'infanterie de marine fournissait par an environ 100 décès pour 1.000 hommes d'effectif en temps ordinaire, et jusqu'à 250 et 450 pour 1.000 en expédition. Les troupes blanches d'occupation du Tonkin ont une mortalité de 60 pour 1000.

La compagnie d'infanterie de marine envoyée au Dahomey, composée de jeunes soldats, n'existait plus au mois d'octobre 1892; sur

124 hommes, 35 hommes étaient morts, les autres étaient rapatriés ou dans les hôpitaux : ces faits, les exemples de la Cochinchine, du Mexique, de la Tunisie, n'ont pas empêché la décision prise d'envoyer des troupes métropolitaines.

S'il était impossible (ce qui reste encore à démontrer) de former la majorité du corps expéditionnaire avec des troupes indigènes, s'il était nécessaire d'avoir autant de troupes blanches, pourquoi ne faisait-on pas à la légion étrangère une plus large part, et ne se servait-on pas des bataillons d'Afrique? La légion avait donné des preuves d'endurance assez remarquables au Dahomey et auparavant au Tonkin.

Enfin, puisqu'il était arrêté dans l'esprit des organisateurs de l'expédition de prendre des éléments de l'armée métropolitaine, il était indiqué de faire appel, pour remplir ces unités, aux soldats libérés du service actif qui auraient fourni une troupe plus solide faite d'hommes âgés de 23 ans.

Les services techniques n'avaient pas un nombre de volontaires suffisants. Des désignations d'office furent faites en ce qui concerne les infirmiers militaires, dont le nombre en temps ordinaire est très restreint. Ces désignations eurent pour effet de vider les sections d'infirmiers. Elles eurent deux autres effets : celui d'envoyer à Madagascar des hommes dont le moral pouvait être affecté, et, en second lieu, celui d'avoir dans les hôpitaux des hommes que rien ne préparait au service écrasant des infirmiers dans une guerre coloniale (1).

Un autre défaut de l'organisation de ce corps réside dans la constitution des porteurs absolument indispensables dans les expéditions coloniales.

Là encore nous avons méconnu les leçons de l'expérience. Notre corps était fort de 15.000 hommes, dont 11.000 Européens; on lui assigna 7.300 conducteurs et coolies.

Les Anglais, passés maîtres dans l'organisation des expéditions, ont toujours procédé autrement que nous, et ils s'en sont fort bien trouvés quand est venu le moment de faire le compte des vies humaines perdues. Voici un exemple de leur façon de constituer leur service de porteurs, que nous puisons

(1) Dr A. Reynaud. *Considérations sanitaires sur l'expédition de Madagascar*, page 246 et suivantes. Paris, Henry May.

dans leur première expédition contre les Ashantees, en 1873-1874.

Chaque bataillon d'infanterie anglaise, fort de 30 officiers et 650 hommes, eut 654 porteurs, répartis comme il suit :

650 hommes, à 1 porteur pour 3 hommes :................	217
30 officiers, à 1 porteur pour 1 officier...................	30
30 officiers, à 1 porteur pour 3 officiers (gamelle).........	10
Tentes-abris pour les officiers...........................	4
Réserve régimentaire de munitions d'infanterie à raison de 50 cartouches par homme pour 580 hommes (70 caisses)...	70
82 marmites de campagne, 10 par porteur................	9
Comptabilité régimentaire.............................	2
40 cadres, à 6 porteurs par cadre (transport des malades)....	240
Ordonnances pour 2 médecins...........................	2
Chefs, 1 par 25 porteurs et 3 disponibles..................	28
Porteurs disponibles pour combler les vides 6 p. 100	38

Point à noter : le chiffre de 654 fut ramené à 206 pour les régiments indigènes.

Les difficultés que nous eûmes à surmonter pour constituer nos porteurs, et que nous trouvons consignées dans le rapport du général Duchesne, peuvent-elles être opposées valablement à nos critiques ?

Évidemment, elles sont un facteur dont on doit tenir un grand compte, mais elles prouvent aussi que nous n'avons pas su tirer tout le parti de notre force, que souvent nos chefs n'eurent pas l'énergie qu'il convenait de montrer.

Dans leur campagne de 1873-1874, les Anglais se trouvèrent dans une position identique à la nôtre. Voici comment ils aplanirent les difficultés :

A l'arrivée du major général, le Control Department ne disposait que de 700 porteurs au maximum ; ce chiffre était de beaucoup insuffisant. Sir Garnet Wolseley, absorbé dès le début par ses premières opérations contre les Ashantees, ne put concentrer tout d'abord son attention sur cette question si importante. Le 8 novembre, le chiffre des porteurs était cependant de 1.323 ; huit jours après, le major général envoya des officiers en mission près des rois indigènes pour activer le rassemblement des porteurs.

Le 22 novembre, le transport des approvisionnements de Cape

Coast à Mansuc éprouvait de tels retards que le colonel Festing, qui commandait les contingents indigènes à Dunquah, dut envoyer 500 guerriers à la côte pour assurer le transport des munitions; mais le Control Department renonça bientôt à l'emploi de ces guerriers qui désertaient en masse. Le commandement recourut à d'autres procédés. Le 26 novembre, date à laquelle les Ashantees étaient refoulés sur le Prah, les chefs et les notables des villages hostiles, à l'ouest d'Elmina, vinrent à Cape Coast solliciter la paix; ils durent fournir et entretenir, pendant la durée de la guerre, 300 porteurs qui furent remis au génie.

Avant son départ pour l'inspection de la ligne d'étapes, le 1er décembre, le major général envoya en mission, dans les tribus de la côte, des officiers qui recrutèrent 650 porteurs, envoyés à Dunquah le 8 décembre.

Durant les douze premiers jours de décembre, le major général, désarmant les alliés indigènes, put ainsi fournir 3.000 porteurs au Control Department. Le 10 décembre, sir Wolseley fit savoir aux rois et chefs de Dunquah que, s'ils ne fournissaient pas un contingent de 5.000 porteurs à la fin du mois, les troupes européennes ne débarqueraient pas; à la même date, le commandement détacha, près des chefs d'Elmina, un médecin colonial qui réussit à lever 700 porteurs en outre des 300 qui avaient déjà été fournis le 30 novembre. Le 27 décembre, la *Coquette* ramena de Dixcove 146 porteurs; les contingents de Beulah et d'Abrakrampa en fournirent également.

En résumé, le 22 décembre, quand le lieutenant-colonel Colley prit la direction du service des transports, 6.000 porteurs travaillaient entre Cape Coast et le Prah (1).

Nous pourrions multiplier ces exemples si nous suivions les autres expéditions anglaises, soit en Afrique, soit en Asie.

Si l'on tient compte que le service des voitures Lefebvre employées à la suite du corps expéditionnaire enlevait plus de 5.000 porteurs, nous restons avec 2.300 hommes pour 15.000 soldats, c'est-à-dire un porteur pour sept.

Nous savons bien, et nous nous empressons de le reconnaître ici, que l'emploi des voitures Lefebvre devait suppléer au nombre des porteurs; que le plan de campagne comportait une ligne de communication fluviale devant répondre au triple

_____

(1) Lieutenant-colonel breveté Septans, *les Expéditions anglaises en Afrique*, p. 73. (Henri Charles-Lavauzelle, éditeur.)

besoin : transport des hommes, des vivres et du matériel. Mais ignorait-on, au ministère de la guerre, que les voitures ont besoin de route pour circuler ; qu'à Madagascar il n'y avait aucune voie de communication carrossable, d'où impossibilité d'employer les voitures ? Il restait donc la communication fluviale ; nous verrons plus loin quand et comment on put l'utiliser.

L'emploi des porteurs s'imposait ; nous avons méconnu cette nécessité au début de l'organisation, et ceux-là qui procédèrent à cette organisation ont encouru une grande responsabilité devant l'histoire.

CHAPITRE II

ORGANISATION MATÉRIELLE DE L'EXPÉDITION

Service de l'habillement. — Service de l'armement. — Allocation des vivres. — Bagages des officiers. — Constitution de la flottille. — Voitures Lefebvre. — Outils. — Matériel de pont. — Matériel télégraphique. — Voie ferrée. — Matériel aérostatique. — Explosifs. — Services administratifs. — Service de santé. — Critiques soulevées contre cette organisation.

Maintenant que nous connaissons l'organisation en personnel du corps expéditionnaire, nous avons à étudier l'organisation matérielle.

Service de l'habillement.

La tenue des officiers fut réglementée par une note parue au *Journal officiel* du 18 janvier 1895. Elle comportait seulement la tenue de campagne suivante :

1° Une vareuse à col droit, bas, en flanelle anglaise couleur bleu de roi, un seul rang de boutons métalliques par devant; au col, le numéro du régiment ou les insignes des différents services tels qu'ils sont portés sur les vêtements de petite tenue réglementaires en France ou en Algérie, sauf les modifications suivantes : grenade d'or sur écusson de drap garance pour la légion; écussons en velours noir pour le génie, en drap jaune pour les chasseurs d'Afrique et en drap bleu de ciel pour les tirailleurs algériens, sans numéro pour aucun de ces corps. Les officiers et assimilés auxquels les règlements accordent des galons comme insignes du grade eurent les galons de grade plats, sur monture circulaire en drap ou en velours : drap de fond pour l'infanterie, jaune pour la cavalerie, écar-

late pour l'artillerie, garance pour le train, noir pour les sous-
intendants et adjoints, en velours noir pour le génie, cramoisi
pour les médecins, vert pour les pharmaciens, grenat pour les
vétérinaires, enfin attentes d'épaulettes. Ceux dont la tenue
normale ne comporte pas de galons de grade portèrent sur
chaque manche, fixés sur monture circulaire, en drap écarlate
pour les gardes d'artillerie, noir pour les officiers d'administration, en velours noir pour les adjoints du génie et archi-
vistes, les mêmes insignes qu'ils ont en France comme bordure
du col de la vareuse ou de la tunique, sans attentes d'épaulettes
ni pattes d'épaule ;

2° Une veste en toile cachou de même forme que la vareuse
en flanelle, avec boutons, galons insignes de manches, attentes
mobiles sans numéro ou attribut au col ;

3° Pantalon en flanelle bleue avec bandes écarlates pour
l'artillerie et le génie, passepoil jaune pour les chasseurs à
pied, chasseurs d'Afrique et tirailleurs algériens ; passepoil
rouge pour les autres armes ou services ; un autre pantalon
en toile cachou ;

4° Un casque colonial avec les emblèmes du shako ou du
képi rigide (grenade pour la légion, croissant pour les tirailleurs), bonnet de police du modèle de la cavalerie, en drap
bleu de roi avec le passepoil du pantalon ;

Enfin, pour chaussures, des bottes ou brodequins.

Les hommes reçurent, sans distinction, un paletot de molleton, deux pantalons de flanelle (les hommes montés un seul),
un collet à capuchon, un paletot en toile cachou et un pantalon
de treillis ; pour coiffure, un casque et un béret ; les hommes à
pied deux paires de brodequins et une paire de souliers avec
guêtres en toile, les hommes montés deux paires de bottines
avec éperons, et tous une paire d'espadrilles.

Nous ne pousserons pas plus loin les détails des effets de
toute nature attribués aux hommes.

Pour les troupes de la marine, l'habillement donna lieu à
quelques complications que tout pouvait cependant écarter.

Au moment de leur embarquement, ces troupes furent dotées par la marine des effets suivants : une capote en drap, un pantalon en drap et un képi qu'ils devaient laisser à Majunga pour être délivrés aux hommes rapatriés. Un casque en liège, un bourgeron en toile, deux paletots en toile cachou, deux gilets de flanelle, une ceinture de flanelle, un pantalon de flanelle, un pantalon blanc et un paletot de molleton ; une bretelle de suspension et trois cartouchières (pour l'infanterie ; deux pour l'artillerie), le ceinturon et la bretelle de fusil, havresac, les effets de petit équipement et, enfin, les ustensiles de campement ; ces derniers devaient être laissés à Majunga pour être distribués aux rapatriés.

L'administration de la guerre eut à pourvoir ces troupes de : un second pantalon de flanelle, un collet à capuchon, une coiffe de casque, un béret, une troisième paire de chaussures, une paire d'espadrilles, une ceinture de laine, des ustensiles de campement en aluminium, une serpe avec étui, une couverture imperméabilisée, un sac-tente-abri, une moustiquaire.

Les troupes indigènes reçurent de la marine, mais remboursables par l'administration de la guerre : un paletot de molleton, un paletot en toile cachou, deux pantalons en toile cachou, une chemise en coton tricoté, une chemise de flanelle de coton sans col, deux paires de sandales renforcées, une paire de guêtres de tirailleurs, une chéchia sans gland, un étui-musette, une courroie de capote, un petit bidon avec quart, une gamelle individuelle, une ceinture de laine, un manchon couvre-culasse, un ceinturon, une bretelle de fusil, une bretelle de suspension et trois cartouchières.

L'administration de la guerre leur donna à Majunga : un pantalon de flanelle, un collet à capuchon, des ustensiles de campement, seaux en toile, serpes, couvertures imperméabilisées, sacs-tentes-abris.

Service de l'armement

L'armement fut réglementé, le 17 janvier, comme il suit :

Infanterie. — Adjudants et sergents-majors, sabre d'adjudant et revolver.

Chef armurier, épée de sous-officier et revolver.

Sergent artificier (un par bataillon), revolver, sabre série *z*.

Autres sergents, caporaux, soldats (y compris les infirmiers et brancardiers), fusil.

Ordonnances des officiers supérieurs ayant deux chevaux, revolver sans sabre.

Autres ordonnances, conducteurs de voitures Lefebvre, conducteurs de mulets de bât et haut-le-pied, fusil.

Les infirmiers ont reçu le fusil en raison de la nécessité de les armer sérieusement, puisqu'ils ne sont pas couverts par la convention de Genève. Au besoin, ils seront autorisés à attacher leur fusil aux voitures.

Cavalerie et gendarmerie. — Aucun changement aux dispositions en vigueur.

Artillerie. — Tous les adjudants et les hommes du cadre pour lesquels il est prévu des mulets de selle, sabre et revolver.

Ouvriers d'état, épée et revolver.

Chefs artificiers de régiment, revolver, sabre série *z*.

Les conducteurs d'attelage à la Daumont, sabre et revolver.

Les ordonnances des colonels et des lieutenants-colonels, revolver sans sabre.

Tout le reste du personnel, mousqueton, ordonnances compris.

Même remarque pour les infirmiers que ci-dessus.

Génie. — Mêmes principes que pour l'infanterie, en utilisant les épées en usage dans l'arme pour les sous-officiers.

Train. — Tous les adjudants et hommes des cadres pour lesquels il est effectivement prévu des mulets de selle, sabre et revolver.

Ordonnances des officiers ayant au moins deux chevaux, revolver sans sabre.

Tous autres ordonnances, les conducteurs de voitures Lefebvre, les conducteurs de mulets de bât ou haut-le-pied, mousqueton d'artillerie.

Les sous-officiers du dépôt de remonte mobile, revolver avec sabre.

Les brigadiers et cavaliers du dépôt de remonte mobile, revolver sans sabre.

Comme dans l'artillerie, on a donné des mousquetons aux bourreliers et maréchaux ferrants afin de munir d'une arme à feu sérieuse des hommes appelés à faire souvent partie de fractions isolées.

Secrétaires d'état-major, commis et ouvriers d'administration. — Élèves, épée et revolver.

Sergent-major, revolver avec sabre.

Sergents, caporaux et soldats, mousqueton d'artillerie.

Infirmiers. — Sergents-majors, revolver avec sabre.

Tous autres hommes, mousqueton d'artillerie.

MUNITIONS.

Elles furent fixées à 120 cartouches par fusil, 48 cartouches par mousqueton et 18 cartouches par revolver.

Allocations des vivres.

Les allocations alimentaires furent fixées, le 11 janvier 1895, aux quantités suivantes :

Pain ordinaire	750	grammes.
Sel	20	—
Sucre	35	—
Café vert	24	—
Riz	40	—
Haricots	30	—
Julienne	30	—

(Soit 100 grammes de légumes.)

Viande fraîche....... , ...	500 grammes.
Vin (ou, en cas d'impossibilité, une boisson de substitution)..........................	40 centilitres.
Tafia..	4 —
Thé..	4 grammes.
Graisse de saindoux.......................	30 —

La composition de la ration allouée aux indigènes fut réglée par une dépêche de la guerre du 12 janvier 1895, comme il suit :

Riz..	800 grammes.
Sel..	24 —
Sucre......................................	16 —
Café vert..................................	12 —
Tafia......................................	2 centilitres.
Viande fraîche.............................	250 grammes.

Bagages des officiers.

La composition des bagages des officiers fut arrêtée par une note du 12 février et fixée à :

Colonel, 4 caisses dont 1 de comptabilité; lieutenant-colonel, 3; chef de bataillon, 2 (3 pour le commandant du bataillon de chasseurs); officier subalterne, 1; employé militaire ayant rang d'officier, 1; aumônier, 1; adjudant, vaguemestre, chef armurier et sous-officier non monté ne portant pas le sac, 1 pour deux. Le poids de chaque caisse était limité à 17 kilos pour les officiers subalternes, avec surcharge de 9 kilos pour les capitaines.

Chaque unité administrative ou groupe de cinq officiers appelés à vivre réunis auront droit à une cantine à vivres avec table pliante d'un poids maximum de 40 kilos.

Chaque officier put avoir un lit, une moustiquaire et un pliant du poids de 15 kilos, couvertures comprises.

Un officier supérieur avait droit à une tente; les officiers subalternes à une pour deux, du poids maximum de 30 kilos.

Le chargement de ces bagages était réglé, par voiture Lefebvre, à une cantine à vivres et à 11 caisses à bagages, ou 2 cantines à vivres et 10 caisses à bagages, ou 3 cantines à vivres et 9 caisses à bagages, ou, enfin, 13 caisses à bagages.

De plus, chaque officier supérieur fut autorisé à emporter 2 caisses, les officiers subalternes 1, d'effets de rechange qui devaient être laissées à la base d'opérations dans un magasin spécial; enfin, pendant la traversée, chaque officier monté pouvait avoir son harnachement dans une caisse du poids de 50 kilos.

Constitution de la flottille.

L'organisation matérielle de l'expédition comportait un programme plus difficile à réaliser que celui de l'habillement, l'armement, l'alimentation et les bagages. Il restait, en effet, à pourvoir au matériel proprement dit. L'emploi d'une ligne fluviale imposait une flottille spéciale : nous n'en avions pas; elle était à créer complètement. On ne perdit pas un instant à dresser le programme, et, avec une égale célérité, on procéda à l'examen, à la discussion de ce programme qui fixait la composition de la flottille à 12 canonnières de 2 types différents, 42 chalands, 4 pontons d'accostage et 6 canots à vapeur.

Ce matériel fut construit d'après les données suivantes : 12 canonnières démontables en tranches, pouvant se superposer, mais non s'emboîter les unes dans les autres, et de deux types différents :

1er *type* : 4 canonnières calant 52 centimètres, à embarquer au Havre, démontables en 5 tranches ayant les dimensions suivantes : tranche avant, longueur 5^m,61 ; largeur, 5^m,50; hauteur au milieu, 1^m,20; tranche arrière : longueur, 7^m,51 ; largeur, 5^m,50; hauteur au milieu, 1^m,20; les trois autres tranches : longueur, 3^m,96; largeur, 5^m,50; hauteur au milieu, 1^m,20. Le poids de la chaudière fut fixé à 5 tonneaux et le poids total à environ 70; le cube total des tranches et des colis encaissés, environ 300 mètres cubes.

Ce type fut adjugé, le 3 décembre 1894, aux ateliers et chantiers de la Loire; la livraison eut lieu au Havre dans la première semaine de février 1895.

2ᵉ *type* : 8 canonnières calant 40 centimètres, démontables en 7 tranches, ayant les dimensions suivantes : tranche avant, longueur, 4 mètres; largeur, 5ᵐ,50; hauteur au milieu, 1 mètre; tranche arrière, longueur, 4ᵐ,10; largeur, 5ᵐ50; hauteur au milieu, 1 mètre; les quatre autres tranches : longueur, 3ᵐ,60; largeur, 5ᵐ,50; hauteur au milieu, 1 mètre. Le poids de la chaudière fut fixé à 2 tonneaux 500; le poids total à 50 tonneaux et le cube total des tranches et des colis encaissés à 240 mètres cubes.

Ce type fut adjugé, le 5 décembre 1894, aux forges et chantiers de la Méditerranée; 4 canonnières furent mises en chantier au Havre et furent livrées dans les premiers jours de février; les 4 autres, mises en chantier à la Seyne, étaient livrées dès la fin de janvier.

Les 42 chalands démontables furent mis en adjudication le 29 décembre 1894 et leur construction fut répartie : 18 aux forges et chantiers de la Méditerranée, le 14 janvier 1895; 18 chez MM. Fraissinet et Cⁱᵉ; 6 chez MM. Schneider et Cⁱᵉ. Chaque chaland devait peser 20 tonnes, et se démonter en six tranches, s'emboîtant l'une dans l'autre; il mesurait : longueur, 4ᵐ,40; largeur, 5ᵐ50; hauteur, 1 mètre, plus 2 mètres cubes de pièces démontables mises en caisse.

Les 4 pontons d'accostage furent commandés, le 29 décembre 1894, à MM. Fraissinet et Cⁱᵉ. Ces pontons étaient démontables en cinq tranches pouvant se superposer et ayant chacune les dimensions suivantes : longueur, 4 mètres; largeur, 5ᵐ,50; hauteur, 1ᵐ,30, et 20 mètres cubes de pièces démontables encaissées par ponton.

Enfin, 6 canots à vapeur commandés, le 12 décembre 1894, à MM. Verne et fils, et dont les coques pesaient environ deux tonneaux.

Voitures Lefebvre.

Le 14 décembre 1894, le service de l'artillerie au ministère de la guerre passait un marché de 5.040 voitures, dont 4.000 à ridelles, 1.000 à couvercle et 40 voitures-citernes ; 1.000 harnais de circonstance avec bât et 4.000 harnais sans bât.

Outils.

La serpe fut le seul outil portatif distribué à la troupe.

Chaque compagnie reçut des écoles du génie : 45 pelles rondes, 30 pioches, 10 haches, 10 manches de pelle ou de pioche, 5 serpes, 1 pince et 2 pics à rocs.

Les compagnies du génie : 58 pelles, 58 pioches, 42 haches, 4 scies articulées.

Le parc de compagnie : 50 pioches, 110 pelles rondes, 4 pelles carrées, 24 haches de divers modèles, 12 pics à tête, 60 manches de rechange, 4 cinquenelles, 4 caisses de cordages, agrès de ponts, engins de mise de feu et instruments de lever.

Le parc de réserve du génie : 10.000 pelles, 800 pioches, 500 pics, 100 scies de divers modèles et 2.000 manches de rechange.

Il faut ajouter les pelles, pioches et hachettes des 5.000 voitures Lefebvre, chacune de ces voitures étant dotée d'un instrument de cette sorte.

Matériel de pont.

Le génie reçut 600 mètres de ponts de chevalets Birago, un certain nombre de nacelles ou de demi-bateaux en service dans les écoles du génie, 70 mètres de platelage, 100 pilots, 100 sabots de pilots avec une sonnette de parc ; plus tard, ce matériel fut augmenté de 4 sonnettes et de 200 sabots.

Matériel télégraphique.

Le premier envoi comporta 12 postes, 500 kilomètres de fil conducteur nu en bronze chromé, avec 50 kilomètres de câble de campagne; un deuxième envoi fut fait, sur la demande du général Duchesne, composé de 4 postes optiques de 30 centimètres; 3 appareils de 10, 8 postes électriques complets et 100 kilomètres de câbles.

Voie ferrée.

Le matériel de chemin de fer comportait seulement celui nécessaire à l'établissement de 10 kilomètres de voie de $0^m,50$ avec des rails de 5 kilos, 45 wagonnets à roues d'acier. Ce matériel fut fourni par la maison Weitz, de Lyon.

Matériel aérostatique.

Il comprenait 3 ballons, avec 5 gonflements de gaz hydrogène renfermé dans des tubes d'acier éprouvés à 60°, entourés de tresses en paille et pouvant être chargés sur les voitures Lefebvre.

Explosifs.

Outre les deux chargements de mulets que possédait chaque compagnie du génie, le parc avait 5.000 pétards de mélinite de 135 grammes, autant de 100 grammes, et 1.500 kilos de poudre et de coton-poudre.

Services administratifs.

Le matériel comportait :
12 fours de 180 rations pour station ;
6 — 200 — —
6 — 300 — —
36 fours démontables, à augets, de 380 rations chacun.

De plus, les outils et accessoires, parmi lesquels 2.750 barils de 100 litres et 1.000 tonnelets.

La Société des constructions démontables et hygiéniques fournit 30 baraques des divers types Espitalier-Wehrlin.

Services de santé.

Le matériel de ces services qui allaient avoir un si rude labeur à accomplir comprenait :

2 ambulances actives n° 3, type d'Algérie modifié ;

4 hôpitaux de campagne de 250 lits chacun ;

1 hôpital d'évacuation pour 500 malades, avec étuve à désinfection ;

1 sanatorium pour 500 malades, avec étuve à désinfection;

4 infirmeries-ambulances du type du Tonkin ;

3 appareils pour la stérilisation de l'eau ; 1 pour 20.000 litres, les deux autres de chacun 10.000 litres ;

5.600 brancards ;

500 couchettes d'hôpital avec literie complète et moustiquaire ;

2.500 supports-brancards avec moustiquaire, système Strauss, et literie complète ;

20.000 paquets de pansement individuel et un très large approvisionnement de médicaments dont 500 kilos de chlorhydrate de quinine, 800.000 pilules de ce même médicament, 1.080 kilos d'alcoolé d'extrait de quinquina et 1.300 kilos de poudre de quinquina; 10 tentes Tollet; 27 tentes Tortoise modifiées; 62 tentes coniques et 62 baraques démontables Espitalier-Wehrlin.

Baraquements.

Un certain nombre de baraquements fut jugé utile.

Les usines Janssens et Cⁱᵉ, de la Bleuse-Bonne, fournirent 5 hangars démontables de 12 mètres sur 26, 3 de 8 mètres sur 12 et 3 de 6 mètres sur 21, à carcasses et toitures métalliques et parois en toile. La Société Lailliet et Cⁱᵉ, d'Amiens, fournit 48 abris volants de 6 mètres sur 20, à charpente en bois, toiture en tôle et parois en toile; 20 ossatures d'abris de 5 mètres sur 10, pour les postes télégraphiques, ayant la charpente en bois, la toiture et les parois devant être faites avec des matériaux du pays.

Critiques soulevées contre cette organisation.

Cette organisation matérielle répondait-elle aux besoins? Comme l'organisation du personnel, elle n'échappe pas à de graves critiques, surtout en ce qui concerne le matériel.

Au point de vue de l'habillement, le corps médical est unanime à reconnaître une amélioration notable, une grande valeur nutritive à l'alimentation, mais il s'élève contre les fatigues imposées par le port du sac.

Nous ne voulons retenir, à ce propos, que les lignes suivantes écrites par M. le docteur Reynaud :

Les Anglais ont depuis longtemps supprimé le port du sac pour leurs soldats en colonnes dans les pays chauds. Le soldat anglais ne porte que ses armes et ses munitions.

Le général Dodds avait réduit à 15 kilogr. (armes et munitions comprises) le poids total porté par chaque homme (1).

---

(1) Le poids total de l'équipement était de 30 kilogr. 645, dont 15 kilogr. 645 sur l'homme et 15 kilogr. pour le paquetage porté au convoi par coolies.

Le poids porté par l'homme comportait : 1 casque, 270 grammes; 1 paletot cachou, 440 grammes; 1 pantalon de treillis, 900 grammes; 1 paire de brodequins, 1.250 grammes, 1 chemise (gilet de flanelle ou tricot), 300 grammes; 1 mouchoir, 25 grammes; 1 ceinture de flanelle, 200 grammes; 2 étuis-musettes, 250 grammes; 1 petit bidon plein avec quart, 1.425 grammes; 1 ceinturon avec cartouchière et porte-sabre, 885 grammes; 1 fusil modèle 1886 avec bretelle et épée-baïonnette, 4.710 grammes, 1 paquet de pansement individuel, 30 grammes; 1 jour de vivres, 1.300 grammes; 15 paquets de cartouches, 3.525 grammes, un nécessaire d'armes, 135 grammes; total 15.645 grammes.

Au convoi : 1 havresac, 2.320 grammes; 1 couvre-pieds, 2.300 grammes; 1 toile de tente avec accessoires, 2.300 grammes; 1 gamelle individuelle, 420 grammes; 1 cuiller, 50 grammes; 1 paletot de molleton, 1.000 grammes; 1 chemise (gilet de flanelle ou tricot), 1.000 grammes; 1 serviette, 200 grammes; 1 mouchoir, 25 grammes; 1 calotte de coton, 100 grammes; une paire de chaussures de repos, 1.130 grammes; 1 paire de lacets de rechange, 25 grammes; 1 livret individuel,

Le colonel Galliéni allait plus loin encore, car il faisait porter par des mulets le fantassin lui-même et sa charge.

Le colonel Ortus avait fortement insisté sur les dangers qu'il y aurait, dans la guerre de Madagascar, à faire porter à l'Européen plus de 15 kilogrammes (1).

. . . .

A Madagascar, la charge des hommes a atteint 34 kilos! Si l'on ajoute à cette dépense de force subie sous un climat torride, où il est déjà très pénible et très dur pour l'Européen de marcher sans charge, l'augmentation de la chaleur entretenue par le sac appliqué sur le dos, la gêne respiratoire occasionnée par la compression de la poitrine (bretelles et poids du sac en arrière), il est facile d'apprécier que le total des forces vitales dépensées est encore plus grand que celui qu'on peut évaluer en kilogrammètres. L'épuisement consécutif est une cause prédisposante des plus puissantes aux maladies infectieuses. Celles-ci se développent, en effet, avec rapidité dans les organismes dont la résistance vitale a été diminuée.

Consommation plus grande des forces physiques, diminution rapide de la faculté de résistance des organes et des tissus à l'envahissement des germes infectieux, telles sont, en résumé, les conséquences générales des surcroîts de charge que le port du sac impose aux soldats dans les pays chauds (2).

---

30 grammes; 1 trousse garnie, 200 grammes; 2 jours de vivres, 2.600 grammes; ustensile de campement ou outil portatif, brosse à fusil, boîte à graisse, seau en toile (par 4 hommes), 1 sac à distribution par escouade, 1 moulin à café par section, soit en moyenne 1 kilogramme par homme; total 15.000 grammes.

Le poids porté sur l'homme pour les sous-officiers était de 13 kilogr. 530.

Pour l'artillerie : sur l'homme, 12 kilogr. 735; au convoi, 15 kilogrammes; sous-officiers, 9 kilogr. 710 sur l'homme, et 11 kilogr. 680 au convoi.

Le poids porté par les indigènes et auxiliaires haoussas d'artillerie était de 12 kilogr. 325 sur l'homme et 20 kilog. 255 au convoi. (*Campagne du Dahomey*, Jules Poirier, p. 333; Charles-Lavauzelle, éditeur.)

(1) Si en Europe le fantassin porte un chargement de 28 kilogrammes, dans les pays tropicaux il faut réduire ce chargement de moitié et ne pas dépasser un poids de 15 kilogrammes. De ce fait, les impedimenta croissent au point qu'il faut un coolie pour transporter la diminution du chargement de deux combattants.

L'expérience a été faite bien souvent. Toutes les fois qu'il a fallu charger outre mesure le fantassin, on a eu un déchet considérable, dû aux fatigues de la marche sous un soleil torride qui épuise les forces de l'Européen.

. . . .

Le havresac doit être *absolument proscrit*, son usage étant matériellement impossible, comme l'expérience l'a constamment prouvé. (Colonel Ortus, *Madagascar et les moyens de la conquérir*, p. 162, 163; Charles Lavauzelle, éditeur.)

(2) *Considérations sanitaires sur l'expédition de Madagascar*, Dʳ A. Reynaud, p. 450.

Il est incontestable en l'occurrence, d'après les expériences du passé, soit en France, soit en Angleterre, que la science médicale a raison contre les assertions du rapport du commandant en chef de l'expédition (1).

Quelle était la valeur du matériel, quels services rendit-il ?

Nous ne dirons rien de la flottille et des voitures Lefebvre, leur emploi n'ayant pas permis de juger les services que l'on est en droit d'attendre de ces moyens de transport employés judicieusement.

Le corps expéditionnaire avait été doté d'outils plus que largement. A quoi cela servit-il ?

La valeur et les services que tout ce matériel rendit peuvent être difficilement jugés par l'historien, surtout lorsque l'un et l'autre tombent sous une critique d'une sévérité comme celle émise par ceux qui eurent à l'employer. Aussi ne dédaignons-nous pas d'apporter ici l'opinion d'une autorité incontestable.

Dans un rapport en date du 9 avril 1896, M. le colonel Marmier a signalé les inconvénients qui résultèrent de l'attribution aux troupes d'infanterie d'un outillage appartenant en propre à ces unités. La pénurie des moyens de transport dont on disposait lors de l'arrivée des troupes à Majunga n'a pas permis aux corps d'infanterie d'emmener leurs outils avec eux. Certains d'entre eux, d'ailleurs, ont négligé de les toucher. Aussi lorsque, arrivés à Suberbieville, les corps d'infanterie eurent à participer au travail de la route, ils durent emprunter les ressources du génie, tandis que ce dernier ne pouvait disposer sur la base maritime des caisses d'outils appartenant en propre à d'autres corps. Il fallut envoyer à Majunga un officier de l'état-major du corps expéditionnaire pour sortir de cet embarras et faire expédier à Marololo les caisses d'outils qui séjournaient sur la base maritime. Les corps étaient loin quand ces cais-

---

(1) Plusieurs personnes ont pensé que le port du sac et le travail de construction de la route ont été pour beaucoup dans le développement des fièvres palustres, qui ont si gravement atteint les soldats, surtout ceux des bataillons métropolitains, du corps expéditionnaire. Sans aller à l'encontre de cette théorie, que corrobore l'avis conforme de beaucoup d'autorités médicales, on doit faire, cependant, remarquer que les cavaliers du 10e escadron, les canonniers, les secrétaires et les ordonnances, qui ne portaient pas le havresac et qui n'ont jamais travaillé à la route, ont été, proportionnellement à leur effectif, au moins aussi éprouvés par la fièvre que les hommes de l'infanterie. (Rapport officiel, p. 5113. *Journal officiel* du 12 septembre 1896.)

ses arrivèrent; on mit bon nombre d'entre elles au magasin de la place, mais non au parc du génie, si bien que leur contenu ne fut pas utilisé. Le colonel Marmier en conclut qu'il eût été préférable d'attribuer au génie la totalité de l'outillage (1).

Cette critique a bien sa valeur: mais que dire de celles qui s'adressent au matériel des ponts et à celui de la télégraphie, ces dernières surtout relevées par le général en chef?

A propos du matériel des ponts, le commandant Legrand-Girarde écrit :

L'emploi du matériel Birago du modèle du génie a fait ressortir que les pièces qui la composent, provenant des diverses écoles du génie, n'étaient pas absolument interchangeables. Les griffes des poutrelles ne coiffaient pas exactement les chapeaux, soit qu'elles fussent trop grandes ou trop petites, soit que leur écartement sur la poutrelle ne fût pas toujours le même.

Il est permis de conclure de ce fait que les tables de construction du matériel n'avaient pas toujours été scrupuleusement observées lors de la fabrication.

Enfin, les nacelles et demi-bateaux provenant du matériel en service étaient loin d'être en parfait état; celles en tôle, sans doute sous l'effet corrosif de l'eau de mer, étaient piquées de nombreux trous au point de ne pouvoir être utilisées. On peut dire que la plupart avait une valeur très inférieure à la dépense que leur transport a occasionnée (1).

A propos du matériel télégraphique, nous lisons dans le rapport officiel :

Malgré le luxe de matériel télégraphique, dit M. le général Duchesne, dont était pourvu le corps expéditionnaire, ce service n'a donné, pendant et après l'expédition, que d'assez médiocres résultats. Cette observation s'applique surtout à l'emploi de la ligne de télégraphie électrique, qui fut difficile et longue à établir et dont le rendement, entre Majunga et le mont Beritzoka, où la construction fut arrêtée, demeura à peu près nul. L'explication de cet échec, qui ne saurait être imputé au service du génie que dans la mesure où il avait pu dépendre de ce service de doter le corps expéditionnaire d'un personnel suffisant de télégraphistes exercés, a eu surtout des causes matérielles.

Le matériel de campagne de télégraphie électrique, notamment

---

(1) Le génie à Madagascar, commandant Legrand-Girarde, pages 13 et 14.

les perches en bambou et les isolateurs en ébonite, adoptés à cause de leur légèreté et de la facilité de leur transport, ne convenait guère pour Madagascar. Les isolateurs, notamment, se dégradèrent très vite, sous l'action d'un soleil intense ; quant aux perches, trop légères pour résister aux chocs, elles étaient, à tous moments, renversées sur le passage des animaux de bât, des voitures et surtout des troupeaux de bœufs (1).

Enfin, pour l'organisation du service de santé, M. le docteur Reynaud écrit :

L'objection principale faite à l'emploi des mulets et des voitures pour le transport des malades, c'est qu'il leur est très défavorable, surtout dans des terrains aussi accidentés que ceux qu'on est appelé à parcourir. Les litières et les cacolets sur bêtes de somme, employés dans l'expédition anglaise du Soudan, avaient donné les plus mauvais résultats. Les secousses imprimées aux malades par la bête de somme, très pénibles en terrain plat, deviennent intolérables et dangereuses sur un terrain rocailleux, inégal, raviné, sur les routes en corniche. Les secousses, les balancements, les heurts, les chutes rendent ce mode de transport intolérable dans une étape un peu longue, même pour les maladies peu graves. Que dire alors de l'emploi des voitures non suspendues sur une route improvisée en terrain accidenté ?

Dans toutes les expéditions, c'est le brancard, le hamac ou la litière, portés par des hommes, qui ont eu les préférences des médecins et surtout des malades. C'est aussi ce mode de transport qui se prête le mieux aux nécessités du terrain et aux habitudes des indigènes.

. . . .

Les tentes Tortoise et les tentes Tollet constituent un matériel bien lourd pour une expédition coloniale (2).

C'est dans ces conditions que le corps expéditionnaire fut constitué en hommes et doté en matériel. De graves erreurs ont été commises qui pouvaient avoir de grosses conséquences pour nos armées. Le sort en a décidé autrement ; nous devons tous nous en féliciter, mais surtout souhaiter aussi que cette grave heure ne sonne plus dans l'avenir, grâce à la leçon qui nous a été donnée.

---

(1) Rapport officiel. *Journal officiel* du 13 septembre, page 5137.
(2) Docteur A. Reynaud, *Op. cit.*, page 263.

CHAPITRE III

DÉPART DU CORPS EXPÉDITIONNAIRE

Concentration et instruction spéciale du corps expéditionnaire. — Le Président de la République à Sathonay. — Départ du corps expéditionnaire : *a)* Transport du matériel fluvial; *b)* Transport des troupes. — Critiques soulevées contre l'organisation des transports. — Départ du général Duchesne. — Instructions du gouvernement au général Duchesne.

Concentration du corps expéditionnaire.

Dès que les unités des diverses troupes du corps expéditionnaire eurent été constituées, elles furent dirigées sur les points de concentration que nous connaissons, pour se préparer à une instruction spéciale sur le service en campagne tel qu'il serait appliqué à Madagascar.

Cette instruction comprenait des manœuvres : 1° en terrain découvert, ordre fermé, en carré; 2° en terrain coupé, en ordre étendu, si cela est nécessaire, et en ordre fermé aussitôt que possible; 3° emploi du feu aux petites distances seulement et par salves à partir de 300 à 400

GÉNÉRAL ZURLINDEN
ministre de la guerre.

mètres; à 500 mètres ne faire tirer que les meilleurs tireurs.

Le corps d'officiers suivit des conférences sur la topographie de Madagascar. A cet effet, chaque officier reçut : une carte de Madagascar au 1/2.000.000; un itinéraire de Majunga à Tananarive au 1/200.000; une carte des environs de Tananarive au 1/40.000. Chaque officier supérieur eut en outre : un plan de Tamatave au 1/5.000; une carte des environs de Fianarantsoa au 1/50.000; un itinéraire de Tamatave à Tananarive au 1/200.000; un itinéraire de Fianarantsoa à Tananarive par M. Grandidier. Deux de chacune de ces cartes furent distribuées à chaque compagnie, ainsi que deux notices explicatives des itinéraires; enfin chaque officier eut un guide de conversation franco-malgache.

Le 28 mars 1895, au camp de Sathonay, où était rassemblé le 200e, une cérémonie particulièrement émouvante eut lieu : la remise des drapeaux au 200e, au 13e de marine, au régiment d'Algérie et au 40e bataillon de chasseurs, cérémonie présidée par M. Félix Faure.

Le Président de la République à Sathonay.

A cette occasion, le Président de la République formula les vœux de la France entière en ces termes :

> Officiers, Sous-Officiers et Soldats du corps expéditionnaire de Madagascar,
>
> Au nom de la patrie française dont ils symbolisent l'unité et la grandeur, je vous remets ces drapeaux. Leurs couleurs sont connues dans les mers que vous allez traverser et dans la grande île africaine où vous allez protéger vos compatriotes, défendre les intérêts du pays et imposer le respect de nos droits avec l'autorité des armes.
>
> Vos drapeaux portent dans leurs plis tout le génie de la France.
>
> Vous ne l'oublierez jamais et vous saurez vous montrer dignes de la mission civilisatrice que vous confie la République.
>
> Au cours de cette campagne, vous allez affronter des difficultés sérieuses et donner des preuves de courage, de discipline et d'endurance.
>
> Sous le commandement de vos chefs, vous serez à la hauteur de tous les sacrifices. Dans les marches, au combat, aux heures de péril et aux heures d'espoir, en jetant un regard sur le drapeau déployé, vous sentirez que la France est avec vous.
>
> Nous vous suivrons avec fierté et nous attendons avec confiance le moment où vous inscrirez sur ces étendards, intacts aujourd'hui, les premiers noms glorieux de Madagascar.

A cette heure, une avant-garde était déjà arrivée sur la

terre malgache. Le 25 janvier, un état-major de brigade (général Metzinger), 1 bataillon de tirailleurs algériens, 1 batterie d'artillerie de montagne, 1 demi-compagnie du génie et divers détachements du train, d'ouvriers, d'administration et d'infirmiers militaires avaient été embarqués; nous dirons plus loin dans quelle circonstance elles firent connaissance avec les Hovas.

Départ du corps expéditionnaire.

La question du transport du corps expéditionnaire n'était pas la moindre à résoudre. Nous ne pouvions demander ce transport à la marine de guerre sans éprouver de gros retards imposés par l'armement des navires et, surtout, sans commettre une faute au point de vue de la mobilisation générale.

On se rappelle que la loi du 7 décembre 1894 avait réservé à la marine un crédit de 21.500.000 francs pour assurer les transports, organiser le commandement à Majunga et l'occupation de Tamatave.

A ce moment l'île de Madagascar était desservie par un service bi-mensuel de la Compagnie des *Messageries maritimes*, sur deux lignes. Les paquebots de l'une des lignes touchaient les Échelles de la côte orientale d'Afrique, ceux de l'autre la Réunion, Maurice, Mahé, les Seychelles, où elle se reliait, par transbordement, à la ligne d'Australie. Une troisième ligne fut ouverte au moment des bruits de guerre. La *Compagnie harraise péninsulaire* créa un service du Havre à Majunga et Saint-Denis (Réunion), par Marseille.

Ces moyens de transport étaient absolument insuffisants. Il fallut y suppléer et la tâche, il faut bien le reconnaître, ne fut pas des plus faciles.

Le programme imposé comportait deux parties distinctes : transport du matériel fluvial, transport des troupes, des animaux, du matériel d'artillerie, etc., etc.

a) *Transport du matériel fluvial.* — Le 13 janvier 1895, un avis inséré au *Journal officiel* invitait les Compagnies de navigation et les courtiers maritimes français à prendre part à l'adjudication du transport de ce matériel. La maison Groszos, du Havre, fut seule à offrir trois de ses navires ayant une capacité vide, chacun, de 10.000 mètres cubes, et pouvant transporter les 330 colis formés par le matériel.

Mais, au préalable, ces navires devaient être transformés et les propriétaires ne répondaient pas d'être prêts pour embarquer, à l'époque fixée, le 15 mars, par le cahier des charges; de plus, MM. Groszos demandaient un million de fret.

Le ministre de la guerre, de concert avec son collègue de la marine, se souvint de ce qui avait été fait dans les mêmes circonstances, au moment de la campagne du Dahomey. Le général Zurlinden fit appel à la maison Clarkson, de Londres, qui avait fait les mêmes transports pour le corps expéditionnaire du Dahomey. Ces armateurs mirent à notre disposition les affrétés *Brinckburn*, *Riverdale* et *Collingham*, moyennant un fret total de 400.000 francs.

Le *Brinckburn* emmenant 8 canonnières, un canot à vapeur, 18 chalands et le personnel nécessaire au montage de la flottille, devait charger, successivement, au Havre et à la Seyne, de façon à arriver à Majunga le 18 avril; le *Riverdale*, ayant parmi son chargement 24 chalands et 1.000 voitures Lefebvre, et le *Collingham* devaient prendre le reste du matériel à Saint-Nazaire et à Marseille, et partir de façon à toucher dix jours après le *Brinckburn*.

Des circonstances regrettables modifièrent les dates prévues. La première, la gelée de la Seine et de la Saône, dans le courant de février, ne permit pas de faire descendre ces rivières aux embarcations construites à Saint-Denis et à Chalon; d'un autre côté, les dimensions de ces embarcations étant supérieures au gabarit des tunnels des Compagnies des chemins de fer de l'Ouest et de Paris-Orléans, il fallut attendre le dégel de ces rivières : d'où trois semaines de retard pour le chargement. La seconde fut une collision du *Brinckburn*. Ce navire avait quitté la Seyne le 26 mars et naviguait dans les eaux du détroit de Messine, lorsque, le 29, il fut abordé et eut son avant fortement endommagé. Il se réfugia à Malte, où, grâce à la bonne volonté des autorités, il subit rapidement les importantes réparations dont il avait besoin. Il arriva à Majunga le 2 mai. Il avait été précédé de quatre jours par le *Riverdale*; le 7 mai, le *Collingham* touchait à son tour.

b) *Transport du personnel.* — Ainsi que nous l'avons dit plus haut, il n'avait pas été possible de songer aux navires de guerre pour le transport du personnel; pas davantage aux navires des Compagnies privées assurant les communications régulières entre l'île et la métropole et dont le nombre était insuffisant.

La commission de la marine fit de nouveau appel aux Compagnies maritimes. Cette fois, elle fut plus heureuse dans ses démarches. 24 bâtiments d'abord, portés à 30 ensuite, furent affrétés avec l'engagement, par leurs armateurs, de prendre le matériel sous palan.

D'après le contrat, la règle générale suivante fut admise : chaque paquebot devait pouvoir suffire, à lui seul, aux premiers besoins des troupes qu'il transportait; le complet devait être fait avec le matériel des services généraux, notamment avec les caisses contenant les voitures Lefebvre.

Marseille ayant été désigné comme point d'embarquement du matériel et des hommes, on y constitua deux commissions: l'une pour la réception des affrétés et l'autre pour les embarquements.

La mission de la dernière était de beaucoup la plus importante. Elle était composée d'un sous-commissaire de la marine, d'un ingénieur des ponts et chaussées, d'un capitaine du port, d'un officier de l'armée de terre, d'un sous-intendant et d'un chef du service colonial.

Elle fut pleine de bonne volonté et les efforts qu'elle fit sont au-dessus de tout éloge, mais il lui manqua la compréhension exacte des nécessités de la situation. Cette absence d'initiative devait avoir une triste répercussion au moment du débarquement et à celui de la mise en route de l'avant-garde sur la terre malgache.

L'explication de ce fait se trouve entière dans une lettre publiée par le *Progrès militaire*, le 30 janvier 1897.

Une dépêche ministérielle, dit l'auteur de la lettre, avait notifié à tous les services que les colis de matériel seraient marqués d'un chiffre correspondant à leur caractère d'urgence.

A Marseille, l'état-major et l'intendance comprirent qu'il s'agissait de l'urgence de la mise à bord, tandis que, dans la pensée du bureau spécial, le chiffre indicatif à apposer sur chaque colis devait indiquer l'urgence de la mise à terre à Majunga.

Que résulta-t-il de cette confusion, qu'une demande d'explication télégraphique aurait dû et faire éviter?

Les colis arrivés à Marseille étaient suivis de leur bordereau. L'intendance, qui réglait l'envoi de la gare au quai et assurait la répartition à bord de chaque transport, se référait au numéro d'ordre correspondant à un degré d'urgence.

Tous les colis indiqués comme étant de première urgence étaient déchargés les premiers, conduits au besoin par fourgons jusqu'au quai et enlevés de suite par la grue à vapeur.

L'extrême urgence assura ainsi à tous les colis réduits un placement à fond de cale.

Cette commission des embarquements fonctionna jusqu'au 21 mai. A cette date, on lui substitua une commission mixte, composée de l'officier supérieur du service d'état-major chargé de centraliser à Marseille les questions relatives aux embarquements, du chef du service de la marine et du chef du service colonial à Marseille.

Avant de dire dans quelles conditions sanitaires s'effectuèrent les transports, nous croyons devoir présenter le mouvement auquel cette opération donna lieu.

Voici, d'après les documents que nous avons eus sous les yeux, dans quelles conditions fut emmené le corps expéditionnaire :

NAVIRES.	Officiers.	Sous-officiers.	TROU-PES.	Che-vaux	Mu-lets.	MATÉ-RIEL. — Tonnes.	OBSERVATIONS.
Égypte.........	13	20	672	77	460	1.280	1re compagnie du 30e escadron du train; convoyeurs kabyles; 14e compagnie du génie.
Liban..........	22	46	773	30	40	»	
Canton.........	5	6	238	4	413	800 a	(a) Dont 160 voitures Lefebvre.
Chandernagor...	37	26	351	247	7	1.500	Dont 1 boulangerie de campagne; 1 ambulance; le 10e escadron de chasseurs d'Afrique et l'état-major du génie.
Entre-Rios.......	5	8	66	20	308	1.900m5	
Iraouaddy......	»	»	»	»	»	»	Général Duchesne et son état-major.
Cachar.........	70	71	1.090	»	59	1.500	12e compagnie du génie.
Rio-Negro.......	25	23	699	89	141	1.000	1re compagnie du 1er bataillon du 2C0e. 1 batterie de montagne et 480 convoyeurs kabyles.
Dordogne.......	10	»	571	6	454	2.000	3e compagnie du train.
Tigre..........	34	43	747	»	»	»	1er bataillon du 200e. services administratifs. Etat-major de la 1re brigade. Détachement d'ouvriers d'artillerie.
Carolina.......	50	8	60	»	404	1.500	
Uruguay.......	38	60	1.128	»	»	1.000	Etat-major du 200e, 2e bataillon du 200e.
Château-Yquem .	75	50	840	29	137	»	Etat-major 2e brigade. Etat-major du 13e d'infanterie de marine et 1er bataillon de ce corps.
Paraguay.......	30	68	1.150	»	»	1.000	3e bataillon du 200e, 2e bataillon et 1re compagnie du 3e bataillon du 13e régiment d'infanterie de marine.
Thibet..........	1	47	707	12	108	800	6 canons. 138 caisses de munitions, 111 caisses de cartouches. 112 caisses de tente et d'approvisionnements.
Amérique.......	12	27	263	93	237	400	500.000 cartouches. 200 hommes d'artillerie de marine.
Berry..........	8	12	102	»	220	175	Train des équipages et troupes d'administration.
Maroc..........	7	12	140	»	187	»	38e d'artillerie.
Foulah..........	4	4	39	»	182	1.500	
Anatolie........	9	»	148	»	199	1.800	
Canaries.......	5	8	61	»	440	2.000	
Vercingétorix....	11	18	144	»	300	800	
Massilia.........	11	»	438	44	230	1.300m5	1 batterie d'artillerie de marine.

D'autres navires furent employés au transport des troupes. Malgré nos recherches, il nous est impossible de fixer exactement les troupes qu'ils emmenèrent. L'*Ava* chargea 1.500 convoyeurs kabyles; le *Douro*, 1.137 de ces convoyeurs et des tirailleurs. Le *Cachemire* emmena la 13e compagnie du génie; le *Notre-Dame-du-Salut,* la moitié de la 11e compagnie de cette arme; le *Shamrock*, les volontaires de la Réunion; le *Guadalquivir*, 13 officiers et 250 hommes du 13e régiment d'infanterie de marine et 1.200 Kabyles; d'autres troupes furent emmenées par le *Californie*, le *Stamboul* (tirailleurs haoussas) et le *Tafna*.

Dans quelles conditions sanitaires ces transports furent-ils effectués? Le rapport du général Duchesne est à peu près muet sur ce point. On ne trouve pas le même laconisme chez les écrivains spéciaux qui, jusqu'ici, en témoins oculaires, ont raconté les difficultés avec lesquelles les chefs des troupes furent aux prises.

A propos du transport des hommes, M. le docteur Reynaud écrit :

Or, il convient de rendre hommage au bon vouloir et au dévouement du personnel de ces navires. Il faut reconnaître qu'ils n'avaient pas de logements convenables pour les soldats, et qu'ils n'avaient pas d'hôpital ni d'infirmerie pour recevoir les malades.

Sur les paquebots des *Messageries maritimes*, les soldats étaient logés dans les faux ponts destinés ordinairement aux marchandises. Des couchettes y avaient été installées sur deux étages. Aérés seulement par des panneaux plus ou moins encombrés et par des hublots fermés à la mer, ces entreponts avaient une atmosphère confinée, souillée par les exhalaisons des hommes et de leur équipement.

Les hommes, suffoqués par la chaleur et par cet air puant, irrespirable, sortaient de ces cales obscures pour venir se coucher sur le pont où ils étaient médiocrement abrités contre la pluie, l'humidité vespérale et le soleil. L'encombrement du pont et du gaillard d'avant de ces navires obligeait les soldats trop nombreux à une immobilité fâcheuse, à une oisiveté démoralisante. Le défaut de locaux spéciaux pour donner des douches et des bains aux passagers de pont faisait négliger la propreté corporelle.

Ces inconvénients étaient aggravés par l'exagération du chiffre des hommes embarqués sur des navires comme ceux des *Message-*

ries maritimes, où il est laissé si peu de places aux passagers autres que ceux de la première classe. Ces inconvénients devenaient plus graves encore lorsqu'il s'agissait de malades, car les paquebots des *Messageries* et de la *Compagnie havraise* n'avaient ni le personnel, ni le matériel, ni les locaux nécessaires pour les soigner. Les dispositions prises à cet effet furent insuffisantes (1).

Le sort des chevaux ne fut pas plus enviable. Voici en quels termes le commandant de l'escadron de chasseurs d'Afrique raconte la traversée de sa troupe, embarquée à bord du *Chandernagor* :

Sous la double influence de l'immobilité et de la chaleur, aggravée par une aération insuffisante, la santé des chevaux ne tarda pas à être sérieusement compromise. Quelques cas de pneumonie de caractère infectieux se déclarèrent et nombre d'animaux commencèrent à donner des signes d'asphyxie.

Après autorisation du commandant du paquebot et des officiers passagers, le capitaine commandant l'escadron put, malgré les clauses de la charte-partie, prendre immédiatement les mesures suivantes (dont la connaissance peut n'être pas inutile à l'occasion) :

1° 170 chevaux des étages inférieurs furent montés sur le pont. A défaut d'installation existante, on se contenta de les enserrer entre des lices fortement arrimées et de clouer des lattes sur le plancher pour empêcher les glissades. Grâce au bon état de la mer, ces procédés sommaires suffirent à prévenir les accidents. Toutes les 24 heures, ces 170 chevaux étaient redescendus et remplacés par d'autres qui, à bout de souffle, venaient à leur tour reprendre de l'air et des forces.

2° Cette transformation ayant procuré un peu plus d'espace dans l'entrepont et le faux pont, on put, en enlevant des mangeoires mobiles, organiser un couloir circulaire qui permettait de sortir, panser et promener pendant quelques minutes chaque jour la moitié des chevaux restants.

3° Enfin, les ouvriers du bord, sous la direction de M. le capitaine du génie (aujourd'hui commandant) Legrand, construisirent deux ventilateurs de fortune dont les palettes étaient actionnées, au moyen d'une poulie, par la machine à vapeur du bateau.

Grâce à ces énergiques mesures, les chevaux purent supporter sans trop de déchet la chaleur torride qui se développa dans la traversée de la mer Rouge, chaleur comparable à celle des chambres

---

(1) Dr A. Reynaud, *op. cit.*, page 283.

de chauffe de la machine. Nous ne perdîmes, pendant toute la traversée, que 10 chevaux, dont 8 du dépôt de remonte mobile et 2 seulement de l'escadron. Mais les cavaliers de l'escadron qui ne purent cesser un seul jour de prodiguer leurs soins aux chevaux, et qui durent passer de longues heures dans ces écuries surchauffées, d'où se dégageaient des miasmes délétères, étaient très fatigués en arrivant à Majunga. Ce surmenage initial et inévitable n'était pas fait pour les préparer à la rude campagne qui allait s'ouvrir. Il ne fut pas sans influence sur la morbidité ultérieure de l'escadron (1).

GÉNÉRAL DUCHESNE

Départ du général Duchesne.

Le général Duchesne était resté à Paris depuis sa désignation comme chef de l'expédition, d'où il avait suivi l'évolution

(1) Commandant A. Aubier, *La colonne expéditionnaire et la cavalerie à Madagascar*, p. 10.

des préparatifs et étudié, en de nombreuses conférences avec son état-major, le plan de campagne.

Le 10 avril, il quitta Paris et se rendit à Marseille où il s'embarqua, le 12, à bord de l'*Iraouaddy*, à destination de Majunga.

Dès le 25 mars, il avait annoncé son départ de Paris et la prise de possession de son commandement par l'ordre du jour suivant :

Officiers, Marins et Soldats,

Au moment de quitter la France pour aller me mettre à votre tête, je tiens à vous dire, d'abord, combien je suis fier d'avoir été choisi par le gouvernement de la République pour vous commander. Vous me connaissez de longue date, beaucoup d'entre vous ont servi avec moi, en Afrique, au Tonkin et à Formose. De mon côté, j'ai vu à l'œuvre les excellentes troupes qui me sont confiées. Officiers et hommes de troupe de la marine et de l'armée de terre, j'ai confiance en vous et vous savez que vous pouvez compter sur moi.

La campagne que nous allons entreprendre sera peut-être pénible ; j'estime qu'elle peut et doit être courte. Vous saurez opposer à nos adversaires, à la maladie, aux privations, les habitudes d'une forte discipline, la vigilance dans le service de sûreté, la vigueur dans l'action, l'énergie physique et morale.

Toutes les précautions dictées par l'expérience sont prévues pour vous prémunir contre la fièvre ; vous y aiderez vous-mêmes, en vous conformant aux règles de propreté et d'hygiène et en prenant, scrupuleusement, les remèdes préventifs qui ne vous seront pas ménagés. Chacun y veillera dans sa sphère. Pour moi, la troupe la mieux commandée sera celle qui aura le moins de malades.

Le gouvernement vous envoie à Madagascar pour faire respecter nos droits méconnus, y rétablir l'ordre et développer dans cette île, à laquelle tant de souvenirs nous rattachent, les germes de notre civilisation qui y ont été jetés depuis longtemps.

Dans vos rapports avec les indigènes, vous n'oublierez jamais que les Malgaches sont, tous, les protégés de la France ; vous respecterez leurs personnes, leurs familles et leurs propriétés. Ceux d'entre eux qui se présenteront pacifiquement à vous devront être reçus en amis. Ceux mêmes que vous aurez combattus devront, une fois désarmés, être traités avec justice et avec douceur.

Si je suis décidé à ne tolérer ni abus de la force ni violence, de la part de mes soldats, vis-à-vis des habitants indigènes de l'île et des étrangers qui y sont régulièrement établis, à me montrer bien-

veillant pour tous et à récompenser les services que les uns et les
autres pourront nous rendre, je n'hésiterai pas davantage à punir,
selon la gravité de la faute, au besoin avec toute la rigueur des
lois militaires, ceux qui ne respecteraient pas notre drapeau, le
trahiraient ou tenteraient de résister au légitime exercice de mon
autorité. Que chacun s'en tienne pour bien averti.

Le 29 mars, M. Hanotaux, ministre des affaires étrangères,
lui remit les instructions suivantes, qui sont le programme
même du côté politique de l'expédition :

Il est indispensable tout d'abord, disent ces instructions, de bien
vous rendre compte du but que nous voulons atteindre. Nous
n'avons d'autre intention que d'assurer d'une manière incontestée
à Madagascar la situation d'État protecteur qui appartient à la
France. Il nous a paru que ce résultat ne pouvait être obtenu que
par une action militaire directe au siège de la puissance du gouvernement malgache. C'est cette action militaire que vous avez
pour mission d'accomplir, en installant une garnison à Tananarive
et un détachement à Fianarantsoa.

En même temps que vous procéderez à cette opération d'ordre
purement militaire et pour laquelle il ne m'appartient pas de vous
donner des instructions, vous aurez à obtenir du gouvernement
malgache la signature de la convention et du protocole dont vous
trouverez le texte ci-inclus. L'objet de cette convention est de con-
firmer les avantages que nous ont conférés les précédents traités,
de définir ou préciser les points qui ont donné lieu à des diver-
gences d'appréciation et de nous assurer des garanties effectives
contre le retour des difficultés qui se sont produites et ont motivé
l'expédition. Cet instrument sera établi en français seulement; vous
vous garderez de donner, par écrit, sur son contenu, des explications qui ne manqueraient pas d'être ensuite invoquées comme
partie intégrante de la convention. Il est bien entendu, en outre,
que le plénipotentiaire qui signera cet acte au nom du gouvernement malgache devra être Malgache, muni de pouvoirs réguliers,
et que la convention sera, séance tenante, soumise à la ratification
de la reine.

Je dois maintenant examiner les différentes alternatives qui pourraient se produire avant qu'on puisse arriver à la signature de la
convention. Ou bien le gouvernement malgache, venant immédiatement à résipiscence, s'efforcera de traiter au cours de votre
marche vers Tananarive, ou bien il attendra pour se soumettre que
nos troupes se soient emparées de cette ville, ou bien encore, poussant la résistance jusqu'à ses dernières limites, il abandonnera

la capitale pour se retirer dans le sud, la seule région où il paraisse pouvoir se procurer le riz indispensable à la nourriture des soldats et de la population qu'il aurait entraînée dans sa fuite.

Dans le premier cas, sans d'ailleurs suspendre ou retarder votre marche, vous ne vous refuserez pas à signer le traité, à la condition toutefois que les plénipotentiaires envoyés vers vous soient des indigènes autorisés par leur situation et munis de pouvoirs réguliers.

Je crois devoir, à ce propos, signaler à toute votre attention l'importance qu'il y a à vous renseigner sur la situation des personnes qui se présenteront à vous soit pour traiter, soit simplement pour vous offrir de s'entremettre officicusement entre vous et le gouvernement de la reine. Autant il serait regrettable de repousser des propositions sérieuses émanées de personnages autorisés, autant il y aurait d'inconvénients à prêter l'oreille à des intermédiaires insuffisamment qualifiés.

Je ne puis que vous laisser, à ce sujet, une certaine latitude.

Afin de faciliter cette partie de votre tâche et de vous aider, d'une manière générale, dans l'accomplissement de la mission politique qui vous incombe, le gouvernement a décidé de mettre à votre disposition M. Ranchot, résident général adjoint à Madagascar, qui a acquis, pendant un séjour prolongé dans l'île, une connaissance approfondie des hommes et des choses de ce pays. Ses conseils éclairés vous seront d'un utile secours et je ne doute pas que vous vous empressiez d'y recourir, le cas échéant.

Il est bien entendu, d'ailleurs, que votre marche sur Tananarive ne doit être à aucun moment interrompue. L'occupation du siège du gouvernement étant l'objet même de l'expédition, quelles que soient les dispositions dans lesquelles vous trouverez le gouvernement hova, la prise de possession de Tananarive doit être la première condition de la paix.

Si le gouvernement malgache attendait à Tananarive l'arrivée de notre corps expéditionnaire et si vous vous trouviez en présence d'un pouvoir régulièrement constitué, vous feriez signer la convention par cette autorité et vous installeriez immédiatement une garnison dans la ville.

Si la cour abandonnait Tananarive, vous auriez à vous mettre immédiatement en mesure de la poursuivre et de l'atteindre. Affaiblie par l'effet moral qu'aurait produit sur la population l'entrée de nos troupes dans la capitale, manquant probablement de vivres, peu apte à prendre des décisions et à s'organiser au milieu d'événements aussi graves, elle prolongerait d'autant moins sa résistance qu'on ne lui laisserait pas le temps de se reconnaître. Aussi, et en prévision de l'éventualité que je viens d'examiner, est-il à désirer que la marche du corps expéditionnaire sur Tananarive s'effectue le plus rapidement possible, de façon que vous puissiez, le cas échéant, disposer, durant la saison sèche, de délais suffisants pour faire aboutir votre poursuite dans les conditions les moins pénibles pour nos soldats.

La question de la signature de la convention me conduit, tout naturellement, à vous parler de l'attitude à observer vis-à-vis de la reine et du premier ministre. Il est de toute nécessité que nous nous trouvions, pour traiter, en face d'un pouvoir existant, connu et accepté de la population. Vous ne devrez donc rien tenter pour enlever son trône à la reine Ranavalo.

Il n'y aurait même que des avantages à ce que ce fût la souveraine elle-même qui prît l'initiative des pourparlers devant amener la soumission des Hovas.

D'autre part, s'il est moins important pour nous que Rainilaiarivony, dont l'autorité sortira, probablement, fort amoindrie de la crise provoquée par lui, reste au pouvoir, si même il serait vraisemblablement difficile de l'y maintenir après l'installation effective de notre protectorat à Madagascar, il n'en est pas moins vrai que provisoirement, et surtout avant d'avoir traité, nous n'avons aucun intérêt à l'en faire descendre. J'appelle d'une façon toute spéciale votre attention sur ces deux points. Si une action inconsidérée de notre part nous mettait dans l'obligation de pourvoir nous-mêmes et à la fois au remplacement de la reine et à celui du premier ministre, nous risquerions de voir un gouvernement sans autorité, incapable d'assurer le respect de la convention qu'il aurait signée, et d'imprimer une direction aux affaires durant la période troublée que Madagascar va traverser. Il nous faudrait par suite prendre en main, plus ou moins directement, l'administration du pays, et le gouvernement de la République tient à prévenir une éventualité qui lui ferait assumer des responsabilités de toute nature et l'engagerait dans des dépenses excessives.

C'est seulement dans le cas où, après la fuite de la reine et du premier ministre, il vous paraîtrait impossible d'obtenir leur adhésion au projet de traité, qu'il y aurait lieu, à l'expiration du délai qui leur aurait été signifié, de proclamer la déchéance de Ranavalo et de pourvoir à son remplacement.

La nouvelle reine devrait être choisie dans la famille d'Andrianampoinimerina, qui a été appelée de tout temps à fournir les personnages élevés à la dignité royale. Il conviendrait de placer auprès d'elle, comme premier ministre, un homme qui, en même temps qu'il posséderait une autorité personnelle suffisante, paraîtrait disposé à accepter loyalement notre direction et à nous prêter son concours pour l'exécution du traité qui aurait été signé au nom de la reine. Sur ce point je ne doute pas que vous ne fassiez appel aux conseils et à l'expérience de M. Ranchot.

Quel que soit le pouvoir avec lequel les événements vous amènent à traiter, vous devrez, comme ligne de conduite générale, éviter, autant que possible, de porter atteinte à l'état de choses actuellement existant à Madagascar.

L'organisation politique et administrative de l'île, si embryonnaire et si imparfaite qu'elle soit, nous sera, au début du moins, d'un utile secours pour le fonctionnement de notre protectorat. Les modifications qu'il pourrait y avoir lieu d'y introduire devraient être étudiées avec soin et ne peuvent, dans tous les cas, être décidées au lendemain de l'entrée de nos troupes à Tananarive. Vous vous garderez donc d'édicter des mesures administratives pouvant engager l'avenir.

Vous n'aurez pas non plus à vous préoccuper de la solution des questions auxquelles peuvent donner naissance les contrats, concessions et autres actes du gouvernement malgache antérieurs à la signature de la convention. Vous vous bornerez à lui interdire, jusqu'à nouvel ordre, la signature de nouveaux actes du même genre.

Vous prendrez soin cependant de vous assurer, sans délai, le contrôle effectif des ressources qui peuvent servir à constituer un budget des recettes pour le protectorat. Le produit des douanes sera, dès le début, la principale source de revenus pouvant être utilisée pour cet objet.

Les droits de douane perçus dans les ports de Majunga, Vohémar, Fenérive, Tamatave, Vatomandry et Mananjary, affectés, depuis 1886, à la garantie des semestrialités d'un emprunt contracté par le gouvernement malgache, conserveront jusqu'à nouvel ordre la même destination.

Pour les autres ports, tous vos efforts devront tendre à ce que les recettes soient envoyées exactement à Tananarive et déposées en lieu sûr pour former le premier aliment de la caisse du protectorat. Si, soit au cours de l'expédition, soit à l'arrivée à la capitale, vous veniez à vous saisir de sommes d'argent appartenant au gouvernement malgache, elles devraient être réservées pour doter le budget du protectorat.

Je n'ai pas besoin de vous recommander de traiter les populations indigènes avec un grand esprit de justice et de leur témoigner toute la bienveillance conciliable avec le souci de votre sécurité et les exigences des opérations militaires. Il serait impolitique de froisser sans nécessité leurs mœurs, leurs intérêts et même leurs préjugés. Par l'article 1er de la convention annexe que nous avons préparée, nous laissons la porte ouverte à des modifications dans le régime de la propriété à Madagascar. Mais, tout en proclamant un principe dont le succès couronnera nos constants efforts, nous n'entendons aborder cette partie de notre tâche qu'à notre heure et sans précipitation. Vous aurez aussi à veiller avec soin à ce qu'il ne soit pris aucune mesure de nature à soulever les délicates questions de l'esclavage et de la corvée.

Vis-à-vis des Sakalaves, spécialement, vous aurez à vous tenir sur une grande réserve. Il importe que la question de la constitution ultérieure des pouvoirs politiques et administratifs locaux reste entière. Nous devons, sans doute, nous efforcer d'attirer à nous les populations indépendantes ou semi-indépendantes qui existent dans l'île, mais sans nous lier par des promesses que, peut-être, nous ne pourrions tenir à l'avenir.

L'arrangement entre la France et l'Angleterre, conclu à Londres le 5 août 1890, stipule « que, dans l'île de Madagascar, les missionnaires des deux pays jouiront d'une complète protection. La tolérance religieuse, la liberté pour tous les cultes, pour l'enseignement religieux, sont garanties ». Vous devrez, en conséquence, veiller à ce que, conformément aux traités passés par le gouvernement malgache avec les puissances étrangères, aucune entrave ne soit apportée au fonctionnement des diverses missions établies dans la grande île. Mais en même temps que nous leur assurons une égale protection, nous sommes en droit d'exiger que ces missions, et, en particulier, celles appartenant à des nationalités étrangères, se renferment exclusivement dans leur rôle religieux et ne profitent pas de la situation qui leur est acquise pour nous créer des difficultés politiques. Si des faits de cette nature venaient à se produire, vous vous empresseriez de les signaler au gouvernement, qui aviserait aux mesures à prendre pour en empêcher le renouvellement.

J'attire également votre attention sur l'intérêt sérieux qui s'attache à ce que les étrangers paisibles vivant sur les différents points de l'île ne soient l'objet d'aucune vexation de la part des agents du gouvernement français. Mais il est bien entendu, par contre, que tout étranger dont la conduite serait de nature à provoquer ou à encourager la résistance des Hovas pourra être, de votre part, l'objet des mesures de surveillance ou d'expulsion qui vous appartiennent en raison de l'état de siège, conformément aux règles du droit international, et que vous aurez notamment à appliquer la rigueur des lois militaires à ceux d'entre eux qui auraient été pris, les armes à la main, combattant dans les rangs des ennemis.

L'occupation militaire de Tananarive étant, comme je l'ai dit plus haut, la première garantie de l'exécution des engagements pris vis-à-vis de nous par la cour d'Emyrne, il y aura lieu d'installer dans cette ville une garnison suffisante, d'une part pour assurer la sécurité de nos troupes, de l'autre pour donner au représentant de la France l'autorité incontestée dont il doit jouir à Madagascar. Des précautions devront être prises pour que l'opération dont il s'agit s'effectue sans que les indigènes en souffrent dans leurs personnes ou dans leurs biens. Vous enverrez, en outre, un détachement pour occuper Fianarantsoa, capitale de la province des Betsiléo, qui est, avec l'Imérina, la base de la puissance du gouvernement de Tananarive. Les communications avec la côte Est par Tamatave devront être rétablies le plus rapidement possible.

Seules, des nécessités militaires urgentes, des manifestations d'hostilité véritablement dangereuses contre nous, devraient vous décider à placer des troupes sur d'autres points que ceux indiqués ci-dessus. S'il existe, principalement dans le Sud et dans l'Ouest, des tribus qui parfois se livrent à des incursions ou provoquent des troubles locaux, le corps expéditionnaire n'a pas pour mission de pacifier les régions dont il s'agit. L'objet de la campagne a été nettement défini ci-dessus et ne doit pas s'étendre au delà des limites qui vous sont assignées.

Je n'ai pas besoin, d'ailleurs, d'insister sur la nécessité, aussitôt après l'occupation de Tananarive, de procéder au désarmement des troupes malgaches et de la population indigène. Il importe, pour la sécurité de notre établissement à Madagascar, que cette opération soit effectuée avec le plus grand soin, en tenant compte, bien entendu, des besoins de l'ordre et de la police générale.

DEUXIÈME PARTIE

SUR LA TERRE MALGACHE

LIVRE PREMIER
Opérations préliminaires.

CHAPITRE PREMIER

L'ARMÉE HOVA ET SON PROGRAMME DE DÉFENSE

Recrutement de l'armée. — Instruction des troupes. — Mobilisation. — Habillement. — Les grades. — Armement. — Programme de défense contre la
France.

Recrutement de l'armée.

Quel ennemi allions-nous combattre ?

Le recrutement de l'armée hova se fait sur les bases d'une loi
élaborée en 1879, qui impose cinq années de service militaire
à tout homme libre âgé de 18 ans. Cette loi ne fixe aucun contingent ; elle laisse ce soin aux chefs de district que le premier
ministre convoque, chaque année, à Tananarive. Ce contingent est annuellement de 20.000 à 25.000 hommes répartis par
village par les chefs de district.

C'est au moment de cette répartition que percent les faveurs
pour l'exonération du service militaire. Car si la loi punit
d'une amende de 500 francs et l'incorporation dans les rangs

au lieu et place du protégé, le chef de district qui aura imposé une exemption à un chef de village, celui-ci ne tombe pas sous la loi pour accorder cette faveur. Les cadeaux sont les moyens dispensateurs pour l'exemption du service militaire. Ils arrivent si nombreux que, pour combler les vides dans le contingent imposé au village, il faut incorporer des jeunes gens au-dessous de quinze ans, des vieillards, des boiteux et des aveugles ; tout est bon pour le service.

Les conscrits sont dirigés sur Tananarive, pour y passer une sorte d'inspection ou de revision. Dans le trajet il s'en échappe un grand nombre qu'on ne revoit plus. Les autres arrivent devant le premier ministre, qui préside lui-même aux opérations de l'enrôlement définitif.

Ces nouvelles opérations durent environ quatre mois. Le premier ministre n'y consacre, en général, qu'une matinée par semaine ; c'est ordinairement le mardi. Dans l'intervalle, les conscrits sont libres de vaquer à des occupations comme ils l'entendent ; ils peuvent même retourner dans leur village.

Chacun d'eux défile à son tour devant le premier ministre, qui l'examine et l'immatricule. Par une sorte de respect superstitieux de la chose écrite, l'homme inscrit n'essaie plus de s'échapper.

Le dernier jour des inscriptions, tous les conscrits doivent se trouver à Tananarive. On les réunit en masse sur la place d'Andohale qui peut contenir de 15 à 20.000 personnes, et là, pendant des heures entières, des orateurs leur font des discours sur l'amour de la patrie et le dévouement qu'on doit à la reine et au premier ministre. Ces sortes de discours plaisent beaucoup aux Malgaches, qui ont un culte passionné pour l'art de la parole.

Les levées ne se font pas à des époques régulières, mais seulement chaque fois qu'il plaît au premier ministre. Après la loi de 1879 et jusqu'en 1884, elles ont eu lieu tous les ans ; de 1884 à 1888, il y en a trois ; enfin la dernière remonte à 1893. La première a donné 20.000 hommes ; la dernière, de 12 à 15.000 ; toutes les autres, de 7 à 8.000. C'est au total 80.000 hommes environ qui ont été enrôlés depuis quinze ans. S'il fallait mettre aujourd'hui tous ces hommes en ligne, il en manquerait près de la moitié, soit que la mort les ait fauchés, soit que la vieillesse ou les maladies les aient atteints ; il en resterait environ 45.000 (1).

----

(1) Martineau, *op. cit.*, p. 337.

Les Hovas ont essayé d'appliquer la loi de recrutement chez les Betsileo ; les désertions furent si nombreuses qu'ils semblent avoir renoncé à cette tentative.

Instruction des troupes.

Dès que les opérations du recrutement sont terminées, la plupart des recrues retournent dans leur village et s'instruisent comme elles peuvent, sur place ; d'autres recrues sont envoyées sur la côte et dans l'intérieur de l'île pour occuper les postes hovas ; enfin, 4.000 environ restent à Tananarive et forment le véritable noyau de l'armée.

Les recrues sont réparties en compagnies fortes de 100 hommes, commandées par un capitaine ou *amboujinate* ; un lieutenant et cinq sergents complètent les cadres de ces unités. L'instruction se donne par compagnie, et quand l'homme est assez dégrossi, on commence des manœuvres d'ensemble qui ont lieu tous les quinze jours ou tous les mois, et sont exécutées par dix compagnies à la fois, sous le commandement d'un *tampounarive*, chef de ces dix unités.

On ignore à peu près les exercices de tir, parce que les cartouches coûtent cher.

Au moment des événements que nous racontons, l'instructeur en chef de l'armée était l'Anglais Shervinton, ancien agent de la police du Cap, directeur de l'école des Cadets de Tananarive, aux appointements annuels de 11.000 francs.

Le génie militaire de cet instructeur était bien limité, si nous en croyons l'avis suivant d'un autre instructeur militaire, d'origine hova :

Les mouvements sont peu variés, écrit-il, et se réduisent simplement à des contre-marches, au passage d'une ligne de colonnes à une colonne perpendiculaire et réciproquement, et à l'augmentation ou à la diminution des intervalles entre les colonnes d'une même ligne. Les colonnes s'éloignent et se rapprochent par le pas de côté, sorte de pas répété, saccadé et d'un effet bizarre.....

Chaque chef en particulier, fouillant dans ses souvenirs ou em-

Madagascar.   11

pruntant quelques idées sublimes à la lecture de quelque vieil ouvrage ou à la conversation avec des Européens, s'évertue à trouver pour ses hommes une formation de combat. Le clairon sonne : les hommes, rompant leurs rangs, vont se rassembler sur le point le plus éloigné de la place ; les officiers à cheval vont se placer au centre de leurs troupes. Deuxième sonnerie, et l'on voit se détacher du gros une ligne de tirailleurs ; le fond du tableau est occupé par le reste de la troupe qui s'agite, se disloque, et subitement on voit apparaître sur l'herbe de la plaine, dessinés en murailles humaines, des redoutes, des batteries, des carrés, des ronds et même des croix.....

Cette façon de manœuvrer change sur le champ de bataille. La tactique hova consiste, au lieu de prendre une formation en ligne sur une position avantageuse, à former des essaims de sept à quinze hommes ayant quelques fusils ; ces essaims enveloppent la colonne et profitent du terrain pour s'approcher d'elle jusqu'à quatre cents mètres, parfois même à trois cents. Arrivés à l'une de ces distances, les hommes espacés jusqu'à douze mètres font feu, et, suivant l'attitude de l'adversaire, restent en place ou se retirent.

Cette formation est inspirée par la lutte commune aux gens peu civilisés, car, par la dispersion, ils évitent les feux de salves toujours redoutables, surtout pour des troupes peu aguerries.

Enfin, détail assez curieux, le soldat malgache porte son fusil la crosse en l'air.

Quelques années avant les événements de 1895, le premier ministre avait eu la pensée de faire instruire son armée *à la française*. A cet effet, il avait envoyé plusieurs jeunes Malgaches en France. Mais il ne fut pas donné suite à ce projet pour la raison suivante que révèle M. Martineau :

Lorsqu'ils arrivèrent à Tananarive, le premier ministre les fit venir et leur demanda ce qu'ils pensaient de l'armée française, si elle était réellement aussi nombreuse et aussi puissante qu'on la lui représentait. L'un d'eux lui répondit simplement qu'on en faisait un tableau fort exagéré ; un autre, plus hardi et meilleur courtisan, lui déclara que notre armée n'était pas à craindre, que dans les revues c'étaient toujours les mêmes soldats qui défilaient et repassaient.

Le premier ministre crut ses envoyés et voilà pourquoi la France n'eut pas à faire l'instruction militaire de l'armée malgache.

L'organisation des troupes à Tananarive diffère de celle des autres provinces de l'Imérina. Elles sont constituées par six bataillons, commandés par deux cent trente officiers. Chaque jour, ces troupes fournissent une garde de trois cents hommes pour le palais de la reine; à l'exception du mardi, où il y a exercice, tous les soldats qui ne sont pas de service au palais ont repos.

Mobilisation.

La mobilisation de l'armée est indiquée par l'apparition d'un drapeau rouge dans chaque village; c'est alors que tous les hommes liés au service doivent se rendre sur-le-champ à Tananarive.

L'organisation, en cas de guerre, comprend six corps d'armée, de trois brigades chacun, à trois ou quatre bataillons d'un effectif variant entre 7 et 800 hommes.

Habillement.

L'officier ne suit aucune règle pour son habillement; plus il est riche, plus il peut porter de chamarrures. Il est bien difficile de faire une distinction des grades du fait même de ce dérèglement dans la tenue, car tel général portera les insignes du grade de capitaine, alors que pour ce dernier ce sera le contraire.

Le soldat porte un veston, un pantalon blanc, un ceinturon noir avec une boucle en cuivre dans lequel il passe sa baïonnette sans fourreau. La coiffure est une toque ronde, en toile blanche, avec les initiales R. M., entre lesquelles est placée une couronne royale. L'uniforme et la coiffure ont, pour toute garniture, une simple broderie rouge.

Le soldat s'habille à ses frais, de même il se loge et se nourrit. En cas de guerre chaque habitant est tenu de souscrire la somme nécessaire pour habiller et équiper un soldat.

Les grades.

Dès l'origine de l'armée hova, les soldats, les sous-officiers et les officiers étaient désignés par un nom spécial qui correspondait aux différents grades de l'armée française ; ils avaient été choisis par le Français Robin. Bientôt ces qualificatifs déplurent à Radama Ier. Il leur substitua celui d'*honneur* (1) précédé d'un chiffre qui, de bas en haut, indique la hiérarchie militaire : le soldat devint 1er honneur, alors que le maréchal fut 12e honneur. Depuis, le sommet de la hiérarchie militaire est constitué par le 17e honneur.

Jusqu'au 5e honneur, les grades sont conférés par les chefs ; à partir du 6e honneur c'est le souverain qui les donne.

Un abus dans l'armée est la création des « Decans », aides de camp, dont le nombre atteint dix mille, selon le P. Piolet, pour le service du 1er ministre. Ils « sont de véritables intendants, des serviteurs, une garde d'honneur ou de sûreté, ou bien encore » font « le commerce au nom de leur maître ».

---

(1) A ce propos, le commandant Dupré écrit : « Les grades se nomment *vouninahitra*, littéralement *fleur d'herbe*, et se distinguent par leurs numéros. Les étrangers, on ne sait pourquoi, ont traduit ce mot par celui d'*honneur*.

» Radame avait institué douze grades, y compris celui de simple soldat, qui était *premier vouninahitra*, premier *honneur*. Ranavalo en a ajouté deux : le 13e et le 14e. Radame II a avancé tout le monde de deux grades à son avènement ; par suite de cette mesure peu dispendieuse, les 14es sont devenus 16es, le commandant en chef a été nommé 17e honneur. Les princes de la famille royale sont généralement 25e honneur, et voici la raison qui m'en a été donnée : Toutes les missions et députations sont confiées à un certain nombre d'officiers de haut rang ; au retour, c'est le plus élevé en grade qui est chargé de faire le rapport au roi ; afin d'éviter ce travail aux princes, on laisse un grade au dessus du leur... Il n'est pas rare de voir des enfants en bas âge, même étrangers à la famille royale, revêtus de grades élevés. »

Armement.

L'armée hova a le fusil et une artillerie.

Les armes portatives ne sont l'objet d'aucun entretien; le soldat laisse traîner son fusil dans un coin, sans se préoccuper de son état. L'artillerie n'est guère mieux partagée en soins.

D'après les documents qu'il a été possible de recueillir au moment où a éclaté la guerre de 1895, l'armée hova disposait du matériel d'artillerie suivant :

A Tananarive : 1 canon Armstrong se chargeant par la culasse, 10 mitrailleuses de fabrication anglaise, 30 gardner, 54 hotchkiss; 4 hoodfoad se chargeant par la bouche; 12 canons-revolvers; 36 pièces de différents calibres; 36 affûts; 37 paires de roues; 670 caisses d'obus; 27 caisses de fusées; 6 caisses d'explosifs; 163 pièces de rechange diverses;

A Fianarantsoa : 6 pièces se chargeant par la culasse;

A Majunga : 4 hotchkiss;

A Mavatana : 4 gardner;

A Marowoay : 4 hotchkiss, 2 gardner;

A Mourounsang : 4 canons se chargeant par la bouche;

A Tamatave : 2 canons de montagne se chargeant par la culasse, 3 autres d'un modèle plus petit, 5 petits canons en bronze;

A Farafate : quelques vieux canons et une pièce de 10;

A Mahélala et à Mananzara : 3 pièces en fonte à âme lisse, se chargeant par la bouche :

A Manourou : quelques vieilles pièces hors d'usage;

A Ambohimarina : 1 hotchkiss, 1 gardner et quatre autres vieilles pièces.

Au point de vue des armes portatives, la même statistique donne les chiffres suivants :

A Tananarive : 3.500 fusils snider; 8.500 remington dont plus de 3.000 détériorés;

A Fianarantsoa : 500 snider, 3.000 fusils à pierre; .

A Majunga et à Metavana : 500 snider ;

A Mourounsang : 700 snider ;

A Ambouimarine : 120 snider ;

A Manourou : 320 snider ;

A Tamatave : 500 snider, 30 fusils à pierre.

Les Hovas fabriquent leur poudre ; elle est, en général, de mauvaise qualité. Leurs dépôts sont établis à Souaniadane, à trois quarts d'heure de Tananarive ; à Antsakarive, aux portes de la capitale ; à Souavinandriane, au nord d'Ambouimangua, enfin à Amboudivanze, au nord d'Imerimandrouse.

Premières mesures prescrites par la cour d'Emyrne.

Dès qu'elle connut les décisions prises par le gouvernement français, la reine adressa, dans le courant de janvier 1895, au gouverneur de Tamatave, aux gouverneurs des provinces et au peuple malgache, la proclamation suivante :

A Rainandriamanpandry, gouverneur de Tamatave, Ramanuel et Rasitoka, à tous les officiers et juges.

Ainsi parle Ranavalona, reine de Madagascar.

Voici ce que je vous dis : Le peuple est bien décidé à ne pas céder à la France une parcelle de notre territoire, et cela sous aucun prétexte. Le peuple se battra jusqu'à ce que Madagascar ne contienne plus un soldat français ; il se battra l'hiver, il se battra l'automne, il se battra l'été. Vous savez que, pendant l'été, les soldats qui viennent à Tananarive prennent la fièvre. Faites tout votre possible pour attirer à vous les gens de la côte ; nous les lancerons contre les Français pendant la mauvaise saison.

Si vous harcelez les Français pendant l'été, ils prendront la fièvre et on pourra les battre très facilement. Vous connaissez la ruse des blancs ; faites en sorte que notre peuple ne se rapproche point d'eux, car si les gens de la côte et les Mozambiques faisaient cause commune avec les Français, nous serions bien embarrassés.

Il ne faut pas qu'ils puissent se procurer des vivres chez nous ; tâchez de les retenir dans un cercle très resserré pour que le peuple ne puisse pas venir en nombre chez eux.

Faites tout votre possible pour amener mon peuple à haïr ces Français qui nous ont déclaré la guerre.

Cette proclamation fut suivie bientôt d'une seconde dans laquelle la reine donnait les instructions suivantes pour soutenir la lutte contre l'armée française :

1° Personne ne pourra embarquer de provisions alimentaires ou ne pourra embarquer rien de ce qui est vivant, de peur que ces choses soient vendues aux Français. Si quelqu'un contrevenait à cet ordre ou faisait passer par terre ces objets pour les faire parvenir aux Français, les provisions en question seront confisquées ;

2° Le traité conclu avec les Français n'existe plus, car les Français nous ont déclaré la guerre ;

3° Si un navire de commerce français ou un boutre de cette nation faisait naufrage sur le territoire de notre gouvernement, vous considéreriez ce bâtiment comme vous appartenant ; cependant les personnes seront logées dans deux ou trois maisons, suivant le nombre ; vous ne les tuerez point : momentanément, vous les nourrirez et me préviendrez immédiatement ;

4° Si vous avez suffisamment d'argent, vous achèterez de la poudre et enseignerez le tir aux soldats et aux canonniers ;

5° Vous aurez soin de ne pas maltraiter les gens de la côte, qui sont dans votre gouvernement, afin qu'ils fassent cause commune avec nous et qu'ils combattent les Français, lorsque ces derniers viendront nous attaquer ;

6° Pendant la guerre avec les Français, vous prélèverez avec ménagement l'impôt en nature ; il faut avant tout aplanir les difficultés actuelles ;

7° Entretenez-vous souvent et causez de mon gouvernement avec les princes sakalaves et autres chefs de la côte ;

8° Allégez les corvées des gens de la côte ;

9° Personne, absolument personne, ne devra pressurer les habitants de la côte ; si quelqu'un contrevenait à cet ordre, vous le garrotteriez et me préviendriez de suite ;

10° Si un navire de guerre français venait à faire naufrage à la côte, sur le territoire de votre gouvernement, considérez que toutes les personnes qui sont naufragées sont des ennemis. Le navire et les personnes sont des prises ;

11° Si quelqu'un, si un étranger venait vous dire : « Les Français ne viendront pas se battre ici », ne croyez pas cela et soyez toujours prêts ;

12° Faites en sorte de ne pas être espionnés. Si vous prenez un espion vous le garrotterez ;

13° Vous protégerez les biens et les personnes des sujets des nations qui vivent en bonne intelligence avec nous; car ce sont les Français seuls qui nous font la guerre;

14° Vous placerez vos provisions de riz dans divers endroits. Si les Français venaient à vous attaquer et que vous ne puissiez les repousser, avant de vous en aller, vous brûlerez le village ainsi que le riz que vous n'aurez pas pu emporter;

15° Si les Français vous attaquent et que vous les repoussiez, ou s'ils débarquaient et construisaient un fort, ne vous en allez pas loin, tirez sur eux, harcelez-les, attaquez-les pendant la nuit si vous le pouvez. Vous savez que les étrangers qui viennent à Madagascar prennent les fièvres et sont facilement battus quand ils sont fatigués par des combats continuels. Faites que nos populations ne se rapprochent point des Français;

16° Quant à vous, chefs, bourgeois et soldats, vous pouvez acheter de la poudre et des fusils pour vous protéger, pour protéger vos femmes, vos enfants, et pour défendre ce pays et ce gouvernement.

Nous verrons par la suite qu'il ne suffisait pas, pour entraîner le peuple malgache contre la France, d'une proclamation bourrée de conseils.

Ces conseils furent renouvelés au peuple dans un kabar que la reine tint, le 12 février, sur la place d'Andohalo.

Le trône de la souveraine avait été placé sur une pierre sacrée portant sur ses faces des inscriptions comme celles-ci : « Dieu sera avec moi. » — « Paix parmi les hommes! » A droite du trône était déposée une bible richement reliée.

La reine prit la parole. Après avoir rappelé les prétentions du gouvernement français pour maintenir la paix, elle prit une épée, et la brandissant au-dessus de sa tête, elle s'écria : « Soldats, soyez braves; nous ne voulons prendre la terre de personne; nous voulons seulement protéger la nôtre. »

Le premier ministre, armé d'une sagaie et d'un bouclier, annonça ensuite au peuple la convocation des réserves à Ambatoroka.

Puis les chefs de castes défilèrent devant la reine, promettant de défendre la terre malgache et d'en chasser les Français.

Le lendemain de la tenue de ce kabar, le drapeau rouge convoquant les réserves fut hissé « sur les douze montagnes ».

CHAPITRE II

PREMIÈRES OPÉRATIONS CONTRE LES HOVAS

Occupation de Tamatave (12 décembre 1894). — Occupation de Majunga (15 janvier 1895). — Escarmouches dans la baie de Diégo-Suarez. — Départ de l'avant-garde du corps expéditionnaire. — Mauvais état sanitaire des troupes. — Premières opérations de l'avant-garde : Occupation de Mahabo (25 mars); occupation de Marovoay (2 mai). — Arrivée du général Duchesne. — Difficultés du débarquement. — Mesures prises à Majunga pour le débarquement.

Au lendemain du rembarquement pour la France de M. Le Myre de Vilers, dans les circonstances que nous connaissons, le capitaine de vaisseau Bienaimé, commandant la division navale de l'océan Indien, reçut l'ordre d'assurer au corps expéditionnaire la possession de certains points de la côte pour le débarquement, notamment Tamatave, ce dernier point sur la demande de notre ancien résident.

Occupation de Tamatave.

Le premier point du programme fut la prise de Tamatave.

Le 12 décembre 1894, à 7 heures du matin, un détachement de 13 officiers et 475 hommes d'infanterie, 4 officiers et 62 artilleurs avec 8 pièces de 80^{mm}, dont 2 de campagne, sous les ordres du lieutenant-colonel Colonna de Giovellina, débarqua devant Tamatave. Il s'empara de la ville sans coup férir. Les Hovas se retirèrent derrière les retranchements de Farafate, sur la rive gauche du Ranomanity. La place de Tamatave fut déclarée en état de siège; des travaux de défense furent entrepris. On éleva, à la gorge de la presqu'île sur laquelle la ville est bâtie, une ligne de trois blockhaus armés d'artillerie débarquée du *Primauguet*; ces blockhaus furent reliés entre eux par une double palissade en fil de fer à ronces métalliques.

Du 28 décembre au 23 janvier, le lieutenant-colonel Colonna, se conformant aux instructions qu'il avait, canonna les lignes de Farafate et opéra quelques reconnaissances pour cacher nos projets à l'ennemi. Le 27 janvier, la garnison de Tamatave fut renforcée par 200 hommes; un mois plus tard elle reçut une nouvelle compagnie.

Occupation de Majunga.

Sur la côte occidentale, le port de Majunga, destiné à servir de base d'opérations au corps expéditionnaire, fut occupé, le 16 janvier, par deux compagnies d'infanterie de marine et une section d'artillerie commandées par le chef de bataillon Belin; ces troupes avaient été prélevées sur la garnison de Diégo-Suarez. La ville était tombée en notre pouvoir depuis le 15, enlevée par les compagnies de débarquement de la division navale qui l'avait bombardée dès le 14, de onze heures à midi.

Escarmouches dans la baie de Diégo-Suarez.

Si nous avions trouvé un ennemi timide à Tamatave et à Majunga, celui-ci avait été plus entreprenant à Diégo-Suarez. Dès la notification de la déclaration de guerre, des bandes hovas·avaient envahi ce territoire et une série de postes fortifiés y furent élevés par leurs soins. Le 22 décembre, ces bandes poussèrent l'audace jusqu'à venir incendier plusieurs des bâtiments français; le lendemain, elles attaquèrent le poste de Mahatsinjo d'où elles furent repoussées.

Le 24 décembre, le territoire de Diégo-Suarez fut déclaré en état de siège. Le lieutenant-colonel d'artillerie de marine Piel, commandant supérieur de ce territoire, prit ses dispositions pour mettre Antsirane, chef-lieu de la colonie, en état de défense. La garnison de cette ville comptait quatre compagnies d'infanterie de marine, la 2ᵉ compagnie de disciplinaires et un détachement d'artillerie. De nombreuses reconnaissances furent faites, notamment le 19 février ; au cours de cette dernière, les retranchements hovas élevés en avant d'Antsirane furent pris après une lutte qui nous coûta sept blessés.

La saison des pluies mit un arrêt aux opérations des troupes de Diégo-Suarez. On ne put les reprendre que le 14 avril. Elles furent marquées par la prise d'Ambohimarina, au cours d'un combat de nuit, savamment conduit par le commandant Martin, du bataillon des volontaires de la Réunion, venu pour remplacer les compagnies d'infanterie de marine et les tirailleurs malgaches envoyés à Majunga.

Enfin, le 12 février, sur la demande des chefs sakalaves de la côte nord-ouest, le capitaine de vaisseau Bienaimé avait pris possession d'Ambodimadiro, au fond de la baie de Passavanda. De ce point, il pouvait tenir en échec les Hovas établis sur la côte, en face de notre colonie de Nossi-Bé.

En résumé, les opérations de la division navale réussirent sur les points où elles furent entreprises. Leurs résultats mettaient entre nos mains trois points de débarquement ; du fait de la possession de ces points, opposés les uns aux autres, l'ennemi était dans la plus entière perplexité sur nos intentions réelles.

Départ de l'avant-garde du corps expéditionnaire.

En France, le gouvernement s'était hâté de constituer une avant-garde au corps expéditionnaire. Le 25 janvier, le *Shamrock* embarquait le général Metzinger avec un bataillon de tirailleurs algériens, le personnel et le matériel de l'hôpital de campagne nᵒ 1. Le 5 février, le *Notre-Dame-du-Salut* emmenait la 15ᵉ batterie de montagne, la moitié de la 11ᵉ compagnie du génie, un détachement du 30ᵉ escadron du train et le complément des divers services de l'avant-garde. Ces navires arrivèrent le 28 février et le 7 mars à Majunga. Outre ces troupes, ils portaient le wharf qui devait être jeté en avant de Majunga.

Cet appontement, construit par MM. Daydé et Pillé, devait avoir une longueur de 160 mètres. Quand il s'agit de le monter, il ne put atteindre que la moitié de cette longueur. La reconnaissance qui avait été faite du fond de Majunga n'avait pas révélé la présence d'un banc de corail sur lequel il fut impossible de visser les pieux. Cette circonstance eut les plus graves inconvénients au moment du déchargement des affrétés. Elle mit dans la nécessité d'effectuer des transbordements du chargement des affrétés sur des boutres, des chalands et des remorqueurs.

Nous connûmes déjà les difficultés du débarquement avec l'arrivée de l'avant-garde. Il devait avoir lieu à l'aide des vapeurs *Sigurd*, prêté par la Compagnie de la *graineterie française*, de Diégo-Suarez, le *Boëni*, de la maison Suberbie, et l'*Ambohimanga*, enlevé aux Hovas. On avait espéré utiliser ces trois bâtiments comme remorqueurs « avec des boutres et des pirogues du pays »; mais le vide avait été fait devant nous et cette ressource fut presque nulle.

Après son débarquement, le général Metzinger adressa, le 4 mars, au peuple de Madagascar la proclamation suivante :

Paroles du général commandant les soldats du premier corps de troupes qui vient pour combattre.

Il vous dit :

Enfants de Madagascar, les Français sont venus à Madagascar aussi nombreux que des fourmis et ils sont venus pour monter jusqu'à Tananarive.

Ils ne sont pas venus pour vous prendre vos propriétés, ni la terre de vos ancêtres, mais pour forcer le gouvernement hova à exécuter avec équité et loyauté une précédente convention.

Quand la guerre sera terminée et que le pays sera pacifié, les affaires augmenteront et doubleront. Si les habitants reviennent dans leurs foyers, il ne leur sera infligé aucun châtiment, mais ils seront considérés comme fidèles et dignes de confiance. Il ne sera plus imposé aucune corvée soit à ceux qui travaillent pour le gouvernement hova, soit aux soldats qui n'étaient pas payés par leurs gouverneurs, car ce sont eux qui vivent de votre propriété. Tel est l'usage de votre gouvernement.

Mais, dorénavant, personne, pas un seul, ne pourra plus vous

dire : « Ceci est pour moi », et personne n'aura plus à répondre :
« Je suis ton esclave. »

L'ordre ne sera pas rétabli dans le pays tant qu'il y aura des gens
qui font le mal et qui appartiennent à quelque bande de brigands.
Avec eux, votre moisson sera toujours perdue.

Il y a eu des négociants français assassinés; leurs propriétés ont
été pillées et détruites. Nous ne pouvons pas tolérer cet état de
choses, car de cette manière les sujets malgaches ne peuvent pros-
pérer. Il faut transformer ce qui est mauvais en bon.

Il est aussi nécessaire, si cela est possible, de pouvoir faire justice
de qui que ce puisse être, grand ou petit, quel qu'il soit et où qu'il
soit.

Et quand ce changement merveilleux aura eu lieu, quand chacun
possédera sa propriété, aussi bien le grand que le petit, chacun sera
content, personne ne sera plus dépouillé et les bandes de voleurs
se disperseront.

Alors les affaires augmenteront et seront bonnes, ce qui vous
rendra tous heureux. Et ce que je viens justement de vous dire est
la raison de la résolution de la France.

Pendant longtemps elle l'a tenue en suspens et elle a cherché à
s'entendre par l'amitié et les bonnes paroles avec le gouvernement
hova.

Mais Rainilaiarivony n'a pas voulu entendre les bonnes paroles
que la France lui a données, tandis qu'il a écouté quelques mauvais
conseillers qui pensaient mal et ont de mauvais desseins.

Les mauvais conseillers et amis peuvent être comparés au feu.

Mais, à cause d'eux, on ne peut pas plus longtemps en France
fermer les yeux. Avec ses canons et ses fusils, la France prendra ce
que l'amitié n'a pu obtenir.

Et ce qui vient d'être dit est la cause de la guerre et de la
misère.

Pour ceux qui seront avec la France, elle aura bon cœur et elle
leur montrera de l'amitié, mais s'il y a des mauvais hommes qui cher-
chent à empêcher la France de faire ce qu'elle a résolu, malheur à
eux !

Majunga, 4 mars 1895.

METZINGER,

général, chef des soldats au commencement de la guerre.

Mauvais état sanitaire des troupes.

A cette époque, l'état sanitaire des troupes présentes à Madagascar était déjà très inquiétant. Du 16 janvier au 1er mars, le pourcentage des malades avait été :

Janvier : hospitalisés, 17 p. 100 ; exempts de service au corps, 23 p. 100.

Février (1re quinzaine) : hospitalisés, 23 p. 100 ; exempts de service au corps, 53 p. 100.

Février (2e quinzaine) : exempts de service au corps, 60 p. 100 (1).

Bientôt cet état empira et, grâce à l'absence de tout baraquement pour recevoir les troupes de l'avant-garde, moins de quinze jours après le débarquement, la moitié du bataillon d'Algérie était indisponible.

Du 1er au 24 mars, les troupes furent presque exclusivement employées au déchargement du matériel, à la construction d'abris et de chemins, opérations rendues longues et pénibles par suite du manque de main-d'œuvre indigène et des pluies, et c'est seulement le 25 mars que le général Metzinger put commencer quelques opérations actives en avant de Majunga (2).

Premières opérations de l'avant-garde.

Cette avant-garde avait pour mission « d'assurer l'établissement de la base maritime à Majunga, et, tout en préparant l'installation de cette base, de gagner, avec l'aide des bâtiments légers de la division navale , autant de terrain en avant que le permettraient les moyens de la défense et les circonstances climatériques. Marowoay, situé à 80 kilomètres en amont, sur un petit affluent de la Betsiboka, était indiqué comme le point

---

(1) Ces chiffres sont fournis par M. le docteur Quennec, médecin de 1re classe des colonies, dans son étude : « Topographie médicale de Majunga », publiée par les *Archives de médecine navale et coloniale.*

(2) Rapport officiel.

terminus probable des opérations du général Metzinger pendant la saison de l'hivernage » (1).

Le général Metzinger disposait, pour accomplir cette mission, des troupes suivantes :

3e bataillon du régiment d'Algérie ;

État-major, les 3e et 4e compagnies du bataillon d'infanterie de marine de Diégo-Suarez ;

Le bataillon de tirailleurs malgaches (sauf les 1re et 3e compagnies qui ne débarquèrent à Majunga que le 28 mars) ;

La 15e batterie d'artillerie de montagne ;

Une section d'artillerie de marine ;

Une demi-compagnie du génie ;

Un détachement du train avec 11 mulets.

La zone dans laquelle allait opérer cette avant-garde est celle des deux premiers tronçons de la route Majunga-Tananarive que construisit le corps expéditionnaire. Nous n'avons donc pas à rappeler ici les premières difficultés que la colonne Metzinger eut à vaincre.

Occupation de Mahabo (25 mars).

D'après les renseignements que put recueillir le commandant de l'avant-garde, les Hovas avaient une batterie d'artillerie sur la rive gauche de la Betsiboka, en avant de Mahabo, soutenu par un poste de 200 hommes. Marowoay était retranché ; d'importantes fortifications avaient été construites, couvertes en avant par un camp de 3.000 hommes, aux environs de Miadane.

Il importait d'occuper, sans coup férir, Mahabo, dont la possession assurait la sécurité de la navigation du Betsiboka. Nos canonnières pouvaient remonter la rivière entre Mahabo et Marowoay ; de plus, la présence de nos troupes sur la rive

---

(1) Rapport officiel.

gauche menaçait les communications en arrière des camps hovas établis sur cette même rive.

Le 25 mars, la canonnière *Gabès* s'embossa à bonne portée d'artillerie de la batterie hova de Mahabo et des fortifications élevées autour de Marowoay. Son canon eut facilement raison du feu de la batterie, mais elle opéra sans succès contre les ouvrages de Marowoay.

A 4 heures du soir, le capitaine Rabaud débarqua à Ankaboka la 10ᵉ compagnie et le 1ᵉʳ poloton de la 11ᵉ compagnie du régiment d'Algérie, une section de la 15ᵉ batterie et une compagnie du génie. Il employa la journée du 26 à reconnaître la position hova, et le 27, à la première heure, il attaqua et enleva le poste hova qui la défendait. L'ennemi eut 8 tués et laissa deux canons entre nos mains.

Le chef de bataillon Belin avait reçu la mission d'opérer sur la rive droite; sa colonne comprenait :

2ᵉ compagnie du bataillon malgache ;

4ᵉ compagnie du bataillon d'infanterie de marine ;

9ᵉ compagnie du bataillon du régiment d'Algérie ;

1 section de la 15ᵉ batterie ;

1 section d'artillerie de montagne ;

1 détachement du génie.

Il devait gagner, par terre, Mevaranano, où le général Metzinger le rejoindrait, par eau, avec la 12ᵉ compagnie, l'état-major du 3ᵉ bataillon du régiment d'Algérie et un petit convoi de vivres.

La colonne Belin fut concentrée, le 26 mars, à Marohogo. Dès le commencement de sa marche, elle fut arrêtée par des obstacles que le génie dut aplanir en même temps qu'il ouvrait un chemin à l'artillerie sur les pentes difficiles du plateau d'Ambodinabatekel. Ces circonstances imprévues retardèrent l'arrivée de cette colonne à Mevaranano, qu'elle atteignit seulement le 30 mars et où elle trouva le général Metzinger. Pendant cette journée, la 12ᵉ compagnie avait exécuté vers le sud une reconnaissance qui lui coûta 2 blessés.

Occupation de Marowoay (1).

Après une journée de repos, la colonne entière, forte de 29 officiers, 738 hommes et 108 chevaux et mulets, se mit en marche, le 1er avril, sur Marowoay, appuyée sur sa droite par le *Lynx*, dont l'artillerie pouvait lui être d'un grand secours en même temps que la présence de cette canonnière maintenait les communications avec Majunga.

Les troupes arrivèrent, le 3, à Antanalamanaco, entre 9 heures et 10 heures du matin. A 4 heures du soir, trois compagnies, appuyées par une section d'artillerie, se portèrent contre Miadane, qu'elles enlevèrent après une courte résistance de l'ennemi. De là, elles voulurent se rabattre sur le camp hova, dont la position lui était mal indiquée. On croyait ce camp, d'après les renseignements recueillis, à 2 kilomètres, à l'est du village.

La colonne fut bientôt arrêtée dans sa marche, au milieu des marais, des marigots et des rizières, par un violent orage qui transforma rapidement la plaine en un vaste marais. Il fallait attendre au moins une journée avant que le retrait des eaux permît la reprise de la marche. Le convoi n'avait plus que deux jours de vivres. Le général Metzinger jugea prudent de se replier. A 8 heures du soir, il donna l'ordre suivant :

Malgré l'entrain des troupes, très méritoire en pareil terrain et par un si mauvais temps, il n'est pas possible de continuer la poursuite de l'ennemi, qui se retire derrière les marais de plus en plus infranchissables.

L'opération reprendra lorsque, la saison des pluies ayant cessé, la marche sera devenue possible.

Demain, la colonne se mettra en route pour rentrer au camp de Mevaranano.

Le général Metzinger rentra à Majunga pour y préparer la reprise des opérations à la fin de l'hivernage. Pendant ce

---

(1) Voir croquis n° 1 et n° 2.

repos, le 3ᵉ bataillon du régiment d'Algérie occupa Mahabo, d'où il poussa des reconnaissances sur la rive gauche de la rivière, entre la pointe de Katsépé et Madirvale.

Les trois premiers affrétés transportant le corps expéditionnaire débarquèrent, du 23 au 25 avril, à Majunga, à la disposition du général Metzinger :

L'état-major et le 2ᵉ bataillon du régiment d'Algérie ;

La 13ᵉ compagnie du génie ;

La 1ʳᵉ compagnie du train ;

182 conducteurs kabyles ;

La 6ᵉ compagnie *bis*, forte de 500 conducteurs sénégalais ;

32 chevaux et 486 mulets.

Ce renfort et la fin de l'hivernage permirent au général Metzinger de reprendre ses opérations contre Marowoay ; il fixa cette reprise au 2 mai.

D'après les renseignements qu'il possédait, les Hovas avaient quitté Miadana et le camp de Nossipia ; ils occupaient les crêtes qui s'étendent à l'est de Marowoay et forment la ligne Antsirotra - Antanimora - Amparilava.

La possession de Marowoay avait pour nous une grande importance, non seulement par sa situation topographique, au confluent de la rivière de son nom avec la Betsiboka, mais parce que ce village est le centre d'une excellente région, relativement peuplée. Il s'étend jusqu'aux bords de la rivière, et ses dernières maisons s'adossent à une colline dont l'altitude varie de 85 à 88 mètres. Il comprend trois sections : au nord, le village indigène des Potiers ; au centre, un autre village indigène, et, au sud, Marowoay proprement dit.

Les Hovas attachaient eux-mêmes une grande importance à conserver Marowoay ; pour cela, ils y accumulèrent toutes les ressources de la fortification.

Après l'enlèvement de cette position par nos troupes, M. le capitaine du génie Refroigney a été chargé de relever le plan d'ensemble des défenses élevées autour de Marowoay :

Plusieurs retranchements, ayant tous sensiblement le même

profil, avaient été construits à une assez grande distance de Marowoay, pour barrer les sentiers du nord et du nord-est ; l'un deux,
à 2 kilomètres sur la piste de Mahatsinjo, comportait des pièces
de canon sans affût.

A proximité de Marowoay, on trouvait une nouvelle ligne de
retranchements établie dans la plaine, transversalement à la piste,
sur 300 mètres de longueur, avec un crochet parallèle à la rivière
mesurant environ 175 mètres. Son profil comportait un relief de
1^m,20, et une épaisseur de parapet de 2 mètres, avec tranchée intérieure et excavation au dehors ; toutefois, la majeure partie des
terres du parapet provenait de gazons enlevés dans le voisinage et
disposés avec soin. Trois pièces d'artillerie couvertes par une traverse armaient cette fortification, mais elles n'auraient pu causer
grand mal aux assaillants, car elles étaient en fonte, d'un très vieux
modèle et posées simplement sur le sol, la culasse butée contre un
arbre ou de forts piquets. Telle était la ligne de défense extérieure.

Sur la hauteur, le rova comprenait trois faces orientées respectivement à peu près au nord, à l'est et à l'ouest, formant les parties
d'un quadrilatère adossé par sa face sud à l'escarpement.

La face nord (275 mètres), retranchement n° II, établie sur un
terrain incliné, avait un parapet de 1^m,20, renforcé d'une palissade
de 2 mètres environ et précédé d'un fossé de 2^m,50 de profondeur.
Elle était armée de deux pièces disposées comme celles du retranchement n° I. La face est (300 mètres) était semblable à la précédente, avec un seul canon. La face ouest, retranchement n° III,
d'une longueur à peu près égale à celle-ci, était brisée par suite de la
disposition de l'escarpement ; elle avait reçu quatre pièces et possédait deux abris, complètement enterrés, destinés aux défenseurs.

A l'intérieur du rova s'élevaient des constructions en pisé servant
d'habitation au gouverneur hova.

Deux routes permettaient d'accéder à la citadelle d'en haut ;
elles franchissaient les retranchements II et III, au travers de portes organisées avec tambours en maçonnerie de pisé pour la défense
des abords ; des peintures murales, représentant des soldats
armés, ornaient l'intérieur de ces constructions.

En avant de la porte de l'ouest, près du chemin d'accès, un épaul-
ement avait été construit pour une pièce, avec deux abris à munitions.

..... Sur les rives de la Betsiboka, en vue d'interdire la navigation
du fleuve par nos canonnières, un certain nombre de retranchements furent établis en des points bien choisis pour battre le cours
d'eau ; ils ne furent jamais utilisés.

Les uns étaient des palissades, les autres des tranchées-abris et où le bois et la terre contribuaient à former le parapet.

La colonne expéditionnaire fut fractionnée en trois détachements, composés comme il suit :

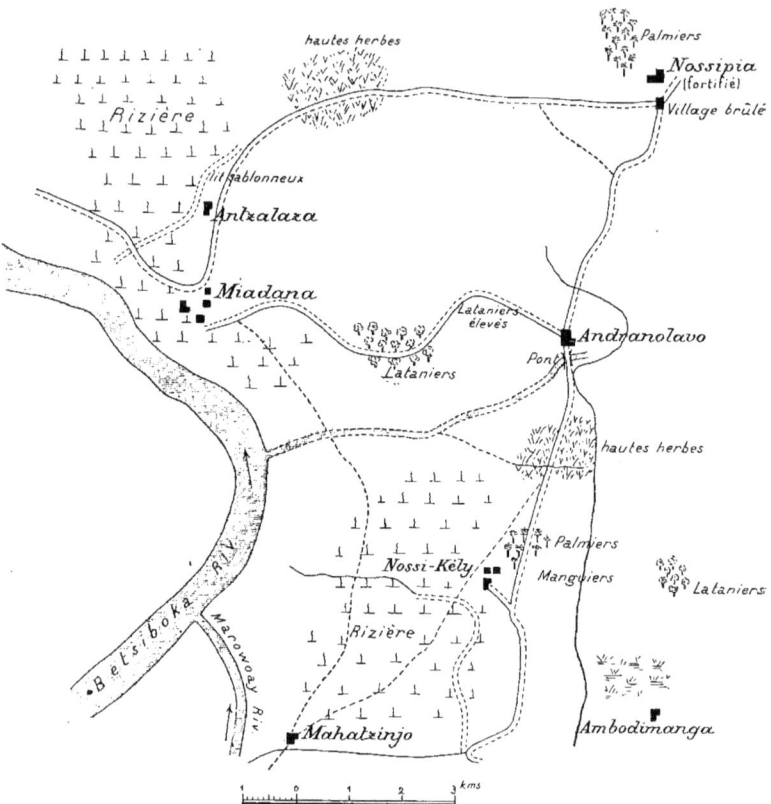

CROQUIS N° 1. — Affaire de Miadana.

COLONNE DE GAUCHE

Commandant : Général Metzinger.

1re *section*. — Lieutenant-colonel Pardes, commandant le bataillon de tirailleurs malgaches ;

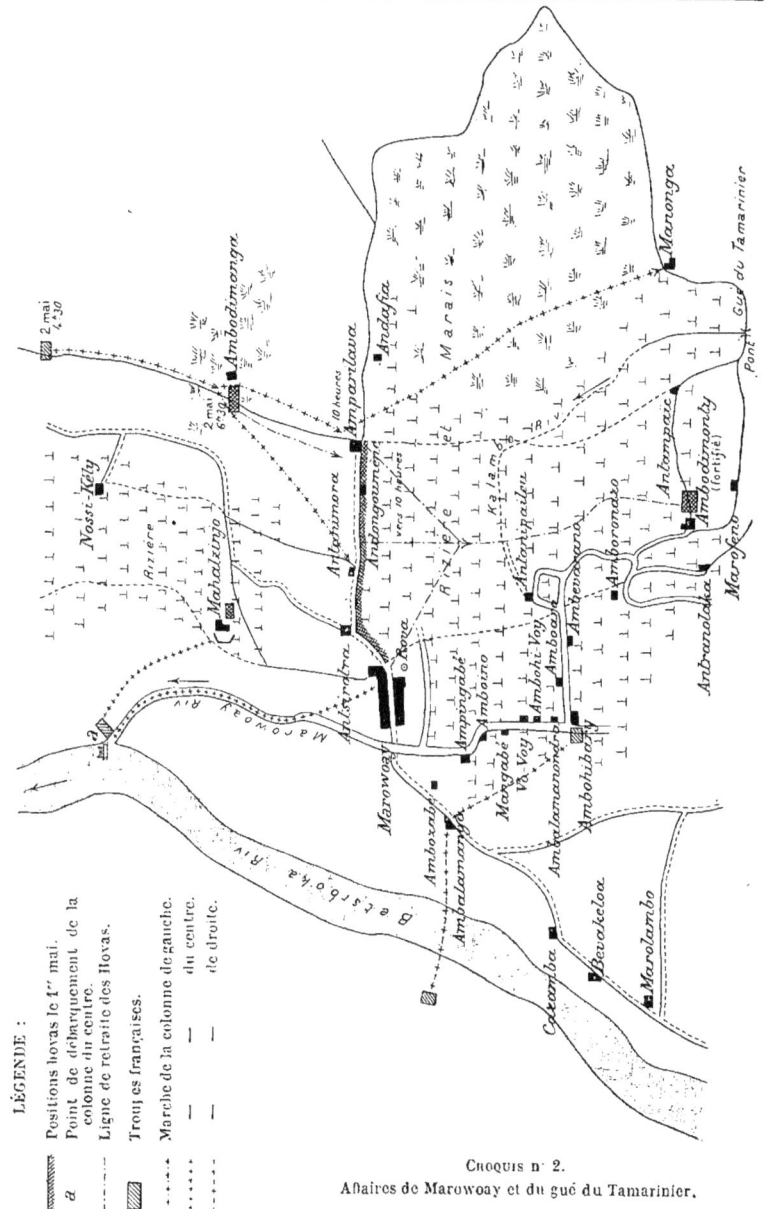

LÉGENDE :

Positions hovas le 1er mai.

a Point de débarquement de la
colonne du centre.

Ligne de retraite des Hovas.

Troupes françaises.

Marche de la colonne de gauche.
| | du centre.
| | de droite.

CROQUIS n° 2.
Affaires de Marowoay et du gué du Tamarinier.

État-major et trois compagnies du bataillon de tirailleurs malgaches ;

4ᵉ compagnie d'infanterie de marine de Diégo-Suarez ;

Demi-section d'artillerie de marine.

2ᵉ *section*. — Lieutenant-colonel Pognard, du régiment d'Algérie ;

État-major et trois compagnies du 2ᵉ bataillon du régiment d'Algérie ;

Deux sections de la 15ᵉ batterie ;

13ᵉ compagnie du génie.

COLONNE DU CENTRE

Commandant : Capitaine de vaisseau Bienaimé, chef de la division navale.

Compagnie de débarquement (135 hommes) des équipages de la flotte ;

9ᵉ compagnie du régiment d'Algérie ;

Trois pièces de 65 millimètres, servies par les matelots canonniers.

COLONNE DE DROITE

Commandant : Capitaine Delbousquet, du régiment d'Algérie ;

11ᵉ compagnie du régiment d'Algérie.

La colonne de gauche avait pour objectif Amparilava et la droite des positions ennemies ; celle du centre, la Betsiboka jusqu'au confluent de la rivière de Marowoay ; enfin celle de droite, Ambohibary et les derrières de l'ennemi.

Le 29 avril, la 1ʳᵉ section de la colonne de gauche, commandée par le lieutenant-colonel Pardes, se porta en avant ; le 30, elle s'établit au camp de Nossipia. Le 1ᵉʳ mai, elle effectua le passage de l'Andranolava, qui fut franchie au milieu de grandes difficultés. Le lendemain, 2 mai, alors que cette même section marchait en avant-garde, elle fut attaquée par une embuscade hova, établie sur la gauche de la direction qu'elle suivait, et par un autre parti hova qui occupait Ambodimanga.

Après une courte résistance, le lieutenant-colonel Pardes rejeta l'ennemi dans les villages d'Antanimora et d'Amparilava.

La section Pardes reçut la mission de poursuivre l'ennemi sur ce dernier point, tandis que la section Pognard, avec une compagnie de tirailleurs algériens et l'artillerie, ayant une seconde compagnie de ces mêmes troupes en réserve, le poursuivrait dans Antonimora.

Quelques instants de repos furent accordés aux troupes avant l'exécution de leur mission. A 9 h. 30, elles rompirent ce repos et se portèrent en avant.

Après une marche de trois kilomètres, nos deux colonnes se heurtèrent aux positions hovas. La colonne Pardes les attaqua de front, tandis que la colonne Pognard et l'artillerie opéraient sur leur gauche.

Au bout d'une demi-heure, l'ennemi lâcha pied et se répandit à travers les marais et les rizières, au sud de la ligne hova, couvert dans sa retraite des projectiles de notre artillerie.

Vers midi, la colonne Pognard entra dans Marowoay.

Au centre, la colonne Bienaimé réussissait également dans l'accomplissement de sa mission. Le 1er mai, le *Primauguet*, la *Rance* et le *Lynx*, couverts par le *Gabès*, quittaient Majunga. Cette flottille portait, outre ses compagnies de débarquement, la 9e compagnie de tirailleurs algériens. Le 2 mai, vers 6 heures du matin, cette compagnie débarquait au confluent de la rivière de Marowoay avec la Betsiboka et se portait sur Mahatsinjo. Les compagnies de débarquement montèrent dans quatorze embarcations mises à l'eau par les bâtiments ; elles furent organisées en quatre groupes.

Trois de ces groupes remontaient la rivière, lorsqu'ils furent arrêtés par le tir d'une batterie d'artillerie établie sur les hauteurs de Mahatsinjo, à 2.500 mètres de la rivière, et par une vive fusillade partant d'un fourré, sur la berge, et enfilant la rivière sur une grande distance.

Quelques coups de canon tirés par les pièces de 65 et le feu

des canons-revolvers eurent raison de cette attaque et permirent à trois sections des compagnies de débarquement de
descendre à terre et de marcher sur la gauche des tirailleurs
commandés par le capitaine Gatel. Le capitaine de vaisseau
Bienaimé prit lui-même le commandement de la troupe et la
porta sur Marowoay. Il était environ 10 heures du matin,
quand il vit que le pavillon hova hissé au haut du rova était
abaissé; le commandant pressa le pas, traversa rapidement
Marowoay et, à 11 h. 15 du matin, suivi seulement de 15 de
ses hommes, il hissait le pavillon français sur le rova.

Le résultat obtenu par les colonnes de gauche et du centre
avait simplifié singulièrement la tâche de la colonne Delbousquet, qui avait franchi la Betsiboka à l'aide du *Gabès*. Après
avoir traversé Ambalamanga, elle marcha sur Ambohibary,
d'où elle poursuivit de ses feux de salves les Hovas mis en
fuite par la colonne de gauche; le soir même, la compagnie
Delbousquet rentrait à Ankaboka.

Cette importante opération nous assurait la possession de
Marowoay et l'estuaire de la Betsjboka. Elle avait fait tomber entre nos mains: 18 vieux canons lisses trouvés à Marowoay; 2 canons lisses et une mitrailleuse, à Amparilava,
10.000 cartouches, 2.000 obus, 5 affûts hotchkiss et des approvisionnements de poudre. Ramazombazaha, gouverneur du
Boïna et commandant des troupes hovas, échappa à nos
soldats en laissant, entre leurs mains, ses vêtements et sa
correspondance. Les pertes de l'ennemi, par notre feu, sur le
champ de bataille même, furent d'une centaine de tués et de
blessés; mais ce chiffre est quadruplé si on y ajoute les hommes qui furent atteints pendant la retraite à travers les marais
et les rizières.

De notre côté nous avions perdu : 1 tirailleur algérien tué,
5 tirailleurs malgaches blessés, dont un grièvement.

Cette affaire de Marowoay fut portée à la connaissance du
gouvernement par la dépêche suivante :

Par une attaque combinée de la division navale, de la colonne de

Mevaranano et du détachement de Mahabo, le général Metzinger enlève Marowoay et la ligne d'Amparilava. L'ennemi, coupé, fuit dans l'est et dans le sud. Il laisse canons, mitrailleuses, munitions et approvisionnements. Un seul tirailleur est tué, Ougaïda-ben-Ady du 1er régiment. Nous avons cinq blessés.

Le ministre de la guerre répondit à cette dépêche :

Guerre à général Metzinger, Majunga.

Vives félicitations pour vous et troupes de Marowoay.

Le général Duchesne, débarqué à Majunga depuis le 6 mai, porta cette dépêche à la connaissance des troupes par un ordre général qu'il terminait ainsi :

Ce haut témoignage de satisfaction du gouvernement de la République constitue une précieuse récompense pour tous ceux qui ont eu l'honneur de prendre part à l'heureuse opération du 2 mai et servira d'encouragement à tous les membres du corps expéditionnaire en leur rappelant que la France ne cesse d'avoir les yeux sur eux.

L'ennemi, au nombre de 2.000 environ, s'était arrêté et retranché dans les environs d'Ambidomonti, où des renforts envoyés de Tananarive vinrent le rejoindre.

La colonne Pardes (1) reçut l'ordre de s'établir à Manounga, d'où elle observerait cet ennemi jusqu'au moment de la reprise des opérations. La rive gauche de la rivière de Marowoay fut, en même temps, l'objet d'une reconnaissance conduite par le colonel Oudri, avec une colonne composée des 3 compagnies du 1er bataillon du régiment d'Algérie et de la 15e batterie du 38e régiment d'artillerie. Cette reconnaissance devait gagner Marolamba, Androtra et Ambodimonti.

Pour exécuter cette mission, le lieutenant-colonel Pardes fit une marche sur Ambodimonti et le gué du Tamarinier, sur le Kalambo, pendant la journée du 15 mai. A deux kilomètres

---

(1) Cette colonne comprenait l'état-major et deux compagnies et demie du bataillon malgache, la 5e compagnie du régiment d'Algérie, soit 13 officiers et 434 hommes.

de Manonga, la tête de colonne se heurta à un parti hova. La lutte se poursuivit dans un corps-à-corps si violent que nous perdîmes, en quelques instants, 12 blessés, dont 4 grièvement; parmi eux était le lieutenant Forestou.

GÉNÉRAL METZINGER

Le lieutenant-colonel Pardes attendait sur ses positions de la veille l'arrivée de la colonne Oudri pour se porter en avant lorsqu'il apprit l'abandon d'Ambodimonti par les Hovas. Le 17, au matin, il prit possession du camp où il trouva une grande quantité de munitions pour artillerie Krupp, Hotchkiss et mitrailleuses Gardner et des cartouches pour fusils Snider.

A une heure de l'après-midi, la colonne Oudri entrait à son tour dans Ambodimonti dont l'occupation nous assurait le cours de la Betsiboka jusqu'à Ankoboka-Marolambo et la rive droite de ce même fleuve jusqu'à Androtra libre de tout ennemi.

A la suite de cette affaire, le lieutenant-colonel Pardes fut porté à l'ordre du jour du corps expéditionnaire.

Difficultés du débarquement.

Pendant ces opérations, le corps expéditionnaire opérait son débarquement à Majunga. La marche des affrétés le transportant s'était accomplie dans d'excellentes conditions. Sept transports arrivèrent aux dates fixées; douze devancèrent ces dates de un à trois jours; onze subirent quelques jours de retard, parmi lesquels le *Foulah* qui arriva trente-deux jours après l'époque fixée.

L'accumulation de ces navires, l'absence de main-d'œuvre et l'insuffisance des moyens de déchargement compliquèrent singulièrement la situation. Et bientôt la plage de Majunga, une pointe de sable étroite, longue de 300 mètres à peine, offrit un navrant spectacle.

A moitié engloutis par le sable, gisent des tas énormes de colis portant des adresses personnelles ou collectives : cantines d'officiers avec des suscriptions où se trahit, rien que par l'écriture, tout une sollicitude de vieux parents ; malles à l'aspect villageois, en sapin noirci et basane poilue, barbouillées d'orthographes touchantes ; caisses remplies de thé, de tabac, de quinine, d'objets de pansement avec cette étiquette : *Corps expéditionnaire de Madagascar, envoi des Femmes de France.*

Ailleurs, empilés par centaines, éventrés, pourrissant dans la chaleur humide, des sacs d'orge pour les chevaux. Le grain germe à travers la toile ; il y a des sacs qui ressemblent à ces gourdes de poterie percées de trous où les ouvrières parisiennes s'amusent à faire pousser du blé. Plus loin, sous les hangars de l'intendance, moisit, inutilisé, un matériel énorme de sellerie et de campement. Partout de la ruine neuve, d'encombrants appareils qui n'ont jamais servi et dont les ais se disjoignent. Un tas de choses coûteuses qui étaient impropres à cette expédition et qui restent là, ne valant même plus les frais d'un déplacement, lamentables témoins de la sottise administrative. Voici les voitures Lefebvre. Hélas ! elles servent de baignoires publiques. Voici les canonnières qui devaient remonter si aisément la Betsiboka : on en fait des ateliers. Devant ces choses gaspillées qui ressemblent trop aux épaves d'une déroute, nous sommes pris d'angoisse (1).

C'était la conséquence fatale de la façon dont le chargement des affrétés avait été fait. Les choses qui devaient être utilisées les premières étant débarquées les dernières, il s'ensuivait que les premières débarquées s'accumulaient, exposées sur la plage aux intempéries.

Mais ce qui était encore plus navrant à voir, c'étaient les hommes et les chevaux, après les fatigues d'une traversée

---

(1) Jean CAROL, journal *Le Temps*, du 19 août 1896.

A ce même propos, on lit dans le Rapport officiel : « Le manque presque absolu de main-d'œuvre indigène et l'insuffisance du matériel maritime de débarquement se firent, alors, cruellement sentir et provoquèrent, malgré les efforts du personnel de la flottille, un regrettable encombrement de la rade et de la plage même de débarquement. »

d'un mois, ne pas trouver le moindre abri, le jour contre le soleil, la nuit contre la fraîcheur.

Mesures prises à Majunga pour le débarquement.

Cette situation émut profondément le général en chef lorsque, après son débarquement, il assista en personne à cette *nouvelle débâcle*. Il n'hésita pas à prendre les mesures rigoureuses que la situation commandait.

Le 7 mai, le commandant du corps expéditionnaire conféra au capitaine de vaisseau Bienaimé le commandement supérieur de la marine et celui de tous les services qui s'y rattachent à Majunga et dans la baie de Bombetoke. Cette haute mission comportait : direction du port, déchargement et chargement des paquebots, montage des canonnières et chalands, ateliers et transports fluviaux de personnel et de matériel. Le colonel Bailloud, directeur du service des étapes et commandant d'armes de Majunga, devait s'entendre avec le commandant Bienaimé pour régler, au mieux du service général, le concours que le service des étapes devait à celui de la marine.

Avec un dévouement au-dessus de tout éloge, sous la vigoureuse impulsion du commandant Bienaimé, chacun fit des efforts pour mettre l'ordre dans le fouillis et apporter un palliatif au mal. Ce fut surtout au génie qu'incomba la plus lourde part de la tâche. En cette circonstance, comme pour la construction de la route, cette arme se montra à la hauteur de l'importante mission qu'elle avait à remplir et qu'il serait injuste de ne pas rappeler ici.

Dès le 26 mars, la 11e compagnie du génie avait établi sur la pointe de sable de la plage une voie de bois de trois mètres de largeur, avec des madriers maintenus par des piquets, longue de deux cents mètres. L'arrivée de l'affrété *Adour*, dans le milieu d'avril, mit à la disposition du génie le matériel d'une voie ferrée système Weitz. On construisit trois voies dont l'infrastructure fut faite de pierres et de bouts de planches dans les endroits où le sol était trop mouvant ou trop inégal. Les wagonnets qui circulèrent sur cette voie pouvaient transporter 500 kilos, poussés seulement par deux ou trois hommes ; on parvint, avec le nombre de wagonnets dont on disposait, à enlever chaque jour cent tonnes. Au mois de mai, on créa une double voie qui reliait la voie principale au wharf ; cette voie principale fut prolongée, le long de la grève, jusqu'aux baraques-magasins. Un autre embranchement ferré fut amorcé au télégraphe et desservit les parcs du génie et de l'artillerie ; un second relia l'hôpital n° 1 à la voie principale, et un troisième cet hôpital à l'appareil distillatoire ; enfin, plus tard, la voie de l'appontement fut reliée au parc à charbon de la marine, et ce parc lui-même à la plage. Toutes ces voies ferrées représentaient une longueur de neuf kilomètres.

C'est avec la même activité que le génie réalisa la construction des baraquements. Il éleva à la hâte six baraques pour les services administratifs sur la pointe de sable : trois de ces baraques furent affectées aux subsistances ; les trois autres au matériel de campement. Huit autres furent construites à l'est de la voie ferrée, près du télégraphe. « Afin de ne pas retarder l'emmagasinement des denrées, dit le commandant Legrand-Girarde, on piquetait la baraque, on plantait les montants et, si on avait le temps, on montait l'ossature ; les services administratifs emmagasinaient alors leur matériel à son emplacement définitif et le service du génie couvrait et clôturait ensuite au fur et à mesure de ses ressources (1). » Deux baraques furent établies sur la plage, à l'ouest de la voie ferrée ; deux abris pour les boulangeries faits chacun de trois travées Espitallier et placés devant les fours de l'administration.

Le service de santé ne fut pas non plus oublié. Au mois d'avril, le seul abri qu'il pût employer était une baraque en charpente construite par l'artillerie de marine et quelques tentes. On éleva trois baraques-ambulances de troupe Espitallier ; ce nombre fut porté rapidement à six, dans le courant

---

(1) *Le génie à Madagascar*, *Op. cit.*, p. 212.

du mois de mai. Nos troupes y trouvèrent un excellent abri pendant les derniers jours de la mauvaise saison. On assura l'alimentation d'eau par un puits découvert. avec l'appareil Pitoy; grâce à la voie ferrée reliant l'hôpital à ce puits, on amena l'eau nécessaire avec des wagonnets traînés par des mulets. On construisit, pour le matériel du service de santé, sur la plage, près du télégraphe, trois baraques-magasins avec étagères du système Espitallier.

Le casernement des troupes fut assuré par une première construction, sur l'avenue de France, composée de deux baraques Espitallier. Ces baraques furent affectées au casernement des isolés et des convalescents, et plus tard aux bagages des troupes de la guerre; on entreprit au fortin des baraques de 5 mètres de large et de 24 mètres de long, en planches et recouvertes en tôle, pour les isolés et les bagages des troupes de la marine. Dans le parc du génie, on dressa deux baraques Espitallier pour le matériel et le personnel; une troisième baraque, couverte en tôle, isolée des autres, servit de dépôt de mélinite; enfin, une quatrième baraque, véritable dépôt intermédiaire où se faisait un premier triage du matériel avant son envoi au parc, fut établie sur l'avenue de France.

Sur cette même avenue, une baraque en planches, avec bureau, casernement de la troupe et logement du chef de poste, fut construite pour le service de la télégraphie électrique. Un parc pour 1.000 bœufs fut établi avec une enceinte en palétuvier, fil de fer et branchage. Un abattoir installé sur la grève comprenait quatre stalles d'abatage, constituées par des fermes en palétuvier et sapin recouvertes en tôle, avec un magasin à viande pour annexe.

Une baraque-atelier fut installée sur la plage, près de l'appontement, pour le montage des canonnières; une baraque-logement, dressée sur l'alignement des baraques-magasins des services administratifs, servit de logement au personnel chargé du montage; plus tard, après le départ de ce personnel, elle fut transformée en magasin des services administratifs.

Enfin, la quantité d'eau potable fournie par l'unique appareil distillatoire devint bientôt insuffisante pour la consommation. Le service du génie reçut l'ordre d'installer un second appareil, dans le voisinage de l'appontement Suberbie.

Telle fut la somme de travail à la réalisation de laquelle présida le commandant Bienaimé et que le Rapport officiel juge en ces termes :

Grâce à cette concentration sous une seule autorité de tous les moyens maritimes et de toutes les bonnes volontés, grâce aussi à l'action aussi intelligente qu'énergique du commandant Bienaimé, les mouvements et opérations sur rade se régularisèrent bientôt et se poursuivirent, dès lors, avec assez de succès pour qu'il fût possible, dès le 26 juin, de rendre à cet officier supérieur (devenu entre temps contre-amiral) la liberté personnelle d'action dont il avait besoin pour assurer efficacement la surveillance du littoral et la défense de nos établissements extérieurs.

CHAPITRE III

LA ROUTE DE MAJUNGA A MANGASOAVINA

Constitution géologique du sol sur l'itinéraire Majunga - Tananarive. — Construction de la route : section de Majunga à Marowoay ; section de Marowoay à Marololo : section de Marololo à Mangasoavina. — Part prise par chaque unité du corps expéditionnaire à ce travail. — Construction des ouvrages d'art. — Critiques sanitaires contre la construction de la route.

Le plan de campagne, sur lequel nous reviendrons, imposait la construction d'une route de Majunga à Tananarive, « une des difficultés principales contre lesquelles ait dû lutter le corps expéditionnaire (1) » et qui devait coûter la vie à plusieurs milliers d'hommes.

Il faut reconnaître que la responsabilité de ces morts trouve son atténuation dans des circonstances absolument indépendantes de la volonté des auteurs de cette route. Ils avaient espéré, en la comprenant dans le programme des opérations, trouver pour sa construction des pionniers noirs ou jaunes. Malgré les efforts des embaucheurs et les offres qui furent faites aux indigènes, on ne put se procurer ces travailleurs.

Constitution géologique du sol sur l'itinéraire Majunga - Tananarive.

Le sol de Madagascar, le long de l'itinéraire suivi par le corps expéditionnaire, est une terre argileuse, de couleur rouge très prononcée : les parties voisines de la mer et le lit des cours d'eau, desséché de mai à octobre, sont formés, le plus souvent, par du sable très fin, brillant, contenant de

_____

(1) Rapport officiel.

nombreuses paillettes de mica provenant de la désagrégation de granits ou de gneiss qui forment la charpente de l'île. Ces roches, peu résistantes sous l'action des éléments extérieurs, se rencontrent rarement à la surface du sol; en revanche, le quartz, qui échappe à ces influences destructives, se montre assez abondant dans le haut pays. Le calcaire est rare dans toute la région parcourue; on en voit quelques affleurements aux abords de Majunga, d'autres vers Ambodinabatékély, puis au delà d'Ambato, au plateau de Fonhala (1).

L'argile compacte, qui, ainsi qu'on vient de le dire, se rencontre presque partout, est capable de se maintenir naturellement sous un talus extrêmement raide, voisin parfois de la verticale. Par contre, elle subit, sous l'action des eaux, des érosions profondes qui creusent de véritables excavations, aux parois abruptes, au milieu d'une pente assez douce et sans que les mouvements du sol avoisinant justifient en apparence de pareils bouleversements.

Dans ces conditions, les accidents du sol prennent une importance qu'on n'est pas habitué à rencontrer chez nous; ils se multiplient même dans les régions dont l'aspect général semble, au premier abord, peu mouvementé; dans celles qui présentent un relief accentué, ils offrent à l'ingénieur des problèmes d'une solution ardue et ne se laissent franchir qu'à l'aide de travaux considérables.

Sur ce sol, la végétation est rare; de grandes forêts ont couvert l'île entière autrefois, dit-on; elles subsistent encore tout le long de la côte orientale, mais dans le Bœni et le Voninzongo, provinces qui s'étendent entre Majunga et l'Emyrne, elles ont presque entièrement disparu. Le corps expéditionnaire n'en eut à traverser que vers Marohogo, sur les pentes nord et sud du plateau d'Ankarafansika et enfin sur les deux rives de la Betsiboka, vers son confluent avec l'Ikopa.

. . . .

Enfin, sur toute la surface du sol non cultivé ou couvert d'arbres,

---

(1) L'opinion ci-dessus, relative à la constitution du terrain de Madagascar, n'est pas partagée par tout le monde. Certains officiers pensent que les terrains de sédiments s'avancent plus profondément dans l'intérieur de l'île qu'on ne l'indique ici et que, par exemple, le pic d'Andriba appartient à la formation jurassique. On ne saurait se prononcer définitivement sur ce point, mais de l'avis des officiers du génie qui ont dirigé des chantiers de terrassements, on n'a jamais rencontré de roches calcaires au delà du confluent de la Betsiboka et de l'Ikopa. (Note du commandant Legrand-Girarde.)

s'étend une herbe assez drue dont la hauteur est de 0m,50 environ sur les parties sèches et atteint 2 mètres à 2m,50 lorsque le terrain est quelque peu humide (1).

On avait d'abord pensé à donner à la route une largeur de 2m,50, qui parut suffisante pour permettre le croisement des voitures dont la voie était de 1m,22. Mais pour éviter les accidents imputables à l'inhabileté des conducteurs et à l'indocilité des chevaux, cette largeur fut portée à 3 mètres et même à 4 sur certains points.

Au point de vue de l'exécution des travaux, la construction de cette route comprend trois périodes différentes, se rattachant chacune à une zone bien déterminée :

1° De Majunga à Marowoay ;

2° De Marowoay à Marololo ;

3° De Marololo à Mangasoavina.

1° *Section de Majunga à Marowoay.* — Ces deux points sont séparés par 54 kilomètres à vol d'oiseau et 75 par la route. Leur différence de niveau est de 135 mètres (falaise de Marohongo, 40 mètres — Ambodinabatékély, 175). On franchit les rivières de Marohogo et d'Andranolava et l'on traverse les villages d'Ambondro, Amparagindro, Marohogo, Ambohitrombikely, Ambodinabatekély, Mevarano, Ambatobé et Miadana.

De Majunga à Ambondro (5 kilomètres) on dut construire deux ponceaux (de 4 et 5 mètres) et un remblai de 90 mètres. D'Ambondro à Amparagindro ce fut un travail de désherbage et de débroussaillement. De plus, sur certains points, il fallut recouvrir les dunes de branchages et de planches pour faire un fond à peu près solide. Un autre tronçon de route avait été amorcé; on renonça à en poursuivre la construction parce qu'il forçait à faire un pont de 270 mètres de long.

Les travaux de la descente d'Ambodinabatckély à Mevarano exigèrent seulement l'enlèvement d'herbes et de souches et la construction de huit ponceaux, dont l'un de 7 mètres.

---

(1) Legrand Girarde, *op. cit.*, p. 65.

De Mevarano à Ambatobé, la présence de plusieurs ruisseaux força à construire des ponceaux et à faire des travaux d'assolement, notamment un fossé qui fut creusé sur le revers le plus élevé de la route et qui conduisait les eaux dans des puisards.

D'Andranolava à Marowoay, la route traversait, sans grandes difficultés pour les travailleurs, Lakoola, Nossikély et Mahotsingo.

2º *Section de Marowoay au confluent de l'Ikopa et de la Betsiboka.* — La première section de la route dans cette zone, entre Marowoay et Ambato, avait 50 kilomètres de long (39 seulement à vol d'oiseau). Du point d'amorce, on fit un détour considérable pour suivre la Betsiboka, par Ampalamanga, jusqu'à Marolambo, point de débarquement des vivres. Ce sentier exigea la construction de sept ponceaux de 3 à 8 mètres et d'un pont Birago de 16 mètres.

Les nécessités du ravitaillement par la voie fluviale ayant disparu, on reprit le tracé direct d'Ampalamanga à Androtra. De ce point, pour gagner le plateau d'Ankarafansika, on exécuta un déboisement sur une longueur de 4 kilomètres.

La descente vers Mangabé réclamait le rachat d'une différence de niveau de 80 mètres, ensuite la route courait dans une plaine marécageuse plantée de rizières. Il fallut créer un ponceau de 10 mètres, exécuter un remblai de $0^m,25$ de hauteur et de 50 mètres de long; plus loin, ce fut un déblai de 2 mètres sur une longueur de 1 kilomètre. Cette même descente exigea des travaux de drainage que les roues des voitures compromirent en partie. On dut faire un petit bassin en maçonnerie de terre glaise dans lequel descendirent les eaux des sources captées; le trop plein du bassin s'écoulait dans un caniveau. La portion de route construite sur la plaine fut également compromise pour les mêmes raisons; on dut tourner le marais par une dérivation de 800 mètres qui permit d'asseoir la route sur un terrain solide.

Entre Ambato et les deux confluents, le tracé primitif fut également modifié à cause des pentes raides qui partent du

plateau de Fonhala et viennent expirer à la rivière. A la suite
d'une reconnaissance du capitaine Cré, on utilisa une langue
de terre réunissant le plateau à une arête à pentes douces jusqu'au camp des Hauteurs-Dénudées.

Après la traversée du Kamoro jusqu'à Ankifiaty, les travailleurs eurent à lutter contre une épaisse végétation qui ralentit
beaucoup la marche. De ce dernier point à Ankatsaka, un terrain découvert permit de regagner quelques jours sur le retard
du précédent chantier. D'Ankatsaka au sommet du plateau de
Fonhala, pendant 6 kilomètres, les terrassiers furent transformés en carriers pour enlever les dalles calcaires qui recou-
vraient la terre. Du sommet du plateau à Amparinampona, le
travail alterna entre des déblais qui atteignirent parfois 4 mètres et des remblais de 2 mètres.

De la descente de Fonhala au confluent, on suivit le sentier;
on dut construire deux passerelles, l'une de 7 mètres, l'autre
de 4^m,50; trois ponts, dont un de 9 mètres, l'autre de 5^m,50
dans le bois au nord d'Amparinampona, et un de 6^m,30 sur un
torrent. Cette section de route fut construite par un tracé
sommaire, dont nous rapportons la méthode, en raison des
excellents résultats qu'elle a donnés :

On était dans un terrain couvert d'arbres et de hautes herbes
rendant la direction difficile et on ne disposait d'aucun instrument.
On allumait un feu d'herbes vertes au point de départ et on faisait
monter un homme sur un arbre au point d'arrivée : ce dernier
choisissait des repères intermédiaires près desquels se plaçait un
homme. La file de travailleurs partait du point d'arrivée, marchait
sur le premier repère guidée par les appels de l'homme placé au
pied de celui-ci. De là, elle gagnait successivement et par le même
procédé le second, puis les autres repères intermédiaires, et atteignait ainsi le point de départ, ayant tracé naturellement une piste.
Cette piste était alors élargie à quatre mètres et rectifiée (1).

Le 17 juillet, cette partie de route était terminée jusqu'au
confluent de la Betsiboka ; elle avait 41 kilomètres de longueur,
partant d'Ambato.

_____

(1) Legrand-Girarde, *op. cit.*, p. 84.

3º *Du confluent de Marololo à Mangasoavina* — Cette troisième
partie de la route fut exécutée par toutes les troupes du corps
expéditionnaire. La première section du confluent à Suberbieville est longue de 19 kil. 500; elle franchit la Betsiboka et
passe à travers une forêt de 5 kilomètres de longueur. Elle a
été le plus important tronçon à construire et celui sur lequel
la circulation a été la plus active, à cause de Marololo qui fut
le point de déchargement des approvisionnements de la
colonne et d'embarquement des malades sur le fleuve. On fut
obligé de modifier, plus tard, le premier tracé, à cause de
l'arête de Beratsimanana où la pente de la route atteignait
0m,20.

De Suberbieville à Tsarasaotra, on se heurta à une région
montagneuse. En raison des difficultés que l'on rencontra,
on réduisit, sur ce parcours, la largeur de la route à 3 mètres,
même à 2 mètres seulement où elle fut faite à flanc de coteau
et en déblai. Cette section a 23 kil. 250.

De Tsarasaotra à Andjiéjié, on suivit, autant que possible,
la ligne de partage des eaux entre la vallée de l'Ikopa et
celle de Randriantoanina. Les difficultés de ce tronçon commencèrent à la montée du Beritzoka, où les pentes étaient si
rapides qu'à la descente beaucoup de voitures furent entraînées
dans le ravin. Ce tracé fut rectifié par une route à flanc de
coteau de 1.200 mètres de longueur, dont une partie de 50
mètres dans le rocher. A l'extrémité de cette descente, pour
gagner le camp des Sources, la route franchit une série de
ravins et de crêtes argileuses, qui imposèrent encore certaines
modifications au tracé primitif. Au delà du camp des Sources,
on trouva un terrain moyennement accidenté jusqu'à la vallée
de Randriantoanina dont la traversée exigea la construction
de trois ponceaux. La partie de ce tronçon établie à flanc de
coteau dans la vallée de cette rivière imposa d'importants travaux de terrassement. Ce tronçon a une longueur de 37 kilomètres.

La section d'Andjiéjié à Ambodiamontana « a exigé les
efforts les plus pénibles pour sa construction, sans que cepen-

dant on ait entièrement réussi à assurer aux voitures une circulation aisée, parce qu'on se trouva en présence de difficultés de terrain qui dépassaient non seulement les prévisions de l'itinéraire, mais celles qu'on peut vaincre avec les moyens dont dispose une armée en campagne (1) ». Longue de 43 kil. 500, elle imposa la construction d'un ponceau de 5 mètres sur le versant du col, un ponceau de 2ᵐ,50 et une chaussée de 2 mètres de hauteur assise sur une levée de pierres.

La section d'Ambodiamontana à Mangasoavina, longue de 18 kil. 500, fut le point terminus de cette pénible route. Après avoir franchi le col d'Andriba, elle descend dans la vallée du Mamokomita ; elle fut d'une exécution relativement facile.

Part prise par chaque unité du corps expéditionnaire à ce travail.

Voici quelle fut la part de chacun dans cette œuvre à laquelle s'attachent tant de souvenirs amers :

11ᵉ compagnie du génie : De Majunga à Ambondro, 5 kilomètres. (Du 13 au 23 mars.)

11ᵉ compagnie du génie et tirailleurs algériens : D'Ambondro à Amparagindro, 6 kilomètres.

11ᵉ compagnie du génie : De Majunga à l'estuaire des marais et à 2 kilomètres au delà, 6 kilomètres. (Du 10 avril au 4 mai.)

11ᵉ et 14ᵉ compagnies du génie : Descente de la falaise de Marohogo et construction du tronçon d'Amparagindro à la falaise d'Ambodinabatéky (12 au 21 mai).

Escouade de la 11ᵉ compagnie du génie, cent Somalis (du 11 au 17 mai toute la compagnie), 14ᵉ compagnie du génie : Descente d'Ambodinabatéky, 800 mètres de route à flanc de coteau avec déblai moyen de 1ᵐ³ à 1ᵐ,53 au mètre courant ; du 29 mai au 19 juin, élargissement et amélioration du tracé par une escouade de la 14ᵉ compagnie du génie. Toute la compagnie y travaille le 24 juin.

11ᵉ et 13ᵉ compagnies du génie : D'Ambodinabatéky à Mevarano et construction de huit ponceaux.

11ᵉ compagnie du génie : De Mevarano à Ambatobé.

13ᵉ compagnie du génie : Sentier de Marowoay-Ampalamanga-Morolambo, avec sept ponceaux, un pont Birago de 16 mètres.

(1) Legrand-Girarde, *op. cit.*, p. 95.

11° compagnie du génie : Nouveau tracé de la route Ampala-manga-Androtra. 5 journées (750 journées de travailleurs).

Tracé par la 11° compagnie du génie. Exécuté par deux compagnies de Malgaches : Déboisement de 4 kilomètres de forêt (450 journées de travail donnant un rendement de 8m,90 par homme et par jour) (9 et 10 juin).

11° compagnie du génie : Route du plateau d'Ankarafansika 9 kilomètres (11 juin).

11° compagnie du génie et deux compagnies de Malgaches : Nivellement du versant sud de ce plateau. 6 kilomètres. 1.200 journées donnant un rendement par homme et par jour de 5 mètres. (Du 12 au 15 juin.)

11° compagnie du génie et le bataillon de tirailleurs malgaches : Descente vers Mangabé. Portion de la descente, 1.000 mètres jusqu'au ponceau ; 5 jours (1.700 journées de travail ; avancement journalier par homme, 0m,39). Du ponceau à Trabonjy (5 kilomètres) (800 journées de travail, rendement de 6m,25 par homme et par jour). De Trabonzy à Ambato (7 kilomètres), trois jours (1.000 journées de travail, rendement de 7 mètres par homme et par jour).

14° compagnie et compagnie auxiliaire du génie : Réparation de la descente de Mangabé.

14° compagnie du génie : Captage des sources de cette descente.

Compagnie auxiliaire du génie : Tournant du marais et 800 mètres de route (24 juin 1er juillet).

11°, 13°, 14° et compagnie auxiliaire du génie, quatre compagnies de tirailleurs malgaches, deux compagnies de tirailleurs haoussas, un bataillon du 200°, deux compagnies d'infanterie de marine : D'Ambata au camp nord d'Amparinapampona : 1° Du Kamoro à Ankifiaty (11 kilomètres), 9 jours (29 juin-6 juillet) ; 3.200 journées, soit un rendement par homme et par jour de 3m,40. — 2° D'Ankifiaty à Ankatsaka (6 kilomètres), trois jours (7 au 9 juillet) ; 1.000 journées, soit un rendement par homme et par jour de 6 mètres. — 3° D'Ankatsaka au sommet du plateau de Fonhala (7 kilomètres) (10 au 12 juillet), 1.500 journées, soit un rendement par homme et par jour de 4m,65. — 4° Sommet de Fonhala à Amparinapampona (13 au 17 juillet) 2.800 journées, soit un rendement par jour et par homme de 0m,80 en descente et 8 mètres en plaine.

135 hommes de la compagnie auxiliaire du génie et le bataillon du 200° à 125 hommes par compagnie : D'Amparinapampona au confluent (6 au 11 juillet), 1.430 journées, soit un rendement par jour et par homme de 5m,50.

Deux compagnies de tirailleurs malgaches, du 12 au 15 juillet, continuent ce travail amorcé par la 13° compagnie du génie. 8.300

mètres (675 journées, soit un rendement par homme et par jour de 12^m,25).

Régiment d'Algérie, 40e bataillon de chasseurs : Du confluent à Suberbieville.

11e compagnie du génie et bataillon de tirailleurs malgaches : Du 23 au 24 juin, 800 mètres de route de la montée sur l'arête de Beratsimanane, dont 400 mètres en flanc de coteau avec aqueduc sous remblai de 3 mètres de hauteur. (600 journées, soit un rendement par homme et par jour de 1^m,33.)

11e compagnie du génie : 25-26 juin. Amélioration de la descente.

14e compagnie du génie : 21-27 août. Nouveau tracé de cette descente. 1.200 mètres de long se raccordant à l'ancien tracé par un tronçon de 2 kilomètres.

11e et 13e compagnies du génie (tracé); 200e régiment, régiment d'Algérie et 40e bataillon de chasseurs : De Suberbieville à Tsarasoatra. De Tsarasoatra à Andjiéjié.

Détachement de la 13e compagnie du génie et 200e régiment : Premier tracé de Tsarasoatra au Beritzoka.

11e compagnie du génie, du 7 au 16, aidée par deux compagnies de tirailleurs haoussas les 13 et 14 août : Deuxième tracé de Tsarasoatra au Beritzoka (1.500 journées, soit un rendement par homme et par jour de 0^m,80).

11e compagnie du génie et deux compagnies de tirailleurs haoussas : Amélioration de la descente de la côte 500 (16 et 17 août).

14e compagnie du génie : Réparation de cette section de route, en septembre.

13e compagnie du génie : Pétardements ; construction d'un ponceau de 5 mètres; de deux autres ponceaux sur le Randriantoanina. (3 au 6 août).

(1re brigade) : 200e régiment, 40e bataillon de chasseurs et régiment d'Algérie : D'Andjiéjié au Sirasira, descente de la côte 750 et à un point à trois kilomètres au delà du camp des Cascades jusqu'à Soavinandriana.

(2e brigade) : 13e régiment d'infanterie de marine et régiment colonial : Entre le Sirasira et le point à 3 kilomètres du camp des Cascades.

13e compagnie du génie (9 au 13 août), bataillon de tirailleurs haoussas, bataillon de tirailleurs malgaches, deux bataillons de tirailleurs algériens (14 au 19 août) : Traversée du Randriantoanina à Antsiafabotsitra. Pont de 15 mètres. Descente de la côte 750. (Direction du travail par le génie, du 14 au 19 août, et exécution du travail par les bataillons haoussas et malgaches et deux bataillons de tirailleurs algériens.)

11e compagnie du génie : Du 21 au 23 août, 400 mètres de lacets à la montée vers le point 860. — Du 24 au 26, traversée du ravin précédant cette côte. — Le 27, exécution des tournants de la route. — Du 28 août au 3 septembre, deux passages sur l'Andranomiangana ; rectification des deux tournants vers le col qui sépare l'Andranomiangana du Kamolandy ; construction d'un ponceau sur cette dernière rivière (5 au 7 septembre).

(1re brigade) : 200e régiment, 40e bataillon de chasseurs, régiment d'Algérie : Tronçon entre Ambodiamontana et le camp dit de la Pierre-Levée.

(2e brigade) : 13e régiment d'infanterie de marine, régiment colonial : Du camp de la Pierre-Levée à Mangasoavina.

13e compagnie du génie : 28 août au 3 septembre, 800 mètres séparant le Kamolandy d'un de ses affluents ; rectifications de quelques portions de route entre le col d'Andriba et Mangasoavina, dans la vallée du Manokomita (200 mètres environ) ; ponceau sur un affluent de cette dernière rivière, et construction d'un dallot en pierres sèches sur un autre ruisseau.

Construction des ouvrages d'art.

Les travaux de terrassement ne furent pas les seuls imposés pour la construction de la route. Il fallait traverser les vallées et les rivières qui les arrosent sur des ponts dont l'édification fut le plus souvent difficile. Outre les quarante-cinq ponceaux, représentant un développement total de 225 mètres, on dut jeter, sur les rivières, huit ponts d'un développement de 703 mètres.

Nous allons résumer, pour chacun de ces ouvrages, la tâche qui fut imposée au corps expéditionnaire, plus particulièrement aux troupes du génie.

Pont de Majunga. — Il avait été projeté — car il ne fut pas achevé — pour éviter aux convois de passer l'arête du rova, la traversée d'une dune de sable et pour diminuer de 3 à 4 kilomètres la longueur de la route. Une première reconnaissance avait fait évaluer la largeur de l'estuaire à franchir à 90 mètres. On s'aperçut bientôt que l'on avait omis, dans cette évaluation, qu'à marée haute chacune des rives était couverte sur une largeur égale ; ce qui portait la largeur totale de l'obstacle à 270 mètres.

Le 10 avril, le lieutenant Beigbeder et une escouade de la 11e compagnie du génie vinrent tracer la direction du pont ; le 15, cinquante Somalis furent employés aux débroussaillements et aux terrassements de la rampe d'arrivée. Ce travail préliminaire permit de constater que deux des parties du pont devaient être fixées sur des rochers de corail, avec une profondeur d'eau de 2^m,50 à marée haute, et une troisième partie sur le lit même de l'estuaire, avec des profondeurs variant de 3^m,50 à 6^m,50.

Les difficultés à vaincre parurent si considérables en comparaison des services que la construction de ce pont rendrait, que le 7 mai — le lendemain de son débarquement à Majunga — le général en chef fit cesser les travaux que la 11e compagnie du génie venait de céder à la 14e.

Entre autres difficultés, il convient de signaler celle-ci :

Arrivée incertaine du matériel transporté par eau sur une portière remorquée par un canot à vapeur de la marine ; hauteur considérable de la marée et courants violents dans l'estuaire ; nature partie rocheuse, partie vaseuse du fond et surtout nature malsaine des rives mouillées à marée haute, séchant à marée basse ; voisinage du grand marais. Il en résulta que les escouades qui campaient sur le sommet voisin du pont devaient être fréquemment renouvelées et avaient toujours la moitié de leur effectif malade ; les Somalis, employés comme auxiliaires et campant à côté des sapeurs, n'étaient pas mieux portants. Quelques maçons, venant en particulier des tirailleurs algériens, furent indisponibles en quelques jours ; enfin le lieutenant Beigbeder contracta là, certainement, les germes du mal qui devait l'enlever cinq mois plus tard. Gradés, sapeurs et coolies ont été mis dans une quasi impossibilité de travailler (1).

Ponts de Marohogo. — Au pied de la falaise sur laquelle fut établi le premier camp de la Cascade, la route traverse deux cours d'eau qui nécessitèrent la construction de deux ponts.

---

(1) Rapport du capitaine Cauboue, publié par le commandant Legrand-Girarde, *op. cit.*, page 109.

Ces rivières étaient bien guéables pour les hommes et les animaux, mais leur fond n'aurait pas résisté au passage des voitures. Le premier de ces ponts, de 20 mètres de long et de 3 de large, fut édifié du 1er au 9 mai, par la section Fenéon, de la 11e compagnie, et continué, du 13 au 18, par la 14e.

Le second pont, situé à 15 mètres du premier, avait 28 mètres de long ; il fut construit, en partie, avec le matériel Birago : mais en certains endroits les pieds des chevalets étant trop courts, on dut fabriquer des pieds de toutes pièces. Ce pont, commencé le 14 mai par une section de la 14e compagnie du génie, fut achevé le 18 du même mois.

Pont de l'Andronolava. — Bien que la reconnaissance de cette rivière l'ait révélée guéable, on décida de la franchir sur un pont en raison de ses rives vaseuses et de la grande abondance de caïmans dans ses eaux. Le 10 mai, et malgré l'absence du matériel Birago avec lequel son édification avait été décidée, on entreprit le travail en utilisant des lataniers et des rondins provenant de la démolition des cases du village d'Andronolava. La largeur de l'obstacle à franchir était de 14 mètres ; on la combla avec des troncs de lataniers de $0^m,30$ de diamètre, et de 8 mètres de longueur. Six poutrelles de cette dimension suffirent pour asseoir le tablier fait avec des plateaux de latanier pris dans le village et recouverts d'une couche de hautes herbes et de terre. Ce pont fut livré à la circulation le 15 mai pour le passage d'une compagnie de tirailleurs et les bagages du 40e bataillon de chasseurs. Sa construction avait été funeste pour la troupe qui y fut employée.

Le peloton du génie, appelé à travailler souvent dans la vase, avait été cruellement éprouvé par les fièvres : le 10 mai, 22 malades étaient évacués sur Marowoay ; le 12, nouvelle évacuation de 21 sapeurs, le nombre de sapeurs en état de travailler était réduit à 10. Le 16 mai, le commandant du peloton, n'ayant plus au travail que 7 sapeurs, dut, pour parachever le tablier et les rampes d'accès du pont, demander le concours de tirailleurs malgaches campés à Miadana (1).

_____

(1) Legrand-Girarde, *op. cit.*, p. 120.

Traille et pont de Marowoay. — En attendant la construction du pont de Marowoay, la 13e compagnie du génie reçut l'ordre d'établir une traille. Ce travail fut exécuté les 10 et 11 mai. L'embarcation fut faite avec trois pirogues indigènes accouplées, la cinquenelle avec des cordes réquisitionnées chez les marchands de Marowoay, et le tablier avec des bois provenant de la démolition des cases. Une rame indigène placée à l'arrière de chaque embarcation servait de gouvernail que manœuvraient quatre sapeurs. Les hommes sur la portière faisaient avancer l'embarcation en tirant sur la cinquenelle. 50 hommes et 12 animaux trouvaient place sur cette embarcation.

La construction du pont souleva quelques controverses entre les officiers du génie. Sa longueur devait être de 50 mètres. Sauf quatre manguiers, il n'y avait aucun bois à proximité de l'emplacement choisi pour lancer le pont. Il ne fallait donc pas songer à faire un pont fixe, pas davantage un pont de bateaux à cause des variations de niveau aux différentes marées et de la rapidité des courants alternatifs. Le capitaine du génie Cré, chargé des études, conclut à l'établissement d'une traille avec cinq ou six chalands disponibles. Cette solution fut rejetée. On se rallia à un système mixte préconisé par le capitaine — aujourd'hui commandant — Legrand-Girarde : « emploi des travées de Birago dans les parties du pont voisines des rives, franchissement du thalweg à l'aide d'une poutre double en treillis de 15 mètres de long ».

La construction de ce pont fut confiée au lieutenant Dorand, commandant la section des aérostiers, sous la direction du capitaine Cré. Après divers incidents dont le récit n'entre pas dans notre cadre, le 9 juin au matin, ce pont était livré à la circulation et éprouvé par le passage de l'artillerie de campagne.

Pont d'Ambato. — Ambato est au confluent du Kamoro avec la Betsiboka. Cette rivière a 125 mètres de large et une profondeur moyenne de 3 à 4 mètres. Ce fut encore à la section d'aérostiers que fut confiée la construction de ce pont. Son effectif comprenait : 1 officier, 2 sous-officiers, 2 caporaux, 20 sapeurs, 20 auxiliaires indigènes (somalis) qui furent secondés par des travailleurs empruntés au 200ᵉ. On employa le matériel Birago, lancé par la méthode du *bateau à contre-poids*, méthode modifiée par l'absence, à proximité du chantier, de pièces de bois d'une longueur suffisante pour servir de poutrelles de manœuvre et aussi à cause de la présence de nombreux caïmans dans les eaux. On remédia à ces deux inconvénients par la construction d'une portière avec deux demi-bateaux en tôle d'acier recouverts d'un échafaudage. Celui-ci permettait de « maintenir le chapeau des chevalets à hauteur convenable pendant l'enfoncement des pieds, en le supportant à l'aide de deux poutrelles à griffes ». Le 19 juin, au soir, le pont fut livré à la circulation.

Un incident qu'il importe de rappeler, en raison des graves conséquences qu'il pouvait avoir, retarda au 22 juin la mise en service du pont.

Ce même jour, 19 juin, le commandant du gîte d'étapes voulut, malgré les observations du capitaine du génie, faire passer un troupeau de bœufs sur le pont...... Le troupeau comprenait 200 bœufs environ ; le 19 juin, au soir, on réussit à en faire passer 30 ; mais le lendemain matin, quand on engagea une nouvelle fraction du troupeau sur le pont, les bœufs passés la veille et restés sur l'autre rive revinrent en arrière et, nécessairement, se heurtèrent contre les autres.

Le pont ne pouvait résister à un effort de cette sorte : deux chapeaux tout neufs furent rompus net, un pied fut endommagé sérieusement et les neuf dernières travées du pont prirent l'aspect de montagnes russes. L'expérience démontrait la justesse des observations de l'officier du génie ; il était regrettable qu'elles n'eussent pu convaincre plus tôt le commandant du gîte d'étapes.

Quoi qu'il en fût, les sapeurs se remirent à l'œuvre, relevèrent les travées détériorées dont les pieds s'étaient profondément enfoncés dans le sable. Il fallut trois jours d'efforts pénibles pour réparer le pont (1)...

Pont de la Betsiboka. — Nous arrivons à l'obstacle le plus

---

(1) Legrand-Girarde, *op. cit.*, p. 143.

difficile que devait surmonter le corps du génie pour assurer l'emploi de la route : la traversée de la Betsiboka.

L'itinéraire de Majunga à Tananarive que possédaient les officiers donnait les renseignements suivants sur la Betsiboka :

Abordé à hauteur d'Amparahibé, le fleuve présente un bras mort absolument sec de mai à novembre et forme une immense nappe de sable de 800 mètres de large. Le passage de l'autre bras s'effectue en pirogue; le fleuve a 220 mètres de large, 1^m,50 à 2^m,50 de profondeur sur la moitié du parcours et 0^m,50 sur l'autre moitié; des bancs de sable forcent à faire des détours; le courant est assez violent.

Au confluent de la Betsiboka et de l'Ikopa, la Betsiboka a une largeur de 150 mètres environ. La profondeur du chenal, qui n'a que 30 mètres, est de 2; vitesse du courant, 2 nœuds; pont de bateaux nécessaire. Il existe sur la rive gauche de la Betsiboka de beaux arbres.

Le 5 juin, une reconnaissance des rives fut faite par deux mariniers de la 13e compagnie. Elle révéla la présence de quantité de bois et de matériaux à proximité du point de passage choisi. On ne pouvait pas compter sur le concours du matériel Birago du parc de réserve, en raison du retard apporté au montage des chalands et des canonnières qui pouvaient l'amener à pied d'œuvre; de plus, à la même époque, on avait reconnu la nécessité d'employer les embarcations exclusivement au service du ravitaillement. Ce même jour, le 1er peloton de la 13e compagnie du génie, aidé de travailleurs fournis par le 40e bataillon de chasseurs et celui de la légion étrangère, commença l'abatage d'un bois situé entre le camp des Hauteurs-Dénudées et la plage de sable formant la rive droite du fleuve. Ce travail de déboisement se poursuivit, le 6 juin et les jours suivants, avec des auxiliaires fournis par le 2e bataillon du régiment d'Algérie.

Une autre reconnaissance faite pendant les journées des 7 et 8 juin confirma les données déjà recueillies sur le point choisi pour lancer le pont.

Après la traversée d'une bande de sable de 500 mètres de largeur, dit le rapport de M. le colonel Marmier, à 1^m,50 en moyenne au-dessus des basses eaux, on devait franchir un blanc d'eau de 100 mètres de largeur, entrecoupé de petits îlots de sable et de ruisselets de 0m,40 de profondeur maxima, puis traverser un banc de sable de 0m,57 de largeur; on passait ensuite le grand bras, offrant quelques îlots près de la rive droite et ayant une largeur de 242 mètres avec une profondeur moyenne de 2m,20 au thalweg et un courant de 2 mètres ; on gagnait deux petites îles dont la plus grande avait une largeur de 15 mètres ; un petit bras de 88 mètres de largeur et d'une profondeur maxima de 0m,90 avec un courant de 1 mètre séparait ces îles de la bande de sable de 500 mètres de largeur s'étendant entre le fleuve et le bois de Marololo.

Le 8 juin, en exécution des ordres du général Metzinger, la 13e compagnie du génie commença ses travaux pour le lancement du pont au-dessus du grand bois et du blanc-d'eau. Le 10 au matin, par suite d'affouillements produits autour des supports posés la veille, on dut renoncer à la première solution adoptée, un pont sur chevalets. Le général décida alors d'organiser le passage du fleuve avec un chaland remorqué par deux canots Voruz. Le 12 juin, on renonça aussi à donner suite à cette proposition, « les officiers de la flottille fluviale ayant reconnu l'impossibilité d'assurer un service de va-et-vient de chaland, même avec une canonnière, étant donnés la force du courant et ses déplacements incessants ».

Les études furent reportées pour l'établissement d'un pont volant ou d'une traille: leur solution n'aboutit pas à un meilleur résultat que celui obtenu jusqu'ici. Il ne restait donc plus qu'un moyen : la construction d'un pont sur pilotis sur l'emplacement du pont de chevalets. Sur la proposition du capitaine Digue, il fut décidé que l'on utiliserait « le matériel Birago sans semelle en soutenant les chapeaux par des pilots verticaux ».

Le pont fut livré à la circulation le 14 juillet.

On n'avait pas eu à lutter seulement contre les difficultés matérielles, la maladie aussi s'était mise de la partie :

Le climat particulièrement malsain sur les bords du fleuve, l'anémie résultant des fatigues antérieures, la nécessité de travailler souvent dans l'eau, la réverbération aveuglante du soleil sur le sable et sur l'eau, ont rendu le travail des plus pénibles et n'ont pas tardé à abattre les hommes les plus vigoureux.

La moyenne des sapeurs indisponibles pour maladie a été en moyenne de 35 par jour.

Par suite des évacuations et des cas d'indisponibilité, le nombre des travailleurs, qui était de 90 au début, est tombé, vers la fin du travail, à 7 hommes dont 1 sous-officier.

Les auxiliaires de la compagnie ont été pareillement très éprouvés. 40 Kabyles étaient présents au travail au début, ce nombre se réduisait à 4 à la fin de la construction.

De même, le nombre des Somalis est tombé de 60 à 30.

Les Zanzibaris seuls résistèrent bien; il convient de reconnaître toute la part qui revient, dans cet effort considérable, à ces 12 hommes qui se multiplièrent pour suppléer les sapeurs terrassés par la fièvre, non seulement dans les durs travaux tels que l'enfoncement des travées, mais encore dans les travaux d'art, tels que consolidation des travées, partout enfin où l'on dut faire appel à leur force et à leur intelligence.

Mais il est surtout juste de rendre hommage à l'énergie déployée par tous les officiers de la compagnie, que l'on put voir, les derniers jours, n'ayant à leurs côtés que quelques sapeurs et 5 ouvriers en bois fournis par le 200e régiment d'infanterie, apprendre eux-mêmes aux coolies à se servir des outils mis entre leurs mains.

A la fin du travail, la 13e compagnie se trouva réduite à 5 officiers, 4 sous-officiers, 1 caporal, 23 sapeurs, 18 Kabyles, 34 coolies (Somalis et Zanzibaris), et les hommes étaient tellement épuisés que la moitié dut être laissée à Suberbieville quand la compagnie se porta en avant.

Le lieutenant-colonel commandant le génie se fit un devoir de constater, par la voie de l'ordre, le dévouement admirable de tous. Il adressa, à la 13ᵉ compagnie du génie, l'ordre suivant :

« Le lieutenant-colonel commandant le génie félicite les officiers, sous-officiers, caporaux, maîtres ouvriers et sapeurs qui ont concouru à l'exécution du pont de pilotis sur la Betsiboka, du zèle, du dévouement et de l'abnégation dont ils ont fait preuve dans l'exécution de la tâche exceptionnellement difficile qui leur était confiée. La 13e compagnie a rendu au corps expéditionnaire un service signalé et a accompli une œuvre qui peut être mise en parallèle avec les travaux exécutés par les sapeurs du génie dans toutes les campagnes. Cette compagnie a écrit une nouvelle page de l'histoire du génie dont l'arme tout entière sera fière à bon droit (1). »

_____

(1) Rapport du colonel Marmier, publié par le commandant Legrand-Girarde, *op. cit.*, p. 162.

La construction terminée, l'entretien du pont fut confié aux soins de la 14ᵉ compagnie.

Après le passage des dernières troupes ramenées de Tananarive pour leur rapatriement, le pont fut relevé à cause de la crue du fleuve dont les eaux auraient emporté le tablier. L'opération, commencée le 28 novembre, était terminée le 29 au soir.

Pont d'Antsiafabotsira. — Le 9 août, le général Voyron, commandant la 2ᵉ brigade d'infanterie, ordonna à la 13ᵉ compagnie du génie, alors à Andjiéjié, de venir construire un pont de 14 mètres sur un affluent du Randriantoanina, au pied de la montée d'Antsiafabotsira.

Le capitaine, 4 sous-officiers, 2 caporaux, 5 sapeurs, dont 1 maître ouvrier, et 26 auxiliaires indigènes furent employés à ce travail qui fut commencé le 10. Le soir même, il ne restait disponible de cette troupe que le sergent et 15 auxiliaires ; tous les autres hommes étaient tombés malades. Ce fut grâce à l'arrivée du lieutenant Dorand et de quelques autres hommes que la construction fut poursuivie et le pont livré le 13 août à la circulation.

Critiques au point de vue sanitaire contre la construction de la route.

Cette route a été — tout le monde est d'accord sur ce point, sauf M. le général Duchesne — le calvaire du corps expéditionnaire.

Voici comment les personnes les plus autorisées du corps médical militaire — et il faut bien faire crédit à leur opinion — jugent cette entreprise :

Le docteur Jean Lémure écrit :

En adoptant la voie de terre pour conduire les troupes à Suberbieville, le département de la guerre les a placées dans les conditions les plus périlleuses. Elles ont été exposées de première main aux émanations maremmatiques.

Il fallait, surtout pour les premiers travaux d'installation, des pionniers, des manœuvres de race indigène, et, précisément, ce sont eux qui ont manqué. Les soldats sont devenus des terrassiers et des débardeurs (1).

Le docteur Reynaud :

Mais on ne saurait admettre que, pour les soustraire aux dangers médiocres du séjour de Majunga, on expose des soldats européens aux dangers beaucoup plus grands des travaux de terre. C'était aller au-devant des désastres tels que ceux qui ont frappé les troupes toutes les fois qu'elles ont été placées dans ces conditions, et dont le récit se trouve à chaque page de la littérature médicale militaire. Les faits ont démontré cruellement dans quelle erreur on est tombé, et après tant d'épreuves retentissantes on peut s'étonner que cette thèse puisse encore être défendue (2).

Le docteur B... :

Mais si vous y ajoutez un bouleversement du sol par des soldats européens, fatalement vous allez faire éclater un paludisme terrifiant, d'autant plus à redouter que, retardé par les travaux de terrassement, le corps expéditionnaire séjournera plus longtemps dans cette zone dangereuse. Mais, nous dira-t-on, il fallait bien faire une route pour utiliser les 5.000 voitures prévues dans le programme.

D'abord éclairé par la violence du paludisme que réveillait la confection de cette route dès les premiers travaux, mieux valait renoncer aux voitures, comme lord Wolseley avait dû renoncer à temps à son chemin de fer, que de persister dans cette route meurtrière. Mais cela n'empêche pas que la faute remonte surtout à ceux qui, loin de Madagascar, ont à tête reposée prévu et, pour ainsi dire, décrété cette maudite route en procédant à cet immense achat de voitures (3).

Il ne nous appartient pas de discuter ici comment il aurait été possible de parer à la construction de cette route sur la moitié de son parcours. Les reconnaissances du cours de la Betsiboka permettent d'affirmer qu'il était possible de remonter une partie de cette rivière jusqu'à Marowoay avec des navires calant trois mètres.

Nous ne l'avons pas fait. C'est une erreur qui a coûté bien des sacrifices. Qu'elle soit une leçon pour l'avenir !

---

(1) Jean Lémure, *op. cit.*, p. 26.
(2) Docteur Reynaud, *op. cit.*, p. 313.
(3) B..., *Nouvelle Revue* : « Expéditions coloniales », p. 467. livraison du 1er décembre 1898.

CHAPITRE IV

PRISE DE COMMANDEMENT DU GÉNÉRAL DUCHESNE

Plan général des opérations. — Étude du théâtre des opérations. — Organisation des services de l'arrière et des ravitaillements. — Instructions sanitaires. — Instructions spéciales pour les marches et les combats.

La prise de commandement du général Duchesne fit entrer l'organisation des troupes dans une voie nouvelle. Nous allons étudier dans ses détails chaque phase de cette organisation.

Plan général des opérations.

Nous savons déjà quel rôle avait été attribué au général Metzinger et à l'avant-garde qu'il commandait. « L'arrivée à Majunga, dit le Rapport officiel, dans la première quinzaine de mai, du général commandant en chef et du complément des troupes de la 1re brigade dont l'effectif atteindrait alors 6.000 hommes, avec 1.200 ou 1.500 conducteurs, devrait permettre de pousser en avant, sans attendre le reste du corps expéditionnaire, qui ne serait débarqué en totalité qu'à la fin de mai, de façon qu'on pût atteindre, vers les premiers jours de juin, le confluent de la Betsiboka et de l'Ikopa et, sans doute, enlever aussitôt, par une attaque brusquée, le point militaire important de Mevatanana.

Dès lors, cependant, le général commandant en chef ne se faisait pas d'illusions sur la possibilité d'utiliser pratiquement la voie fluviale pour le transport des troupes, au moins de celles de la 1re brigade, et il signalait la nécessité qui s'imposerait inévitablement à lui, d'ouvrir, à partir de Majunga, une voie carrossable, par laquelle devraient nécessairement monter vers Mevatanana les 5.000 voitures des convois. En admettant même certaines difficultés imprévues et certains retards, le général commandant en chef estimait que le 1er juillet devait être le terme extrême des opérations de cette période au cours de laquelle s'établirait, vers le confluent des deux rivières, par voie fluviale et par voie de terre, le courant continu de transports nécessaires pour y créer une nouvelle base de ravitaillement.

A partir du confluent, ou, si l'on veut, de Mevatanana (distant de ce point de 22 kilomètres), l'emploi exclusif de la voie de terre s'imposerait à tous les éléments du corps expéditionnaire. Le général commandant en chef marquait sa résolution de les porter en avant, par échelons, sur la même route, chacun des échelons devant prendre la tête à tour de rôle et agir par *bonds* successifs.

Il ajoutait à ce propos :

En l'état actuel du pays, la marche en avant ne peut s'opérer, avec quelque rapidité et sûreté, que par un premier élément, allégé, n'ayant qu'un train réduit, sur mulets de bât, et ne devant, dès lors, être arrêté par aucun obstacle naturel. Cet échelon devra agir vite et hardiment, tout en évitant de s'attaquer à de trop gros obstacles ou de s'y obstiner, s'il en rencontre ; il les masquera et tentera de les déborder... Au cas où l'offensive cesserait de lui devenir possible, il (l'élément de tête) s'arrêtera dans une position défensive, à portée de l'eau, et y attendra, en état de sécurité suffisante, les renforts que l'échelon suivant pourra toujours lui fournir en quelques marches. Une seule obligation lui incombera : de ne jamais reculer. Le danger sérieux, avec des adversaires comme les Malgaches, commence seulement au moment de la retraite.

En admettant l'application aussi exacte que possible de ces principes (qui firent ultérieurement l'objet d'une instruction spéciale distribuée aux officiers du corps expéditionnaire, le général commandant en chef considérait que la brigade d'avant-garde (4 à 7 bataillons), partant de Mevatanana, s'emploierait rapidement à ouvrir la piste carrossable et pourrait gagner, en un bond, les premiers contreforts des hauts plateaux, indiqués par les explorateurs comme la limite de la région saine. Elle y serait rejointe par le deuxième échelon, formé du convoi principal, escorté par la 2e brigade, qui prendrait, à son tour, la tête aussitôt que le ravitaillement ultérieur serait assuré ; et ainsi, de bond en bond, les éléments mobiles du corps expéditionnaire devraient, dans un laps de temps approximatif de six semaines, — soit pour la première quinzaine d'août, — avoir atteint la limite septentrionale de l'Emyrne.

A partir de ce point, le général commandant en chef déclarait ne pas pouvoir formuler de prévisions ; tout dépendrait, dès lors, ajoutait-il, des mouvements de l'ennemi, « qu'il s'attacherait, avant tout, à poursuivre, soit vers Tananarive, soit vers toute autre position qu'il aurait pu choisir, sur le front ou le flanc de sa ligne de marche ».

Combien devrait durer cette poursuite ? Nul ne pouvait le préciser. On était en droit d'espérer cependant que quelques semaines y suffiraient et que l'occupation de vive force de Tananarive pourrait être obtenue dans la première quinzaine de septembre.

Partout ailleurs, sur le vaste littoral de l'île, où devait s'exercer l'action immédiate du commandant de la division navale et des garnisons de Diégo-Suarez et de Tamatave dont il disposait, le général commandant en chef entendait qu'on s'abstînt de toute action isolée, susceptible, sans pouvoir aider utilement au résultat final, de créer au corps principal un supplément de charges. La consigne, quelque pénible qu'elle pût être pour les états-majors et les équipages de nos bâtiments, comme pour les troupes pleines d'ardeur des garnisons précitées, était donc de garder strictement la défensive ; toute modification ultérieure à ce principe était réservée à la décision personnelle du général commandant en chef (1).

Malgré les plus grandes difficultés rencontrées dans la marche, le général Duchesne fut assez heureux de voir s'accomplir, à quinze jours près, la prévision de son plan de campagne.

Théâtre des opérations.

La zone du théâtre d'opérations du corps expéditionnaire s'étendait de la baie de Bombetoke, le long du cours de la Betsiboka jusqu'à son confluent avec l'Ikopa, de là au plateau de l'Emyrne, à la capitale, avec une différence d'altitude de 1.438 mètres (Marololo 20 mètres, Tananarive 1.458 mètres).

Entre Majunga et Suberbieville, on rencontre de larges plaines, basses, dans lesquelles coule la Betsiboka, coupée çà et là par de nombreux îlots, des bancs de sable, des écueils.

---

(1) *Journal officiel* : Rapport Duchesne, 12 septembre 1896, pages 5111 et suivantes.

C'est un terrain d'alluvions couvert, en maints endroits, d'une épaisse végétation, déchiré par des soulèvements dont la hauteur varie de 100 à 200 mètres. Outre la Betsiboka, dont la largeur atteint 400 mètres sur certains points, cette zone est traversée par le Marowoay (80 mètres de largeur) et le Kamoro (100 mètres).

Au sud de Suberbieville, à partir du mont Beritzoka, les plaines disparaissent. Elles sont remplacées par une série de collines d'argile rougeâtre, tenues serrées par de hautes crêtes, très rocheuses, d'où s'échappent de nombreux torrents rocailleux ; ces crêtes courent du nord au sud, en une triple ligne. A partir de Mevatanana, elles suivent une direction est-ouest, atteignant parfois l'altitude de 500 mètres. Du Beritzoka, leur principal sommet, on découvre une autre série de collines d'une altitude moyenne de 400 mètres. Elles forment la ligne de partage des eaux de l'Ikopa, de ses affluents et de celles du Randriantoana, ce dernier un affluent de la Betsiboka.

Plus loin, suivant une direction nord-ouest-sud-est, s'élèvent les petits Ambohimenas, d'une altitude moyenne de 800 à 900 mètres. Cette chaîne est la ligne de séparation des eaux du Randriantoana avec celles du Kamolandy, affluent de l'Ikopa.

Enfin, une troisième crête, ligne de partage des eaux du Kamolandy et du Mamokomita, comprend les monts Andriba (1.200 mètres), Hiandrereza et Ambohijavona ; les deux derniers se relient au premier par une série de mamelons d'une altitude de 600 à 800 mètres.

De là on franchit les vallées du Firingalava, du Mamokomita et du Manankasa ; autrement dire, on passe dans une zone qui part d'Andriba et se termine au massif des grands Ambohimenas. On rencontre d'abord, dans ce parcours, une plaine barrée au sud par un massif rocheux, à travers lequel coulent le Mamokomita et le Firingalava dont le confluent est à Mangasoavina. La dorsale de partage de leurs eaux est à pentes abruptes, très praticables, sur lesquelles s'élève le plateau de Tafofo (350 mètres).

Le Firingalava descend des hauteurs de Kiangara, dans la

direction sud-nord. Il coule ensuite, jusqu'à son confluent
avec le Mamokomita, dans une vallée étroite, entre des crêtes
rocheuses commandées par des pentes escarpées sur lesquelles
glissent des torrents et des cascades. Les grands Ambohimenas
ont une altitude de 1.462 mètres. Ils dominent la vallée du
Manankasa (distante de 15 kilomètres à vol d'oiseau) de 700
mètres, celle de l'Antoly (distante de 4 kilomètres) de 250 à
300 mètres. L'escarpement de leurs pentes est un sérieux
obstacle dont les Hovas tirèrent un excellent parti contre
nous.

Entre les grands Ambohimenas et l'Ankarahara, le pays
change d'aspect; aux escarpements succèdent de douces ondulations de terrain, de larges vallées remplies de rizières.

Plus loin, la chaîne de l'Ankarahara s'élève à 200 mètres au-
dessus des vallées par des pentes douces. En descendant au
sud, le pays change d'aspect. On y trouve des pentes plus rapides sur lesquelles s'étagent des villages distants de moins de
3 kilomètres entre eux.

C'est au pied de ce massif que l'on entre en Emyrne. Il faut
d'abord gravir les pentes nord de l'Antaryombato, dont le
sommet domine de 200 mètres les rizières de la vallée du Manarano. L'escarpement est plus rapide en descendant. Après avoir
traversé quelques rizières, on gravit le versant nord du Fandrozana, d'où on aperçoit Tananarive.

Le Fandrozana domine une plaine fermée, au nord, par la
ligne des crêtes qui courent vers l'est au delà d'Ambohimanga
(200 mètres), au sud par celle sur laquelle s'élève Ambohi-
piara et qui se prolonge jusqu'à Ambohidratrimo, enfin, à
l'ouest, une série de mamelons dont la hauteur ne dépasse pas
60 mètres.

Quelques dépressions de terrains varient le relief du sol
jusqu'au village d'Ilafy, à 8 kilomètres à vol d'oiseau du palais
de la reine. De là se profile sur l'horizon la topographie de la
capitale que le Rapport officiel décrit en ces termes :

La capitale de l'Emyrne est située sur un plateau rocheux, très

étroit, allongé dans la direction du nord au sud, dont les pentes est
et ouest sont, partout, fort abruptes et, en certaines parties, presque
verticales. Ce plateau a la forme d'un Y dont les deux branches,
dirigées vers le nord, se raccordent en pente douce avec le fond des
rizières, tandis que la branche unique, dirigée vers le sud, se termine par une croupe escarpée.

La palais de la reine, qui occupe le sommet du plateau (1.458
mètres), se trouve vers le centre de cette branche unique et domine
le cours de l'Ikopa et les rizières avoisinantes de 200 mètres environ.

Du côté de l'est et du nord-est, trois chaînes de hauteurs se développent parallèlement au plateau de Tananarive. La première, distante de la capitale de 2.150 mètres environ, et jalonnée, en partant du sud, par l'observatoire d'Ambohidempona (1.402 mètres),
par le village d'Andrainarivo (1.415 mètres) et par deux groupes
de masures en ruines, cotés, l'un 1.330 et l'autre 1.311 mètres. La
deuxième chaîne, moins longue et moins élevée que la première
(colline de l'Ankatso), court, à 1.500 mètres environ, à l'est de la
première. Enfin, la troisième chaîne est celle dont il a déjà été question, qui, partant du village d'Ilafy au nord, se dirige vers le sud
en passant par le village d'Ambohibé (1.450 mètres d'altitude).

Ces trois chaînes sont réunies par une ligne de faîte transversale
et d'un niveau sensiblement inférieur, sur laquelle se trouvent les
villages de Soamaudrarina, d'Ambatomaro et d'Andraisoro (1).

Organisation des services de l'arrière et des ravitaillements. —
L'organisation des services de l'arrière ne fut pas la moindre
des préoccupations du commandement. Le général Duchesne
plaça à la tête du service des étapes, à la date du 30 mai, M. le
colonel Bailloud. Dès l'organisation du corps expéditionnaire, il
avait été prévu pour ce service, en outre de trois officiers adjoints, des délégués de l'artillerie, du génie, de l'administration,
du service de santé, de la trésorerie et des postes, de la justice
militaire et de la prévôté. Les exigences pour assurer son fonctionnement devinrent telles que le général Duchesne en porta
l'effectif, par des emprunts faits dans les divers corps de
troupe, à 97 officiers, 390 hommes de troupe et 322 auxiliaires
indigènes.

_____

(1) *Journal officiel*, p. 5163, numéro du 14 septembre 1896.

La zone de l'arrière fut délimitée à cette même date du 30 mai, à l'est, par le cours du Mahajamba, à l'ouest, par celui du Maharary. La ligne d'étapes fluviales était tracée par les postes d'Ankaboka et du Marowoay (rive droite et rive gauche de la Betsiboka), d'Ambato (rive droite de l'embouchure du Kamoro) et de Marololo (rive droite de l'Ikopa).

Le service de sûreté de cette ligne était fait par six compagnies d'infanterie, dont quatre de la 2ᵉ brigade à Majunga, Marohogo et Maverana, et deux de la 1ʳᵉ brigade à Marowoay. Le service des transports était assuré par les 3ᵉ, 4ᵉ, 5ᵉ et 6ᵉ compagnies du train.

Le ravitaillement fut confié à la flottille fluviale depuis Ankaboka. Sa zone de service comprenait deux secteurs. Le premier de ces secteurs, celui d'Ankaboka-Ambato, était desservi par quatre remorqueurs ; le second secteur, celui d'Ambato-Marololo, avait huit remorqueurs. Le ravitaillement par la voie de terre comportait un service de 24 échelons, de 150 voitures Lefebvre chacun, attelées par les compagnies du train. Chaque voiture devait porter 200 kilogs, soit 30 tonnes par échelon.

Enfin le directeur des étapes fut chargé des fonctions de sous-chef d'état-major et de délégué, à la base maritime, du commandant du corps expéditionnaire. En cette qualité, toutes les affaires d'intérêt général exigeant, soit une solution locale immédiate, soit une réponse aux communications extérieures pour lesquelles il était matériellement impossible de recevoir à temps les ordres du commandement, furent réglées par lui.

Chacun sait avec quel tact M. le colonel Bailloud s'acquitta de cette difficile et importante mission.

Instructions particulières du général Duchesne. — Dès sa prise de commandement, le général Duchesne élabora des instructions qui furent mises de suite en pratique.

Instructions sanitaires.

Nous ne nous arrêterons pas sur celle réglant le paquetage des troupes d'infanterie ; elle ne peut être analysée et nous renvoyons le lecteur à la pièce justificative I.

Les prescriptions hygiéniques (1) rendaient obligatoire le port du casque du lever au coucher du soleil ; défense absolue de se coucher sur la terre sans employer la toile imperméable et la couverture de laine ; port de la ceinture de flanelle, du pantalon de toile pendant les heures chaudes de la journée ; fréquentes ablutions avec de l'eau de pluie, de puits ou de rivière, à l'exclusion expresse des eaux de mare ou de rizières ; mise en route des troupes après avoir pris le café, celles partant après 9 heures devaient manger la soupe ; comme boisson, pour les marches, une infusion légère de café. Les haltes faites sur des points élevés, aérés, à proximité d'eau vive, loin de terrassements ou de travaux de terre récents ; sol battu avant de dresser les tentes ; feuillées d'un modèle spécial, qui devaient être complètement recouvertes au moment de lever un camp ; de même toutes les matières fermentescibles devaient être brûlées ; clarification de l'eau trouble avec de l'alun, tamisage et ébullition pendant cinq minutes de cette eau dans laquelle on devait infuser du thé ou du café ; emploi exclusif du tafia pour aromatiser cette boisson.

Avant leur embarquement, en France, tous les hommes avaient été immunisés contre la variole ; les coolies subirent la même mesure préventive à leur arrivée. Contre le paludisme, on prescrivit deux pilules de chlorhydrate de quinine les lundi, mardi, mercredi et jeudi de chaque semaine.

---

(1) Voir pièces justificatives, II.

Instructions tactiques (1).

Un ordre du 4 juin régla la marche et les combats dans les différentes circonstances que peut offrir la lutte dans une guerre comme celle que nous allions soutenir.

Pour éviter l'allongement des colonnes, l'unité de marche fut limitée au bataillon, parfois même à la compagnie. Toutes les fois que le terrain le permettait, chaque unité devait marcher en plusieurs colonnes parallèles, soit en file, soit en colonne ouverte, par front de demi-section ou de section, en laissant entre chacune des unités une distance minimum de cent mètres entre lesquels les mulets et les chevaux des officiers qui avaient mis pied à terre pouvaient être intercalés.

L'allure fut fixée à une moyenne de trois kilomètres ; l'étape à parcourir et le lieu du bivouac durent être reconnus à l'avance.

Les haltes furent de cinq minutes par vingt-cinq minutes de marche, et une grande halte de 10 heures du matin à 2 heures du soir, toutes les fois que le parcours dépassait six heures de marche.

Les troupes ne devaient pas partir — sauf les nécessités de guerre — pendant les chaleurs. Un gradé habitué aux marches en montagne devait régler l'allure.

Dans chaque unité, les groupes de voitures avaient une unité constituée « pour pousser ou retenir dans les passages difficiles, caler les roues et parer aux accidents ».

La place des officiers, quand il ne leur serait pas possible de marcher sur le flanc de la colonne, fut fixée : le capitaine ou à son défaut le chef de la première section, en tête ; les autres chefs de section, à la gauche des sections.

Toutes les fois que les troupes devaient revenir au point de départ, elles n'emportaient que leurs cartouches, les vivres

(1) Voir pièces justificatives, III.

nécessaires, le collet à capuchon et la toile chinée roulée en sautoir.

En raison de la pénurie de cavaliers, le service d'exploration fut souvent fait par l'infanterie. L'emploi des meilleurs procédés fut laissé au choix du commandant de la troupe chargée de la mission. Il était recommandé expressément de toujours débroussailler les abords des points de stationnement, tout en prenant les précautions pour ne pas faire éclater des incendies qui auraient pu, en raison de leur extension, compromettre la troupe d'exploration elle-même ou celles qui marchaient derrière.

En raison des grandes précautions imposées pour le service de sûreté pendant les marches, chaque colonne devait se faire précéder d'une escouade franche pour une compagnie, poussée aussi loin que possible, absolument indépendante de l'avant-garde habituelle dans laquelle on devait, sauf des circonstances exceptionnelles, éviter de mettre de l'artillerie de montagne, celle-ci étant trop exposée, et, en raison de ses effets peu puissants, ne pouvant préparer l'attaque; elle ne devait prendre position que complètement couverte par l'infanterie engagée.

Les mulets des batteries de tir, les porteurs d'outils et de cacolets devaient seuls marcher avec l'échelon de première ligne; les autres, réunis en une colonne spéciale, marchaient sous la protection de l'arrière-garde.

Le service de sûreté en station fut assuré, le plus souvent, par des postes à *la cosaque*, de cinq à six hommes, établis sur tous les sentiers, à une distance en avant de la position de défense suffisante pour assurer l'établissement, à la troupe qu'ils couvraient, sur cette position avant l'arrivée de l'ennemi.

Ces postes devaient être fournis par les grand'gardes et former, de concert avec celles-ci, pour les troupes de première ligne, un cercle complet assurant la protection efficace des derrières. Des patrouilles et des piquets, de la force d'une compagnie par face, complétaient ce système et constituaient, en cas d'attaque, les premiers moyens de défense. En cas d'alerte de nuit, ces piquets renforçaient au besoin les grand'-gardes. Le camp devait prendre les armes seulement en cas d'insuffisance de ces premières forces et ne tirer qu'à bout portant.

Le général ne prévoyait pas une lutte défensive; aussi se borna-t-il à rappeler seulement l'efficacité du tir avec le fusil modèle 1886, dans le cas où des événements imprévus obligeraient de recourir à ce mode de combat.

Il n'en était pas de même de la conduite à tenir en cas d'offensive, de poursuite ou de retraite, et voici en quels termes le chef du corps expéditionnaire fixa les règles à suivre :

Offensive. — Dans l'attaque des positions, qui sera probablement le cas général des combats à livrer, on doit, chaque fois qu'on le peut, surtout en pays montagneux, menacer les flancs et la ligne de retraite, en même temps qu'on attaque sur le front.

En général, les Orientaux, quels qu'ils soient, occupent le sommet des positions, et leur tir (sauf dans le cas, assez rare, où ils sont pourvus d'armes à tir rapide et de munitions en nombre suffisant) est rare et lent.

Susceptibles de tenir avec une certaine fermeté et d'attendre leur ennemi à bout portant quand l'attaque est directe, ils deviennent indécis et craintifs et lâchent pied facilement quand ils se voient débordés.

Dans l'attaque, il faut arrêter de temps en temps la ligne, pour laisser respirer les hommes, ce qui est sans danger si on utilise les angles morts, toujours nombreux ; il faut, surtout, arrêter les hommes quand la ligne de combat est près d'atteindre la position, afin qu'ils puissent ensuite l'enlever d'un seul bond, sans être essoufflés, et tirer avec calme sur les défenseurs lorsque ceux-ci abandonnent leurs positions.

La reconnaissance préparatoire, faite sous la protection des premiers éléments de l'avant-garde, devra déterminer le flanc le plus accessible ou le moins bien défendu ; c'est sur ce flanc, sinon même vers les derrières, que sera dirigée la plus grande partie des forces.

L'artillerie appuie les mouvements des troupes en canonnant l'artillerie ennemie, les retranchements, et en fouillant les ravins servant d'abris aux réserves. L'artillerie de montagne ne pouvant se mouvoir que lentement, il lui sera toujours affecté, *même sans ordre particulier*, un soutien spécial par l'unité la plus rapprochée.

à quelque arme que cette unité appartienne (infanterie, génie, voire même cavalerie ou train).

Poursuite. — La poursuite par feux de salve devra toujours être faite avec calme, mais vigoureusement et jusqu'à la limite de l'action des feux; elle sera complétée par une poursuite effective, chaque fois que les troupes ne seront pas trop fatiguées après l'enlèvement de la position, ou que le danger de tomber dans une embuscade ne paraîtra pas sérieusement à redouter.

Retraite. — On ne doit, en principe, jamais reculer. Contre un ennemi comme celui que va combattre le corps expéditionnaire, le danger réel commence seulement avec la retraite. Une troupe qui ne peut plus avancer doit s'arrêter sur une crête, aussi près que possible de l'ennemi, et s'y retrancher en attendant des renforts.

Si, dans des circonstances tout à fait exceptionnelles, la retraite ne pouvait être évitée, on devrait faire occuper par de petites fractions (une section au plus sur chaque point) trois ou quatre positions, au moins, en échiquier, couvrant tous les sentiers utilisables et pouvant être évacuées sans se masquer réciproquement.

Au signal donné, la ligne bat en retraite en démasquant la première position, qui couvre brusquement l'ennemi de feux de salve. La ligne, sous cette protection, se retire lentement en se reformant. Quand elle est à l'abri du feu, elle reprend l'ordre de marche.

Les fractions laissées sur les positions se retirent, les unes après les autres, sous la protection du feu de celles qui sont en arrière.

Il est bon, dans le cas prévu, de mettre en batterie une section d'artillerie sur une position de repli, avec ses munitions sorties des caisses, pour contenir, au besoin, l'ennemi par un feu rapide.

Ces dernières instructions subirent de nombreuses modifications, car, le plus souvent, les circonstances dans lesquelles nous soutînmes la lutte ne répondirent pas aux prévisions du commandant en chef.

CHAPITRE V

REPRISE DE LA MARCHE EN AVANT PAR LA COLONNE METZINGER

Occupation d'Ambato. — Passage du Kamoro. — Reconnaissance de la Betsiboka. Passage du fleuve par l'avant-garde. — Combat de Mevatanana. — Occupation de Suberbieville. — Dispositions pour la reprise de la marche en avant. — Affaires de Tsarasotra : *a*) journée du 29 juin ; *b*) journée du 30 juin. — Résultats. — Instructions du premier ministre hova au général commandant les forces hovas.

Le général en chef inspecta les positions sur lesquelles l'avant-garde était restée établie après l'affaire de Marowoay, pendant la journée du 16 mai. Le 18, il régla définitivement les dispositions pour la reprise de la marche en avant de l'avant-garde et du corps expéditionnaire en entier. Il fixa la ligne Mevatanana-Suberbieville pour point de concentration.

Le 30 mai, le général Duchesne décida qu'il rejoindrait la colonne Metzinger dans les premiers jours de juin, laissant le corps expéditionnaire achever sa concentration à Majunga. Il délégua au général Voyron, commandant la 2e brigade, les attributions de commandant d'armes, avec cession de cette fonction, à son départ, au colonel Bailloud. En quittant Majunga, la 2e brigade devait couvrir la base de concentration et la double ligne de communication, route et rivière.

Le vice-résident Estèbe, chef de la municipalité, fut relevé de ses fonctions et remplacé par le capitaine de gendarmerie Herqué. Le général en chef créa un conseil de six membres et l'adjoignit au capitaine Herqué pour l'administration de la ville de Majunga. Ce conseil comprenait quatre membres militaires : un représentant des services administratifs, un du service de santé, un du service des étapes et un du génie, un conseiller français et un indigène.

Enfin, le détachement du 4ᵉ régiment d'infanterie de marine fut renvoyé à Diégo-Suarez et remplacé par des tirailleurs sakalaves.

Occupation d'Ambato.

Les combats de Marowoay et d'Ambodimonti assuraient à notre avant-garde la sécurité la plus complète pour poursuivre son mouvement en avant.

Lorsqu'elle arriva sur la position Trabonjy-Mahatombo, elle la trouva abandonnée par les Hovas; il était important de la conserver en notre pouvoir parce qu'elle maîtrisait Ambato, au confluent de la Betsiboka et du Kamoro, dont on devait faire un des points de ravitaillement sur la ligne de communication fluviale.

Le général Metzinger lança à cet effet en avant, le 22 mai, à la poursuite des Hovas dont la présence lui était signalée aux environs d'Ambato, une compagnie du régiment d'Algérie avec une pièce de la 13ᵉ batterie de montagne. Le lendemain, 23 mai, le 40ᵉ bataillon de chasseurs occupait Ambato.

Passage du Kamoro.

Le 26 mai, l'avant-garde de la brigade Metzinger se concentra à Ambato. Le 27 elle le quitta pour traverser, ce jour-là et le lendemain, le Kamoro.

Le 30 mai, on reçut en France la dépêche suivante :

L'ennemi, poursuivi par un petit détachement envoyé vers Ankoalo, paraît s'être retiré derrière la Betsiboka.

La première brigade, ravitaillée par la première canonnière, a franchi le Kamoro sur chalands et marche vers Amparahibé.

Nous avons huit chalands sur la Betsiboka.

Reconnaissance de la Betsiboka.

Le 1er juin, la colonne Metzinger s'établit sur les Hauteurs-Dénudées, à huit kilomètres du point où elle devait franchir la rivière; pendant ce temps la canonnière l'*Infernale* naviguait et surveillait les rives.

Du 2 au 5 juin, le général Metzinger fit reconnaître la rive droite depuis le confluent de l'Ikopa jusqu'à Amparahibé, tant pour rechercher un point de passage favorable que pour connaître l'endroit où se trouvait l'ennemi.

Le 5 juin, une reconnaissance échangea quelques coups de feu avec des postes hovas établis sur la rive gauche; deux de nos tirailleurs furent blessés.

Passage du fleuve par l'avant-garde.

Le général Duchesne arriva quelques instants après cette escarmouche. A la suite de la lecture du rapport du chef de l'opération, il ordonna les dispositions pour le passage du fleuve le lendemain.

La canonnière le *Brave* fut chargée de débarquer, le 6 juin, dès la première heure, la section du lieutenant Simon, de la 4e compagnie du régiment d'Algérie. Cette troupe devait, après avoir touché terre, se glisser à la faveur des roseaux jusqu'au confluent de l'Ikopa; une deuxième section devait rester à bord du *Brave*.

Trois compagnies du 1er bataillon du régiment d'Algérie et la 15e batterie se tenaient, en position d'attente, sur la rive droite.

Vers 1 heure de l'après-midi, la canonnière arriva au confluent. Elle fut attaquée, dès son apparition, par l'artillerie hova. Ses deux pièces de 37mm, soutenues par le tir de la 15e batterie et les feux de salves de la section Simon, réussirent à éteindre le feu ennemi.

Quelques instants après les Hovas se retirèrent, et la section restée à bord du *Brave* descendit à terre.

Le capitaine Aubé et le lieutenant de réserve Bénévent purent procéder à une reconnaissance du fleuve. Ayant découvert un gué praticable, on le fit franchir par les chevaux et les mulets, tandis que les trois compagnies et le matériel d'artillerie traversaient la rivière sur des chalands remorqués par le *Brave*.

La journée du 7 juin fut employée au passage des autres troupes. Cette opération eut lieu, pour le 40e bataillon de chasseurs, l'état-major des 15e et 16e batteries, l'état-major de la 1re brigade, le peloton de chasseurs d'Afrique, le 2e bataillon du régiment d'Algérie et le convoi sur les chalands remorqués par le *Brave* et l'*Infernale*, cette dernière arrivée depuis la veille.

Il resta en arrière de ces troupes : l'état-major et 2 compagnies du 3e bataillon du régiment d'Algérie au camp des Hauteurs-Dénudées ; deux autres compagnies de ce même bataillon à Ambato ; le 3e bataillon et l'état-major du 200e à Marowoay ; deux compagnies du 2e bataillon à Ankaboka ; les autres compagnies de ce même bataillon et celles du 1er furent réparties entre Marowoay et Ambato.

Combat de Mevatanana (1).

La colonne qui avait franchi le fleuve se porta sur Marololo ; elle y laissa deux compagnies et le convoi ; le reste vint s'établir au bivouac à Mourarive. Le lendemain elle occupa Beratsimanana qu'elle trouva évacué, malgré les retranchements considérables que les Hovas avaient élevés et garnis d'artillerie sur le sentier.

Des patrouilles apprirent que l'ennemi s'était retiré à Mevatanana, village assis sur le sommet d'une colline escarpée, à

---

(1) Voir croquis nᵒ 3.

une altitude de 125 mètres, formant un plateau de neuf cents mètres de long sur deux cents mètres de large; ce point était défendu par deux batteries.

Cette position était formidable et, ainsi que le dit le commandant du corps expéditionnaire dans son rapport, « si elle eût été défendue avec quelque entente de la guerre et quelque ténacité, n'eût pu être enlevée qu'au prix de longs et coûteux efforts ».

On avait pensé d'abord à attaquer le plateau pendant la nuit. L'état sanitaire de nos troupes fit renoncer à ce projet.

Après une reconnaissance des abords de Mevatanana, le général Metzinger ordonna l'attaque de la position par le sud. Tandis que le 2e bataillon du régiment d'Algérie se portait sur ce point, le 40e bataillon de chasseurs, se liant aux Algériens, attaquait de front la batterie élevée au sud de Mévatanana. Deux compagnies du 1er bataillon du régiment d'Algérie furent établies en réserve; deux autres restèrent au convoi arrêté au défilé de Beratsimanana. Les 15e et 16e batteries de montagne devaient suivre le 2e bataillon du régiment d'Algérie et le 40e bataillon de chasseurs.

Vers 7 heures du matin, le 2e bataillon se porta sur les hauteurs de la rive droite de la Nandrojia et marcha dans la direction d'un plateau boisé, à 1.900 mètres de Mevatanana, suivi de l'artillerie qui se mit en batterie à 3.500 mètres environ de la place.

Quelques partis hovas révélèrent leur présence dans le bois dont le 2e bataillon devait s'emparer. L'artillerie ouvrit immédiatement son feu contre ce bois, tandis que les chasseurs à pied franchissaient à gué la Nandrojia et gravissaient les pentes escarpées de la rive droite.

Les quelques projectiles de l'artillerie suffirent pour faire évacuer le bois par l'ennemi et dans lequel le 2e bataillon vint s'établir de suite. L'artillerie suivit ce mouvement et s'y plaça en batterie, par échelons. Les pièces étaient à peine en position qu'elles furent assaillies par le tir de l'artillerie hova parfaitement réglé. Il était environ 9 h. 1/2 du matin. L'une des bat-

teries répondit aux Hovas dont elle était distante de 2.100 mètres, l'autre à la batterie sud, avec la hausse de 1.850 mètres.

Quelques projectiles chargés à la mélinite suffirent pour

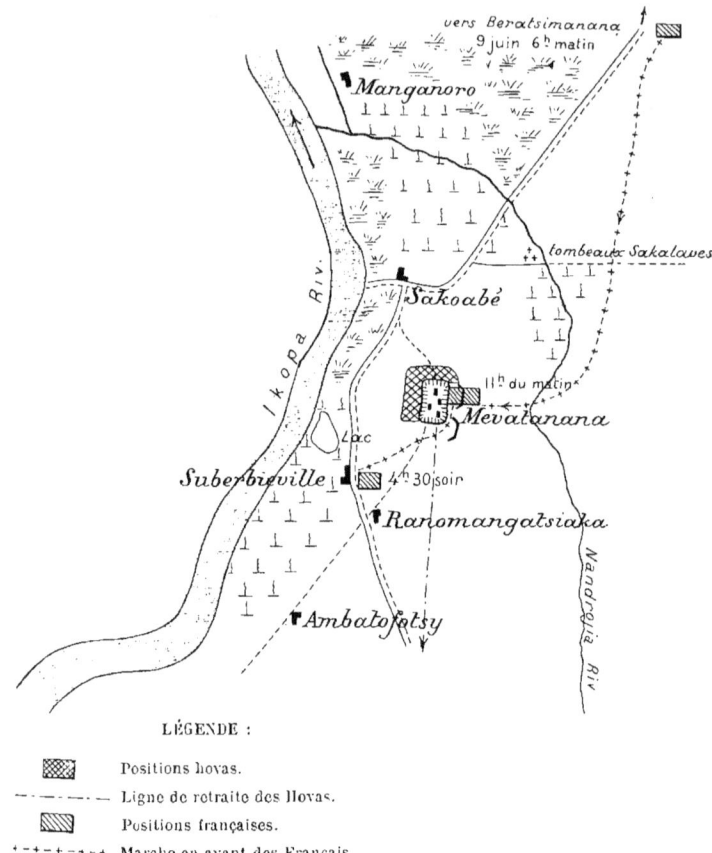

LÉGENDE :

▨   Positions hovas.

—·—·—·—   Ligne de retraite des Hovas.

▨   Positions françaises.

+‑+‑+‑+‑+   Marche en avant des Français.

CROQUIS n° 3. — Combat de Mevatanana.

éteindre le feu de l'artillerie ennemie et mettre en fuite les
Hovas qui se retirèrent vers le sud. Les difficultés du terrain
ne permirent pas au 2e bataillon du régiment d'Algérie d'arriver assez tôt pour couper la retraite aux fuyards; il dut se
borner à leur envoyer quelques feux de salve.

Pendant ce temps-là, vers 11 heures du matin, le 40° bataillon de chasseurs et une compagnie du 1er bataillon d'Algérie
occupaient le rova et la batterie au sud de Mevatanana. Le
village, dont les entrées étaient solidement palissadées, fut
envahi par une compagnie du 40° bataillon.

Cette affaire nous coûta deux tirailleurs algériens légèrement blessés. Elle mit entre nos mains : deux canons hotchkiss de 70ᵐᵐ (1892) et un autre de 47ᵐᵐ (1885), deux pièces en
fonte sur affûts en bois, de nombreuses caisses de munitions
d'infanterie et d'artillerie, de la dynamite, des barils de poudre
et plus de 200 fusils.

A 4 h. 30, toutes les troupes, sauf la compagnie du 40° bataillon de chasseurs laissée à la garde de Mevatanana, s'éta-
blissaient au bivouac à Suberbieville.

Le général Duchesne porta cette affaire à la connaissance
du gouvernement par la dépêche suivante :

Le 6 juin, le bataillon de la légion étrangère, soutenu par la 15°
batterie d'artillerie et la canonnière *Brave*, a passé la Betsiboka de
vive force ; nos troupes continuant leur mouvement ont occupé
Mevatanana, le 9 juin, dans la matinée.

Deux batteries de montagne, tirant des obus allongés, ont produit des résultats suffisants pour engager l'ennemi, tourné en même
temps par le nord et par l'est, à battre en retraite. Nous n'avons eu
que deux tirailleurs légèrement blessés, mais les troupes ont dû
supporter de fortes fatigues. Deux canons à tir rapide ont été
pris.

Nos canonnières remontent assez facilement la rivière, elles arrivent à Marololo et vont essayer d'atteindre Suberbieville.

Cette même dépêche annonçait le décès du colonel Gillon (1),

---

(1) Gillon (Marie-Édouard-Constant), né à Paris-Montrouge, le 1er août 1839.
Sorti de Saint-Cyr en octobre 1860, et affecté comme sous-lieutenant au 84°. Lieutenant à ce même régiment le 8 janvier 1868. Au cours de la guerre franco-alle-
mande, il reçut, à Rezonville, deux coups de feu, l'un au côté gauche, l'autre au
pied gauche. Le 9 septembre il fut fait chevalier de la Légion d'honneur. Le
23 janvier 1871, deux jours après sa sortie de l'ambulance, il vint se mettre à la
disposition du gouvernement de la Défense nationale à Bordeaux.

Nommé capitaine le 30 janvier 1871, il combattit la Commune, à l'état-major de
Ducrot. Il passa successivement, avec le grade de capitaine, aux 11°, 56°, 134° et
100°; nommé major du 136°, le 12 juin 1878, il prit, l'année suivante, le comman-

commandant le 200e régiment, survenu à l'hôpital de Majunga, des suites de la dysenterie, le 13 juin.

En portant cette mort à la connaissance du corps expéditionnaire, le général Duchesne s'exprimait en ces termes :

Le colonel Gillon était un officier supérieur d'un rare mérite et animé des sentiments les plus élevés ; à la veille d'être promu en France au grade d'officier général, il avait instamment sollicité l'honneur de faire partie du corps expéditionnaire. Jusqu'à sa dernière heure, comme en font foi deux lettres transmises au général commandant en chef, son unique pensée a été de rejoindre la brigade d'avant-garde dont il faisait partie.

La mémoire du colonel Gillon demeurera honorée dans le régiment qu'il a formé et restera chère à ses chefs, comme à ses camarades, qui déplorent cette fin prématurée.

Le gouvernement répondit par le télégramme suivant :

Félicitations pour troupes et pour dévouement à supporter fatigues. Armée et pays entier leur souhaitent bon courage ; s'associent à leur douleur pour perte colonel Gillon.

Le même télégramme annonçait le maintien à la tête du 200e de M. le lieutenant-colonel Bizot.

Occupation de Suberbieville.

Suberbieville est le centre de l'exploitation aurifère de notre compatriote M. Suberbie. C'est une agglomération de plusieurs baraquements répartis sur une surface de deux kilomètres. Au milieu de ce territoire court un canal creusé pour les besoins de l'exploitation ; il met une forge en communica-

---

dement d'un bataillon et passa au 3e zouaves en janvier 1887. Promu lieutenant-colonel du 130e, le 10 février 1888, il reçut le grade de colonel, le 11 juillet 1891, et le commandement du 49e.

C'était, outre un soldat de grande valeur, un écrivain militaire dont les travaux produits en 1882, 1883 et 1886 lui valurent des éloges du ministre. Il a publié, sous le voile de l'anonyme, *Plan du général de Moltke* et le *Nouveau soldat*. Il fut, avec le capitaine Louis, l'un des collaborateurs du général Ducrot pour l'ouvrage de celui-ci, en quatre volumes, sur le *Siège de Paris*. Il collabora également à la *Journée de Sedan*, du même auteur, et acheva, après la mort du général, les études sur cette bataille de Sedan, par la *Retraite sur Mézières*.

tion avec le cours de l'Ikopa. Un chemin de fer Decauville,
long de quatre à cinq kilomètres, que les indigènes avaient
détruit en partie, suit ce canal, traverse Suberbieville et Rano-
mangatsiaka et se continue au sud-est vers des rochers de
quartz.

Suberbieville est distant de 1.200 à 1.500 mètres à vol d'oiseau
de Mevatanana, et de deux kilomètres de la rive droite de l'Ikopa.
Les Hovas y avaient fait une longue tranchée pour recevoir de
l'artillerie. A l'aide de matériel pris dans les usines Suberbie,
ils avaient établi des blindages, et avec des tuyaux de chemi-
née, placés dans le parapet, ils avaient fait des espèces d'em-
brasures-tunnels.

Les indigènes, en prévision de l'occupation de ce point par nos
troupes, tentèrent d'incendier les bâtiments avant de les abandonner. A 1 h. 1/2 de l'après-midi, deux hangars devenaient la
proie des flammes, au moment où le convoi, qui avait contourné
par l'ouest la hauteur de Mevatanana, arrivait à Suberbieville.
La compagnie d'escorte se mit en devoir de combattre le sinis-
tre et réussit à sauver de la destruction les autres dépendances
des établissements.

Pendant huit jours, nos troupes eurent à lutter avec les
difficultés du ravitaillement ; le commandant dut mettre les
officiers et les hommes à la demi-ration en attendant que les
reconnaissances ramènent quelques bœufs.

Le 10 juin, la 4ᵉ compagnie du régiment d'Algérie réussit à
forcer le poste hova de Bezatrana ; l'ennemi eut 2 tués,
2 blessés et 2 prisonniers. Les troupes employèrent la
semaine suivante à l'organisation des cantonnements de
Suberbieville et de Mevatanana, à l'installation de la base fluviale de ravitaillement à Marololo et à la construction de la
route.

Le 18 juin, le commandant Lentonnet, à la tête du 2ᵉ bataillon du régiment d'Algérie, moins une compagnie laissée à
Suberbieville, une section de la 16ᵉ batterie de montagne et un
peloton de chasseurs d'Afrique, fut chargé de chasser des
troupes hovas que l'on signalait établies à Tsarasotra.

La colonne Lentonnet arriva, le 19 juin, à la première heure sur la position signalée, inoccupée par l'ennemi. Elle y laissa la 6ᵉ compagnie, l'artillerie et la cavalerie, fit occuper Behanana par les 5ᵉ et 7ᵉ compagnies, assurant ainsi sa liaison avec Suberbieville.

Sauf le 200ᵉ régiment, toujours à Marowoay, toutes les troupes de la 1ʳᵉ brigade furent employées à la construction de la route.

Dispositions pour la reprise de la marche en avant.

L'occupation de la ligne Mevatanana-Suberbieville imposait de nouvelles mesures pour assurer la marche en avant.

Le 24 juin 1895(1), le commandement s'occupa de régler les trois points suivants :

1° Constitution des postes de la ligne d'étapes et organisation du commandement dans les zones de l'arrière ;

2° Organisation du ravitaillement entre Majunga et Suberbieville ;

3° Concentration entre Marololo-Suberbieville et au delà des troupes pour la construction de la route et la continuation de la marche sur Tananarive.

Le premier point fut résolu par la suppression de tous les postes précédemment établis entre Majunga et Marowoay, entre Marowoay et Ambato, Ambato et le confluent de l'Ikopa avec la Betsiboka, dès le passage du dernier échelon de ravitaillement ; les communications entre Majunga et Marowoay exclusivement par eau avec Ankaboka comme point initial, et Marololo comme point terminus.

Dès leur organisation, ces postes furent établis et gardés comme il suit :

Majunga et Marowoay, chacun deux compagnies laissées par la 2ᵉ brigade ;

Ankaboka, deux compagnies, Ambato, une compagnie, et

---

(1) Voir pièces justificatives, IV.

Marololo (et le confluent), une compagnie, laissées par la 1re brigade ;

Mevatanana, Suberbieville et d'Ampasiry à Andriba, quatre compagnies et une section d'artillerie, et, en avant d'Andriba, quatre compagnies laissées par la 2e brigade.

Les garnisons de ces divers points devaient assurer le déchargement du matériel, la garde des magasins et des postes optiques et exécuter des reconnaissances. Elles étaient placées sous les ordres du colonel directeur des étapes dont l'autorité s'étendait à tout le territoire compris entre Majunga et le confluent de la Betsiboka et de l'Ikopa. Cette autorité réunissait les droits de police politique et militaire ; elle avait pour mission :

1° D'assurer la tranquillité du pays, sans entrer dans le détail de son administration intérieure, et éviter d'y faire de la politique ;

2° D'entretenir de bons rapports avec les chefs traditionnels du pays, sans leur rien promettre, mais en leur répétant, en toute occasion, que nous sommes venus à Madagascar pour y faire régner, dès à présent, et par la suite, le droit et la justice ;

3° D'imposer, au besoin par l'emploi de la force et des mesures de rigueur qu'il jugera nécessaires, le maintien de l'ordre public dans la zone de l'arrière.

Les pouvoirs judiciaires définis par les articles 33 et 35 du code de justice militaire furent dévolus au lieutenant-colonel adjoint au directeur des étapes.

Le service de ravitaillement fut confié aux quatre grandes canonnières qui remorqueraient, à chaque voyage, deux chalands dans le secteur fluvial moyen d'Ankaboka à Ambato, éventuellement jusqu'à Marololo, et par les huit petites canonnières, remorquant chacune un chaland, dans le secteur supérieur d'Ambato à Marololo.

Les convois par voiture furent réglés sur les bases suivantes :

1° Entre Ambato et Marololo (3 étapes), voyage en sept jours, dont un pour le repos. Pour transporter 600 tonnes environ, en trente jours, soit 20 tonnes par jour, il faut prévoir l'emploi de sept groupes de 100 voitures Lefebvre ;

2º Entre Marololo et Suberbieville (2 étapes) pour les voitures chargées, un jour de repos, retour en un jour, voyage en quatre jours. Pour transporter 3.200 tonnes en trente jours, soit 107 tonnes par jour, il faut prévoir la réunion entre Marololo et Suberbieville, de quatre groupes de 535 voitures (550 en chiffres ronds), soit 2.200 voitures.

La concentration fut fixée sur les points suivants :

1re *brigade.*

Régiment d'Algérie : Tsarasotra.

40e bataillon de chasseurs : Suberbieville.

1er groupe d'artillerie, moins la section de munitions : Andavokola.

2 compagnies du 1er bataillon du 200e : camp des Hauteurs-Dénudées.

2 autres compagnies de ce bataillon à Ambato.

2e *brigade.*

Bataillon malgache : Ankarafantsika.

1er bataillon du 13e régiment d'infanterie de marine et bataillon des volontaires de la Réunion, à Marowoay.

1/2 du 2e bataillon du 13e régiment d'infanterie de marine : Mevarane.

3e bataillon du 13e régiment d'infanterie de marine : Ankaboka.

1/2 bataillon d'Haoussas : Ambodinabatekel.

Groupe d'artillerie de marine : Marohogo.

Troupes non embrigadées.

10e escadron de chasseurs d'Afrique : Suberbieville.

2e groupe d'artillerie de terre : Marowoay.

Troupes d'étapes.

2e bataillon du 200e : Mevarane.

1/2 du 2e bataillon du 13e rég. d'inf. de marine (6e et 8e compagnies), Ankaboka.

1/2 du bataillon d'Haoussas : Ambodinabatekel.

Ces mouvements s'opérèrent comme il suit :

1re brigade. — Le 3e bataillon du régiment d'Algérie quitta Marololo le 30 juin, et vint le 1er juillet à Suberbieville, en même temps que le 1er bataillon, réparti entre Beratsimanana et Suberbieville.

Dès l'arrivée du 3e bataillon du 200e à Ambato, le 1er bataillon de ce même régiment vint à Marololo; ce point fut occupé par le 3e bataillon, dès que la route d'Ambato au pont de la Betsiboka fut terminée, alors que le 1er bataillon se porta sur Suberbieville.

Dans la 2e brigade, les mouvements des troupes furent réglés de façon à remplacer, dans chaque poste, unité pour unité, les éléments de la 1re brigade se portant en avant.

Un autre ordre réglementa le service de l'arrière. Le colonel Bailloud fut nommé commandant supérieur des territoires de la zone de l'arrière, qui s'étendirent de ce jour, en longueur, jusqu'à Marololo, et en largeur, jusqu'aux vallées du Mahajamba, à l'est, et du Marambitty, à l'ouest.

Le colonel Palle, commandant l'artillerie du corps expéditionnaire, lui fut adjoint. Il reçut les mêmes pouvoirs et les mêmes attributions dans la zone comprise entre Ambato et la tête d'étapes de guerre de Suberbieville.

La direction technique de la flottille fut confiée provisoirement au lieutenant de vaisseau Simon, à titre de délégué du capitaine de vaisseau Marquer, commandant de la marine à Majunga.

Affaires de Tsarasotra (1).

On se rappelle que Tsarasotra avait été occupé par le détachement Lentonnet, le 19 juin.

Pendant quelques jours on était sans nouvelles de l'ennemi, lorsque des renseignements signalèrent sa présence dans la direction du mont Beritzoka, à 11 kilomètres de Tsarasotra.

(1) Voir croquis n° 4.

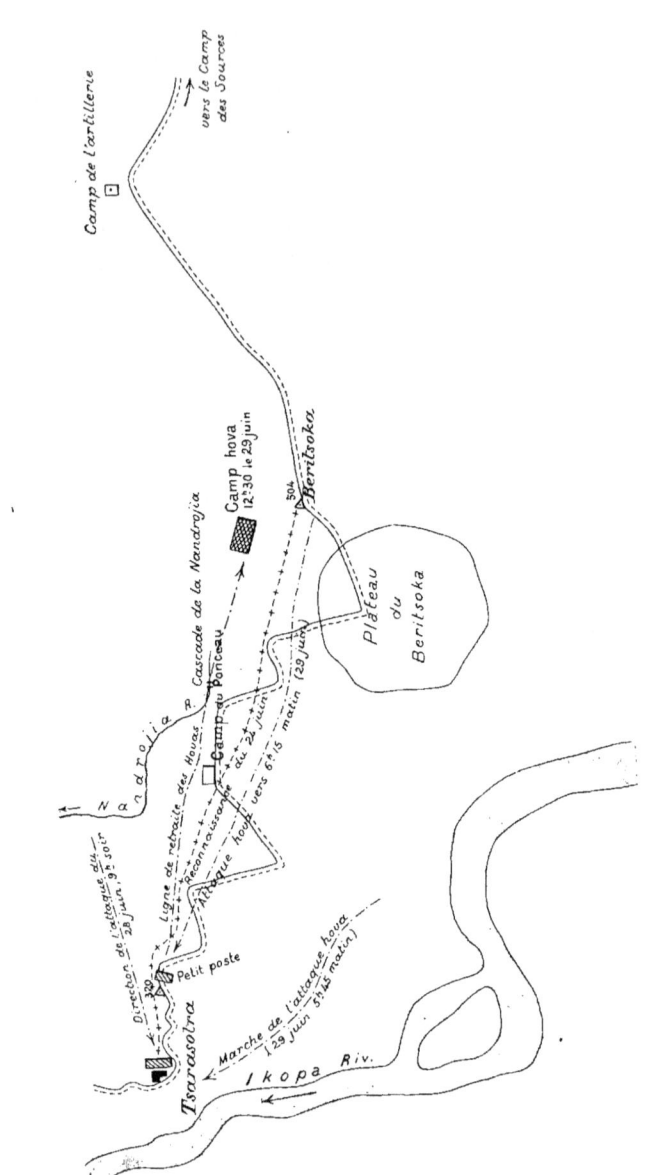

Croquis n° 4. — Combats de Tsarasotra et du Boritsoka.

Une reconnaissance fut envoyée dans cette direction, le 24 juin ; elle ne trouva aucune trace d'ennemis, mais elle apprit que le gros des forces hovas se rassemblait aux environs d'Ampasiry.

On en était là des renseignements, quand, le 28, vers 9 heures du soir, le poste des tirailleurs algériens établi sur la face est de Tsarasotra fut assailli par une bande d'Hovas. Nos troupes se replièrent, en disputant le terrain, jusqu'à ce qu'elles fussent recueillies par une patrouille envoyée à leur secours. A 10 h. 1/2, l'ennemi avait abandonné la lutte et tout était rentré dans le calme.

a) *Journée du 29 juin.* — A 5 h. 1/2 du matin, le commandant Lentonnet visitait ses avant-postes. Tout à coup son attention fut attirée dans la direction d'un ravin, au sud, et à 500 mètres de Tsarasotra. Un fort parti hova était massé à cet endroit.

Il fit porter en avant la 6ᵉ compagnie du régiment d'Algérie, suivie de la section d'artillerie et de cavaliers à pied, ceux-ci, sous les ordres du lieutenant Corhumel. La défense de la face sud du camp fut confiée à la 6ᵉ compagnie et aux cavaliers ; une demi-section, commandée par l'adjudant Charretier, fut portée en arrière pour défendre la face nord-est.

Ces dispositions furent rapidement et fort heureusement prises, car, à 5 h. 3/4, les Hovas ouvrirent un feu violent contre le front sud qu'ils cherchèrent à tourner. A 6 h. 1/4, leur attaque n'ayant pu entamer le front sud, les Hovas la dirigèrent plus vigoureuse contre la face est. On y répondit par un feu de salves qui fut à peu près sans effet, car le petit poste n° 2 dut se replier devant la violence du feu ennemi.

Notre artillerie réussit à prendre position sur la face est ; elle ouvrit son feu contre celle de l'ennemi. A ce moment — 7 heures environ — le lieutenant Augey-Dufresse fut mortellement atteint au flanc gauche et remplacé dans son commandement par le capitaine adjudant-major Mahéas.

La situation de nos troupes devenait de plus en plus critique. Le commandant Lentonnet ordonna à trente tirailleurs, sous les ordres d'un sergent, d'aller réoccuper le poste n° 2. Chemin faisant, cette troupe rencontra le capitaine Aubé, qui en prit le commandement. D'un autre côté, de la face sud, partit la 2e section de la 6e compagnie, qui s'unit à la 1re. L'artillerie ouvrit un feu violent et, au moment propice, les deux sections s'élancèrent à la baïonnette contre les positions hovas; quelques partis ennemis lâchèrent pied et s'enfuirent vers le sud et vers l'est. Nous avions à déplorer la mort du caporal Sapin.

La situation du capitaine Aubé était des plus critiques, vers 10 heures du matin. A ce moment arriva, fort utilement, le capitaine Pillot, qui, de Behanana, avait marché au canon avec la 7e compagnie et un peloton de la 5e. Ce secours dégagea le capitaine Aubé et jeta le trouble parmi les Hovas, qui se replièrent sur les hauteurs, à 7 kilomètres de Tsarasotra.

A midi, cette affaire était terminée; on jugera de l'intensité de la lutte, quand on saura qu'il fut brûlé 7.655 cartouches.

A 10 heures du matin, le général Duchesne reçut, à Suberbieville, le premier rapport du commandant Lentonnet. Il ordonna sur-le-champ, au général Metzinger, d'envoyer des renforts. On disposait du 40e bataillon de chasseurs et de deux sections de la 16e batterie.

A midi 30, malgré 32° de chaleur, les trois premières compagnies du 40e bataillon et les deux sections d'artillerie se mirent en route. Après une halte de deux heures, faite à Behanana, cette troupe arriva à 11 heures du soir à Tsarasotra, avec le général Metzinger.

A la suite d'une conférence avec quelques officiers, le général Metzinger ordonna l'attaque décisive de la position, le lendemain à la première heure.

b) *Journée du 30 juin.* — A 6 heures du matin, les troupes formées par 2 pelotons des 5e et 8e compagnies du régiment d'Algérie, l'état-major et 3 compagnies du 40e bataillon de chasseurs et 2 sections de la 16e batterie d'artillerie de montagne, toutes ces troupes réunies sous les ordres du général Metzinger, se portèrent en avant.

Le camp avait été laissé à la garde de la 6e compagnie du régiment d'Algérie, d'une section d'artillerie; la cavalerie assurait la liaison avec Suberbieville.

A 6 heures 40, la colonne arriva à la côte 320, où, depuis la veille, la 7e compagnie du régiment d'Algérie était établie en grand'garde. Celle-ci se joignit au mouvement, en prenant la gauche comme soutien de l'artillerie et réserve générale. A 7 heures 20, on s'arrêta au pied d'une pente abrupte, couverte de buissons, à travers lesquels on dut aménager un sentier pour livrer passage à l'artillerie.

L'avant-garde était formée d'un peloton des 5e et 8e compagnies, sous les ordres du capitaine Aubé. Elle avait pour mission de franchir la Nandrojia, d'occuper un mamelon où viendrait s'établir, plus tard, l'artillerie; de là passer à l'extrême gauche des chasseurs à pied et dessiner le mouvement enveloppant qui serait tenté contre le camp hova.

A 8 heures 15, au moment de franchir un ravin, la troupe reçut une violente fusillade qui lui blessa le caporal Camisard. Elle poursuivit sa marche en avant, tiraillant de temps à autre, malgré un terrain impraticable qui, heureusement, la dérobait le plus souvent au feu des Hovas.

Cette avant-garde fut rejointe bientôt par le 40e bataillon de chasseurs.

Une compagnie de ceux-ci, dont le commandant Massiet du Biest prit personnellement la direction, vint sur la même ligne que les deux pelotons, laissant ses deux autres compagnies en réserve. Le feu de cette ligne de combat parvint à tenir en respect les Hovas.

Une demi-heure plus tard, alors que notre artillerie n'a pu encore gravir les crêtes, celle des Hovas ouvre un feu violent, soutenu par une vive fusillade qui part de tous les ravins.

Les chasseurs s'avancèrent en subissant quelques pertes. Enfin notre artillerie réussit à prendre position, sous la protection de la 7e compagnie, et après quelques coups bien réglés, tirés à 2.500 mètres, elle réduisit l'artillerie hova au silence.

Les chasseurs et les deux pelotons des 5ᵉ et 8ᵉ compagnies étaient à 200 mètres de l'ennemi. Après quelques feux de salves, ils s'élancèrent à l'assaut à la baïonnette. Il était 9 heures 30.

L'impétuosité de l'attaque eut raison des Hovas. Après quelques tentatives de résistance ils s'enfuirent poursuivis par le tir d'une section d'artillerie qui avait réussi, après des efforts surhumains, à s'établir sur le plateau.

A 10 heures 20, la lutte était terminée. L'ennemi laissait entre nos mains 450 tentes, le drapeau du commandant en chef, 2 hotchkiss complets, deux affûts pour canon de ce modèle, des munitions d'artillerie, des fusils et une grande quantité de vivres.

Les pertes des Hovas ne purent être évaluées; les nôtres furent : le lieutenant Audienne blessé, le capitaine de Bouvier contusionné et 8 hommes de troupe blessés.

A la suite de ces deux affaires le général Duchesne cita à l'ordre du jour du corps expéditionnaire : le commandant Lentonnet, le lieutenant Grass, les sergents Chéreau, Moktar ben Daïf et Brochet; les caporaux Redersdorf et Mohamed M'ahmed, du régiment d'Algérie; le capitaine Delanney, du 40ᵉ bataillon de chasseurs; le lieutenant Corhumel, le maréchal des logis Millet, le brigadier Clavère, du 10ᵉ escadron de chasseurs d'Afrique; le capitaine Chambley et le maréchal des logis Lesage, de la 16ᵉ batterie; le capitaine Aubé, du service des renseignements.

Résultats. — Les affaires des 29 et 30 juin eurent un double résultat : elles désorganisèrent, pour longtemps, la résistance hova en refoulant l'ennemi sur Andriba; elles assurèrent l'installation de notre base fluviale et permirent la constitution d'approvisionnements importants sur ce point.

Instructions du premier ministre aux commandants des forces hovas.

Parmi les documents trouvés dans le camp hova, au lendemain de l'affaire du 30 juin, étaient les instructions suivantes du premier ministre aux commandants des forces hovas, Rainianjalahy et Ravenya, datées de Tananarive le 26 juin :

Voici quelques idées que je désire vous suggérer. Vous savez que nos troupes à Tananarive, qui sont parties avant vous et celles qui sont parties en même temps que vous, ne proviennent pas d'un même corps d'armée, mais qu'elles ont été prises dans différents corps d'armée. Aussi convient-il de donner à ces troupes la cohésion qui leur manque, pour qu'il ne se produise pas de cohue si l'on désigne, pour marcher, une fraction quelconque de votre troupe. Je crois qu'il faut, pour arriver à ce résultat, faire faire de fréquents exercices chaque fois qu'il sera possible.

D'après les histoires des vazahas que j'ai lues, relatives à la guerre, il ressort qu'il ne faut pas, dans une guerre avec eux, les attaquer de loin, mais faire tout pour les approcher le plus possible, car les attaques de loin ne peuvent que fournir un aliment aux canons et aux fusils ; tandis que dans les attaques de très près, il convient d'employer les couteaux, les sagaies et les haches ; c'est le moyen de réussir, surtout si on utilise en même temps les fusils.

Il serait bon aussi, à mon avis, de répartir les aides de camp, quel que soit leur nombre, parmi les troupes ; car non seulement ils doivent posséder tous de bonnes armes, mais encore ils augmentent le nombre des soldats.

La lettre du premier ministre, que vous recevrez en même temps que celle-ci, vous indique ce que vous devez faire au sujet des fortifications ; exécutez scrupuleusement ses ordres, dans la mesure de ce que vous croirez devoir faire.

Je vous renouvelle ce que je vous ai écrit déjà au sujet des éclaireurs et des espions ; de plus, organisez une police secrète qui vous permette de ne pas laisser connaître à l'ennemi ce qui se passe dans nos camps ou dans nos places fortes, car un des plus grands moyens des vazahas, moyen qu'ils pratiquent d'une façon parfaite, c'est d'avoir des amis dans le camp de leurs ennemis.

S'il vous est possible de vous créer des intelligences dans le camp des Français, de façon à connaître leurs intentions et tous leurs mouvements, je crois que cela vous sera d'une grande utilité. Faites connaître sagement et secrètement l'état des officiers et des troupes que vous avez en main. N'oubliez pas notre conversation à Ambava hadimitaio, relative aux kabary d'encouragement à faire aux soldats.

Il conviendrait aussi de leur faire connaître, soit par des kabary, soit par de fréquentes conversations, le but des Français dans cette guerre, c'est-à-dire l'anéantissement et la suppression des Hovas comme nation ; aussi toutes les assurances de confiance qu'ils pour-

ront répandre sont des leurres, car, si, à Dieu ne plaise! les Français s'emparent de Madagascar, il est impossible de donner une
idée des supplices qu'ils feront subir aux habitants.

Aussi, dans un pays qu'on appelle Dahomey, dont ils viennent
de s'emparer dans l'Afrique ouest, ils ont déjà pris 800 soldats
noirs du pays pour les envoyer ici en expédition; et cependant
ces hommes sont sous leur dépendance depuis un mois seulement.

Pour terminer, n'oubliez pas que, d'un côté, Ralombotirafo,
13e honneur, et ses troupes forment votre aile droite; ils doivent
aller à Antaniandrabaja et à Ambalajanakomby que les Français
dégageront; enfin, d'autre part, votre aile gauche, par la rive ouest
(droite) de l'Ikopa, permettra de jeter dans la marmite les Français,
quand ils abandonneront Mevatanana pour aller en avant, si les
forces dont vous disposez vous le permettent.

Confiez votre corps à Dieu, demandez-lui de vous aider, et
employez tous les mauvais procédés. Répandez cela dans vos
camps.

Nous n'ajouterons aucun commentaire à ce texte; il en
affaiblirait la portée et..... l'originalité.

LIVRE II

Opérations du général Duchesne.

CHAPITRE PREMIER

REPRISE DE LA MARCHE EN AVANT

Organisation des trains et convois de ravitaillement. — Nouvelle organisation de la zone d'arrière. — Premières dispositions pour la constitution d'une colonne légère. — Premières reconnaissances; affaire de Soavinandriana (16 août). — Programme du général Duchesne. — État sanitaire des troupes. — Réduction des vivres. — Affaire d'Andriba (20 août). — Relève des troupes.

Organisation des trains et convois de ravitaillement.

La reprise de la marche en avant imposait un certain nombre de mesures nouvelles. L'organisation des trains et des convois n'était pas la moindre des préoccupations du commandement qui connaissait maintenant, par l'expérience acquise, les difficultés avec lesquelles il fallait compter.

Cette organisation fut réglementée par un ordre général du 16 juillet (1). Cet ordre ne laissa, au service des étapes, dans la zone de l'arrière, que les conducteurs, les mulets et les voitures accordés par les règlements aux officiers, aux troupes du service des étapes et au service de la tête d'étapes et du port de débarquement. Pour ce dernier service, 50 mulets de trait furent remplacés par 50 bœufs porteurs.

---

(1) Voir pièces justificatives, V.

Tous les conducteurs indigènes, les mulets et les voitures affectés éventuellement au service des officiers furent retirés et reversés au train.

Les trains des corps de troupes et des services de l'avant furent constitués sur les bases suivantes :

Les états-majors et les services divers reçurent des conducteurs indigènes le nombre de mulets et de voitures prévus par les règlements pour la marche normale. En cas de déplacement plus en avant, au delà du point que peuvent atteindre les voitures, on pouvait prélever, provisoirement, des mulets de bât supplémentaires sur le convoi administratif de la brigade de tête ou sur la compagnie de conducteurs sénégalais.

Chaque bataillon ou état-major de régiment devait avoir 36 mulets, dont 8 de cacolet ou de litières, bâtés ou attelés suivant que la troupe marchait en première ou en deuxième ligne, sans que ces animaux puissent être employés au transport des outils de compagnie ou à celui des munitions. Mais on laissait au commandant de la brigade de tête, en cas de besoin, la latitude d'augmenter ce nombre en prélevant d'autres mulets soit sur le convoi administratif de la brigade de tête, soit sur la compagnie des conducteurs sénégalais.

Les brigades, alternant chaque jour l'ordre de marche, devaient échanger entre elles leurs mulets de bât et de voitures.

Le bataillon de chasseurs reçut 37 mulets de bât, la cavalerie fut dotée de ces mêmes mulets.

Le premier échelon des batteries d'artillerie de montagne marchait avec ses animaux de bât ; les autres échelons de cette même artillerie et tous ceux des batteries montées, les sections de munitions et celles de parc avec leurs voitures.

Chaque compagnie du génie employée au tracé de la route avait 19 mulets de bât ; le matériel technique que ne pouvaient transporter ces mulets devait être amené par les échelons de ravitaillement.

Les effectifs de mulets fixés pour chaque arme pouvaient être augmentés éventuellement d'après les ordres du général de brigade.

Les échelons de ravitaillement furent remplacés par les convois administratifs. Le convoi de 1re brigade (mulets de bât), affecté à la brigade de tête, fut dénommé échelon n° 1; celui de mulets attelés, affecté à la brigade de queue, s'appela échelon n° 2.

Le ravitaillement et le transport des outils et du matériel qui ne pouvaient être assurés par les mulets de bât des corps de troupes furent confiés à la compagnie de conducteurs sénégalais maintenue à la brigade de tête.

432 mulets d'Obock servirent à créer trois nouveaux échelons.

1 mulet de selle, 22 mulets de bât et 12 mulets de trait furent réservés pour les déplacements des ambulances qui cessèrent, de ce jour, d'être affectées à une brigade spéciale. Les mulets de bât devaient être utilisés pour l'évacuation des malades ou pour la constitution d'une section d'ambulance suivant la brigade de tête, tandis que les mulets de trait et leurs voitures marcheraient avec le gros de l'ambulance de tête ou seraient utilisés pour les corvées du poste établi à l'ambulance.

Pour constituer le plus grand nombre d'échelons de ravitaillement, en outre des 22 échelons prévus, on préleva 564 mulets sur différents services avec lesquels on créa trois échelons de ravitaillement de 150 voitures, et 2 sections de 50 voitures.

Les éléments d'artillerie disponibles furent employés au ravitaillement; 25 voitures Lefebvre prélevées sur chaque deuxième échelon d'artillerie de montagne devaient marcher à une distance pouvant être franchie en 24 heures.

Les batteries montées laissèrent un excédent de 55 à 60 voitures. On trouva, de plus : 233 voitures dans les trois sections de munitions, 132 voitures dans les 3e et 4e sections de parc, 88 mulets et 67 voitures au parc du génie.

Grâce à ces mesures, le corps expéditionnaire disposa, à bref délai, en première ligne, de 600 mulets de bât en avant de la tête de route, de 2.653 voitures réparties entre 17 échelons de 150 voitures et de 2 sections de 50 voitures, en deuxième ligne, le long de la route.

Ces voitures étaient affectées entre les diverses unités :

Convoi administratif n° 2 de la brigade de queue..	150	voitures.
9 échelons, nos 3, 4, 5, 6, 7, 8, 9, 10 et 13.........	1.350	—
Échelons A, B, C, D (environ).................	550	—
Deuxièmes échelons des batteries de montagne...	125	—
Batteries montées...........................	66	—
Sections de munitions.......................	233	—
— de parc...........................	112	—
Parc du génie.............................	67	—

Dans un délai de 30 à 40 jours, ces effectifs devaient être augmentés de 1.550 voitures, soit 10 échelons en plus de 150 voitures, réparties comme il suit :

2 échelons, 11 et 12, actuellement indisponibles pour épidémie de morve (probablement).......................	300	voitures.
3 échelons constitués à l'aide de mulets remplacés par des mulets d'Obock.......................	450	—
5 échelons constitués à l'aide des mulets qui arriveront de France vers le 20 juillet................	800	—

Le mouvement de ces échelons devait être assuré de façon que sept échelons de 150 voitures chacun, non compris le convoi administratif de la 2e brigade, fussent répartis entre Marololo et Tsarasotra comme il suit :

1er échelon, Marololo ;

2e et 3e, Beratsimanana ;

4e et 5e, Suberbieville ;

6e et 7e, Behanana ;

8e échelon et convoi administratif de la 2e brigade : Tsarasotra ou Beritzoka si possible.

L'ordre assignait, pour la mise en place de ces échelons, Ambota comme *point initial*, avec Marololo pour le complément du chargement si besoin était. Les cinq premiers échelons se vidaient à Suberbieville et les 1er, 2e, 3e retournaient en arrière, le 1er à Marolo, les 2e et 3e à Beratsimanana. Les 6e, 7e et 8e échelons, complétés à Suberbieville, se vidaient à Tsarasoatra pour regagner ensuite, les 6e et 7e Behanana, le 8e res-

tant à son point de déchargement s'il ne peut atteindre Beritzoka.

Dès l'occupation de ces emplacements, le ravitaillement
devait se faire par le roulement suivant : le 1er échelon partant
de Marololo conduirait chaque jour des voitures pleines à mi-
chemin, entre Marololo et Beratsimanana, d'où le 2e échelon
les échangerait contre ses voitures vides et les ramènerait sur
le dernier point. Le 3e échelon venait à mi-chemin de Suberbieville, y rencontrait le 4e et échangeait avec lui ses voitures;
le même jeu avait lieu entre Suberbieville et Tsarasotra pour
les 5e, 6e, 7e et 8e échelons.

Ces mouvements ne permettaient pas d'enlever plus de
30 tonnes par jour. Il était donc urgent d'augmenter le nombre des échelons entre Marololo et Suberbieville.

A cet effet, le général Duchesne ordonna la constitution de
huit nouveaux échelons qui furent répartis :

Les 9e et 10e à Marololo ;

Les 11e, 12e, 13e et 14e à Beratsimanana ;

Les 15e et 16e à Suberbieville.

Ces nouveaux échelons, avec le concours des pirogues et
des chalands, pouvaient assurer l'enlèvement de 90 tonnes par
jour, et de tout le stock constitué à Marololo en moins de dix-
sept jours.

Nouvelle organisation de la zone d'arrière.

La reprise de la marche en avant devait allonger la zone
de l'arrière. Là encore de nouvelles mesures s'imposaient.

Le 26 juillet, par l'ordre général 56, le général Duchesne
partagea cette zone en deux secteurs qui furent dénommés
secteur sud et *secteur nord*.

Le secteur sud comprenait le territoire entre Marololo et la
colonne principale; son commandement fut confié au colonel
Palle, avec le colonel Laval pour adjoint.

Le secteur nord s'étendait de Majunga à Marololo, en longueur, et en largeur aux vallées du Mahajamba, à l'est, et de

Marambitty, à l'ouest. Il était sous le commandement du colonel Bailloud.

Le commandement des troupes d'étapes fut confié au lieutenant-colonel Geil, du régiment colonial, pour le secteur sud, et au lieutenant-colonel Barre, du 200e, pour le secteur nord.

Le lieutenant-colonel Audry, mis à la disposition du directeur des étapes du secteur sud, fut chargé des fonctions de major de garnison et, éventuellement, de celles de commandant d'armes à Mevatanana-Suberbieville.

Majunga ou Marowoay pour le secteur nord, Suberbieville pour le secteur sud, furent désignés pour la résidence des directeurs des étapes.

Premières dispositions pour la constitution d'une colonne légère.

Les dispositions matérielles réglées, il fallait songer à l'organisation nouvelle du personnel. Dès la fin de juillet, le général Duchesne était convaincu qu'il ne pouvait porter en avant toute sa troupe. Il se résolut à faire une sélection parmi les hommes les moins atteints par le paludisme, de constituer de nouvelles unités et de réunir celles-ci en une colonne spéciale, dite colonne légère. Le 30 juillet, les premières dispositions furent arrêtées pour la constitution de la colonne (1).

Les états-majors furent réduits au strict nécessaire, les services administratifs réunis en une seule sous-intendance, la trésorerie et les postes en un seul service.

La 1re brigade d'infanterie fut ramenée à cinq bataillons : le 40e bataillon de chasseurs, trois bataillons du régiment d'Algérie et le 3e bataillon du 200e. La 2e brigade comprenait quatre bataillons : 1er et 3e du 13e régiment d'infanterie de marine, le bataillon malgache et le bataillon haoussa du régiment colonial. L'escadron de cavalerie fut réduit de moitié. L'artillerie fut divisée en deux groupes : celui de l'artillerie de marine,

---

(1) Voir pièces justificatives, VI.

sous les ordres du commandant Henry, se composait d'une
batterie de montagne (8e), avec des mulets de bât exclusivement, approvisionnée de 62 coups par pièce ; une autre batterie
de montagne (9e), avec mulets de bât, toutes les voitures et un
approvisionnement de 76 coups par pièce ; le groupe de l'artillerie de terre, sous les ordres du chef d'escadron Ruffey,
comprenait une batterie de montagne (16e), avec des mulets
de bât exclusivement, une section de batterie de campagne
(17e) et une section mixte de munitions.

Le génie fut formé avec les 11e et 13e compagnies. En outre,
comme il importait de déterminer le tracé de la route, une
brigade dite *de tracé*, composée des capitaines du génie Pons
et Digue, du capitaine Aubé et du lieutenant de réserve Bénévent, du service des renseignements, et de M. Huberer,
fut spécialement constituée.

Le service de santé, avec les ambulances nos 1 et 2, fut
placé sous la direction du docteur Hocquard, médecin-major
de 1re classe.

En raison des difficultés à surmonter au cours de la marche,
la ration des vivres fut réduite. Elle fut fixée, à partir du
1er août, à une ration et demie pour les officiers subalternes ;
à deux rations pour les officiers supérieurs ; à trois rations
pour les généraux, et à quatre rations pour le général en chef.

Les animaux reçurent, à cette même date, 2 kilos d'orge,
2 kilos de paddy ou seulement 3 kil. 500 d'orge ; la ration des
mulets abyssins fut fixée à 2 kilos de grain, orge ou paddy.

Deux magasins administratifs, indépendamment du magasin de Beritzoka, furent constitués : l'un au camp du Ponceau,
l'autre au camp des Sources. Enfin un parc divisionnaire de
500 bœufs et des parcs de bataillon, — un par bataillon, — avec
50 bœufs chacun, devaient assurer le service des subsistances.

Première reconnaissance. Affaire de Soavinandriana (16 août).

Le 31 juillet au matin, la brigade Voyron en tête, le corps expéditionnaire quittait Suberbieville pour commencer la deuxième phase des opérations.

Le 2 août, cette brigade vint occuper Antsiafabotsitra. Dès que son avant-garde apparut, elle fut accueillie par des feux de salves partant des postes hovas échelonnés sur les premières pentes des Ambohimenas. Après quelques coups de fusil des nôtres, l'ennemi cessa son feu.

Pendant les journées des 4, 6, 8, 13, 15 et 16 août, des reconnaissances furent poussées à travers le massif des Ambohimenas jusque vers Soavinandriana. Elles révélèrent la construction de nombreuses tranchées, de trous de tirailleurs, des traces de camp dont les troupes réfugiées dans la montagne envoyaient, de temps à autre, quelques coups de fusil.

La journée du 16 août fut marquée par une attaque plus vive.

Soavinandriana s'élève dans la vallée de Kamolandy, à 15 kilomètres à l'est d'Andriba et à 80 de Suberbieville, à une altitude de 600 mètres. Trois pelotons d'infanterie, sous les ordres du commandant Borbal-Combret, du 13e régiment d'infanterie de marine, s'étant avancés dans la montagne, rencontrèrent l'arrière-garde hova. Ils s'élancèrent à sa poursuite, réussirent à lui couper la retraite après lui avoir tué 9 hommes, dont le gouverneur du district. Nous avions à déplorer un blessé du bataillon malgache.

Programme du général Duchesne.

A la date du 18 août, le général Duchesne fit connaître au ministre de la guerre le programme qu'il avait arrêté pour la conduite des opérations au delà d'Andriba.

D'Andriba, dit le général, je pense partir avec une colonne légère pour me porter sur Tananarive, où je compte arriver en quinze ou seize jours de marche. Dans ce but, il me faut accumuler au moins vingt jours de vivres à Andriba, et je crains que la réunion de ces approvisionnements ne me demande un certain temps, d'autant plus que le terrain est tellement difficile, les pentes tellement raides, que les convois ont beaucoup de peine à circuler et que les mulets et conducteurs commencent déjà à être très fatigués.

Je compte toutefois ne pas attendre le complet achèvement de la route pour chasser les Hovas d'Andriba, où ils paraissent nombreux et où ils sont fortement établis sous le commandement du prince Ramàtre, ministre de la guerre.

Je partirai donc le 21, avec trois bataillons et demi de la 2e brigade (général Voyron) et un bataillon de la 1re en réserve, pour attaquer l'ennemi et chercher à enlever ses positions. Mon appréhension est qu'il se retire sans opposer de résistance sérieuse, tellement l'échec qu'ils ont subi au Betsiboka paraît avoir produit sur les officiers et soldats hovas un effet moral qui subsiste toujours.

J'espère donc être à Tananarive fin septembre, ainsi que je l'ai toujours pensé. J'y arriverai avec quelques jours de vivres seulement et il me faudra alors me nourrir plus sur le pays. En raison de l'éloignement, les ravitaillements ne pouvant plus m'arriver que très difficilement, nous nous contenterons de viande fraîche et de riz. — Les Malgaches vivent avec cela, nous ferons comme eux.

L'état sanitaire, toujours médiocre à l'arrière, se soutient assez bien dans les troupes de l'avant, mais nous avons néanmoins plus de trois mille hommes malades dans les hôpitaux. Comme, sous ce climat, les hommes atteints traînent et languissent sans pouvoir se remettre, le seul parti à prendre est de les rapatrier le plus promptement possible. C'est l'avis du directeur du service de santé et c'est également le mien.

État sanitaire des troupes.

Le commandant du corps expéditionnaire devait à la vérité de faire connaître au ministre de la guerre, comme il le fit, l'état sanitaire de ses troupes. Nous devons, nous aussi, à cette même vérité de consigner ici, dans ses détails, cette situation telle qu'elle est décrite par un témoin oculaire compétent :

A ce moment, dit M. le docteur Reynaud, malgré leur indomptable énergie, malgré une abnégation sans bornes que trois mois

de souffrances sans cesse croissantes n'avaient pas encore abattue,
de jeunes soldats présentèrent des signes de démoralisation : un
grand nombre de suicides se produisaient dans les formations
sanitaires, dans les convois ou pendant les marches. Beaucoup de
jeunes hommes ne voyant plus de fin à leurs maux, sachant que les
hôpitaux regorgeaient de malades, cherchaient à être compris dans
les convois de rapatriement qui étaient en formation.

— Monsieur le major, disait l'un d'eux, qui, dans un mouvement
d'enthousiasme, avait quitté la France pour la première fois, je
suis malade, ayez l'obligeance de me faire évacuer; je pense à ma
mère, et cela me fait tourner la tête !

Et les officiers, surmontant leur propre émotion, étaient obligés
de résister à ces sollicitations qui se multipliaient. D'ailleurs, un
certain zèle et un funeste amour-propre exigeaient qu'il y eût le
plus possible d'hommes présents dans le rang, et l'autorité médicale n'était pas toujours maîtresse de décider en dernier ressort si
un soldat était malade ou s'il pouvait marcher. Aussi n'était-il pas
exceptionnel de voir des hommes se traîner à la suite du bataillon,
déjà en proie à la dysenterie ou à la fièvre, avec des jambes énormes
envahies par l'œdème cachectique. Quand le soleil se levait sur le
bivouac, on les trouvait immobiles, déjà raidis à leur place : ils
étaient morts. Les ambulances, laissées trop loin en arrière, et
encombrées au delà de toute mesure, ne pouvaient plus recueillir
les innombrables malades. Les plus gravement atteints, formés en
détachement, étaient laissés sur la ligne d'étapes, sous la garde de
médecins qui ne devaient en évacuer que le moins possible (1).

Réduction des vivres.

Les difficultés du ravitaillement prévues par le général
Duchesne se firent bientôt sentir. Le commandement prescrivit, le 20 août, par l'ordre général n° 65, que la ration journalière, à partir du 1er septembre, pour les troupes échelonnées au delà de Suberbieville jusqu'à la pointe extrême de la
colonne, serait la suivante :

Européens et tirailleurs : pain de guerre 400 gr., sel 20 gr., sucre
60 gr., café 50 gr., riz 30 gr., julienne 30 gr., haricots 30 gr., sain-

---

(1) Docteur Reynaud, *op. cit.*, page 350.

doux 30 gr., thé 4 gr., tafia 6 centil., viande fraîche 300 gr., conserves 83 gr.

Tirailleurs malgaches et auxiliaires indigènes : sel 24 gr., riz 700 gr., tafia 2 centil., viande fraîche 400 gr., conserves 42 gr.

Somalis : sel 24 gr., riz 700 gr., viande fraîche 300 gr., conserves 42 gr.

Kabyles : pain de guerre 300 gr., sel 24 gr., sucre 21 gr., café 19 gr., riz 50 gr., viande fraîche 300 gr., conserves 42 gr.

Haoussas : sel 20 gr., sucre 21 gr., café 19 gr., riz 700 gr., viande fraîche 400 gr., conserves 42 gr.

Sénégalais : sel 24 gr., sucre 21 gr., café 19 gr., riz 700 gr., viande fraîche 300 gr., conserves 42 gr.

Affaire d'Andriba [1].

Le 20 août, la brigade Voyron occupait le sommet sud des petits Ambohimenas. Les reconnaissances qu'elle lança en avant apprirent que 5.000 Hovas, sous les ordres de Rainianzalahy, occupaient les crêtes entre le pic d'Andriba et le mont Hiandrereza où ils s'étaient fortement retranchés. Le col lui-même était défendu par quatre ouvrages armés d'artillerie; deux ou trois ouvrages couvraient le pic et trois autres les pentes du mont Hiandrereza.

Le 21 août, le général en chef prescrivit au général Voyron de se porter en avant. La veille, un sentier muletier avait été ouvert pour faciliter la descente des petits Ambohimenas dans la vallée du Kamolandy. Le programme de l'action comportait deux journées : la première, le 21, atteindre Ambontana, village qui s'élève sur les contreforts du pic d'Andriba; la deuxième, le 22, attaque des lignes fortifiées.

La position d'Andriba représente un immense cirque, partant du pic pour aller contourner la rive gauche du Kamolandy. Ce cirque ferme la plaine d'Andriba par une ceinture de hauteurs d'une altitude de 800 mètres environ. Un col étroit entre les deux lignes de pics donne accès dans la vallée.

[1] Voir croquis n° 5.

Au point de vue stratégique, la concavité du cirque oblige les troupes assaillantes à passer sous les feux croisés des batteries établies sur les deux lignes de hauteurs, crénelées et bien fortifiées.

Les troupes furent formées en deux colonnes à Soavinandriana. La première, dite de droite, sous les ordres du colonel Bouguié, comprenait le bataillon de tirailleurs malgaches et le 1er bataillon du 13e régiment d'infanterie de marine; la deuxième colonne, sous les ordres du colonel de Lorme, comprenait le bataillon de tirailleurs haoussas et le 2e bataillon d'infanterie de marine.

Le général Duchesne se tenait en réserve, derrière la colonne de droite, à la tête du 1er bataillon du régiment d'Algérie, de la 8e batterie de marine et d'une section d'artillerie de campagne.

La colonne de droite devait marcher directement sur le pic, celle de gauche suivre la direction du Kamolandy et sa vallée.

De 7 heures à 10 h. 1/2 du matin, la marche s'effectua assez difficilement, sans rencontrer l'ennemi. A cette dernière heure, l'avant-garde, débouchant en face Ambondiamontana, essuya quelques feux de salves auxquels elle ne put riposter, car les Hovas s'enfuirent aussitôt après avoir tiré, en laissant le village d'Ambontana au pouvoir de cette avant-garde.

Vers 11 heures du matin, le commandant en chef fit faire une halte et prendre un repas froid. A 2 heures, la quiétude fut troublée au camp français. Une patrouille d'infanterie et de cavalerie envoyée d'Ambontana débouchait au sud lorsqu'elle fut accueillie par un tir d'artillerie avec des projectiles à balles. Elle eut un tirailleur malgache tué et un autre blessé grièvement.

En raison de la fatigue des troupes, le général Duchesne ne répondit pas à cette attaque. Il se borna à renforcer le poste d'Ambontana par deux compagnies et par la 9e batterie. Celle-ci avait à peine pris position qu'elle était couverte de projectiles hovas. En peu d'instants elle eut trois hommes blessés, dont un, le canonnier Aïn, mourut quelques jours après des suites de ses blessures. La batterie dut prendre ses dispositions pour répondre ; quelques obus à la mélinite lancés sur le terre-plein du principal ouvrage du col suffirent pour le faire éva-cuer. Il était 5 h. 1/2 du soir lorsque le feu cessa de notre côté.

La nuit fut relativement calme, troublée seulement par quelques coups de fusil échangés entre les avant-postes.

Le 22 août, à la pointe du jour, la réserve rejoignit le gros de la deuxième brigade concentré à Ambodiamontana. Après une courte conférence dans laquelle la situation fut examinée, le général Duchesne prescrivit au général Voyron d'exécuter un mouvement débordant vers l'est, en marchant contre les ouvrages du mont Hiandrereza, de là sur les ouvrages du col, de manière à préparer une attaque de front de ces deux ouvrages.

Le général Voyron, deux bataillons et quatre pièces quittè-rent le camp à 6 h. 30 du matin.

Vers 8 h. 1/2, le général en chef, n'entendant aucun bruit de fusillade, pensa que les Hovas avaient dû abandonner leurs positions. Il porta en avant une reconnaissance de tirailleurs malgaches, et une demi-heure plus tard cette reconnaissance lui apprenait l'abandon des positions ennemies.

Tandis que le général Voyron, ignorant ce fait, continuait sa marche, le général Duchesne se porta, avec la colonne de droite et la réserve, au sud du col, jusqu'à un endroit désigné « marché d'Andriba ».

L'ennemi, en abandonnant la position, avait enlevé son artillerie, sauf un canon-revolver de 37 millimètres, sans cu-lasse, un affût en bronze et quelques munitions. Dans sa retraite, il avait incendié tous les hameaux de la plaine, mais laissé, fort heureusement, dans les silos, de grands appro-visionnements de riz qui constituèrent une forte part du convoi de vivres et de fourrages de la colonne légère.

Vers 2 heures de l'après-midi, les troupes s'installèrent au bivouac, partie au nord du col, vers Ambodiamontana et Am-bontono, partie au sud, vers le « marché d'Andriba ». L'en-nemi s'était retiré vers le sud, à plus de 30 kilomètres.

Nos troupes étaient arrivées sur ces positions après avoir établi leurs camps, successivement, sur les points suivants :

Camps du Ponceau, des Sources, de la Falaise, d'Andjiéjié, d'Antsiafabotsira, d'Ankolotokana (cote 750), de la Cascade, de la cote 860.

On jugera des difficultés qu'elles eurent à surmonter quand on saura qu'elles mirent vingt-deux jours pour franchir les 100 kilomètres qui séparent le camp du Ponceau d'Ambodia-montana.

Le général Duchesne télégraphia le résultat de cette affaire au gouvernement :

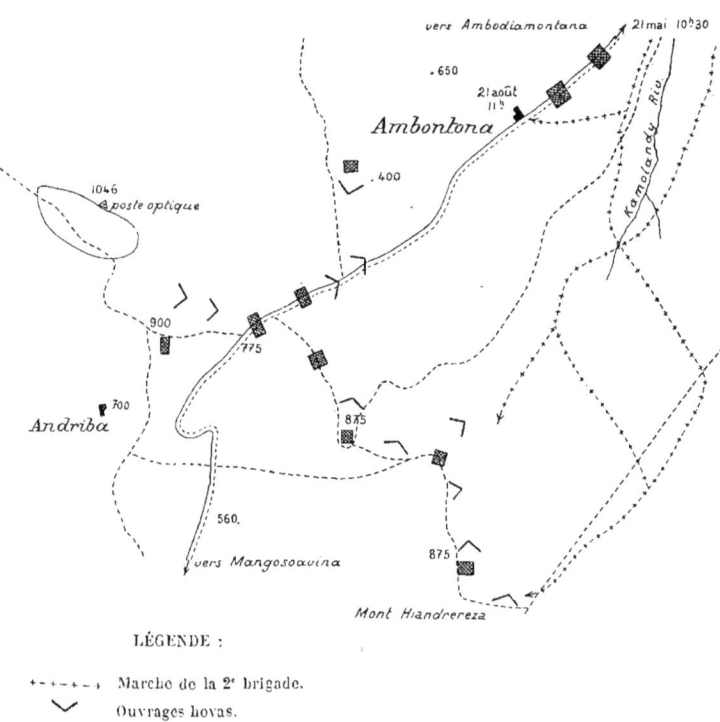

LÉGENDE :

+·+·+·+·›   Marche de la 2ᵉ brigade.

⌄   Ouvrages hovas.

▨   Camp hova.

Croquis nᵒ 5. — Affaire d'Andriba.

L'attaque d'Andriba, dit ce télégramme, commencée hier, 21, par la brigade Voyron, s'est terminée ce matin sans combat. L'ennemi, démoralisé par les effets de l'artillerie, a évacué six postes armés et de nombreux camps. Nous avons enlevé sept canons. Nous avons perdu un tirailleur malgache, tué; un artilleur a été blessé, deux artilleurs ont été contusionnés.

Je suis à Andriba, maître de toute la plaine. Je fais activer l'achè-

GÉNÉRAL VOYRON

vement de la route pour accélérer la réunion des vivres nécessaires et préparer une colonne légère.

La brigade de la marine montre beaucoup d'entrain à supporter la grande fatigue.

Relève des troupes.

Les derniers rapports du commandant du corps expéditionnaire parvenus en France ne dissimulaient pas la mauvaise situation sanitaire des troupes. Le gouvernement s'émut de cette situation et, à la suite du conseil de cabinet, le ministre de la guerre communiqua la note suivante, à la date du 13 juillet :

Après avoir solidement organisé sa base de ravitaillement à Marololo-Suberbieville, le corps expéditionnaire a ainsi repris la marche en avant le jour même de la fête nationale.

Les opérations vont reprendre activement.

Pour les faciliter, le ministre de la guerre, après avoir consulté le général Duchesne et d'accord avec le ministre de la marine, vient de prendre les dispositions suivantes pour la relève et l'évacuation des malades et convalescents.

Les détachements destinés à assurer la relève des équipages des canonnières et des différents corps de troupes seront embarqués, dans les premiers jours d'août, sur le transport le *Vinh-Long*.

Le paquebot des transports maritimes *Provence*, actuellement en déchargement à Majunga, sera affrété pour rapatrier, aussitôt que possible, un certain nombre de malades et de convalescents du corps expéditionnaire.

Dès le commencement de l'expédition, le ministère de la guerre avait prévu la formation de dépôts à Montpellier pour le 200ᵉ, à Grenoble pour le 40ᵉ bataillon de chasseurs.

Ces troupes furent constituées sur les bases suivantes :

Le dépôt du 200ᵉ eut deux compagnies, celui du 40ᵉ une seule. Ces compagnies, fortes de 225 hommes, reçurent les volontaires de majoration des compagnies du 200ᵉ et du 40ᵉ bataillon, car ces dernières, formées à 225 hommes en vue des déchets à prévoir, ne furent mises en route qu'à l'effectif de 200 hommes. Ces majorations furent complétées à l'aide de volontaires des classes de 1892 et 1893 empruntés aux 14ᵉ, 15ᵉ, 16ᵉ, 17ᵉ et 18ᵉ corps d'armée.

Les officiers furent choisis de la façon suivante : dans chacun des corps de l'intérieur, on procéda à un tirage au sort entre les officiers désireux de servir à Madagascar, en vue de désigner un capitaine, un lieutenant et un sous-lieutenant pour le 200ᵉ. Les officiers classés après eux les remplacèrent, d'après leur numéro de tirage, au fur et à mesure

qu'ils furent appelés à conduire des détachements de relève
à Madagascar.

Il fut procédé de la même manière pour la relève du 40ᵉ bataillon de chasseurs, sauf que tous les noms des officiers de
chasseurs ayant demandé à servir à Madagascar furent trans-
mis au ministre, qui les classa par voie de tirage au sort.

Dans ces conditions, il avait été possible d'embarquer à
Marseille, dès le 2 août, 400 hommes du 200ᵉ, et 150 du 40ᵉ bataillon de chasseurs.

Il fallut songer à réparer l'oubli de la constitution de dépôts
pour les troupes des autres armes. Le 7 août, le ministre de la
guerre ordonna de rassembler, près du 2ᵉ régiment du génie,
5 sergents, 8 caporaux et 87 maîtres ouvriers et sapeurs prélevés sur tous les régiments de l'arme.

Le 10 août, un dépôt de 100 hommes pour l'artillerie fut
constitué à Nîmes. Il comprenait : 1 capitaine en second,
2 lieutenants, 1 adjudant, 1 maréchal des logis chef, 9 sous-
officiers, 7 brigadiers, 15 ouvriers, 2 trompettes, 30 servants
à pied et 35 conducteurs.

Un autre dépôt fut organisé, pour le train des équipages, à
Lunel. Il comprenait : 1 capitaine en second, 1 lieutenant,
1 adjudant, 1 maréchal des logis chef, 8 sous-officiers, 12 brigadiers, 11 ouvriers, 3 trompettes et 64 cavaliers.

Pendant ce temps, plusieurs navires avaient déjà touché
terre avec des rapatriés et des convalescents. C'étaient : *Notre-
Dame-du-Salut* avec 390 hommes; *Djemmah*, 150; *Provence*,
634; *Shamrock*, 700; *Concordia*, 306; soit un total de 2.200 rapatriés. Ces chiffres s'augmentent de 500 convalescents ou
malades envoyés à la Réunion; 1.200 qui attendent à Nossi-
Comba, sur le *Vinh-Long* et dans les hôpitaux de campagne et
les ambulances, l'arrivée du *Cachar* et du *Canton* pour les
rapatrier.

Ajoutons à cela 1.800 morts environ. Tel est le tableau de
l'effectif réduit du corps expéditionnaire, après trois mois de
séjour à Madagascar.

Les nouvelles les plus alarmantes continuaient à arriver de

Madagascar, et la presse en tirait les conclusions les plus contradictoires. Aussi le gouvernement crut-il devoir remettre les choses au point en chargeant le général Zurlinden, alors ministre de la guerre, de donner les détails les plus complets sur les mesures prises pour protéger la santé des hommes.

Cette note appartient à l'histoire, et, à ce titre, nous devons la reproduire :

Au moment où l'on a arrêté les bases de la campagne de Madagascar, le département de la guerre ne s'était pas borné à doter l'expédition de 3.000 lits et de 6.000 brancards à répartir entre quatre hôpitaux de campagne, treize infirmeries-ambulances actives et un hôpital d'évacuation ; il avait compris dans son plan d'organisation un sanatorium de 500 lits, ainsi que l'évacuation sur la France des anémiés et celle des malades dont l'état exigerait le rapatriement rapide.

Après examen approfondi des divers emplacements proposés, ce sanatorium a été établi à Nossi-Comba. En effet, si la Réunion est, par sa situation géographique, le lieu d'évacuation naturel des malades de Tamatave et de Diégo-Suarez, qui n'en sont séparés que par trois ou quatre jours de traversée, il n'en est pas de même de ceux de Majunga ; il leur faudrait doubler le cap d'Ambre et subir tous les inconvénients d'une navigation beaucoup plus longue et rendue souvent périlleuse par la mousson contraire.

Au lieu d'être le premier gîte d'étapes du retour en France, l'envoi à la Réunion aurait éloigné nos malades de la mère-patrie.

Les ressources existantes de la Réunion étaient du reste insuffisantes ; elles ne comprennent encore aujourd'hui que 300 places. Il aurait fallu tout créer là comme sur la montagne d'Ambre ; et, malgré les offres empressées et l'obligeance très grande du département des colonies, les organisateurs de notre service de santé ont cru devoir choisir Nossi-Comba comme sanatorium immédiat et principal.

D'autres sanatoria devaient être installés ultérieurement, sur les hauts plateaux de Madagascar, puis à Tananarive, au fur et à mesure de la marche en avant et de l'occupation du pays.

Dans la nécessité d'éloigner de Madagascar les hommes trop sérieusement atteints pour continuer à y servir, le département de la guerre n'avait pas omis les avantages du rapatriement, non plus que ses inconvénients, que l'expédition du Tonkin lui avait fait récemment apprécier.

S'il est moralement bienfaisant pour tous les malades, le rapatriement par les navires constitue quelquefois un danger pour ceux qui sont trop gravement atteints; les pertes éprouvées pendant la traversée du *Shamrock* et du *Concordia* en ont renouvelé la douloureuse certitude.

Des recommandations ont été faites dans ce sens; mais il est possible que, là encore, les médecins du corps expéditionnaire ont cédé aux malades qui les suppliaient de ne pas les laisser mourir loin de leurs familles et de la France, alors que leur évacuation était ou leur unique consolation, ou leur seule chance de survie. Ce sentiment de pitié si excusable a augmenté certainement le nombre des décès survenus pendant les dernières traversées.

La phase dangereuse du rapatriement est la traversée de la mer Rouge; aussi le général Duchesne a-t-il reçu, dès le commencement d'août, l'ordre de ne plus faire partir de navires de malades, depuis le 20 août jusqu'au commencement d'octobre. Le dernier bateau parti, le *Concordia*, a quitté Majunga le 20 août.

Pendant cette période, le supplément d'hospitalisation de trois cents lits existant à la Réunion a été mis à la disposition du général Duchesne, de manière à constituer une réserve, une ressource permettant éventuellement d'éviter l'encombrement de Nossi-Comba.

Sur les instances répétées du général Duchesne, le ministre compte faire reprendre très activement les rapatriements des convalescents et malades transportables, dans le commencement d'octobre.

Nous reviendrons sur cette importante question en temps opportun; nous montrerons sans difficulté que le rapatriement fut comme l'exode vers la terre malgache: mal étudié, mal compris.

CHAPITRE II

DISPOSITIONS GÉNÉRALES POUR LA MARCHE
DE LA COLONNE LÉGÈRE

Mesures générales. – Nouvelle constitution de la colonne légère. — Règlement
de l'ordre normal de marche. — Ordre du jour du général Duchesne aux
troupes. — Description du terrain des opérations.

Mesures générales.

Au lendemain de l'affaire d'Andriba, le général Duchesne décida qu'il ne pouvait retarder plus longtemps sa marche définitive sur la capitale.

Les difficultés sans cesse croissantes avec lesquelles il devait compter chaque jour, surtout celles relatives au ravitaillement, le confirmèrent dans la nécessité d'organiser une colonne spéciale, dégagée de tous les impedimenta et avec laquelle il pourrait marcher, chaque jour, 14 à 15 kilomètres.

La construction de la route était la première solution qui s'imposait. Pendant la marche de la brigade Voyron sur Andriba, la brigade Metzinger avait travaillé à cette route. La retraite précipitée de l'ennemi permit d'adjoindre la 2e brigade aux travailleurs de la 1re, sauf deux bataillons et une batterie détachés en avant-garde.

Le 6 septembre, la route était praticable jusqu'à Mangasoavina, qui devint, dès ce jour, la base de ravitaillement de la colonne.

Nouvelle constitution de la colonne.

Dès la veille, le général en chef avait réglementé certains points pour la constitution de la colonne légère qui n'avaient pas été prévus dans l'ordre du 30 juillet, notamment la constitution régulière des divers échelons ou groupes.

L'ordre du 5 septembre (1) fixa comme il suit la constitution de l'avant-garde, du gros et de la réserve.

1° L'avant-garde, sous le commandement du général Metzinger, comprenait :

Quartier général : 18 officiers, 37 combattants, 33 conducteurs auxiliaires, 40 chevaux et 33 mulets ;

État-major de brigade : 4 officiers, 10 combattants, 3 conducteurs auxiliaires, 8 chevaux, 6 mulets ;

Régiment d'Algérie : 54 officiers, 1.416 combattants, 20 conducteurs auxiliaires, 27 chevaux, 111 mulets ;

Peloton de cavalerie : 1 officier, 9 combattants, 1 conducteur auxiliaire, 11 chevaux, 2 mulets ;

Artillerie (2 batteries) : 10 officiers, 98 combattants, 83 conducteurs auxiliaires, 10 chevaux, 134 mulets ;

Génie (2 compagnies) : 6 officiers, 164 combattants, 29 conducteurs auxiliaires, 6 chevaux, 60 mulets :

Ambulance : 3 officiers, 9 combattants, 20 conducteurs auxiliaires, 3 chevaux, 14 mulets ;

Convoi : 5 officiers, 20 combattants, 127 conducteurs auxiliaires, 11 chevaux, 254 mulets.

Soit au total : 101 officiers, 1.763 combattants, 316 conducteurs auxiliaires, 116 chevaux et 614 mulets.

2° Le gros, sous les ordres du général Voyron, comprenait : 92 officiers, 1.464 combattants, 970 conducteurs auxiliaires, 116 chevaux et 1.734 mulets, répartis comme il suit :

État-major de brigade : 4 officiers, 7 combattants, 6 conducteurs auxiliaires, 8 chevaux, 6 mulets ;

Le régiment mixte, sous les ordres du colonel commandant le 13e régiment d'infanterie de marine, comprenant le 1er bataillon de ce

---

(1) Pièces justificatives, VII.

dernier régiment, le bataillon malgache, et un troisième bataillon à quatre compagnies, dont deux du 3e bataillon du 13e régiment d'infanterie de marine et deux d'Haoussas; 54 officiers, 1.318 combattants, 35 conducteurs auxiliaires, 27 chevaux, 113 mulets;

Peloton de cavalerie : 1 officier, 12 combattants, 1 conducteur auxiliaire, 14 chevaux et 2 mulets;

Batterie d'artillerie : 3 officiers, 46 combattants, 29 conducteurs auxiliaires, 3 chevaux, 49 mulets;

Ambulance : 6 officiers, 14 combattants, 26 conducteurs auxiliaires, 6 chevaux, 18 mulets;

Convoi général : 24 officiers, 67 combattants, 873 conducteurs auxiliaires, 58 chevaux, 1.546 mulets.

3° La réserve, commandée par le colonel de Lorme, comprenait le régiment de marche et son convoi, c'est-à-dire, comme troupe, le 3e bataillon du 200e, 1 bataillon formé de deux compagnies du 3e bataillon du 13e d'infanterie de marine et de deux compagnies d'Haoussas, soit un effectif de : 44 officiers, 786 combattants, 229 conducteurs auxiliaires, 34 chevaux et 461 mulets.

L'effectif total de ces groupes était donc de : 237 officiers, 4.013 combattants, 1.515 conducteurs auxiliaires, 266 chevaux et 2.809 mulets.

Chaque bataillon avait un médecin et 496 hommes; chaque compagnie trois officiers.

Le convoi de chaque bataillon comprenait :

12 mulets de bagages, popotes, archives et fonds;

11 mulets de vivres ou orge;

4 mulets de munitions transportant une réserve de 20 cartouches par homme;

5 mulets de cacolets;

4 mulets haut-le-pied, pour porter les sacs ou les effets des hommes fatigués.

Le 1er bataillon du régiment d'Algérie, le 3e du 200e et les 1er et 3e du 13e régiment d'infanterie de marine conservèrent leurs conducteurs indigènes pour la conduite de leurs mulets, à raison d'un homme pour deux mulets; les autres bataillons employèrent leurs ordonnances et leurs muletiers à cette besogne.

Le même ordre plaçait l'artillerie sous le commandement du chef d'escadron Henry.

Les 11° et 13° compagnies du génie devaient alterner entre elles pour la mise en viabilité du sentier. Les sacs des hommes de travail devaient être portés par les mulets. Le service de la télégraphie optique était placé, dans chaque compagnie, sous les ordres du troisième lieutenant; il comprenait : 8 télégraphistes, un appareil de 30 et trois de 10 répartis entre les trois groupes de la colonne, selon les besoins.

Le parc du génie, commun aux deux compagnies, comprenait :

1 mulet d'artifices;
1 mulet d'outils de mineurs;
6 mulets d'outils de terrassiers;
12 mulets de vivres et d'orge;
4 mulets de matériel optique;
30 mulets (environ) porteurs de sacs.

Le service de santé devait être assuré par deux sections d'ambulance, dont l'une marchait avec l'avant-garde, la seconde avec le gros.

La première section comprenait, outre le médecin-major de 1re classe, chef de service :

2 médecins-majors de 2e classe ou aides-majors et leurs ordonnances;
1 officier d'administration;
12 infirmiers;
1 brigadier et 1 conducteur du train;
13 conducteurs indigènes;
14 mulets, dont 3 mulets de bagages et 2 mulets de vivres.

La deuxième section :

1 médecin-major de 1re classe, médecin chef de l'ambulance;
3 médecins-majors de 2e classe ou aides-majors, dont deux pouvaient être renvoyés à l'arrière pour accompagner les malades évacués;
1 officier d'administration;
1 aumônier;
5 ordonnances;

1 maréchal des logis du train et 1 conducteur ;
16 conducteurs indigènes ;
17 mulets, dont 5 de bagages et de popote, et 3 mulets de vivres.

Le service des convois comportait deux groupes, dont les cadres furent composés comme il suit :
Premier groupe, affecté à l'avant-garde et au gros :

1 officier supérieur, commandant le convoi ;
2 vétérinaires, dont le vétérinaire principal ;
1 capitaine pour 500 mulets ;
1 lieutenant ou sous-lieutenant pour 100 mulets ;
1 gradé pour 50 mulets.

Deuxième groupe, affecté à la réserve :

1 capitaine commandant le convoi ;
1 lieutenant ou sous-lieutenant pour 100 mulets ;
1 gradé pour 50 mulets.

Le service des convois avait préoccupé, à juste titre, le commandant du corps expéditionnaire ; il importait, en effet, que le ravitaillement de la colonne fût assuré normalement.

Aussi, chaque jour, les mulets des trois échelons déchargés des vivres consommés étaient renvoyés à l'arrière emportant avec eux, jusqu'à Andriba, les malades ou les blessés. Dès leur arrivée à Andriba, les mulets étaient reconstitués en échelons de ravitaillement et remis en route par les soins du service des étapes.

Règlement de l'ordre normal de marche.

Une étude plus approfondie de la situation vint modifier, le 10 septembre (1), quelques-unes des dispositions que nous connaissons.

L'ordre normal de marche fut réglé comme il suit :

_____

(1) Pièces justificatives, VIII.

Tête d'avant-garde.

1 compagnie d'infanterie du 1er bataillon ;

1re compagnie du génie, sans sacs, avec son parc, chargée d'améliorer le sentier pour faciliter le passage des mulets ;

1 détachement de cavalerie, qui devait former la pointe d'avant-garde quand le terrain le permettrait ; mais, dans tous les cas, il assurait la communication entre la tête d'avant-garde et les autres éléments du premier groupe.

Avant-garde.

(Départ : 30 minutes avant la tête d'avant-garde.)

3 compagnies du 1er bataillon ;

État-major du régiment ;

Troupeau représentant un jour de viande fraîche.

Gros.

(Départ : 30 minutes après l'avant-garde.)

1 compagnie du 2e bataillon ;

État-major du corps expéditionnaire ;

État-major de la brigade ;

3 compagnies du 2e bataillon ;

2 batteries ;

2 compagnies du 3e bataillon.

Trains régimentaires.

(Départ : 20 minutes après le gros.)

2e compagnie du génie ;

Section de munitions ;

Ambulances ;

Trains régimentaires, mulets de bagages et de vivres ;

Une demi-compagnie du 3e bataillon.

Convoi et arrière-garde.

(Départ : 1 h. 30 après les trains régimentaires.)

Une demi-compagnie du 3e bataillon ;

Convoi et troupeau de l'avant-garde ;

1 compagnie du 3e bataillon (arrière-garde).

Il y a donc lieu de remarquer, d'après ces dispositions, que le train de combat suivait immédiatement chaque bataillon (mulets de munitions, mulets de cacolets, dont l'un portait quatre brancards et quatre paniers de pansement, et les mulets haut-le-pied).

L'état-major du régiment du gros de la colonne reçut deux mulets portant chacun 17 pioches, 8 pelles et 5 haches; l'état-major du régiment de la réserve reçut également un mulet porteur d'un même jeu d'outils. La compagnie du génie d'avant-garde fut suivie des mulets porteurs des outils du parc.

Tous les autres animaux constituèrent les trains régimentaires dont chaque groupe était commandé par l'officier d'approvisionnement de la formation à laquelle il appartenait. La compagnie du génie qui n'était pas d'avant-garde devait précéder immédiatement les trains régimentaires, concourir à leur protection avec une demi-compagnie d'infanterie marchant derrière ces trains.

La section de munitions et celle d'ambulance, sauf une décision contraire, précédaient les trains dont l'ordre était le suivant :

Train du quartier général;

Train de l'état-major de la brigade;

Train du régiment d'infanterie;

Train de la cavalerie;

Train de l'artillerie $\Big\}$ bagages et vivres.
Train du génie

Le troupeau reçut une escorte particulière : 5 tirailleurs algériens pour le troupeau d'avant-garde; 25 Malgaches ou tirailleurs suivant que la 1re brigade ou la 2e tenait la tête, pour le gros, et 10 Haoussas pour le troupeau de la réserve.

Ce même ordre compléta les dispositions de celui du 5 septembre pour le retour des mulets : « Les étapes de retour, dit-il, seront réglées de manière qu'ils n'aient pas à marcher plus de sept jours (y compris les étapes de l'aller) sans un jour de repos intermédiaire, et que la distance parcourue à vide soit comprise entre 16 et 24 kilomètres. L'étape entre Ampotoka et Mangasoavina (exceptionnellement de 28 kilomètres) sera toujours parcourue, en principe, en un seul jour et sera suivie d'un jour de repos. »

Enfin, une partie des unités de la colonne étant dépourvue de médecins, le service médical de ces unités fut assuré comme il suit :

Avant-garde :

Quartier général : médecin-chef de la colonne;
Cavalerie, batteries et section d'artillerie, compagnie du génie : un médecin de la section d'ambulance d'avant-garde, désigné nominativement par le médecin-chef de la colonne;
Convoi : médecin du 1er bataillon du régiment d'Algérie et du régiment d'infanterie de marine.

Gros :

Cavalerie et batterie : un médecin de la section d'ambulance du gros, désigné nominativement par le médecin-chef de la colonne;
Convoi : un médecin de la section d'ambulance du gros, désigné nominativement par le médecin-chef de la colonne.

Chaque section d'ambulance reçut un mulet supplémentaire, porteur de 4 paniers de pansement pour les troupes non embrigadées. Enfin, le convoi de chacun des groupes avait un nombre de mulets porteurs de paniers de pansement correspondant à l'effectif des convois.

Le ravitaillement de la colonne fut assuré par la constitution d'échelons particuliers, conformément au tableau annexé à l'ordre 28ᵉ (1).

L'approvisionnement en munitions comprenait 140 cartouches par homme et un total de 1.116 projectiles pour 12 pièces de 80ᵐᵐ de montagne.

Ordre du jour du général Duchesne aux troupes. — En même temps que le général Duchesne portait à la connaissance de

---

(1) Pièces justificatives, VII.

la colonne légère les dispositions que nous venons de relater,
il adressait à toutes les troupes l'ordre général suivant :

Officiers, Sous-Officiers, Caporaux, Soldats et Marins.

Les éléments mobiles du corps expéditionnaire viennent, grâce à
d'énergiques et persévérants efforts, en refoulant l'ennemi partout
où celui-ci a tenté de les arrêter, d'atteindre l'extrémité sud de la
plaine d'Andriba. J'ai décidé de ne pas pousser plus loin le travail
de construction de la route carrossable, qui s'imposait jusqu'ici
comme une conséquence inévitable du mode de constitution de nos
convois, et de poursuivre les opérations contre Tananarive avec une
colonne légère dotée d'effectifs et de moyens de transports réduits.

Cinquante lieues de France à peine nous séparent de Tananarive.
Vingt-cinq environ traversent encore une zone montagneuse et à
peu près déserte; le reste est en Emyrne, province très cultivée,
très peuplée, où sont concentrées presque toutes les ressources de
l'île. Si donc la première partie de la marche nous prépare encore
des difficultés matérielles et des privations, vous trouverez, dans
la seconde, des facilités relatives et quelque complément de bien-
être.

Quoi qu'il en soit, la France compte sur nous pour mener à bien
la tâche commencée et au succès de laquelle ses intérêts et son
honneur sont engagés, comme les nôtres; elle continue à nous suivre avec une sympathie passionnée, dont les télégrammes du gouvernement m'apportent journellement la preuve. Vous élèverez
vos cœurs à la hauteur des nécessités d'une situation qui n'exige
plus que quelques semaines d'énergie physique et morale, au terme
desquelles vous aurez, outre la satisfaction d'un grand devoir simplement et laborieusement rempli, celle d'avoir accompli une tâche
que la nature du pays rendait plus difficile qu'on n'eût pu l'attendre, celle aussi d'avoir ajouté une belle page à nos annales militaires et de vous être préparé de glorieux et impérissables souvenirs
personnels.

La nécessité de proportionner ce dernier effort à nos moyens ma-
tériels, celle aussi de maintenir la chaîne des transports si péniblement créée et entretenue entre Majunga et Andriba m'obligent à
laisser, ici et en arrière, beaucoup de vous qui aspiraient aussi à
l'honneur d'être montés de haute lutte à Tananarive. Je partage les
regrets qu'ils en éprouvent. J'apprécie très haut les services que
nous ont déjà rendus et continueront à nous rendre tous ceux qu'un
austère devoir retient, à des titres divers, sur cette longue ligne
d'étapes. Je connais leurs énergiques et persévérants efforts qui,
seuls, nous permettent d'entreprendre la marche accélérée qui va

nous mener en Emyrne, et je compte que tous sauront les poursuivre.

Je n'oublierai ni les uns ni les autres en faisant connaître au
gouvernement au prix de quel dévouement, de quels efforts, de
quels sacrifices nous aurons mené à bien notre mission. La France
les confondra dans un même sentiment d'estime et de gratitude.

Description du terrain des opérations.

Maintenant que nous avons exposé les dispositions générales
prises pour les opérations de la colonne légère, il importe que
nous fassions connaître le terrain sur lequel elles allaient avoir
lieu.

En l'absence des cartes nécessaires à une étude topographique de ce genre, nous sommes obligé d'emprunter la description de ce terrain au rapport même de M. le général Duchesne.

Pendant sa marche sur Tananarive, la colonne légère devait suivre très tranquillement la piste malgache qui relie le grand marché
d'Andriba à la capitale de l'Emyrne. Cette piste, fréquentée seulement, en temps normal, par des porteurs indigènes, serait rendue
muletière par les compagnies du génie, qui marcheraient à l'avant-
garde, en se relevant chaque jour pour prendre, alternativement,
la tête de la colonne et aménager des passages aux points les plus
difficiles.

Le terrain parcouru par cette piste, d'une longueur totale de
190 kilomètres environ, peut se diviser en trois zones distinctes :

1º De la plaine d'Andriba au massif des grands Ambohimenas
(vallées du Firingalava, du Mamokomita et du Manankaso);

2º Du massif des grands Ambohimenas au massif de l'Ankarahara
(vallées de l'Antoby et de l'Andranobé);

3º Du massif de l'Ankarahara à Tananarive (Emyrne).

1ʳᵉ zone. — La plaine d'Andriba est barrée, du côté du sud, par
un massif rocheux, à travers lequel le Mamokomita et le Firingalava se sont frayé des passages fort étroits pour venir réunir leurs
eaux près de Mangasoavina. Ces deux rivières sont séparées par un
massif dont les pentes, fort abruptes, sont couronnées par un plateau facilement praticable (plateau de Tafofo), qui domine le cours
des rivières de 350 mètres environ.

Le Mamokomita prend sa source dans l'est et ne se dirige vers le
nord qu'à hauteur de ce plateau. Le cours du Firingalava, qui descend des hauteurs de Kiangara, est, au contraire, orienté en entier

du sud au nord. Cette rivière, depuis Kiangara jusqu'à son confluent avec le Mamokomita, coule dans une faille très étroite, formée par une ligne de crêtes rocheuses, aux pentes escarpées, le
long desquelles tombent en cascade une infinité de torrents, aux
eaux claires, dont les lits rocailleux gênent singulièrement la marche des animaux.

Les hauteurs de Kiangara, qui sont comme une avancée du massif des grands Ambohimenas, séparent les eaux du Firingalava de
celles du Manankaso. Le massif des grands Ambohimenas, en raison de son altitude (1) et de l'escarpement de ses pentes, constitue
un très sérieux obstacle, que les porteurs malgaches franchissent,
en temps normal, en trois points distincts. Il sera dit plus loin le
parti que les Hovas tirèrent de ces divers accidents du sol, entre
Mangasoavina et les Ambohimenas, pour essayer d'arrêter la marche de la colonne légère.

2e zone. — Entre le massif des grands Ambohimenas et celui de
l'Ankarahara, les ondulations du terrain s'adoucissent très sensiblement; les lieux habités sont plus rapprochés les uns des autres;
les vallées s'élargissent et sont cultivées en rizières; les positions
de défense tactique sont moins bonnes que dans la région précédente. La marche des convois devient ainsi plus facile, malgré les
difficultés que présentent le sol détrempé des rizières et les digues,
étroites et mal entretenues, qui retiennent leurs eaux.

3e zone. — La chaîne de l'Ankarahara domine les vallées situées
sur son versant nord de 200 mètres environ, mais les pentes sont
douces et assez facilement praticables pour les animaux bâtés.

La région qui s'étend au delà de son versant sud est plus accidentée, tout en étant beaucoup plus peuplée; les villages n'y sont pas
éloignés les uns des autres de plus de 2 à 3 kilomètres et sont assez
bien construits, pour la plupart, en briques séchées au soleil. Quel-
ques-uns d'entre eux, comme celui de Babay, sont établis sur des
pitons isolés qui se prêtent merveilleusement à la défense. Le mont
Lohavohitra (1.700 mètres d'altitude), situé à l'est de la piste conduisant à Tananarive, peut aussi constituer, pour le défenseur, une
excellente position de flanc.

A mesure qu'on se rapproche de la capitale de l'Emyrne, les
rizières deviennent plus étendues; enfin, aux environs même de
Tananarive, dans un rayon de 12 à 15 kilomètres, au nord-ouest, à
l'ouest et au sud, la plaine n'est qu'une vaste rizière, qui n'est fran-
chissable que sur des digues fort étroites (2).

---

(1) L'altitude du point culminant des grands Ambohimenas est de 1.462 mètres.
Il domine la vallée du Manankaso (à 15 kilomètres à vol d'oiseau) d'environ
700 mètres et celle de l'Antoby (à 4 kilomètres) de 250 à 300 mètres.

(2) *Journal officiel*, numéro du 14 septembre 1896, page 5158.

CHAPITRE III

Reprise de la marche.

Le 9 septembre, une revue de santé de tous les hommes prenant part aux opérations de la colonne légère fut passée à Mangasoavina. Le 13 septembre, le général en chef, jugeant suffisants les approvisionnements de la colonne, fixa le départ de l'avant-garde au 14 septembre, celui du gros au 15, suivi à deux journées par la réserve.

Pendant les journées des 9 et 12 septembre, des reconnaissances avaient été envoyées à la recherche de l'ennemi, dans la direction d'Ampotaka. Elles avaient marché par les vallées du Mamokomita et du Firingalava et rentraient après avoir contourné, par le sud, le plateau de Tafafo. La première de ces reconnaissances, sous les ordres du chef de bataillon Ganeval, comprenait deux compagnies de tirailleurs malgaches, capitaine Staup et lieutenant Lefèvre; la seconde, sous les ordres du commandant Vandenbrock, formée des tirailleurs haoussas. Toutes les deux étaient guidées par le capitaine Aubé.

A trois ou quatre kilomètres d'Ampotaka on reconnut, étagés sur les croupes des hauteurs, de nombreux détachements hovas; le défilé de Tsinaimondry, couvert de tranchées et d'épaulements, notamment sur les versants des chaînes voisines et sur la colline qui coupe le défilé et domine deux ravins latéraux, enfin la vallée du Firingalava, barrée par des tranchées, des abatis et des palissades.

Combat de Tsinaimondry (15 septembre) (1).

Le général Duchesne, à la tête du bataillon malgache, quitta Mangasoavina le 14 septembre. Le même soir, il arriva sur le plateau de Tafafo, d'où il put juger *de visu* les positions ennemies. Il reconnut bien vite l'impossibilité de passer la vallée du Firingalava en laissant les flancs occupés par l'ennemi.

Il ordonna au détachement Oudri, fort de 3 bataillons, de 2 batteries et de 2 compagnies du génie, placé sous les ordres immédiats du général Metzinger, d'attaquer le mamelon de Tsinaimondry par le chemin de Tafafo à Ampotaka. Arrivée à deux kilomètres au nord-est de ce village, la colonne se porterait à gauche et marcherait de façon à tourner les ravins dont les eaux se jettent dans les marais d'Ampotaka. Ces points du programme remplis, l'artillerie s'établirait sur une crête, à 2.000 mètres du piton, d'où elle battrait les deux fortins hovas construits sur le mamelon de Tsinaimondry, pendant que deux compagnies de tirailleurs, détachées du gros à Ampotaka, feraient diversion sur le sommet de la crête rocheuse, à l'est, pour enlever ces deux fortins. Le bataillon malgache, dont le bivouac était établi à la pointe sud-est du plateau de Tafafo, marcherait à l'ouest par Antanjambato et le rocher d'Ambohibé, d'où il tenterait de déborder la gauche ennemie et de menacer ses derrières.

Les débuts de l'action faillirent nous être funestes, en raison des difficultés que les tirailleurs algériens et l'artillerie éprouvèrent dans leur marche. Pendant longtemps, à cause de ces difficultés, le 1er bataillon du régiment d'Algérie se trouva

---

(1) Voir croquis n° 6.

seul aux prises, exposé au feu concentrique des sept batteries hovas.

L'arrivée du bataillon malgache, conduit par le commandant Ganeval, tira cette troupe de sa mauvaise situation. Vers 8 h. 30, le bataillon aborda le premier sommet d'Ambohibé, au-dessus d'Antanjambato. Il rejeta deux détachements hovas sur les batteries de l'ouest, que leurs défenseurs abandonnèrent devant l'élan de l'attaque à la baïonnette. Cette retraite ne laissait plus l'avant-ligne que sous le feu des batteries de l'est et du centre.

Vers 10 heures, l'artillerie et l'infanterie vinrent s'établir derrière cette avant-ligne, tandis que le 1er bataillon du régiment d'Algérie réussissait à faire évacuer la batterie basse de Tsinaimondry, après avoir eu deux hommes blessés, dont l'un mourut le soir même des suites de ses blessures.

Un quart d'heure plus tard, les huit pièces d'artillerie de montagne faisaient taire l'artillerie hova de la batterie haute du piton; peu de temps après, elles avaient raison de la batterie inférieure de la crête, puis ensuite de celle du point culminant. L'envoi de deux compagnies du 3e bataillon du régiment d'Algérie assura, à 11 h. 20, l'évacuation complète de la position.

A ce même moment, le colonel Oudri arrivait sur le plateau de Tsinaimondry, dont le commandant Ganeval lui avait préparé habilement l'ascension. La vue de cette nouvelle troupe compléta la déroute de l'ennemi, qui se replia sur trois colonnes, par les crêtes de l'ouest, vers Kiangara.

Il était 1 h. 1/2. La fatigue de nos troupes ne permettant pas de continuer la poursuite, le général en chef les arrêta au bivouac.

Le 16, la colonne gagna Ambohimora. Le 17, elle franchit le col de Kiangara que les Hovas avaient fortifié et qu'ils abandonnèrent après avoir laissé, pour carte de visite, pendu à une perche placée à travers le chemin du col, cette menace : « La force a permis aux blancs d'arriver jusqu'ici; mais voici qu'on entend le bruit strident du vol des voromahéry (aigle). »

L'ennemi faisait allusion à la présence des troupes de la garde royale qu'il croyait plus capables d'arrêter notre marche que celles que nous avions rencontrées jusqu'ici. Nous verrons combien leurs espoirs furent vains.

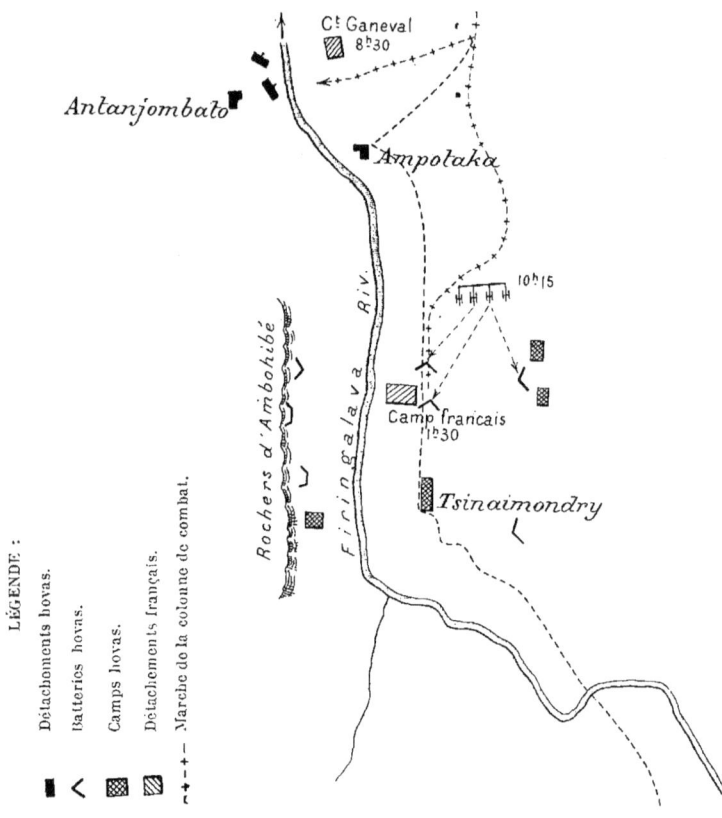

Croquis n° 6. — Combat de Tsinaimondry.

Le général Duchesne campa à Antanétibé, au pied des grands Ambohimenas, sous la protection des grand'gardes établies sur les crêtes qui courent de Kinadji vers l'est-nord-est. Il profita de ce repos pour faire connaître par la dépêche suivante, à Paris, l'affaire de Tsinaimondry :

Forçant la marche du 1er échelon du général Metzinger, comprenant 3 bataillons du régiment d'Algérie renforcés par un bataillon de Sakalaves, la 16e batterie de guerre, la 8e batterie de marine,

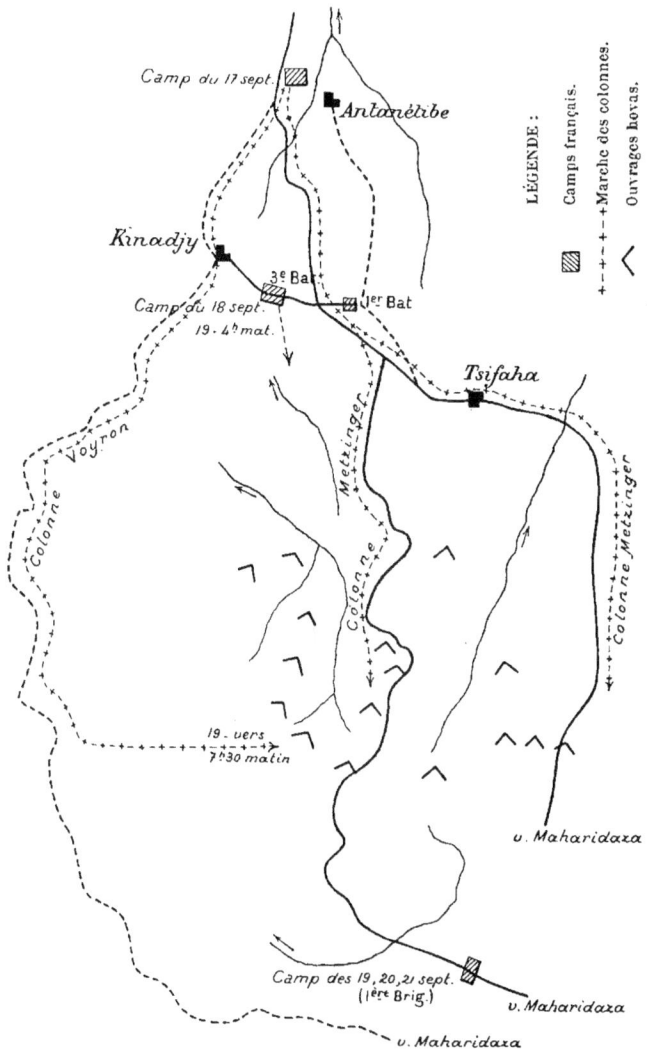

Croquis n° 7. — Marche de la colonne à travers les grands Ambohimenas.

une section de la 1ᵣᵉ compagnie du génie et un peloton de cavalerie, j'ai surpris ce matin, 15 septembre, les forces hovas, évaluées à 5 ou 6.000 hommes, fortement établies avec 9 canons et de nombreux ouvrages dans le défilé de Tsinaimondry.

L'attaque a été faite en trois colonnes ; celle des tirailleurs algériens et sakalaves a escaladé sous le feu les hauteurs et les crêtes et a appuyé très efficacement l'attaque centrale faite par la légion et les tirailleurs que commandait le colonel Oudri.

Les opérations, commencées avant le jour, se sont terminées vers 2 heures par la retraite complète de l'ennemi qui laisse 80 morts et un canon.

Le premier échelon couche sur les positions enlevées et poursuivra demain.

Nous avons eu un Sakalave et deux légionnaires grièvement blessés.

Le rapport détaillé et les propositions nouvelles ne partiront que par courrier, 12 octobre.

Passage des grands Ambohimenas (19 septembre) (1).

A la suite de l'affaire de Tsinaimondry, les fuyards hovas avaient été recueillis par des troupes fraîches. L'ennemi se hâta de retrancher les grands Ambohimenas.

Dès le 17 septembre, le général Duchesne, en passant le col de Kiangara, avait reconnu la construction de quatorze ouvrages élevés sur les deux sentiers du centre et de l'est ; le troisième sentier qui franchissait les Ambohimenas, par l'ouest, avait été laissé sans défense.

L'attaque de ces positions fut fixée au 19 septembre. La veille au soir, les brigades Voyron et Metzinger furent réunies sur l'avant-crête des Ambohimenas et formées en deux colonnes.

A droite, sous les ordres du général Voyron : 6 compagnies de tirailleurs malgaches et haoussas, 1 bataillon du régiment d'infanterie de marine, un demi-escadron de cavalerie, une section de la 8ᵉ batterie, aux ordres du capitaine Boucher, et la 13ᵉ compagnie du génie. Cette colonne devait quitter Kinadjy

_____

(1) Pièces justificatives, IX, et croquis n° 7.

à 5 heures du matin et, guidée par le capitaine Aubé, suivre le chemin de l'ouest. Elle avait pour mission de tourner les ouvrages élevés sur les chemins du centre et de l'est.

A gauche, sous les ordres du général Metzinger : 3 bataillons du régiment d'Algérie, dont un en réserve, les 9e et 16e batteries, deux sections de la 8e batterie avec la section de munitions, la 11e compagnie du génie et la section d'ambulance de l'avant-garde devaient quitter le camp à 6 heures du matin, marcher sur les ouvrages et faire sa jonction avec la colonne de droite, à hauteur de l'ouvrage établi à la cote 1462.

Le général en chef accompagnait cette dernière colonne.

Dès 4 heures du matin, le général Metzinger détacha le 3e bataillon du régiment d'Algérie (commandant Debrou) dans un des ravins qui atteignent le sommet de la chaîne des Ambohimenas. Le reste de la colonne s'abrita dans un autre ravin, situé à l'ouest du premier. Les autres troupes de la colonne prirent position, bien en vue de l'ennemi, à l'angle formé par la rencontre des deux chemins de l'est et du centre.

Dès que les éclaireurs du commandant Debrou apparurent, ils furent salués par la mousqueterie et l'artillerie des Hovas dont aucun coup ne porta.

Les unités de la colonne Voyron marchèrent sans difficulté et, à 7 h. 1/2, l'avant-garde atteignit la cote 1462. Alors le général Duchesne prescrivit au général Metzinger de lancer, contre les tranchées de la piste du centre, trois compagnies du 1er bataillon du régiment d'Algérie; une quatrième compagnie restait dissimulée dans les ravins avec la mission de déborder la 1re batterie de la piste de l'est avec l'appui de l'artillerie de la colonne. Cette artillerie, après quatre coups de repérage, reconnut que l'ennemi était hors de portée. Elle se replia et marcha derrière le 1er bataillon du régiment d'Algérie.

La quatrième compagnie réussit à gagner assez rapidement son objectif; elle trouva la position abandonnée. De là elle attaqua, par des feux de salves, les ouvrages supérieurs avec le concours d'une autre compagnie de son bataillon.

L'ennemi quitta rapidement tous les ouvrages avancés. Vers 8 heures, on constatait que toute la ligne de défense était abandonnée; dès lors nos troupes n'eurent plus à lutter qu'avec les difficultés du terrain. Mais celles-ci étaient telles que le bataillon malgache et la cavalerie furent seuls à prendre part à la poursuite de l'ennemi qui laissait entre nos mains trois hotchkiss de 78 millimètres, quatre affûts et trente caisses d'obus et de cartouches d'infanterie.

Les troupes s'établirent au bivouac dans la plaine de Maharidoza, couvertes par le bataillon malgache et la cavalerie.

Le 21, le groupe d'avant-garde du général Voyron reprit la marche et vint camper à Talala; le 22, il coucha sur le versant nord de l'Ankarahara qu'il franchit, le 23, après un engagement, à hauteur de Pihona, avec un groupe hova dont il eut facilement raison; le soir même, il s'arrêtait au bivouac à Fihaonana.

De ce dernier point, les avant-postes avaient aperçu de nombreux rassemblements ennemis qui paraissaient se fortifier dans le massif de Lohavohitra. De plus, on apprit que si un certain nombre d'habitants s'enfuyaient devant nos troupes, d'autres, la majorité, semblaient se jeter dans les pentes rocheuses et escarpées qui se rencontrent dans ce massif et vouloir y soutenir une lutte de partisans. Dès ce moment il aurait fallu protéger nos convois contre les attaques et surtout les surprises que réserve toujours une semblable lutte; mais c'était l'affaiblissement de nos effectifs.

Pour parer à cette éventualité, le général Duchesne prescrivit la réunion de l'avant-garde et du gros en un seul échelon; la colonne Voyron fit séjour à Fihaonana en attendant l'arrivée de la colonne Metzinger.

Pendant cette journée de repos, une reconnaissance fut poussée dans le massif du Lohavohitra et dans la zone de terrain vers Babay, signalés comme point de concentration des Hovas.

La reconnaissance du massif fut faite par une compagnie de tirailleurs haoussas, sous la direction du capitaine Ditte. Dès qu'elle apparut sur les pentes de la montagne, elle fut accueillie par une vive fusillade dont elle eut facilement raison. La reconnaissance jetée sur Babay ne se heurta à aucun ennemi.

Immédiatement après l'arrivée des rapports de ces deux reconnaissances, le général Duchesne décida de reprendre, le lendemain, la marche sur Tananarive.

Le 25 septembre (1), à 5 h. 30 du matin, le camp fut levé par les deux premiers échelons réunis (avant-garde et gros), la réserve marchant à une journée en arrière. La brigade Voyron tenait la tête avec, comme pointe d'avant-garde, la cavalerie.

L'ordre de marche était le suivant :

Tête d'avant-garde : 2 compagnies et 13e compagnie du génie;
Gros de l'avant-garde : 1 bataillon; état-major du régiment; état-major de la brigade; 1 batterie; 1 compagnie; troupeau comportant une journée de viande pour la colonne;
Gros de la colonne : 1 bataillon de la 2e brigade; général en chef et état-major général; état-major de la 1re brigade; 2 batteries; état-major du régiment d'Algérie; 2 bataillons;
Trains régimentaires : 11e compagnie du génie; section de munitions; ambulance du 1er groupe; bagages et vivres du quartier général, de la cavalerie, du génie, de la 2e brigade, de la 1re brigade; ambulance du 2e groupe; 1 compagnie;
Convois : 1 compagnie; convoi du 1er groupe; convoi du 2e groupe; troupeau;
Arrière-garde : 2 compagnies.

Une compagnie fournie par l'un des deux bataillons d'avant-garde devait flanquer la colonne, à l'est, pour la protéger contre les surprises des embuscades établies sur les pentes du Lohavohitra.

A 1 heure du soir, la colonne s'établit au village d'Andavahany, au pied du piton de Babay, couverte par de fortes grand'gardes postées sur le plateau qui commande le camp de 50 mètres.

Combats de Sabotsy et d'Ambohipiana (26 septembre) (2).

D'après l'ordre de mouvement élaboré pour cette journée, la

(1) Voir pièces justificatives, X.
(2) Voir pièces justificatives, XI, et croquis nos 8 et 9.

colonne devait poursuivre sa marche sur Alakamisy où, sauf des circonstances imprévues, elle séjournerait le 27 et y serait rejointe par la réserve.

A 5 heures du matin, au moment où l'avant-garde allait se mettre en route, le général Duchesne reconnut, de la ligne des avant-postes, la présence de forts contingents ennemis sur les pentes de l'Antonjombato, dans le village de Sabotsy. Néanmoins, il maintint l'ordre de départ et l'avant-garde ne fut pas inquiétée lorsqu'elle apparut. Le 1er bataillon du régiment d'Algérie fut porté en avant. Ses deux premières compagnies arrivèrent jusqu'à 500 mètres de l'ennemi sans essuyer un coup de feu. Mais quand ses 3e et 4e compagnies quittèrent le chemin pour suivre les deux premières, un ouvrage hova, armé d'artillerie, élevé sur les crêtes qui dominent Sabotsy à l'ouest, leur envoya du canon suivi d'une vive fusillade qui blessa six hommes, dont deux grièvement.

Le général Duchesne, arrivé sur ces entrefaites, approuva les premières dispositions du général Metzinger et ordonna à l'artillerie d'ouvrir le feu. Malgré la justesse de notre tir, la fusillade des Hovas continuait et compromettait sérieusement la situation de nos troupes. Le commandant du 1er bataillon fut invité à faire mettre sac à terre à trois de ses compagnies et à les lancer à l'assaut de la position ennemie. Les Hovas n'attendirent pas l'arrivée de la colonne : ils s'enfuirent vers le sud et vers l'est.

Le 1er bataillon et la cavalerie se mirent à la poursuite des fuyards; la dernière passa le Mananaro, continua la poursuite jusqu'à Soavinimérina, de là au gué de l'Ikopa, à Ambohi-mango.

Après quelques instants de repos, les autres troupes reprirent la marche en avant, le 3e bataillon du régiment d'Algérie en tête. La colonne passa avec quelques difficultés les rizières du Mananaro et gagna les hauteurs nord du Fandrozana. Dès que l'avant-garde déboucha, elle fut accueillie par une vive fusillade. Elle pressa le pas, ce qui suffit pour mettre les Hovas en fuite. La descente du massif se fit sans autre incident. Ce calme fut troublé à hauteur de Tsimahandry où trois pièces ennemies, établies sur les crêtes d'Ambohipiana, ouvrirent leur feu ; un obus tua net un caporal du 2e bataillon du régiment d'Algérie.

Les deux batteries d'avant-garde prirent position et canonnèrent Ambohipiana. Pendant ce temps le 3e bataillon du régiment d'Algérie tentait d'aborder la position tandis que le 1er bataillon de ce même régiment, ayant marché au canon par la route de Soavinimérina, débouchait sur les derrières de l'ennemi. De son côté, le groupe Voyron, venu de Fandrozana, se concentrait à Tsimahandry.

A la vue de ces forces, l'ennemi abandonna ses positions. Elles furent occupées de suite par les 2e et 3e bataillons du régiment d'Algérie.

A 3 heures du soir, les troupes s'établirent au bivouac avec leurs avant-postes à Ambohipiana, sur les crêtes d'Alakamisy et celles qui limitent la plaine au nord.

La journée du 27 fut employée à un repos général des troupes pour attendre l'arrivée de la colonne de Lorme (réserve). Ce jour-là on n'était plus qu'à 20 kilomètres de Tananarive dont il fallait préparer l'attaque.

L'arrivée de la colonne de Lorme modifia l'ordre de marche précédemment établi. Cette colonne fut disloquée et ses divers éléments versés dans ceux des autres groupes. Le 3e bataillon du 200e vint à la 1re brigade, le bataillon mixte de la marine à la 2e brigade où il servit à reconstituer le bataillon haoussa et le 3e bataillon du 13e régiment d'infanterie de marine.

Une reconnaissance fut effectuée par une compagnie de tirailleurs malgaches, sous les ordres du capitaine Martinie ; elle traversa Alakamisy, Fiakarana, Ambohidava et Imerimandroso sans avoir été inquiétée dans sa marche.

Le soir de cette même journée, le général Duchesne s'était occupé du choix du point d'attaque de la capitale hova. La vaste plaine de rizières qu'il avait à traverser avant d'y arriver le rendit quelque peu perplexe.

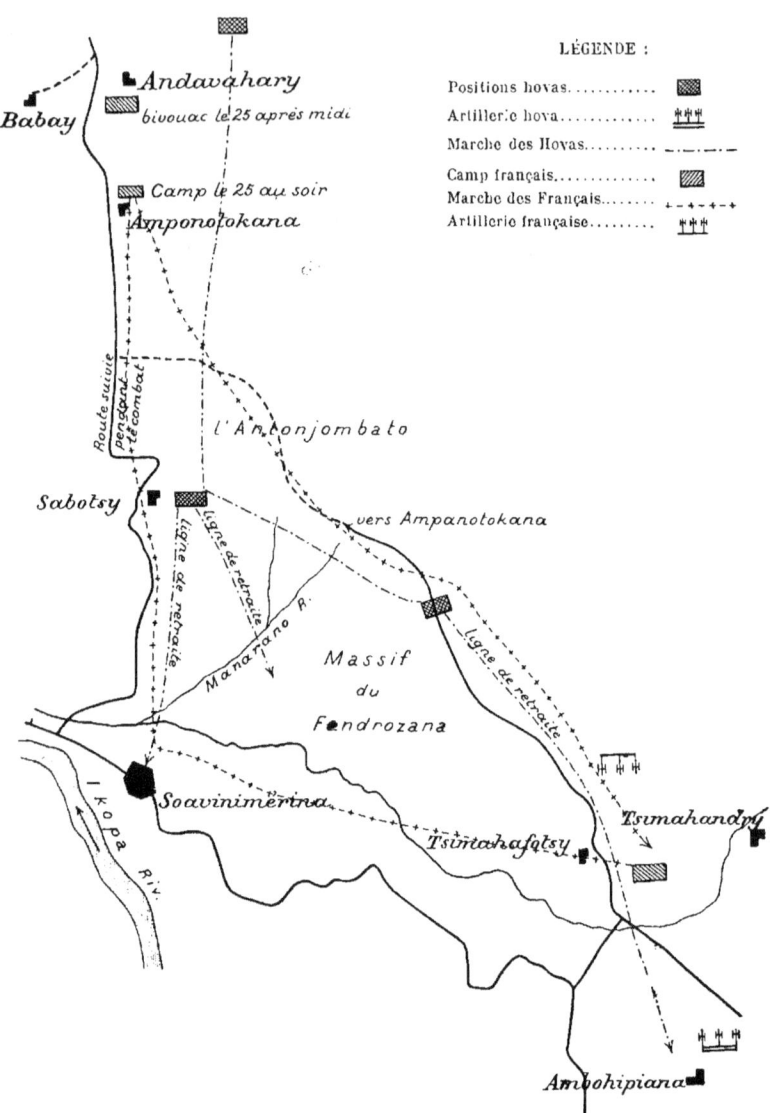

CROQUIS nº 8. — Combats de Sabotsy et d'Ambohipiana.

Attaquer Tananarive par le nord-ouest, dit-il dans son rapport, suivant la direction générale de la ligne de marche, devait entraîner non seulement l'obligation de s'ouvrir, à grand'peine, un passage à travers les champs profondément défoncés et les digues qui les séparent, mais encore aurait pour conséquence d'obliger la colonne à défiler, en formation très mince, sous le feu de hauteurs isolées qu'occupait l'ennemi; à franchir le Mamba, affluent de l'Ikopa, près de son confluent, où il est large et très profond; enfin à attaquer la place de bas en haut, avec une différence de niveau de plus de 150 mètres et sans qu'on pût disposer d'aucun emplacement favorable pour l'artillerie. Ces considérations, qui préoccupaient de longue date le général commandant en chef, le déterminèrent à décrire, autour de Tananarive, un grand arc de cercle, pour attaquer la place par l'est et le sud-est, malgré les difficultés que devait présenter une pareille marche de flanc, exécutée presque en vue et sous le feu de l'ennemi.

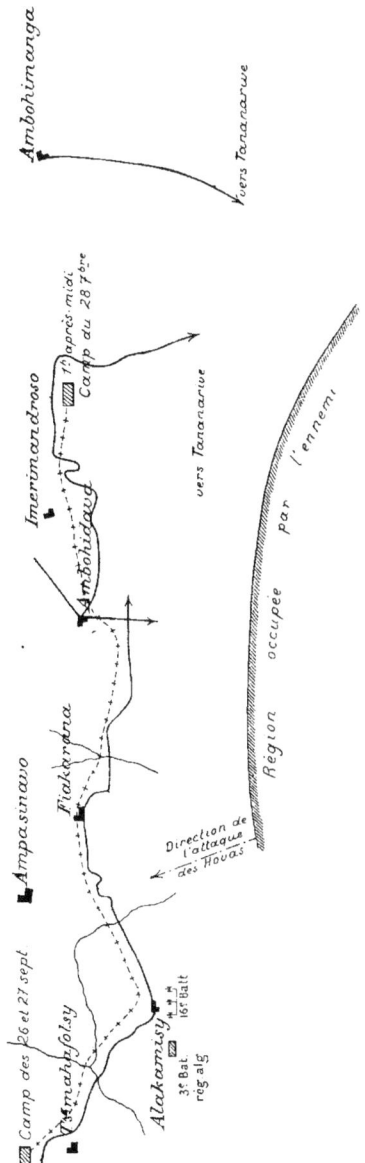

Croquis n° 9. — Combat d'Alakamisy.

Combat d'Alakamisy (28 septembre) (1).

Pour accomplir cette marche, le général Duchesne prescrivit à la colonne légère la direction d'Imerimandroso, en tournant par l'est les rizières formées par le Mamba et ses affluents, en passant par Alakamisy, Fiakarana et Ambohidava, d'où elle tenterait à s'établir, si possible, au sud-est d'Imerimandroso, sur la rive gauche de l'affluent du Mamba qui passe à l'est du village.

L'ordre de marche était le suivant :

Pointe d'avant-garde : 1/2 escadron de cavalerie ;

Tête d'avant-garde : 1 bataillon de la 2e brigade ; état-major de régiment ; 1 compagnie du génie ;

Flanc-garde : derrière la tête d'avant-garde : 1 bataillon de la 1re brigade et la 16e batterie d'artillerie ;

Gros de l'avant-garde : 2 bataillons de la 2e brigade ; état-major de la 2e brigade ; 2 batteries ; 1 bataillon de la 2e brigade ; le troupeau pour une journée de viande ;

Gros : état-major de la 1re brigade ; 2 bataillons de la 1re brigade ;

Trains régimentaires : ordre normal avec, derrière, 1 compagnie du 4e bataillon de la 1re brigade ;

Convois : 1 compagnie du 4e bataillon de la 1re brigade ; convois des trois groupes ; troupeau ;

Arrière-garde : 2 compagnies du 4e bataillon de la 1re brigade.

L'avant-garde et le gros de la colonne s'établirent au bivouac à midi. Jusqu'à 1 heure de l'après-midi, le convoi marcha sans accroc. Mais, à ce moment, partit, de toutes les habitations d'Ambohimanga, une fusillade suivie d'une démonstration offensive contre le convoi, qui obligea un moment les deux compagnies d'escorte à se replier après avoir eu à déplorer six hommes blessés.

Cette arrière-garde était entourée de tous les côtés, quand cinquante conducteurs sénégalais et le 3e bataillon d'Algérie, ce dernier conduit par le colonel Oudri, vinrent appuyer les deux compagnies et les recueillirent. Elles avaient eu à se

---

(1) Voir croquis n° 9.

défendre contre plus de 2.000 hommes, commandés par Rai-nianzalahy.

Combats de Sabotsy-Ambohinola (29 septembre) (1).

D'après les renseignements recueilis par les reconnaissances, aucun parti hova n'avait été signalé dans la région Imandroso-Ambohimanga-Lazaïna ; les forces ennemies paraissaient concentrées dans les environs de Tananarive.

Pendant cette journée, la marche devait s'effectuer par Sahafa et Lazaïna, où la colonne, empruntant la route Ambohi-manga-Tananarive, franchirait le Mamba et gagnerait Ilafy, et s'établirait au bivouac, au sud, en arrière de la crête qui court d'Anamalakitsy à Ambohibé.

La 1re brigade prit la tête et la colonne entière marcha dans l'ordre suivant :

Pointe d'avant-garde : 1/2 escadron de cavalerie ;
Tête d'avant-garde : 1 bataillon ; état-major du régiment ; 1 compagnie du génie ;
Gros de l'avant-garde : 1 bataillon ; état-major de la brigade ; 2 batteries ; 1 bataillon ; troupeau ;
Gros de la colonne : 1 bataillon de la 2e brigade ; état-major de la brigade ; 1 batterie (moins une section) ; 2 bataillons de la 2e brigade ;
Trains régimentaires : ordre normal avec, derrière, 1 compagnie du 4e bataillon de la 2e brigade ;
Convois : 1 compagnie du 4e bataillon de la 2e brigade.

La protection du convoi était assurée par deux autres compagnies, alors de grand'garde sur la crête au nord du camp. Elles attendraient le passage du dernier échelon de ce convoi, puis elles formeraient son arrière-garde. Un bataillon de la 1re brigade et une section d'artillerie devaient occuper la crête sud du camp, puis, le convoi passé, ils constitueraient l'arrière-garde défensive de la colonne.

---

(1) Voir pièces justificatives, XIII, et croquis n° 10.

La colonne avait à peine atteint Lazaïna qu'elle se heurta à l'ennemi; quelques feux de salves suffirent à le disperser.

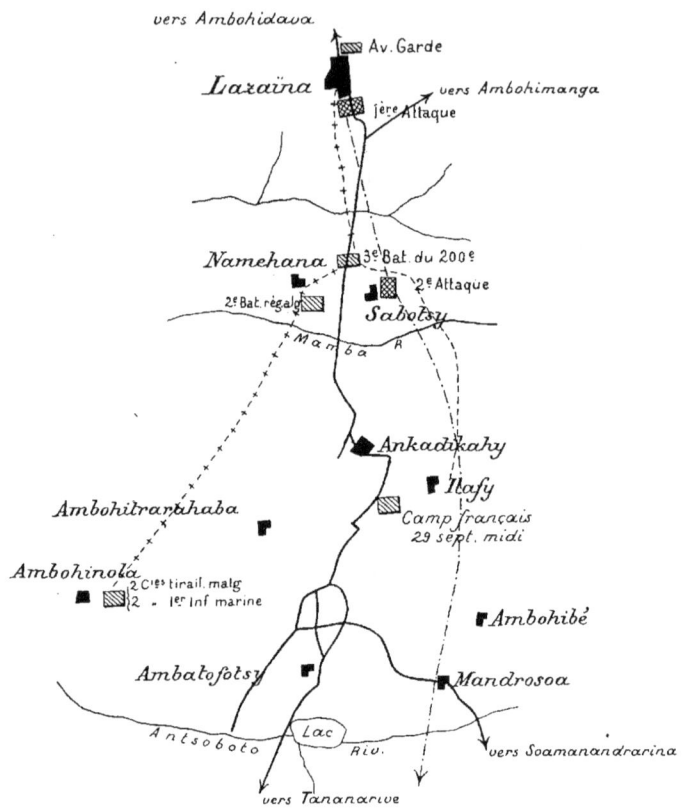

LÉGENDE :

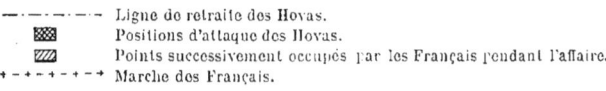

—·—·—·—·— Ligne de retraite des Hovas.
▨ Positions d'attaque des Hovas.
▨ Points successivement occupés par les Français pendant l'affaire.
+—+—+—+—+→ Marche des Français.

CROQUIS n° 10. — Combats de Sabotsy-Ambohinola.

Une nouvelle attaque fut dirigée contre la cavalerie, le 2ᵉ bataillon du régiment d'Algérie et la 11ᵉ compagnie du génie, quand ils débouchèrent sur la place de Sabotsy : un

officier et trois hommes furent blessés. Le 2ᵉ bataillon se
déploya immédiatement et gagna le hameau de Namehana,
tandis que le 3ᵉ bataillon du 200ᵉ, appuyant à gauche, tenta
de déborder l'aile droite ennemie, sous la protection de l'artillerie.

Ces dispositions furent inutiles. L'ennemi prit la fuite
sans attendre le résultat de l'attaque d'Ilafy et d'Amboninola
que deux compagnies de tirailleurs malgaches et deux compagnies du 1ᵉʳ bataillon du régiment d'infanterie de marine,
appuyées par deux pièces, préparèrent sous les ordres du
commandant Borbal-Combret. Cette dernière colonne eut à
soutenir une assez vive fusillade qui lui blessa un homme.

Le soir, la colonne entière s'établissait au bivouac, au point
fixé par le général en chef, à 8 kilomètres à vol d'oiseau du
palais de la reine.

Quand se leva l'aurore du 30 septembre plus d'un homme
de la colonne légère souhaita de voir arriver le crépuscule.
C'était pour tous le terme de bien des souffrances, c'était aussi
la récompense des efforts communs des officiers et des soldats.

Attaque de Tananarive (30 septembre) [1].

D'après les reconnaissances qui avaient été effectuées autour
de la capitale, on avait appris que les Hovas occupaient fortement la chaîne de montagnes qui court, en partant du sud, par
l'observatoire d'Ambohidempona, Andrainarivo et les points
1330 et 1311; ces deux derniers étaient couverts par des batteries.

L'attaque devait comporter deux phases : 1° attaque et occupation de la chaîne de montagnes indiquée ci-dessus; 2° bombardement de la ville pendant une heure, suivi de l'assaut, en
cas de besoin.

La colonne d'attaque fut divisée en deux échelons : le pre-

---

[1] Voir pièces justificatives, XIII; plan général de Tananarive, n° 11, et croquis n° 12.

mier échelon, placé sous le commandement du général Metzinger, comprenait :

Les trois bataillons du régiment d'Algérie :
Le 3e bataillon du 200e ;
Le bataillon malgache ;
Les 9e et 16e batteries d'artillerie ;
La 13e compagnie du génie ;
La cavalerie.

Le deuxième échelon, placé sous les ordres du général Voyron :

Les 1er et 3e bataillons du 13e régiment d'infanterie de marine ;
Le bataillon haoussa ;
La 8e batterie d'artillerie ;
La 11e compagnie du génie.

Ce dernier échelon devait prendre le chemin d'Ilafy à Ambatofotsy. Le convoi administratif et le troupeau suivraient les convois régimentaires sous la protection du bataillon haoussa. Les deux compagnies d'infanterie de marine de grand'garde à Ambohitrarahabo y restèrent jusqu'à la réception de l'ordre de se porter en avant. Une des deux compagnies de cette même troupe établies de grand'garde à Ilafy devait y attendre l'écoulement des convois, pendant que l'autre, se mettant en route à 5 h. 15, gagnerait par la ligne des crêtes Ambohibé et marcherait en avant en se maintenant à hauteur de l'escorte du convoi.

Le général Metzinger lèverait le camp à la pointe du jour, marcherait en se dissimulant sur les pentes est de la troisième ligne de crêtes, gagnerait par Soamandrarina et Ambatomaro la deuxième ligne de crêtes (l'Ankatzo) d'où il attaquerait, sur la première ligne, les deux pitons de l'observatoire et Andrainarivo.

Mais, comme nous le verrons plus loin, une nouvelle attaque du convoi par les troupes de Rainianzalahy, aux environs d'Ilafy, obligea le commandement à modifier la répartition de ses troupes. Il dut renforcer ce dernier point, sous les ordres du colonel de Lorme, par trois compagnies du bataillon haoussa, une compagnie du 3e bataillon du régiment d'infanterie de marine, une autre compagnie à Ambohibé, et une troisième à Ambohitrarahabo.

L'ascension des crêtes de la troisième ligne par l'échelon Metzinger fut des plus pénibles. Ce n'est qu'à 8 h. 1/2 qu'il déboucha en face des crêtes de l'Ankatso, fortement occupées par l'ennemi. Un quart d'heure plus tard, deux pièces de la 16e batterie ouvrirent le feu contre cette position à l'assaut de laquelle marcha le bataillon malgache, soutenu par le 3e bataillon du régiment d'Algérie. A 9 h. 1/2, on était maître de la position et le dernier bataillon s'établissait en arrière d'Ambatomaro. Le bataillon malgache avait un officier et un tirailleur blessés.

A ce moment, la 8e batterie de l'échelon Voyron canonnait les pitons 1311 et 1330; elle eut quelque peine à éteindre le feu de l'artillerie hova.

A 11 h. 45, toutes les troupes de l'échelon Metzinger, sauf le bataillon malgache et le 3e bataillon du régiment d'Algérie, étaient massées sur les hauteurs de l'Ankatzo. Deux pièces de la 16e batterie et la 9e batterie au complet ouvrirent le feu contre l'observatoire d'abord, ensuite contre Andrainarivo. Une heure après, malgré une riposte très vive au début, l'artillerie hova cessa la lutte. A midi 45, le bataillon malgache occupait l'observatoire après avoir eu deux hommes blessés.

Cette troupe trouva deux canons dont les hausses avaient été enlevées. Le commandant Ganeval fit faire des hausses en bois et, immédiatement, les pièces furent tournées contre la capitale au grand étonnement de tous, de l'attaque comme de la défense. La ville reçut quelques projectiles de cette batterie dont les servants furent improvisés parmi les tirailleurs et aidèrent à souhait la situation critique dans laquelle se trouvait le 3e bataillon du régiment d'Algérie.

Ce bataillon avait été chargé de servir de pivot à l'échelon de gauche pendant son attaque. Deux des compagnies qui avaient enlevé Andraisoro n'attendirent pas, pour se porter contre Andrainarivo, la préparation de l'attaque par l'artillerie.

PLAN DE TANANARIVE

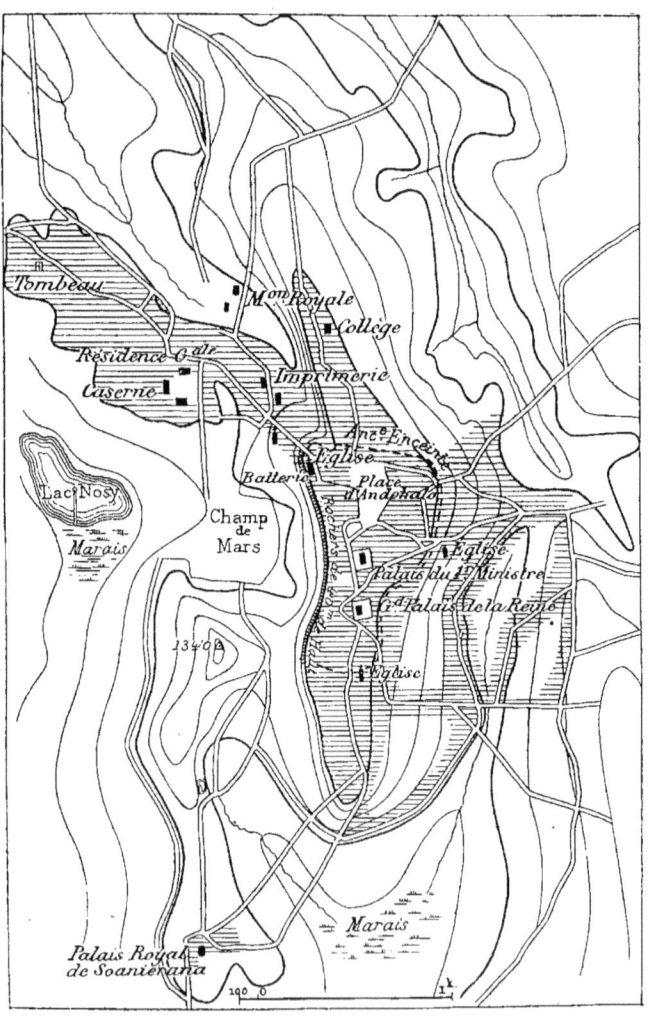

CROQUIS n° 11.

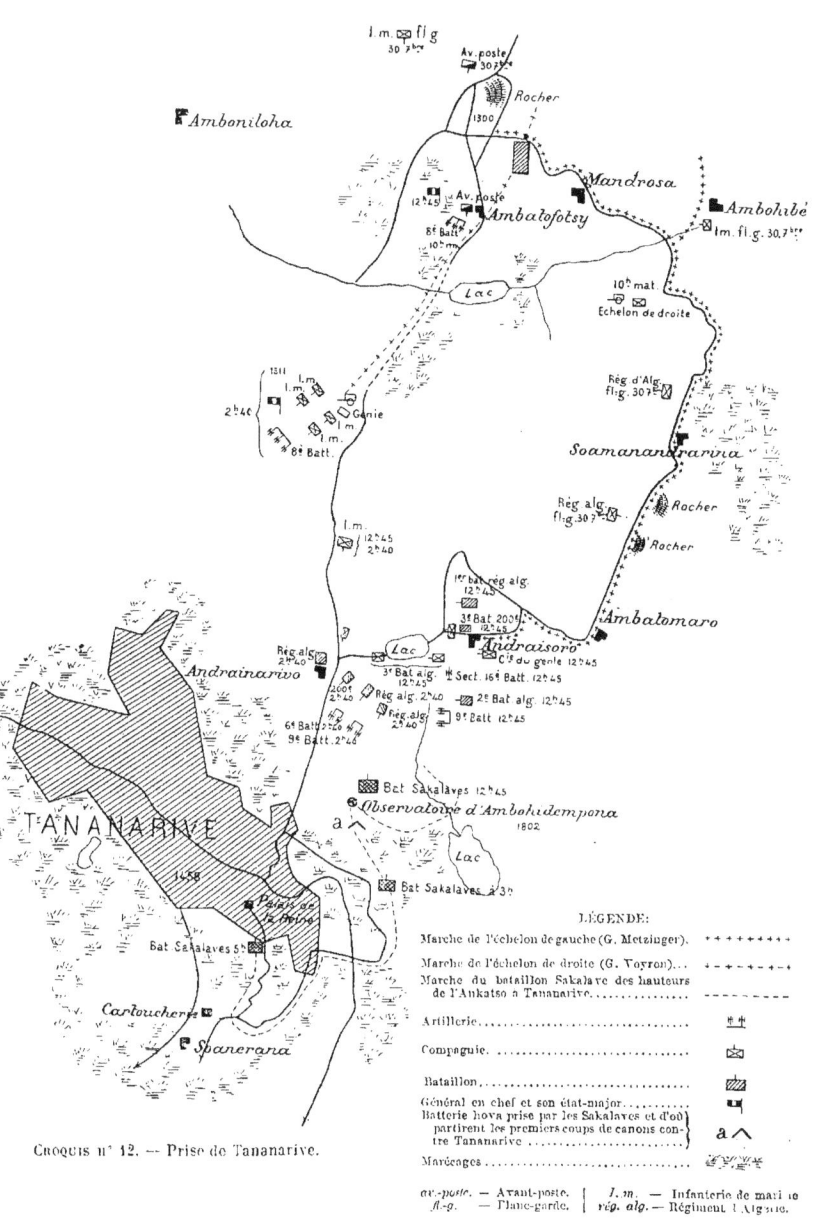

CROQUIS Nº 12. — Prise de Tananarive.

LÉGENDE:

Marche de l'échelon de gauche (G. Metzinger).	+ + + + + + + +
Marche de l'échelon de droite (G. Voyron)...	+ - + - + - + - +
Marche du bataillon Sakalave des hauteurs de l'Ankatso à Tananarive...............	- - - - - - - -
Artillerie...................................	
Compagnie.	
Bataillon....................................	
Général en chef et son état-major............	
Batterie hova prise par les Sakalaves et d'où partirent les premiers coups de canons contre Tananarive.......................	a ∧
Marécages...................................	

av.-poste. — Avant-poste.   l. m. — Infanterie de marine
fl.-g. — Flanc-garde.   rég. alg. — Régiment d'Algérie.

Elles se trouvèrent en face de forces ennemies considérables qui les forcèrent à se replier après leur avoir tué deux sous-officiers et quatre tirailleurs et blessé 2 officiers et 17 tirailleurs. Elles durent leur salut à l'intervention des deux autres compagnies du bataillon dont les feux de salves, appuyés par les feux de flanc de la 8e batterie et des deux canons de l'observatoire, mirent l'ennemi en fuite.

Dès que l'artillerie hova, établie sur les pitons 1311 et 1330, eut cessé son feu, les six compagnies d'infanterie de marine restées disponibles vinrent les occuper; l'une d'elles contribua également à la conquête d'Andrainarivo, avec le concours des troisièmes bataillons du régiment d'Algérie et du 200e.

A 1 h. 1/2 de l'après-midi, la première partie du programme du général Duchesne était un fait accompli; nous étions maîtres de la ligne des crêtes qui constituent la défense extérieure de la capitale.

Le moment était venu d'entamer la seconde phase de l'attaque : le bombardement.

Les 9e et 16e batteries reçurent l'ordre de se trouver à 2 h. 40 sur les hauteurs de l'observatoire, la 8e batterie sur le piton 1330. Six colonnes d'assaut de deux compagnies chacune, conduites par des guides empruntés à l'ancienne escorte de la résidence, furent constituées. Elles avaient pour mission, après une heure de bombardement, d'aborder la capitale par six itinéraires différents et de se réunir, pour l'effort suprême, vers le palais de la reine et celui du premier ministre.

A 2 h. 55 précises, le signal de l'ouverture du feu fut donné. Cinq obus à la mélinite servirent à régler le tir des 16e et 9e batteries.

A cet instant, dit un témoin oculaire (M. le commandant Aubier), le spectacle était vraiment grandiose et pittoresque. Du point où nous étions et par la baie ouverte entre les pitons de l'observatoire et d'Andrainarivo, Tananarive tout entière apparaissait, longuement étalée sur ses trois collines que l'éloignement confondait en une courbe unique. Par cette lumière intense et dans cette transparence azurée, ce tableau offrait un effet panoramique saisissant.

Imaginez une immense et longue croupe, recouverte d'un fouillis de maisonnettes blanches, informes, mais éclatantes, entourées d'arbustes multicolores; un amoncellement de terrasses entassées, séparées par des crevasses ou des ravins boisés; et au dessus, se profilant bien haut sur l'horizon, flanquées de leurs tours carrées, les imposantes façades des palais de la reine et du premier ministre. Dans les rues, sur les terrasses, littéralement couvertes de lambas blancs, on voyait s'agiter confusément une foule houleuse dont, par instants, on pouvait presque percevoir les clameurs. Au bas, comme une immense écharpe d'azur, la large ceinture verdoyante et calme des rizières et les eaux miroitantes de l'Ikopa, çà et là traversées d'étroites digues sur lesquelles s'écoulaient, semblables à des rubans qu'on replie, les longues files blanches des colonnes hovas en fuite. En haut, dans le ciel bleu, déchirant l'air, une stridente envolée d'obus, dont la plupart heureusement n'éclataient pas.

Tout à coup le décor changea. Toute cette foule disparut, l'agitation s'évanouit; les batteries se turent et un mystérieux silence succéda, troublé seulement par la double détonation de nos canons et de nos obus qui venaient éclater en fusées fumeuses sur la ville morte et sur les terrasses désertes. Instant solennel et tragique, où nous nous demandions avec angoisse si ce peuple n'avait pas fui, ne s'était pas écoulé par l'ouest, et si des gerbes de flammes n'allaient pas dévorer cette cité fantastique qui était là sous nos yeux, sous notre main!

Déjà l'ordre est donné de former les colonnes d'assaut; déjà le bataillon malgache et le détachement de cavalerie qui doivent pénétrer par le sud se sont élancés, lorsque soudain le drapeau du palais de la reine s'abaisse et l'on voit remonter à sa place un immense voile blanc. C'est le prélude de la capitulation due, comme on le sut plus tard, aux ravages causés dans le palais de la reine par nos premiers obus à la mélinite. En deux coups une vingtaine de Hovas avaient été littéralement broyés (1).

Il était 3 h. 30, lorsque se présenta un parlementaire, Marc Rabibiosa, deuxième secrétaire du premier ministre. Il était chargé de demander la cessation du feu sans offrir d'autres compensations. Le général Duchesne ne lui reconnut aucun pouvoir pour traiter la moindre question; il se borna à le

---

(1) A. Aubier, *op. cit.*, p. 41.

renvoyer à la cour en lui accordant quarante-cinq minutes pour venir avec d'autres négociateurs traiter la reddition de la capitale.

Quelques instants avant l'expiration du délai, un fils du premier ministre et le ministre des affaires étrangères, munis de pouvoirs réguliers, vinrent trouver le général et lui annoncèrent la reddition de Tananarive et la cessation des hostilités. Le commandant du corps expéditionnaire, prenant acte des déclarations des parlementaires, leur fit connaître qu'il prendrait immédiatement possession de la ville et qu'au cas où la population ferait acte de rébellion il ferait incendier Tananarive.

Le général Metzinger fut investi des fonctions de gouverneur militaire de Tananarive; il y entra de suite avec quatre bataillons, une batterie et deux compagnies du génie. Le général Duchesne fixa son entrée au lendemain, 1er octobre, à 8 heures du matin. En attendant, il s'établit avec le groupe Voyron sur les crêtes à l'est, d'où il pouvait réprimer la moindre tentative de représailles de la population hova.

Affaire d'Ilafy (30 septembre).

En même temps que les troupes françaises dessinaient leur premier mouvement contre la capitale, celles de Rainianzalahy, fortes de 2.000 hommes, et de 2 canons, tentaient d'arrêter le convoi.

Le colonel de Lorme, renforcé comme nous l'avons dit, resta sur la défensive en attendant le passage du convoi. Vers 11 heures, l'écoulement de cette colonne étant terminé et ses troupes assurées, si le besoin était, de la protection du groupe Voyron, le colonel prescrivit de prendre l'offensive contre Sabotsy, qui lui parut être le centre de la résistance des Hovas.

Tandis que deux compagnies de Haoussas marchaient en avant, une troisième dessinait, à gauche, un mouvement débordant ; après quoi, les trois compagnies unissant leurs efforts, elles franchirent, d'un seul élan, les pentes sur lesquelles s'élève Sabotsy et, à la baïonnette, s'emparèrent de deux canons et mirent l'ennemi en fuite.

Il était midi 45 quand cette opération fut terminée; elle nous coûtait deux tués et deux blessés.

Résultat final des opérations.

Les opérations de la colonne légère étaient terminées. Elles avaient imposé bien des souffrances, mais elles étaient couronnées par le plus éclatant succès. Une fois de plus, les qualités d'endurance du Français se révélèrent comme son courage à supporter les privations et les plus grandes fatigues pour la défense du drapeau.

Ces succès nous coûtaient : 4 officiers blessés, 10 hommes de troupe tués, 52 blessés et 12 disparus.

On avait consommé 81.000 cartouches et 362 projectiles d'artillerie.

Cette journée du 30 septembre mettait entre nos mains : 4 canons pris au cours de la lutte, 74 canons ou mitrailleuses, dont 30 de modèles modernes, une grande quantité de munitions d'artillerie et d'infanterie, répartis entre les différents ouvrages.

Dans cette série de luttes chacun fit son devoir. Mais le général Duchesne voulut mentionner en particulier ceux de ses lieutenants dont il avait eu à apprécier les éminents services. Il porta à l'ordre du jour du corps expéditionnaire : 1° dans l'armée de terre : les capitaines Delbousquet, Brundsaux, Perrot, Courtois ; le lieutenant Larbi-ben-Amar ; l'adjudant Philibert, du régiment d'Algérie ; le capitaine Gendron de l'artillerie ; le capitaine Aubier, de la cavalerie ; le capitaine Iraçabal, du train ; 2° dans l'armée de mer : le colonel de Lorme ; le commandant Ganeval ; les capitaines Staup, de Fitz-James, Aubé ; le lieutenant Dominé, le sergent Leroux, de l'infanterie de marine.

Le général Duchesne remercia les troupes par l'ordre du jour suivant :

Tananarive, le 1er octobre 1895.

Officiers, Gradés et Soldats de la colonne légère,

L'effort que je vous demandais par mon ordre général n° 68, du 8 septembre, pour atteindre Tananarive, a porté les fruits que j'en attendais.

Une marche presque ininterrompue de 17 jours, marquée de fréquents combats, nous a amenés d'Andriba à la capitale. Vous avez su triompher de tous les obstacles qui vous étaient opposés et, le 30 septembre au soir, après une action laborieuse et brillante pour nos armes, nous entrions en vainqueurs à Tananarive.

Les négociations en vue de la pacification, commencées aujourd'hui, ont abouti, dès ce soir, à la signature du traité de paix, qui deviendra définitif aussitôt qu'il aura été ratifié par les Chambres et par le gouvernement de la République.

Cet heureux résultat est dû à votre persévérance et à votre énergie ; je tiens à vous en remercier, sans attendre les félicitations que la France, fière de votre succès, ne manquera pas de vous adresser.

Hommages de la France au corps expéditionnaire.

L'anxiété était grande dans la métropole au moment où le général Duchesne s'emparait de Tananarive ; depuis plusieurs jours on était sans nouvelles de la colonne légère, lorsque le 10 octobre seulement on connut, à Paris, la chute de la capitale, par le télégramme suivant :

Après une action brillante, Tananarive a été occupé le 30 septembre.

Les négociations pour la paix ont été commencées le 1er octobre et ont abouti dans la soirée du même jour, sous réserve de la ratification du gouvernement de la République.

Le général Metzinger a été nommé gouverneur militaire de Tananarive.

Les Chambres étaient en vacances ; le gouvernement s'empressa de répondre par un télégramme, que le général en chef porta à la connaissance des troupes par l'ordre général suivant :

Ordre général n⁰ 88.

Le général commandant en chef a la vive satisfaction de porter à la connaissance des officiers et des hommes de troupe des armées de terre et de mer, sous son commandement, le télégramme suivant, qu'il vient de recevoir de M. le Ministre de la guerre :

Paris, le 10 octobre 1895.

La France entière et le Gouvernement de la République vous adressent, Général, leurs félicitations, ainsi qu'aux officiers, sous-officiers et soldats des armées de terre et de mer du corps expéditionnaire.

Vos admirables troupes, celles de la colonne de Tananarive comme celles qui gardent vos communications après les avoir ouvertes au prix d'efforts inouïs, ont bien mérité de la Patrie.

La France vous remercie, Général, des services que vous venez de rendre et du grand exemple que vous avez donné ; vous avez prouvé, une fois de plus, qu'il n'est pas d'obstacles, ni de périls, dont on ne vienne à bout avec le courage, de la méthode et du sang-froid.

Le Gouvernement propose la création d'une médaille de Madagascar, qui sera donnée à toutes vos troupes.

Par ce même télégramme, M. le Ministre de la guerre annonce que le général commandant en chef est élevé à la dignité de grand-officier de la Légion d'honneur.

Fait au quartier général, à Tananarive, le 18 octobre 1895.

Le Général commandant en chef,

Signé : Ch. DUCHESNE.

Cet hommage ne devait pas être sans écho. Dès la rentrée du Parlement, les présidents du Sénat et de la Chambre des députés s'associèrent au gouvernement.

Au Sénat, M. le président Loubet s'exprima en ces termes :

MESSIEURS,

Notre première pensée, en nous trouvant réunis après trois mois de séparation, doit être pour ces vaillants soldats qui ont défendu si courageusement, au milieu de tant d'obstacles, l'honneur et les intérêts de la Patrie. (*Applaudissements.*)

En les voyant partir, il y a quelques mois, nous étions sans inquiétude sur le succès final de l'expédition, mais non pas sans angoisse en songeant aux dangers de toute sorte qu'ils allaient affronter et dont le moindre était le feu de l'ennemi. (*Vives approbations.*)

Ils ont répondu à la confiance que nous avions mise en eux. C'est trop peu dire. Ils ont ajouté une page glorieuse à nos annales militaires et, en même temps, ils ont accru les possessions françaises d'une magnifique conquête.

Cette conquête, nous l'avons achetée par de douloureux sacrifices, mais nous avons le droit d'en être fiers, car elle est faite non seulement au profit de la France, mais au profit de l'humanité et de la civilisation.

Aussi, je crois devoir, au nom du Sénat, unanime en cette question, envoyer à notre corps expéditionnaire, chefs et soldats, l'expression de notre sympathie passionnée et de notre reconnaissance. (*Applaudissements unanimes et prolongés.*)

A la Chambre des députés, M. Henri Brisson dit :

MESSIEURS ET CHERS COLLÈGUES,

Notre première pensée à tous, en reprenant nos travaux, sera pour ces fils héroïques de la Patrie qui viennent de porter sur une terre lointaine le drapeau de la France. (*Applaudissements.*)

Jamais mieux que durant cette campagne nous n'avons senti combien les lois de la République ont fait indivisibles l'armée et la nation. (*Très bien, très bien.*)

Notre race y a déployé de robustes vertus. Par leur endurance obstinée en face de maux inattendus, par leur volonté de marcher et de vaincre, nos troupes ont fait voir, une fois de plus, qu'à la guerre la flamme intérieure de l'homme et la discipline réfléchie peuvent triompher de tout. (*Vifs applaudissements.*)

Représentants de la nation, nous nous inclinons, avec un pieux respect, devant la tombe de ceux de nos enfants qui sont morts pour la Patrie. (*Nouveaux applaudissements.*)

Nous saluons avec reconnaissance ceux qui font définitivement flotter ses trois couleurs sur la grande île. Ils se sont montrés à la hauteur de tous les sacrifices, de toutes les difficultés, de toutes les espérances. (*Applaudissements vifs et prolongés.*)

Il ne reste qu'un mot à ajouter à ces hommages officiels : Souvenons-nous des morts et glorifions leur mémoire.

CHAPITRE IV

OCCUPATION DE TANANARIVE ET DE L'EMYRNE

Entrée du général Duchesne à Tananarive ; signature de la paix. — Organisation de l'occupation de Tananarive. — Reddition des lignes de Farafate (11 octobre). Déposition du premier ministre hova. — Insurrection dans le sud-ouest. — Insurrection sur la côte est. — Rapatriement du corps expéditionnaire : *a)* mesures générales ; *b)* mesures particulières pour le rapatriement des malades et des convalescents : critiques contre ces mesures ; *c)* rapatriement des troupes valides. — Pertes du corps expéditionnaire.

Entrée du général Duchesne à Tananarive ; signature de la paix.

Le 1er octobre, à 8 heures du matin, le général Duchesne, précédé d'un peloton de cavalerie et suivi de son état-major, entrait dans la capitale hova par la route de Tamatave à travers les rues encore hérissées de barricades. Après avoir passé devant le palais de la reine et traversé la place d'Andohalo, il s'établit à la résidence générale où le drapeau français fut hissé.

Les troupes entrées la veille dans la capitale lui rendirent les honneurs militaires.

A 1 heure de l'après-midi, les plénipotentiaires chargés de traiter la paix furent reçus au palais de la résidence ; à 3 heures, les négociations étaient terminées.

Le soir, à 8 heures, la reine ratifiait le projet de traité qui lui était soumis. Ce traité comportait : la reconnaissance du protectorat de la France sur l'île de Madagascar, avec toutes ses conséquences ; représentation du gouvernement français auprès de la reine et dans les relations extérieures de Madagascar ; la résidence générale chargée des rapports avec les représentants des puissances étrangères, les affaires intéressant celles-ci traitées par l'entremise de la résidence ; protection par la France des sujets malgaches établis à l'étranger ;

occupation de l'île par des forces suffisantes pour assurer
le respect du protectorat et la sécurité de l'île contre
tout danger qui la menacerait à l'extérieur ou troublerait la
paix à l'intérieur ; contrôle sur l'administration intérieure de
l'île ; dépenses des services publics et de la dette assurées par
les revenus de l'île ; aucun emprunt contracté sans l'autorisation du gouvernement français qui n'assume aucune garantie
des dettes antérieures au présent traité.

Organisation de l'occupation de Tananarive.

Il importait d'assurer la sécurité de la capitale. Tananarive
n'offrant pas les ressources suffisantes pour loger les troupes
d'occupation, et, d'un autre côté, comme il fallait protéger les
abords contre les tentatives possibles des bandes hovas errantes
dans le pays, le général Duchesne prit les dispositions suivantes :

Deux batteries d'artillerie furent établies sur les positions
de l'est ; une troisième sur la colline d'Ambohijanahary, à
l'ouest, toutes trois soutenues par quatre bataillons répartis
sur les positions du nord et de l'ouest, un cinquième bataillon
sur la colline d'Ambohijanahary et le plateau de Soanerana.
Toutes ces troupes furent sous le commandement du général
Voyron, relevant lui-même du général Metzinger.

A l'intérieur de la ville, un bataillon fut chargé de la
garde du palais de la reine, un autre du palais du premier
ministre, un troisième des magasins administratifs établis
sur la place d'Analakely.

Une autre préoccupation, pas moindre que celle de la sécurité de la ville, assaillit le commandement : celle d'assurer
le ravitaillement du corps d'occcupation, dont les approvisionnements seraient consommés le 6 octobre.

Pour cela, il fallut rouvrir les communications avec la base
de ravitaillement toujours à Mangasoavina.

Dès l'installation du quartier général à Tananarive, le com-

mandant en chef envoya deux compagnies d'Haoussas à
Fiahonana. Il leur donna mission de protéger les convois
qui avaient été inquiétés déjà à Maharidaza et à Ankazobé. Il
crut prudent de faire occuper le dernier point par deux compagnies malgaches. Ces détachements ne rencontrèrent pas
d'ennemis ; ils rentrèrent à Tananarive le 14 novembre, après
le passage des derniers convois.

Le 6 octobre, le commandement avait fixé à un nouveau taux
la ration journalière de vivres. Pour les Européens et les
tirailleurs algériens, elle fut : riz, 800 grammes ; sel, 20 grammes ; sucre, 40 grammes ; café, 30 grammes ; viande fraîche,
500 grammes ; pour les Kabyles et les autres noirs, certaines
denrées furent fournies en moindre quantité : la ration de
sucre fut réduite à 20 grammes, le café à 15 grammes, la
viande fraîche à 400 grammes.

La ration des chevaux et des mulets fut portée à quatre
kilos de paddy, dès que les approvisionnements permirent
de le faire.

Reddition des lignes de Farafate (11 octobre).

Au cours de la campagne de 1883-85, les lignes de Farafate
avaient joué un rôle important qu'elles retrouvèrent pendant
celle de 1895, au moment où la capitale de l'Emyrne tombée
en notre pouvoir ferait songer à utiliser, pour les ravitaillements, la ligne Tananarive-Tamatave.

Tamatave, du côté de la terre, a une vaste plaine limitée, au
sud et au nord, par les rivières Isondro et Ivoholina, séparées
l'une de l'autre par un intervalle de 20 kilomètres.

A l'ouest, du côté de la capitale, cette plaine est fermée par
une chaîne de montagnes qui court parallèlement à la mer,
dont elle est distante de 5 kilomètres seulement. Cette chaîne
appuie ses deux extrémités aux deux rivières que nous connaissons ; de plus, en avant, comme la garnissant d'un fossé
naturel de 18 kilomètres de longueur, coulent le Ramonainty,

affluent de l'Ivoholina, et la Vorinkina, affluent de l'Ivondro. Ces obstacles ne peuvent être franchis que par l'un des quatre gués établis à Sahamafy, à Ampanalame, à Farafate et à Ampassimandorona.

Dès le 11 septembre, le général Duchesne avait invité le contre-amiral Bienaimé à amener à Tamatave, du 1er au 5 octobre, les troupes qu'il aurait de disponibles parmi celles des garnisons de Diégo-Suarez et de Majunga et le plus possible des bâtiments de sa division navale.

Cette opération avait encore un autre but, que nous révèle le rapport du général Duchesne : « Si à la date sus-indiquée, dit ce document, cet officier général n'avait pas reçu de nouvelles de l'entrée à Tananarive de la colonne légère, il devait s'efforcer, sans nouveaux ordres, de débloquer Tamatave, de manière à être prêt à faire monter, par cette voie, les renforts, en personnel et en matériel, qui pourraient être nécessaires à la colonne légère. Le général en chef laissait, d'ailleurs, au contre-amiral Bienaimé toute latitude sur le choix du moment où l'opération devrait être tentée et sur les moyens à employer pour la mener à bien. »

Le 30 septembre, le contre-amiral Bienaimé arrivait devant Tamatave avec le *Primauguet* et une compagnie de tirailleurs malgaches ; la *Revanche* et la *Rance* suivaient et débarquaient, la première, le 1er octobre, 200 hommes d'infanterie de marine et 10 mulets, la seconde, le 2 octobre, 104 hommes de la même arme et une section d'artillerie de montagne de 80 millimètres.

Ces détachements portaient les forces de la garnison de Tamatave, placées sous le commandement du lieutenant-colonel Belin, à 1 bataillon d'infanterie de marine ; 1 compagnie de tirailleurs malgaches ; 1 batterie de quatre pièces de 65 millimètres ; 1 section de 80 millimètres de campagne et 1 section de pièces de ce même calibre d'artillerie de montagne ; 2 compagnies de débarquement, soit un effectif de 39 officiers, 1.177 hommes et 84 chevaux et mulets.

Un conseil de défense fut constitué. A la suite de plusieurs reconnaissances et d'une délibération de ce conseil, on décida d'attaquer la position par le village de Vohidotra, situé au nord, facilement accessible par terre, et sous les coups de l'artillerie de la division navale du côté de la mer.

Dans la nuit du 5 au 6 octobre, le lieutenant-colonel Belin, avec deux compagnies d'infanterie de marine, une compagnie de tirailleurs malgaches, la batterie de 65 millimètres et une section du génie, s'empara de la position sans coup férir; les Hovas avaient abandonné Vohidotra. Ils tentèrent bien, mais vainement, de le reprendre.

L'amiral Bienaimé apprit, au retour de la *Rance*, le 9 octobre, la chute de Tananarive et la signature de la paix; ce navire avait été envoyé à Votomandry avec l'espoir d'obtenir des nouvelles de la colonne légère.

Il dépêcha aussitôt un parlementaire auprès du commandant des lignes hovas, avec armistice de quarante-huit heures. Le 11 octobre, quelques instants avant l'expiration de l'armistice, les lignes de Farafate étaient remises en notre pouvoir avec 39 canons, 1.200 fusils et une grande provision de munitions.

Déposition du premier ministre hova.

Le 2 octobre, le général Duchesne avait constaté avec une vive inquiétude que l'appel qu'il avait adressé à la population, dès son entrée dans la capitale, restait lettre morte. Les habitants ne rentraient pas, ils ne désarmaient pas davantage. Il fit procéder à une enquête sur-le-champ dont le résultat lui révéla, le soir même, les manœuvres occultes du premier ministre et de son entourage. Il s'assura de suite de la personne de Rainelaicrivoun et de ses conseillers, ses complices en l'occurrence. Il le fit déposer (1) et remplacer par Rainitsimbazafy, ancien ministre de l'intérieur.

Cette mesure fit quelque impression sur la population; elle se hâta de rentrer dans la capitale et de rendre les armes.

_____

(1) Déporté plus tard à Orléansville, Rainelaicrivoun y est décédé, le 17 juillet 1896, à l'âge de 70 ans, des suites d'une maladie de vessie.

Le 21 octobre, le général Duchesne télégraphia au gouvernement :

Situation s'améliore tous les jours. Routes Tamatave et Majunga ouvertes et sûres. Dans régions ouest, gouverneurs indigènes rejoignent postes abandonnés pendant expédition. Amiral Bienaimé informe tout calme côte est ; désarmement Tamatave terminé ; conduite troupes remarquable.

Reine a tenu aujourd'hui assemblée populaire annonçant paix et changement ministère. Gouvernement soumis.

Général commandant la 1re brigade quitte demain Tananarive avec deux bataillons rapatriés.

Insurrection dans le sud-ouest.

Ce calme fut de courte durée. Le 22 novembre, jour de la fête du Bain, Arivonimano, à 40 kilomètres de Tananarive, était le théâtre d'un massacre dans lequel le pasteur anglais Johnston, sa femme, sa fille, le gouverneur hova et ses officiers trouvèrent la mort.

Le 23 novembre, sur la demande des autorités indigènes, trois compagnies de tirailleurs malgaches, sous les ordres du commandant Ganeval, furent envoyées à Arivonimano. Leur marche fut retardée par un violent orage qui les arrêta au pied de l'Ambohitroniboli, à moitié chemin.

Une compagnie occupa les hauteurs et les deux autres se retranchèrent dans le village. Un sergent français et deux tirailleurs qui s'étaient aventurés en avant des lignes furent massacrés à leur tour. Les rebelles continuèrent leur offensive, allant même jusqu'à se faire tuer à bout portant. Toute la nuit la lutte dura, et le lendemain un millier de Malgaches se ruèrent contre la position d'où ils furent repoussés. Le 27, les tirailleurs, n'ayant plus de vivres, se replièrent et vinrent bivouaquer sur la rive droite de l'Andromba, à 12 kilomètres de Tananarive. Le commandant Ganeval fut rejoint, dans l'après-midi, par deux compagnies d'Haoussas, une section de la 9e batterie et un convoi de vivres approvisionné pour dix jours.

Le lendemain, la colonne reprit sa marche sur Arivonimano, où elle arriva le 28. Après une reconnaissance du village, on brûla les maisons des meneurs; de là on se porta à
Amboanano, résidence de Razafinivoavy, principal chef de
l'insurrection. Le village était désert; il fut incendié. Ce point
fut pris comme centre d'où rayonnèrent de nombreuses
reconnaissances qui rejetèrent les rebelles dans les gorges
de l'Ankaratra.

Le général Duchesne pensa que la présence d'anciens chefs
malgaches pouvait contribuer plus rapidement à la soumission
des rebelles. Il envoya Rainianzalahy et d'autres fonctionnaires dans la région soulevée. Leur concours nous fut très
utile; il amena, dès le 3 décembre, de nombreuses soumissions.

Le 19 décembre, les deux compagnies d'Haoussas furent rap-
pelées à Tananarive. Arivonimano fut laissé à la garde de trois
compagnies du bataillon malgache et de la section d'artillerie.

A la suite de ces opérations, le général Duchesne porta à
l'ordre du jour du corps expéditionnaire le commandant
Ganeval, le capitaine Staup, le lieutenant Poisson, le sergent
Vanbalten et le caporal indigène Dadaie.

Insurrection sur la côte est.

Le 13 décembre, une nouvelle insurrection vint jeter le
trouble dans l'île. Elle éclata sur la côte est et fut dirigée, cette
fois encore, contre les Hovas; son foyer se trouvait dans la
partie montagneuse du district de Mahanoro.

Malgré les déclarations des rebelles de ne pas attaquer nos
postes ou nos convois, le général Duchesne prescrivit, le
17 décembre, au contre-amiral Bienaimé de faire occuper
Votomandry par 50 hommes, Ampasimbo par 60 hommes; de
son côté, le commandant du corps expéditionnaire envoyait
une compagnie d'Haoussas à Beferona. Toutes ces troupes
furent placées sous les ordres du lieutenant-colonel Gonard,
relevant lui-même du commandant de la division navale.

Ces mesures étaient bien justifiées, car nos troupes, en arrivant à Beforona, le trouvèrent pillé et incendié ; les hameaux voisins avaient eu le même sort ; de plus, deux convois appartenant à des négociants de Tananarive furent enlevés. Le 13 décembre, Ampasimbé avait été attaqué par des rebelles, mais sans succès. Tarimandy, que défendit le lieutenant-colonel Gonard, avec quelques officiers de passage, six convalescents, quelques officiers et soldats hovas, fut attaqué par des forces centuples. La défense perdit 4 auxiliaires indigènes, les rebelles 25 ou 30 des leurs ; en se retirant, ils incendièrent le village.

En présence de ces attaques, le général en chef envoya, le 24 décembre, une deuxième compagnie d'Haoussas ; il fit occuper Andevorante et Tanimandry par 60 tirailleurs malgaches. Le 30 décembre, les deux compagnies haoussas, ayant exécuté leur liaison, se répartirent en six ou sept postes, sur la route, entre Andevorante et Moramanga.

Ce déplacement de forces amena des soumissions qui permirent au général Duchesne de télégraphier à Paris, le 31 décembre :

> Le calme est à peu près rétabli en Emyrne ; la situation est satisfaisante dans la capitale. Des postes de Haoussas sont échelonnés sur la route de Tamatave à Tananarive, où la circulation a repris.
> L'état sanitaire est relativement bon.

Dans le courant de janvier, quelques bandes de rebelles qui s'étaient réfugiées dans la brousse, au nord de la route Andevorante-Tananarive, se répandirent dans les villages qu'ils incendièrent, après avoir assassiné des habitants. Le capitaine Frëystatter, chef du poste de Maromby, les atteignit le 17 janvier, et après un court engagement, au cours duquel on leur tua 40 ou 50 hommes, les rebelles se replièrent.

Quelques jours après cette affaire, le calme était rétabli ; les habitants rentrèrent dans leurs villages, où ils se hâtèrent de relever leurs demeures incendiées.

Rapatriement du corps expéditionnaire. Mesures générales.

Il nous faut faire un retour en arrière et toucher à une question qui, comme celle du transport des troupes de France à Madagascar, a soulevé bien des critiques : le rapatriement des malades et des convalescents et des troupes valides du corps expéditionnaire.

Déjà étaient rentrés en France :

Le 25 juillet, le *Notre-Dame-du-Salut*, qui avait quitté Majunga, le 29 juin, avec 395 passagers ;

Provence, parti de Majunga, le 30 juillet, avec 600 passagers.

Au cours de la traversée, on eut à déplorer 10 décès à bord du premier, 21 décès à bord du second.

Le *Shamrock* partit le 15 août, avec 563 malades ;

Le *Concordia* le 22 août, avec 550 malades ;

La *Ville-de-Metz* le 27 septembre, avec 400 conducteurs somalis et kabyles ; 93 de ces hommes décédèrent en route ;

Le *Canton* le 24 septembre, avec 642 hommes, dont 64 décédèrent ;

Le *Cachar* le 14 octobre, avec 10 officiers et 740 hommes, dont 45 décédèrent ;

Dès le 27 octobre, le ministre de la guerre, de concert avec son collègue de la marine, arrêtèrent de nouvelles dispositions pour la continuation de cette opération.

Pour le transport des malades et des convalescents qui restent à rapatrier, on affréta :

Le *Cachar*, pour 600 places, dont un tiers de lits ;

Le *Notre-Dame-du-Salut*, deuxième voyage, pour 700 places, dont un tiers de lits ;

La *Ville-de-Belfort*, pour 400 places, dont un tiers de lits ;

Le *Vercingétorix*, pour 581 places, dont un tiers de lits ;

Le *Cachemire*, pour 700 places, dont un tiers de lits.

Le nombre des hommes à embarquer sur chacun de ces bâtiments a été déterminé de manière à assurer dans la plus large mesure l'application des règles hygiéniques.

Avant son départ de France, chaque affrété était visité par une commission spéciale de la marine, dans laquelle le service de santé est représenté. Une nouvelle visite est faite dans les mêmes conditions au moment du départ de Majunga, afin de s'assurer que le bâtiment est pourvu de tous les approvisionnements nécessaires en denrées et médicaments et de vérifier les installations de bord, notamment les moyens de couchage.

Le commandant en chef a été plus explicite que la note ministérielle sur les mesures prises pour le rapatriement des malades et des convalescents.

On lit, en effet, dans son rapport :

Sans entrer dans plus de détails au sujet des rapatriements de malades par les paquebots sus-énumérés, on se bornera à rappeler, pour terminer ce qui a trait au rapatriement des malades et convalescents, les dispositions prises, en même temps, par l'administration de la guerre, pour leur assurer les soins nécessaires pendant la traversée et pour hospitaliser, à l'arrivée, ceux d'entre eux qui ne pourraient être envoyés immédiatement en congé dans leurs foyers.

Chaque paquebot rapatrieur était pourvu de 3 médecins, 10 infirmiers et 1 aumônier ; ce personnel, prélevé d'abord sur les formations sanitaires du corps expéditionnaire fut, bientôt après, remplacé par un personnel spécialement envoyé de France en vue des rapatriements. Les chartes-parties des affrétés prévoyaient, pour chaque malade, l'usage d'une couchette, avec matelas, traversin et couverture ; une infirmerie-hôpital, d'une contenance égale à un quart au moins de l'effectif des rapatriés, devait, en outre, être installée sur chacun de ces bâtiments, lesquels étaient pourvus de tous les effets de rechange, approvisionnements et médicaments nécessaires (1), y compris des quantités considérables de lait condensé ou stérilisé.

Enfin, les ordres et avis nécessaires avaient été donnés, pour

_____

(1) Comment concilier ce récit avec la note suivante du docteur Reynaud : « L'outillage était à ce point insuffisant, que le médecin d'un de ces navires rapatriant plus de 300 convalescents était dépourvu de seringue à injection souscutanée. Sur ce même navire, les malades se soignaient entre eux. Sur un autre navire de la même Compagnie, les malades provenant de la Réunion faisaient office d'infirmiers »? (*Considérations sanitaires sur l'expédition de Madagascar*, p. 431, en note.)

qu'au passage à Suez, les commandants d'armes de chaque bâtiment fissent débarquer et entrer à l'hôpital français de ce port
tous les malades que les médecins jugeraient ne pouvoir, sans
danger, continuer leur route.

En France et en Algérie, tous les hôpitaux des ports de la côte
avaient, d'autre part, été dégagés, pour permettre d'y installer les
malades; des dépôts de convalescents furent, en outre, organisés,
à Porquerolles et dans la banlieue d'Alger.

A l'arrivée de chaque bâtiment, une commission mixte d'officiers
et de médecins, assistés d'infirmiers, procédait immédiatement à
la visite des malades, dirigeait les alités sur les hôpitaux, en utilisant à cet effet le mode de transport le plus efficace, et faisait conduire les convalescents dans une caserne aménagée à cet effet, où
ils recevaient les effets de remplacement nécessaires et d'où ceux
d'entre eux à qui leur famille pouvait garantir la subsistance et les
soins nécessaires étaient, bientôt, envoyés dans leurs foyers, en
convalescence.

Si tout a été aussi bien que le dit M. le général Duchesne,
comment expliquer les 554 décès qui se produisirent parmi
les rapatriés?

Ce n'est plus un secret pour personne, depuis la publication
du lumineux livre du docteur Reynaud, médecin en chef des
colonies.

En voici la clef :

Quant aux autres navires, en dehors du *Canton* et du *Cachar*,
faits pour transporter du matériel et non des hommes, ayant des
faux-ponts aérés, non par des sabords, mais par des hublots ordinairement fermés à la mer, n'ayant pas d'appareils de ventilation
artificielle, en dehors de quelques manches à vent, avec des moyens
de propreté insuffisants, des latrines mal disposées, ils offraient,
pour le logement des malades, des faux-ponts obscurs, encombrés
par une literie malpropre, surchauffés au voisinage des chaudières.
Dans ces bas-fonds régnait une odeur écœurante ; une atmosphère
empuantée par des excréments, par les exhalaisons de toute nature,
par les odeurs de toute provenance qui souillaient le pont, les murailles, les lits et les vêtements des soldats, stagnait dans ces faux-
ponts obscurs, où gisaient inertes des hommes qui n'avaient plus
la force de sortir de leurs couchettes. Le personnel infirmier manquait; les moins invalides parmi les malades faisaient le service
autant que leur permettaient l'état de leur santé et l'état de la mer.
Que pouvaient faire un ou deux médecins, quelquefois malades

eux-mêmes, ordinairement novices en navigation, et éprouvés par le mal de mer, n'ayant pas de personnel subalterne à leur disposition ; que pouvaient-ils faire pour soulager 600 malades, entassés dans divers étages de ces navires, où les différents compartiments ne communiquent pas entre eux, affalés dans des couchettes étroites, étagées sur deux plans, dans des faux-ponts obscurs, où les marins eux-mêmes éprouvent quelque peine à se mouvoir dans les étroits passages laissés libres entre les rangées de lits ?

Comment nettoyer, soigner, alimenter ces 600 hommes dont plus de la moitié était incapable de se mouvoir, quand le mal de mer ne faisait pas coucher la seconde moitié ? Il suffit d'avoir visité de pareils faux-ponts habités par des passagers nombreux et valides, pour deviner ce qu'il devait advenir de ces logements encombrés de malades. Il est facile de s'imaginer dans quel état étaient dans un tel milieu les plaies des hommes, surtout les conducteurs auxiliaires, porteurs d'ulcères phagédéniques ; et dans quel degré de souillure tombaient les malheureux atteints de dysenterie, et incapables d'atteindre un water-closet trop éloigné.

Ce fut une première faute, que de confier des malades graves à des navires sans installations commodes pour leur assurer des soins, et sans dispositions hygiéniques ; ce fut une plus grande faute, d'en mettre un aussi grand nombre sur chaque navire ; ce fut un oubli très grave, de n'avoir pas envoyé à l'avance, à Madagascar, un personnel médical assez nombreux et expérimenté pour convoyer les malades (1).

Les bâtiments affectés au transport des malades et des convalescents quittèrent la côte malgache dans l'ordre suivant :

Le 17 octobre, *Notre-Dame-du-Salut*, 710 malades ;
Le 1er novembre, *Vinh-Long*, 360 malades (42 décès pendant la traversée) ;
Le 5, *Ville-du-Havre*, 570 malades ;
Le 8, *Cachemire*, 680 malades ;
Le 19, *Vercingétorix*, 472 malades (37 décès pendant la traversée).

Rapatriement des troupes valides.

La note ministérielle que nous avons citée plus haut s'exprimait en ces termes :

(1) Docteur Reynaud, *op. cit.*, page 423.

D'après les renseignements reçus du général Duchesne, les troupes maintenues à Madagascar pendant la période d'occupation comprendront la brigade de marine Voyron, composée de troupes de toutes armes, ainsi que certains éléments de l'armée de terre, savoir : 2 bataillons de tirailleurs algériens; 1 batterie d'artillerie; 2 compagnies du génie et 3 compagnies du train.

Les autres troupes de l'armée de terre seront rapatriées et quitteront Majunga vers la fin de novembre ou le commencement de décembre prochain par les bateaux suivants :

Chandernagor (666 places), *Carolina* (1.000), *Canarias* (650), *Liban* (650), *Hindoustan* (725), *Amérique* (650), *Colombia* (575), *Italie* (850), *Concordia* (575), *Massilia* (677).

Le gouvernement avait décidé de laisser au général Duchesne le soin de régler le rapatriement de ces troupes et de constituer le corps d'occupation.

Usant de cette faculté, dès le 15 octobre, le commandant en chef prescrivit le retrait du 1er bataillon du régiment d'Algérie, les trois bataillons du 200e et du 40e bataillon de chasseurs, des troupes d'étapes, des formations sanitaires, des ouvriers de l'artillerie, du train et du personnel du service des étapes de la ligne Mangasoarina-Majunga. Cette colonne, sous les ordres du général Metzinger, quitta Tananarive le 22 octobre, suivit la route de terre jusqu'à Marololo, où elle s'embarqua sur la flottille fluviale. Les voitures Lefebvre furent concentrées en un seul parc à Suberbieville; les chevaux et les mulets harnachés ramenés par terre à Majunga. Ceux qui ne purent être utilisés par les compagnies du train furent vendus.

Le jour même où le premier paquebot qui devait être employé au rapatriement toucha terre, le 2e bataillon du 200e abordait à Majunga. On s'occupa de suite du chargement et les départs s'effectuèrent dans l'ordre suivant :

Le 23 novembre, *Chandernagor*, avec les unités d'artillerie;

Le 26, *Carolina*, avec le 2e bataillon du 200e;

Le 27, *Canarias*, avec 417 Kabyles et Somalis;

Le 29, *Liban*, 1er et 3e bataillons du 200e;

Le 1er décembre, *Amérique*, avec le 40e bataillon de chasseurs ;

Le 3, *Hindoustan*, avec le 1er bataillon du régiment d'Algérie ; il prit, en outre, 55 convalescents à Nossi-Comba ;

Le 5, *Colombia*, avec 500 Kabyles ;

Le 9, *Italie*, avec 62 officiers sans troupes et assimilés, 452 hommes dont 210 marins ;

Le 11, *Concordia*, avec 530 Kabyles ;

Le 13, *Massilia*, avec 777 Kabyles ;

Le 23, *Cachar*, avec 149 marins, 523 Kabyles et Somalis ;

Le 28, *Notre-Dame-du-Salut*, avec les derniers malades transportables restés à Majunga et à Nossi-Comba ;

Le 29, *Djemnah*, avec 200 coolies comoriens et le général Metzinger.

En un mois, les affrétés avaient embarqué : 241 officiers, 3.043 hommes de troupe, 417 marins, 2.158 conducteurs auxiliaires et 2.074 tonnes de matériel.

Il restait à Majunga : les hommes trop malades pour supporter la traversée ; 200 auxiliaires, dont la moitié d'Algériens pour le service de la 1re compagnie du train ; les autres, des Comoriens, pour achever la mise en ordre des magasins et préparer les envois à faire sur la France ou sur Tamatave.

Au fur et à mesure que des isolés de la garnison de Tananarive devenaient rapatriables, ils étaient amenés par la route de Tamatave sur ce point, par un service de porteurs avec filanzane ; ils étaient embarqués tous les 15 jours.

M. Laroche, nommé résident général dans les circonstances que nous indiquons plus loin, arriva à Tananarive le 16 janvier 1896. Le 17, le général Duchesne le présenta à la reine ; après quoi, le commandant en chef et son état-major quittèrent la capitale et gagnèrent Tamatave, où ils s'embarquèrent le 25 janvier, à bord du *Yang-Tsé*. Après avoir visité Diégo-Suarez, Nossi-Bé et Majunga, le navire se dirigea vers la France, le 29 janvier. Le 20 février suivant, le *Yang-Tsé* touchait à Marseille, où le général fut l'objet, à son débarquement, d'une réception enthousiaste.

Pertes du corps expéditionnaire.

Et maintenant que les survivants ont remis le pied sur la terre de France, il faut compter ceux qui sont restés là-bas et y dorment leur sommeil éternel dans un coin de terre, la plupart sans sépulture.

Il est gros le chiffre des manquants à l'appel! 5.592 suivant le rapport du ministre de la guerre; 5.756 suivant le général Duchesne.

Ce chiffre se décompose comme il suit (1) :

DÉSIGNATION DES CORPS OU SERVICES.	DÉCÉDÉS.			DISPARUS	TOTAL.
	Madagascar.	En mer.	Rapatriés.		
TROUPES DE LA GUERRE.					
Officiers ou assimilés..............	29	4	2	»	35 (2)
200ᵉ régiment d'infanterie.........	789	118	82	29	1.018 (a)
40ᵉ bataillon de chasseurs.........	430	48	27	1	506 (b)
Régiment d'Algérie............	492	35	26	38	591 (c)
Chasseurs d'Afrique...	28	6	5	»	39
38ᵉ régiment d'artillerie...........	298	28	20	5	351 (d)
Ouvriers d'artillerie..............	14	4	8	»	26
Artificiers...................	5	»	»	»	5
Compagnies du génie.............	309	50	25	3	387 (e)
30ᵉ escadron du train des équipages militaires.....................	203	31	14	2	250 (f)
Secrétaires d'état-major........ ...	2	1	»	»	3
30ᵉ section de commis et ouvriers militaires d'administration......	67	18	6	1	92
30ᵉ section d'infirmiers...........	92	6	5	1	104
Gendarmerie.............	9	1	»	»	10
	2.767	350	220	80	3.417 (g)

(1) Nous croyons devoir mettre en regard des chiffres du ministère ceux du général Duchesne qui ne sont pas en concordance avec les premiers : (a) 1.039, (b) 510, (c) 604, (d) 355, (e) 399, (f) 255, (g) 3.441, (h) 1.143, (i) 1.508, (j) 5.756.

(2) Ce chiffre de 35 ne concorde pas avec l'addition que produisent les données du rapport. Selon ces données et la statistique dressée par le docteur Jean Lémure, le nombre d'officiers décédés serait de 31, se décomposant comme il suit : 1 colo-

TROUPES DE LA MARINE.

Européens.

13ᵉ régiment d'infanterie de marine.	509	35	25	8	577
2ᵉ régiment d'artillerie de marine..	134	8	5	1	148
Équipages de la flotte.............	41	4	2	»	47
	684	47	32	9	772

Corps et troupes non européens.

Régiment colonial.................	287	10	10	2	309
Convoyeurs kabyles et autres......	806	147	85	»	1.038 (h)
Conducteurs indigènes...........	56	»	»	»	56
	1.049	157	95	2	1.403 (i)
TOTAL GÉNÉRAL.........	4.600	554	347	91	5.592 (j)

Il est curieux, et c'est aussi un enseignement, de connaître à quelles circonstances il faut attribuer ces morts.

D'après les statistiques que nous avons, au point de vue de la maladie, la proportion pour cent décès est la suivante :

Paludisme : cachexie paludéenne........	60	pour 100
— accès pernicieux...........	10	—
— accès bilieux hématuriques..	2	—
Dysenterie..................	8	—
Fièvre typhoïde	12	—
Tuberculose..................	4	—
Insolation et coup de chaleur...........	3	—
Tétanos.......................	0 25	—
Blessures diverses	0 75	—

Au point de vue de l'action de guerre, nous trouvons 7 hommes tués au feu et 13 hommes décédés des suites de leurs blessures.

Enfin, pour terminer cette statistique funèbre, au point de vue des pertes éprouvées par armes, on obtient le pour cent suivant :

---

nel, 1 lieutenant-colonel, 1 chef d'escadrons, 8 capitaines, 6 lieutenants, 2 officiers de gendarmerie, 2 enseignes de vaisseau, 3 médecins, 1 vétérinaire, 4 aumôniers, 1 officier d'administration, 1 interprète.

Artillerie.................   28   pour 100
Génie....................   25   —
Cavalerie................   20   —
200° de ligne............   20   —
Infanterie de marine.......   3,72   —
Légion étrangère..........   3,40   —

C'est, en résumé, une perte de 334 00/00 pour les Européens et les Algériens, et 154 00/00 pour le régiment colonial.

Ces chiffres sont d'une éloquence qui ne permet pas d'ajouter un mot !

LIVRE III

L'Occupation française de Madagascar.

CHAPITRE PREMIER

PREMIÈRES MESURES POUR L'OCCUPATION

Le gouvernement devant les Chambres. — Mission de M. Laroche, résident général. — Les comptes de Madagascar. — Nouvelles révoltes dans l'île. — Relève du résident général et son remplacement par le général Galliéni. — Instructions du gouvernement au général Galliéni.

Le Gouvernement devant les Chambres.

Dès que les travaux parlementaires eurent repris leur cours, de nombreux députés demandèrent à interpeller le gouvernement sur certains faits de la campagne, notamment sur les défauts d'organisation et les causes des nombreux décès et, enfin, sur les vues de l'organisation de la nouvelle conquête. Nous nous sommes expliqué assez longuement sur les deux premiers faits pour ne plus y revenir; il ne nous reste à voir que la question d'organisation.

Le 27 novembre 1895, M. Berthelot, alors ministre des affaires étrangères, s'exprimait en ces termes, à la tribune de la Chambre des députés :

. . . .

Le gouvernement doit faire connaître aux Chambres et au pays les décisions que cette situation — la conquête — a paru lui rendre nécessaires.

Il ne peut en résulter aucune difficulté extérieure ; nous n'avons pas besoin de déclarer que nous respecterons les engagements que nous avons contractés vis-à-vis de certaines puissances étrangères ; la France a toujours été fidèle à sa parole.

Quant aux obligations que les Hovas eux-mêmes ont pu contracter au dehors, sans avoir à les garantir pour notre propre compte nous saurons observer, avec une entière loyauté, les règles que le droit international détermine au cas où la souveraineté d'un territoire est, par le fait des armes, remise en de nouvelles mains.

Sous cette double réserve, nous sommes résolus à exercer, notamment au point de vue économique, tous les droits qui résultent pour nous de l'occupation définitive de Madagascar. (*Applaudissements.*)

En ce qui touche l'organisation du gouvernement intérieur de l'île, nous estimons que, sous notre autorité, elle doit être maintenue aussi complètement que la sécurité de nos intérêts le permettra ; aucune atteinte ne doit être portée aux dignités et honneurs de la reine, ni aux liens qui lui rattachent les populations qui lui sont soumises. Nous ne croyons pas qu'il soit nécessaire ou désirable de substituer une administration française à l'administration indigène : nous introduisons d'ailleurs dans cette dernière les améliorations indispensables pour faire pénétrer dans l'île les bienfaits de la civilisation.

Le jour même de la prise de Tananarive, la soumission des Hovas à notre autorité a été constatée par un traité et par une convention additionnelle auxquels la reine Ranavalo a donné pour sa part la ratification.

Nous n'avons pas l'intention de répudier ces conventions ; toutefois, avant de soumettre un texte définitif à la ratification des Chambres et du Président de la République, le gouvernement a pensé que les principes que nous venons d'exposer, principes implicitement contenus dans certaines clauses des conventions du 1er octobre, pourraient être formulés d'une façon plus nette ; il a estimé qu'il était nécessaire d'apporter à ces textes certaines modifications destinées à éviter toute méprise sur leur signification véritable et à prévenir toute possibilité de nouveaux conflits.

Nous avons décidé de prendre les mesures nécessaires, pour qu'un instrument définitif, conforme aux déclarations précédentes, soit prochainement soumis à la ratification des Chambres (1).

_____

(1) Livre jaune, pièce 69, page 80.

Mission de M. Laroche.

Le 11 décembre, le *Journal officiel* publiait un décret rattachant l'île de Madagascar au ministère des colonies. Le même jour, un autre décret constituait la résidence générale et définissait les pouvoirs de cette autorité.

Ce poste fut confié à un illustre inconnu, M. Laroche, qui s'embarqua le 12 décembre à bord du *Yang-Tsé*; le 9 janvier, il débarquait à Tamatave, où il fut reçu par l'amiral Bienaimé. Le 16, il arrivait à Tananarive, et, le lendemain, la reine lui accordait une audience.

Au cours de cette entrevue, il remit à la souveraine malgache la déclaration de prise de possession de l'île de Madagascar par la France, l'annulation du traité du 1er octobre et son remplacement par une nouvelle rédaction, qui ne changeait rien aux dispositions antérieurement arrêtées.

En quittant la France, le résident général reçut de M. Berthelot une instruction pour remplir sa mission; nous croyons devoir en reproduire les passages saillants :

..... Nous avons la ferme confiance que vous saurez convaincre la reine de l'intérêt qu'elle a à accepter franchement la situation où elle s'est trouvée amenée par suite de l'imprudence et des funestes avis de ses conseillers. Vous ferez valoir qu'elle conserve intacts ses honneurs, ses privilèges et ses revenus. Vous insisterez sur le soin que nous prendrons de l'entourer des plus grands égards. Loin d'affaiblir les liens qui lui rattachent ses sujets, notre contrôle, par l'esprit dans lequel il sera exercé, contribuera à les fortifier en améliorant le fonctionnement de l'administration locale et, par suite, la condition des populations.

Vous ne manquerez pas également d'affirmer notre intention de respecter les lois, les croyances, les usages, les mœurs des indigènes et de ne pas toucher à leur statut personnel. La reine ne peut, d'ailleurs, oublier la modération de notre conduite à son égard après le succès de nos armes. Elle en a une preuve particulière dans ce fait que, malgré les sacrifices en hommes et en argent que l'expédition nous a coûtés, nous n'avons réclamé du gouvernement malgache aucune indemnité pécuniaire.

. . . .

Je crois devoir attirer votre attention sur l'intérêt qui s'attache à éviter avec soin tout acte de nature à affaiblir sans nécessité l'autorité de la reine aux yeux des populations qui lui sont soumises. Le concours du gouvernement malgache est, en effet, indispensable pour accomplir l'œuvre que nous allons entreprendre. Mais, en même temps que vous rappellerez aux autorités locales les devoirs qui leur incombent en ce qui concerne la sécurité des résidents français et étrangers, vous devrez veiller à ce que nos compatriotes ou les colons appartenant à d'autres nationalités s'abstiennent de toute provocation à l'égard des agents de la reine, ainsi que de tout abus, de toute vexation à l'égard des populations.

Ces diverses instructions générales furent complétées, sur certains points, par un mémoire remis, quelques jours après, à M. Bourde, secrétaire général de la résidence.

Il était dit, dans ce document, notamment :

L'œuvre de la pacification paraît comporter deux étapes bien distinctes : pendant la première, vous vous bornerez à organiser les provinces habituées à obéir au gouvernement de Tananarive et à les protéger contre les incursions des pillards des provinces insoumises, s'il y avait à en redouter. Ce n'est que plus tard, lorsque l'amélioration des finances et la création des milices et des forces indigènes pouvant assurer la sécurité du pays concurremment avec les troupes fournies par la métropole, vous auront assuré les moyens indispensables, que vous pourrez songer à entreprendre d'étendre à toute l'île, de proche en proche, notre domination effective. Le gouvernement de la République estime, du reste, que cette extension doit s'opérer par des procédés plus politiques que militaires et qu'il y aura lieu d'user de persuasion et de pression morale plus que de violence.

Les provinces insoumises sont partagées entre une foule de chefs indépendants. Les avantages qu'il pourrait y avoir à conserver l'autonomie de tant de petits royaumes ne sauraient compenser les inconvénients de la complication de rouages qui en résulterait, Vous n'admettrez donc qu'un budget pour toute l'île et qu'un pouvoir législatif pour les indigènes, celui de la reine de Tananarive, à laquelle le gouvernement de la République a conservé son titre de reine de Madagascar.

. . . .

Le gouvernement de la République a déclaré l'île de Madagascar possession française. Mais il entend conserver l'administration indigène comme un rouage intérieur afin d'utiliser, pour l'exécution de ses volontés, l'autorité que des traditions lui ont acquise sur les

populations. Vous considérerez cette administration comme un
instrument que vous devrez maintenir sous votre direction étroite;
mais, pour que l'instrument reste efficace, vous devrez éviter, en
même temps, tout ce qui pourrait affaiblir la considération dont
elle a besoin pour être obéie de ses administrés. Dans ce but, vous
et les résidents chargés de vous représenter auprès des gouverneurs
des provinces, vous exercerez l'action de la France surtout par voie
d'avis et de contrôle; vous ne commanderez que quand vos conseils
seront méconnus.

. . . .

L'exercice régulier et paisible de notre pouvoir dans l'île dépen-
dant essentiellement du prestige des autorités françaises, vous
réprimerez tout ce qui serait de nature à l'amoindrir. Vous main-
tiendrez dans ce but à l'administration indigène le droit de régir à
son gré les associations et les réunions. Afin d'être armé contre la
propagande étrangère, vous soumettrez la presse à l'obligation de
l'autorisation préalable pouvant toujours être retirée.

Cette politique était-elle celle qu'il importait de suivre?
Nous n'hésitons pas à déclarer que tant de mansuétude ne
convenait pas en l'occurrence, surtout avec le pouvoir entre
les mains de M. Laroche. Nous ne devions pas tarder à en faire
la triste expérience et à connaître où mène la pusillanimité.

Le tort le plus grave du gouvernement fut d'avoir réuni le
pouvoir civil et le pouvoir militaire en une seule main. Le
décret de nomination de ce résident général lui attribuait la
responsabilité de la défense intérieure et extérieure de Madagascar. C'était, il faut bien le reconnaître, une tâche trop
lourde pour un homme étranger aux choses de la guerre.

Les comptes de Madagascar.

Le moment était venu aussi de régler les comptes de l'expédition, car les crédits votés par les Chambres, le 6 décembre
1894, étaient épuisés. Le 29 décembre, les mêmes Chambres
votèrent, sans débat, la prorogation du compte de Madagascar
jusqu'au 30 juin 1896, en accordant une somme de 17.932.000
francs, répartis comme il suit :

Ministère de la guerre.

Chapitre 1er :	Solde...............................	1.750.000
— 2 :	Subsistances........................	3.000.000
— 3 :	Habillement et campement...........	2.000.000
— 4 :	Service de santé....................	1.000.000
— 5 :	Transports par terre et par rivière......	1.770.000
— 7 :	Artillerie...........................	500.000
— 8 :	Génie..............................	700.000
		10.720.000

Ministère de la marine.

— 12 :	Transports maritimes................	5.000.000
— 13 :	Commandement à Majunga et occupation de Tamatave......................	1.462.000
— 14 :	Renforcement de la division navale de l'océan Indien en 1895 et 1896 (4 mois).	750.000
		7.212.000

Nouvelles révoltes dans l'île.

Le 8 février, le général Voyron avait fait connaître, par télégramme, que « la situation générale est bonne, les bandes de pillards de la côte est sont énergiquement poursuivies ».

Cette tranquillité fut bientôt troublée. Nos postes étaient sans cesse harcelés, la nuit ; au moment du repos des hommes des coups de fusil les réveillaient. On faisait des prises d'armes et, après avoir parcouru plusieurs kilomètres dans la brousse, on ne trouvait rien devant soi.

Les bandes de fahavales, enhardies par cette impunité, redoublèrent d'audace ; cette fois elles ne reculèrent plus devant l'assassinat et le pillage.

La journée du 30 mars marqua le début d'une série de massacres.

Trois Français, MM. Duret de Brie, Grand, ingénieur civil, et Théophile Michaud, étaient en reconnaissance de gisements houillers dans le voisinage de Tsinjoarivo. Soudain ils furent attaqués, le 29 mars, par une bande de fahavales, aux environs de Kely-Mafana. Nos compatriotes réussirent, avec l'appui des habitants du village, à repousser les rebelles. Pour assurer leur sécurité, ces explorateurs remontèrent vers le nord, jusqu'à Manarintsoa, où 1.500 fahavales les suivirent. Le 30 mars, vers midi, ces rebelles attaquèrent le village. M. Duret de Brie tomba le premier, frappé d'une balle en pleine poitrine. Ses deux camarades se réfugièrent dans des cases. Découverts par l'ennemi, celui-ci incendia leur retraite, d'où il les força à sortir. M. Grand fut tué à coups de bâton, tandis que M. Michaud, qui avait réussi à gagner la campagne, tombait sous les coups de sagaie de ses agresseurs.

Le général Voyron prescrivit l'organisation de deux colonnes qui opérèrent, l'une vers le nord, sous les ordres du colonel Oudri (1), l'autre vers le sud, avec le lieutenant-colonel Borbal-Combret, avec, en réserve, les compagnies Pillot et Castel, du régiment d'Algérie.

Ces colonnes réussirent à chasser les rebelles devant elles et à recueillir sur leur passage de nombreuses soumissions.

Le 22 avril, la compagnie Bordeaux (2) était en marche pour une mission spéciale, lorsque, arrivée à peu de distance de Manharyara, elle vit ce village en flammes. Il était 3 heures du matin.

Le capitaine dépêcha deux détachements, sous les ordres du lieutenant Gheitz. A leur apparition à l'extrémité de l'unique rue du village, ils furent reçus par une vive fusillade partant des maisons où l'incendie n'était pas encore allumé.

C'était un parti de fanatiques, prêtres d'idoles, qui opposèrent une vive résistance ; trois de ces prêtres et huit rebelles furent tués et un certain nombre faits prisonniers ; de notre

(1) A la suite de cette expédition, M. le colonel Oudri, depuis général, fut cité à l'ordre du jour du corps expéditionnaire.

(2) Porté à l'ordre du jour du corps expéditionnaire pour sa belle conduite en cette circonstance. Étaient également portés à l'ordre du jour : le tirailleur haoussa Amossou ; le sergent Laborde ; le sergent indigène Ahmed ben Bachir ; le tirailleur Fourar-Abdallah, de la 11e compagnie du régiment d'Algérie.

côté, nous avions à déplorer la mort d'un caporal indigène, tué à bout portant, un sergent français, un sergent indigène et un tirailleur blessés.

Dès l'avant-veille, une grave nouvelle était arrivée à la colonne : la découverte d'un complot dans la capitale. On rappela sur-le-champ la compagnie de Haoussas. Voici ce qui s'était passé. A la suite d'un vol d'armes commis à l'arsenal de Tananarive par un prince hova, et des événements que nous connaissons, le résident général avait décrété l'état de siège.

L'éloignement d'une partie de la garnison de Mananjary, en marche contre les rebelles, parut opportun pour secouer le joug français. Les meneurs avaient résolu, le 28 avril au soir, de donner le signal du massacre des Français par une musique qui se ferait entendre aux quatre coins de la ville. A ce signal, des individus devaient envahir les cases habitées par les soldats, les garrotter et les jeter *à la mer*. Ce complot fut découvert par la sagacité dont fit preuve notre résident, M. Ponty. Les meneurs, parmi lesquels le second gouverneur et plusieurs officiers hovas, furent arrêtés et conduits à Tananarive, où ils passèrent en jugement.

Le même soir, on arrêtait le gouverneur d'Ambahimandroso, chez qui on trouvait 40 kilos de poudre de guerre et 80 kilos de balles venues de Tananarive.

Dans la brousse, il se passait peu de jours où nos troupes n'eussent à lutter avec des bandes de rebelles.

Un autre fait grave marqua les journées des 24, 25 et 26 mai.

Le village d'Antsirabé est situé à 110 kilomètres environ au sud de Tananarive, dans le district des Vakinankaratra. Il est renommé pour ses dépôts de carbonate de chaux et ses sources abondantes dont les eaux ont une grande analogie avec celles de Vichy. C'est aussi le centre d'une importante colonie norvégienne.

L'approche des rebelles ayant été signalée, un renfort fut envoyé, de Betafo, dans la nuit du 24 au 25 mai.

Le matin, à 9 heures, des vigies placées dans le clocher

de l'église de la mission signalèrent des bandes de rebelles dont on évaluait la force à plus de 1.500.

A midi, les sergents Delalbre et Argaud, à la tête de quelques miliciens, se portèrent au-devant des rebelles. Un violent corps-à-corps ne tarda pas à s'engager ; le sergent Delalbre est blessé d'un coup de coupe-coupe à la main gauche, mais tue son agresseur et s'empare du coupe-coupe ; le sergent Argaud, obligé, à défaut de sa baïonnette, de se servir de son fusil comme massue, en brise la crosse. Tous les fahavales abandonnent alors le pillage pour essayer d'envelopper les deux sergents, qui s'ouvrent un passage jusqu'à la maison Rozaas. Contre celle-ci fut renouvelée une attaque générale, et la fusillade dura jusqu'à la tombée de la nuit.

L'ennemi incendia alors la plupart des maisons d'Antsirabé et les temples des environs ; de tous côtés l'horizon apparaît en feu, les deux maisons voisines de celles où veillent les Européens deviennent la proie des flammes.

Enfin, trois colonnes de milice indigène arrivèrent le troisième jour au secours des assiégés, sous la conduite du gouverneur général hova Rainijaonary.

Avec le concours de M. Alby, le résident français, le gouverneur cerna les bandes d'insurgés, et, après un combat acharné, les força à se replier. A 2 h. 1/2 de l'après-midi, ils abandonnèrent définitivement le terrain sur lequel ils laissèrent 145 morts.

Outre le sergent Delalbre et quatre hommes blessés, le sous-gouverneur d'Antsirabé, Rabanoma, blessé grièvement, succombait le 29 mai (1).

---

(1) A la suite de cette affaire, on porta à l'ordre du jour du corps expéditionnaire, les sergents Moisson, Dalalbre et Argaud, du 13ᵉ régiment d'infanterie de marine, servant provisoirement dans la milice.

Relève du résident général et son remplacement par le général Galliéni.

Général Galliéni.

Les dépêches que le gouvernement recevait de son représentant annonçaient une tranquillité à peu près générale de l'île; l'autorité militaire, au contraire, signalait une perturbation.

De quel côté était la vérité?

C'est ce que s'empressa d'établir dès le 23 mai le ministre des colonies. Sa conviction fut bientôt faite et il s'aperçut qu'il n'y a rien de plus dangereux, en matière d'expérience coloniale, que les gens qui se plient à tous les ordres que vous leur donnez, sans jamais vous crier gare, et c'était ce qui « avait frappé le ministre » dans les rapports de M. Laroche (1).

En présence des preuves de faiblesse du résident général dans l'accomplissement de sa tâche, le gouvernement n'hésita pas à le relever de son poste. On avait d'abord songé à lui confier une sorte d'inspection de l'île, mais le ministre dut se rendre à l'évidence, en présence des justifications qui lui furent apportées, que M. Laroche n'avait plus l'autorité morale nécessaire, ni vis-à-vis de l'opinion publique, ni vis-à-vis de ses subordonnés civils ou militaires à Madagascar, pour pouvoir être même utilisé dans le rôle que « le ministre avait indiqué » (2).

---

(1) Discours prononcé au Sénat, le 3 novembre 1896, par M. André Lebon, ministre des colonies, en réponse à l'interpellation de M. le Provost de Launay, sur les affaires de Madagascar.

(2) Même discours.

Le 6 juillet, alors qu'expirait le séjour colonial du général Voyron, le colonel Galliéni, depuis général, fut désigné par le gouvernement pour lui succéder. Sa mission dans le haut Sénégal, sa captivité chez les Bambaras, son commandement au Soudan, où il se révéla aussi habile administrateur que vaillant soldat, enfin, son séjour au Tonkin, firent approuver et ratifier le choix du gouvernement. Le colonel s'embarqua le 10 août, à Marseille, à bord du *Yang-Tsé*.

Le 14 septembre, alors que l'on était certain de l'installation du général Galliéni à Tananarive, le ministre des colonies rappela M. Laroche.

Le départ du résident général ne laissa pas de regrets, ainsi qu'en témoigne la lettre suivante :

M. Laroche, suivi d'une suite nombreuse de secrétaires, officiers d'ordonnance, chefs de service, etc., en tout dix-huit personnes, viennent d'arriver pour s'embarquer et rentrer en France. L'accueil qu'il a reçu a été plus que froid, glacial. En traversant la ville, il a passé devant l'église au moment où on sortait et où il y avait foule, pas un chapeau ne s'est levé pour le saluer. Il ne s'est pas montré en ville. Bref, c'est piteux. Étrange contraste avec son arrivée, avec cette mise en scène, son uniforme, ses fanfaronnades qui avaient fait comparer ce débarquement à celui d'un cirque (1).

Instructions du gouvernement au général Galliéni.

L'expérience faite par le précédent cabinet avait démontré suffisamment l'impuissance d'une politique parlementaire pour asseoir notre influence chez les Malgaches.

Avec le pouvoir militaire, il importait de tenir un autre langage. Les instructions de M. Berthelot furent annulées et remplacées par les suivantes, rédigées par le ministre des colonies :

..... Comme commandant supérieur des troupes, vous aurez à vous préoccuper tout d'abord d'assurer les relations de la capitale avec les côtes (d'une part de Tananarive à Tamatave, d'autre part jusqu'à Majunga) et avec Fianarantsoa à l'intérieur de l'île. Ces lignes d'opérations sont les plus essentielles. Tous vos efforts, général, devront tendre à établir fermement notre puissance dans la

---

(1) *Bulletin du comité de Madagascar*, décembre 1896, page 105.

partie centrale de l'île d'abord et dans ses principales lignes d'accès aux côtes ensuite. Nous n'avons pas à penser actuellement à augmenter davantage les limites de notre occupation effective.

Vous aurez toute initiative pour activer la formation des régiments indigènes, dans les strictes limites des crédits dont vous pourrez disposer et pour les substituer aux troupes africaines, tout en gardant de ces dernières troupes le noyau indispensable pour parer à toute éventualité grave. La diversité même des races des peuplades de l'île vous est un sûr garant de réussite dans le recrutement des troupes indigènes, dès que vos informations et votre connaissance personnelle du pays vous permettront de bien saisir les caractères qui différencient ces races et de profiter de leur division même pour utiliser leur concours militaire suivant les régions et les événements.

Avant tout vous devrez vous préoccuper d'éviter, autant que possible, l'envoi de troupes d'Europe. Seuls, les cadres seront obligatoirement empruntés à la métropole et en nombre suffisant, au début surtout, pour imposer le respect aux nouvelles recrues indigènes.

La préoccupation de constituer des corps de troupes indigènes ne doit pas être exclusive, dans votre esprit, de celle de former des forces de police, des milices analogues à celles de l'Indo-Chine, et qui seront mises à la disposition des résidents pour réduire le brigandage. Je vous prie d'apporter tous vos soins à favoriser le développement de ces milices qui, peu à peu, avec le temps, suffiront, quand la civilisation aura pris le dessus dans la grande île, pour y faire régner le calme indispensable aux entreprises de colonisation.

Comme commandant supérieur des troupes à Madagascar, vous voudrez bien encore donner des instructions précises à tous vos subordonnés relativement à la conduite qu'ils auront à tenir dans leurs rapports avec les indigènes. La pacification du pays dépendra en grande partie du tact qu'ils sauront montrer dans ces rapports en évitant de heurter de front les préjugés, les croyances des autochtones dans toutes leurs manifestations, le culte des morts entre autres. D'après certains avis qui me sont parvenus, l'affaire d'Antsirabé, qui aurait pu tourner en désastre si la milice n'avait pas réintégré au moment voulu ses quartiers, n'aurait pas d'autre origine réelle que la violation de quelques tombeaux indigènes détruits pour faire place à une route en construction.

..... L'incendie des villages, les rigueurs exercées en masse contre des populations souvent plus coupables par ignorance que par véritable haine de l'étranger, à moins que les nécessités des opérations militaires ou des circonstances spéciales n'y obligent nos troupes, sont à éviter en dehors de toutes les considérations d'humanité qui s'imposent si nous voulons utiliser notre conquête.

. . . .

Le gouvernement vous donne toute liberté pour rechercher et pour punir les auteurs des troubles qui se sont succédé presque sans interruption depuis que nous occupons Tananarive ; il approuve à l'avance la politique ferme que vous ne manquerez pas de suivre à l'égard de certains personnages de la cour d'Emyrne, dont les agissements contre notre influence ont d'ailleurs été signalés à diverses reprises au résident général ; mais il a en même temps la plus grande confiance en votre modération vis-à-vis des classes inférieures indigènes qui ne font que suivre l'impulsion qui leur est donnée et peuvent être assez promptement gagnées à notre cause si vous voulez bien indiquer à tous vos collaborateurs, aux titres les plus divers, la ligne de conduite à suivre pour se concilier les sympathies des races autochtones en tenant compte du tempérament de chacune.

. . . .

Au point de vue politique, il ne me reste plus qu'à vous indiquer les vues du gouvernement sur deux points qui préoccupent particulièrement l'opinion : le premier concerne l'administration des indigènes par les indigènes de même tribu, c'est-à-dire la suppression de l'hégémonie hova ; le second a trait à la question des cultes chrétiens à Madagascar.

J'ai déjà, quant à l'administration des indigènes par des chefs de même race, exposé mes vues dans une dépêche au résident général en date du 23 mai dernier, dont vous trouverez ci-joint copie. Je les ai également fait connaître à la commission de la Chambre chargée d'examiner le projet de loi tendant à déclarer Madagascar colonie française, et qui a été adopté par le Parlement. Je n'ai rien à ajouter à ces explications annexées aux présentes instructions ; toute la question peut ainsi se résumer :

Madagascar est devenue colonie française et le système qui consistait à gouverner l'île en exerçant simplement une action protectrice sur la peuplade dominante doit être écarté. L'action de la puissance souveraine doit maintenant se faire sentir directement par l'intermédiaire des chefs de chaque peuplade distincte et il vous appartiendra d'utiliser, au mieux de nos intérêts, l'autorité de ces chefs dans les diverses régions de l'île comprises dans les territoires militaires, en les dirigeant au moyen des résidents français, civils ou militaires.

. . . .

L'exécution de ces instructions donna lieu à une série d'opérations militaires que nous allons étudier dans les deux chapitres suivants.

CHAPITRE II

OPÉRATIONS DU GÉNÉRAL GALLIÉNI CONTRE LES REBELLES DE L'IMÉRINA

Considérations générales sur la situation en Imérina. — Composition du corps d'occupation. — Division de l'Imérina en cercles militaires. — Instructions du général Galliéni aux commandants des cercles. — Opérations des commandants des cercles. — Résumé de la situation.

Considérations générales sur la situation de l'Imérina.

Le rapatriement du corps expéditionnaire avait diminué les forces présentes à Madagascar. Le vieux parti hova jugea le moment venu où il pourrait réussir à secouer le joug de notre domination et, pour cela, il n'hésita pas à susciter un mouvement insurrectionnel.

En septembre 1896, à part les environs de Tananarive, une partie de la province de Vakinankaratza et du pays des Betsiléo, tout l'Imérina et les régions limitrophes avaient répondu à ce mouvement.

La situation était des plus inquiétantes. M. le général Galliéni la représente en ces termes :

L'Imérina ne communique plus avec la mer que par la route de Tamatave, et encore nos communications sont des plus précaires et constamment interrompues. Les insurgés, qui ont compris l'importance capitale que cette route a pour nous, la menacent depuis Maharidaza jusqu'à Analamagoatra, sur plus de cent kilomètres de longueur. Ils attaquent les convois, brûlent les villages et terrorisent les bourjanes qu'il devient de plus en plus difficile de recruter. Le corps d'occupation et la colonie européenne risquent d'être affamés ; il y a à peine un mois de vivres dans les magasins de Tananarive, et la mauvaise saison qui commence dans un mois ou deux va rendre encore la situation plus critique.

En Imérina, les villages sont dépeuplés, la majorité des habitants s'est enfuie dans la brousse et dans la forêt, les cultures sont abandonnées et le mot d'ordre donné par les personnages qui mènent l'insurrection est de laisser les rizières en friche, afin de provoquer la famine et de forcer ainsi plus sûrement les Français à évacuer le pays.

Tananarive ne correspond télégraphiquement avec l'extérieur que par la seule ligne de Tamatave qui fonctionne mal et est presque constamment interrompue; dans les parties où le pays est pacifié, elle aurait besoin de réparations nombreuses; dans les parties où le pays est troublé, les rebelles coupent les fils, en emportent des kilomètres entiers, et brisent les poteaux. De plus la ligne est à un seul fil, ce qui complique les correspondances avec les postes intermédiaires.

Les communications postales ne sont pas meilleures : les courriers mettent de dix à douze jours pour monter de Tamatave à Tananarive; sur les autres itinéraires, ils circulent à intervalles très irréguliers et disparaissent souvent, massacrés par des bandes insurgées.

. . . .

Sur la côte ouest, c'est l'anarchie. Si, dans le nord, les Antakaras paraissent relativement soumis, en revanche, les Sakalaves du nord-ouest et de l'ouest semblent rebelles à toute autorité. Ce sont des peuplades sauvages, jalouses de leur indépendance, et qui n'ont été, jusque-là, en contact qu'avec de très rares Européens.

. . . .

Les colons n'osent plus rien tenter dans un pays dont l'insécurité est maintenant complète et qui a été ensanglanté par le massacre de Mercier, Molineux, Duret de Brie, Michaud, Grand, Ganier, du P. Berthieux, etc. (1).

Ce mouvement insurrectionnel formait sept groupes parfaitement organisés et armés; le gouverneur général évalue à plus de 10.000 le nombre d'armes à feu entre les mains des insurgés.

Ces groupes étaient répartis :

1° Les Ambatondrazaka ayant pour chef Ramenamalo;

2° Dans la haute vallée de la Mananara, le groupe de Rabozaka;

---

(1) Rapport Galliéni sur la situation générale de Madagascar.

3° Dans les vallées de la Betsiboka et de ses affluents de gauche, les bandes de Rabezavana, frère de sang de Rabozaka ;

4° Sur la rive droite de l'Ikopa, dans le Vonizongo et le Marovatana, les bandes de Rafaneritra ;

5° Sur la rive gauche de l'Ikopa, dans le Mamolakaza et le Valafotzy, les bandes mi-sakalaves et mi-hovas de Zamaria ;

6° Dans la haute vallée de l'Ikopa, au sud-ouest de Tananarive, la population est entièrement soulevée et le chef d'Ambotsipanary, auquel elle obéit, s'est fait proclamer roi.

7° Plus au sud, à cheval sur la route de Fianarantsoa, les bandes de Rainibetsimisaraka.

Cette fois, nous étions en présence d'un ennemi agressif, dont l'insolence augmentait de jour en jour, encouragé par les anciens amis du premier ministre Rainelaierivoun et la présence de peu de troupes françaises.

Composition du corps d'occupation.

Le corps d'occupation comprenait seulement, à la date du 1er octobre 1896 :

Troupes de la guerre.

2 bataillons de tirailleurs algériens ;
1 bataillon de la légion étrangère ;
Les cadres de deux compagnies du génie.

Troupes de la marine.

13e régiment d'infanterie de marine à 3 bataillons (1) ;
Régiment colonial (12 compagnies d'Haoussas et de Sénégalais) ;
Régiment de tirailleurs malgaches (2 bataillons organisés, un troisième en voie de recrutement).

Artillerie.

3 batteries ;
3 compagnies de conducteurs.

---

(1) Ces bataillons furent augmentés de 2 compagnies venues de la Réunion.

Division de l'Imérina en cercles militaires.

Le général Galliéni, se conformant aux instructions minis-
térielles du 6 août 1896 l'autorisant à transformer l'Imérina
en territoire militaire, se hâta de réaliser cette partie du
programme, préliminaires de la répression.

Ces cercles furent :

Le gouvernement de Tananarive, comprenant la ville et le
sous-gouvernement du Voromahery ;

Le cercle militaire d'Ambatondrazaka, comprenant le pays
Sihanaka ;

Le cercle militaire d'Arivonimamo, comprenant la province
d'Ambodirano, le sous-gouvernement d'Ambohimalaza (Vakin-
drana), le Mamolakaza et le Valafotzy ;

Le cercle militaire d'Ambohidrabiby, comprenant les deux
sous-gouvernements d'Ilafy et d'Ambohidrabiby ;

Le cercle militaire d'Ambatomanga, comprenant la province de Sisaony et le sous-gouvernement d'Ambohimalaza ;

Le cercle militaire de Moramanga avec les régions des Bezanozanos, c'est-à-dire les sous-gouvernements de Moramanga,
de Merimitatra et d'Anosibé ;

Le cercle annexe de Soavinandriana, rattaché au cercle
d'Arivonimamo, composé du gouvernement du Mandridrano.

Il faut, dit le général Galliéni dans son rapport d'ensemble, examiner un peu en détail l'organisation du *cercle militaire*, qui a été
le rouage principal de la pacification.

A la tête du cercle est placé un officier, généralement du grade
de commandant, et mis dans la position hors cadres ; il a sous ses
ordres, pour le seconder dans sa tâche administrative, un officier
adjoint pour le service des renseignements militaires et politiques
et un chancelier civil ou un officier faisant fonctions de chancelier.
Leurs titres indiquent suffisamment la nature de leurs fonctions.
Le chancelier a, au point de vue de l'administration civile, une
tâche très importante et assez délicate à remplir ; il est, en outre,
gérant de la *caisse de fonds d'avances* placée dans chaque cercle pour
encaisser les recettes et solder les dépenses. Il a enfin dans ses

attributions la surveillance des magasins où les troupes s'approvisionnent en vivres et munitions.

Le commandant du cercle a sous ses ordres les troupes des différentes armes détachées dans son cercle. Ces troupes, qui, le plus souvent, appartiennent à plusieurs corps, continuent à relever, au point de vue administratif et disciplinaire, de leurs chefs de corps respectifs, mais ceux-ci n'ont pas à intervenir dans leur emploi. Le commandant de cercle, étant seul responsable des résultats militaires à obtenir, a seul la disposition de tous les moyens militaires.

De même, pour l'entretien de ces troupes, en particulier pour leur alimentation, le commandant de cercle a des devoirs et des pouvoirs étendus; il lui appartient de veiller à ce que les magasins aient des approvisionnements en quantité suffisante et à ce que ces approvisionnements soient toujours tenus en parfait état de conservation.

Plus tard, lorsque l'état de la pacification le permettra, la *masse de ravitaillement* sera créée et augmentera encore, à ce point de vue, les pouvoirs du commandant de cercle.

Enfin, la *masse de baraquement* a été instituée pour donner aux troupes constamment en mouvement les moyens pécuniaires de s'installer, d'organiser des postes, de construire des magasins, etc.

Les fonds de la masse sont administrés par les commandants des unités administratives, mais l'emploi des fonds est, en dernière analyse, à la disposition du commandant de cercle.

Les pouvoirs administratifs du commandant de cercle sont aussi étendus que ses pouvoirs militaires.

Il utilise, dans la mesure du possible, l'ancienne administration indigène; à cet effet, la division de l'Imérina en cercles a respecté les divisions administratives du protectorat. La hiérarchie de l'administration indigène est la suivante :

L'Imérina est divisée en gouvernements généraux à la tête desquels sont des gouverneurs généraux (appelés par la suite gouverneurs principaux).

Les gouvernements généraux sont divisés en plusieurs sous-gouvernements dirigés par des sous-gouverneurs.

Ceux-ci ont sous leurs ordres un certain nombre de cantons, à la tête desquels sont des *gouverneurs madinikas* (petits gouverneurs). Chaque canton est administré par un *gouverneur madinika I*, assisté par des agents qui prennent le titre de *gouverneur madinika II, gouverneur madinika III*, etc.

Enfin, le canton est divisé en quartiers (villages ou fractions de village) administrés par des *mpiadidys*.

Telle est la hiérarchie de l'administration indigène. Elle fut intégralement conservée, mais en faisant surveiller de très près ses chefs indigènes, dont la fidélité était, à bon droit, suspecte. Ainsi, le gouverneur général indigène placé auprès de chaque commandant de cercle lui était étroitement subordonné, et le commandant de cercle restait entièrement libre de régler la subordination des sous-gouverneurs par rapport aux officiers du cercle.

Une des premières mesures qui furent recommandées aux commandants des cercles, dès que les progrès de la pacification permettaient la réorganisation administrative, fut de décentraliser l'administration par la création de *secteurs*.

Le secteur est, par rapport au cercle, ce que le cercle est par rapport à l'autorité centrale. Un officier de choix doit être placé à sa tête; il est désigné par le commandant du cercle, vis-à-vis duquel il est responsable de la bonne marche des affaires. Il a sous sa direction un ou plusieurs sous-gouvernements indigènes et doit jouir de la plus large initiative. C'est un commandant de cercle au petit pied. Ce secteur peut être, de même, divisé en sous-secteurs.

C'est cette organisation en cercles et secteurs dont j'avais déjà pris l'initiative au Soudan (1887-88) et au Tonkin (1893 à 95), où elle avait fourni les meilleurs résultats, qui décida de la pacification du plateau central. Elle était basée, avant tout, sur le principe de l'unité d'action et de direction dans chacune de ces divisions territoriales et aussi sur la responsabilité entière, à tous les points de vue, laissée aux chefs de ces divisions.

Au fur et à mesure que la pacification faisait des progrès et que de nouveaux cercles étaient créés, il devint nécessaire de décentraliser l'action du pouvoir central en groupant plusieurs cercles sous un même commandement et en les réunissant en un *territoire militaire*. Cette création non seulement facilitait la tâche du commandement et de ses auxiliaires, en diminuant le nombre des subordonnés auxquels il fallait envoyer des ordres et des instructions, mais encore elle avait le grand avantage de mieux coordonner vers le but à atteindre les efforts de plusieurs cercles, la tâche d'un commandant de territoire consistant, une fois qu'une directive lui est donnée, à assurer le détail de l'exécution et à faire converger les opérations de ses commandants de cercle vers un objet déterminé.

Mais la création du territoire militaire ne diminue pas les attributions du commandant de cercle, et le commandant de territoire doit s'astreindre à ne pas affaiblir l'initiative de ses subordonnés : c'est une question de tact et de doigté (1).

---

(1) Général Galliéni, *Rapport d'ensemble sur la pacification, l'organisation et la colonisation de Madagascar*, pages 17 et 19.

Instructions du général Galliéni.

Cette organisation réalisée, le général Galliéni donna des instructions militaires et politiques aux commandants de cercle. Nous ne nous arrêterons pas aux dernières, elles n'entrent pas dans notre cadre; quant aux premières, celles au point de vue militaire, elles sont résumées en ces termes dans le rapport déjà cité :

Protéger efficacement la ligne d'étapes de Tananarive à Anatamazaotra au moyen d'une série de blockhaus occupant les points dominants aux abords immédiats de la route et assez rapprochés pour pouvoir se soutenir mutuellement, puis pénétrer hardiment dans la grande forêt, à droite et à gauche de la route, afin de pouvoir protéger celle-ci plus efficacement par de nouvelles lignes de postes et blockhaus organisées ainsi au loin et gênant l'irruption des bandes sur la route.

Installer autour de Tananarive un premier échelon de postes militaires formant un centre de protection d'une vingtaine de kilomètres de rayon, puis occuper méthodiquement et progressivement le pays au delà en procédant par bonds, de manière à augmenter le rayon du cercle de protection et à refouler constamment les rebelles vers les frontières de l'Imérina.

Bien veiller à relier constamment les opérations militaires entreprises dans un cercle à celles des cercles voisins. En arrière des postes militaires, armer les villages soumis sous le contrôle vigilant des autorités françaises, surveiller très étroitement l'intérieur du réseau des postes militaires et des villages amis, de manière à empêcher l'infiltration des bandes rebelles.

Lorsque l'échelon le plus avancé de nos postes serait établi aux limites de l'Imérina, constituer une forte organisation défensive formée au moyen de postes militaires occupés par des troupes régulières, de poste de milice en deuxième ligne et de villages armés en arrière; cette organisation n'étant appliquée, bien entendu, que sur les frontières menacées par les Sakalaves, les Baras et les Tanalas.

La première préoccupation du général Galliéni fut d'assurer le ravitaillement de ses troupes sur la route d'étapes. Andivorante fut choisi comme point de débarquement, et Mahasara comme tête d'étapes. De là à Tananarive, le transport des vivres et des munitions fut constitué, sauf sur le tronçon Beforona-Analamazaotra, par neuf échelons de mulets de bât servis par trois compagnies de conducteurs. Ces compagnies cantonnaient la 1re à Moramanga, la 2e à Mahatsara, la 3e à Tananarive. Elles étaient sous le commandement du chef d'escadron Henri, qui prit le titre de *directeur technique des transports militaires*.

Au mois de janvier 1897, après que 300 tonnes de vivres et de munitions furent amenées à Tananarive, on cessa ce service de transport. Les mulets étant trop fatigués, on leur substitua des voitures dans le bas de la route, et des bourjanes dans les parties non carrossables.

Ces mesures prises, l'œuvre de pacification commença sur-le-champ. Elle donna lieu à de nombreux combats que nous allons faire connaître, suivant l'ordre même admis par M. le général Galliéni dans le rapport qu'il vient d'adresser au gouvernement.

Opérations des commandants de cercle.

Cercle d'Ambatondrazaka. — Les troupes d'occupation de ce cercle comprenaient un bataillon de tirailleurs malgaches. Dans le courant d'août 1896, le poste d'Ambatondrazaka fut attaqué; dans une tentative de débloquement nous perdîmes le lieutenant Antoni (1).

Le 22 août, sur l'ordre du général Galliéni, le lieutenant-colonel Le Camus partit de Tamatave avec un convoi de ravitaillement destiné à ce poste. Les difficultés de la route retardèrent sa marche; il arriva seulement le 3 octobre. Entre temps, le colonel Combes, avec trois compagnies d'infanterie et une pièce d'artillerie, était également dirigé sur Ambatondrazaka; il était accompagné par le commandant Rouland, appelé à prendre le commandement du cercle.

---

(1) Antoni (A.), né le 10 octobre 1865, entré au service le 22 octobre 1883, promu sous-lieutenant à sa sortie de Saint-Maixent le 24 mars 1890, lieutenant le 24 mars 1892 au 4e régiment d'infanterie de marine.

Dès son arrivée au chef-lieu du cercle, le colonel s'assura du gouverneur hova, des fonctionnaires et de 500 Hovas établis dans ce poste, et les ramena à Tananarive, laissant le commandant Rouland avec la pièce de canon et une compagnie. Peu de temps après, cette dernière troupe fut renforcée de la compagnie de tirailleurs malgaches du capitaine Chieuse, envoyée de Tamatave.

Dès la réunion de ces forces, le commandant Rouland reçut la soumission des populations établies dans la région au sud-est du lac Alaotra. En novembre, à la suite de quelques excursions, il enleva la position fortifiée d'Ambohitromby, que défendaient les Marofotsy; il rentra dans son poste pour y préparer une nouvelle et plus importante expédition.

Cette marche s'accomplit dans la deuxième quinzaine de novembre. Elle débuta par l'exploration des régions de Didy, au sud-est, et de Mangatany, au sud-ouest. Après avoir établi des postes à Manamkabahiny et à Ivrodo-Zana, le commandant Rouland se porta en avant, dans la direction du sud. Il créa de nouveaux postes à Antanimenakely et à Mandanivatsy, sur la route de Tanifotsy. Cette marche eut pour résultat d'assurer, dès le mois de décembre, une ligne de postes militaires reliant le cercle d'Ambatondrazaka à l'Imérina.

La saison des pluies ne permit pas d'avancer plus loin. Le commandant Rouland dut remettre la suite de ses opérations vers le nord-ouest, où se tenait le foyer de l'insurrection. Il se borna à établir des postes à Manakary, plus au nord à Imerimandroso, qui lui assurait la liberté de la route de Tamatave, et, enfin, dans le courant du mois de janvier, celui d'Anosimbohangy, où il s'établit lui-même. Dès lors, nous tenions la rive orientale du lac Olaotra.

Restait à conquérir la rive occidentale. Le commandant Rouland commença son excursion le 15 avril. Il la jalonna par les postes d'Ambohijanary, d'Amparafaravola, de Morafeno, de Maivarano, d'Ambohitromby, et par de nombreux blockhaus. Ces mesures suffirent pour amener la soumission d'une partie des habitants de cette région.

Les mois de juin et de juillet furent employés en excursions dans la vallée de la Mahajamba, concurremment avec les troupes du cercle d'Ankazobé; le 3 juillet, nous obtînmes la soumission de Ramenamaso, l'un des chefs les plus écoutés de la rébellion.

* *
*

Cercle d'Ambohidratrimo, plus tard cercle de Babay et aujourd'hui cercle d'Ankazobé. — Le lieutenant-colonel Gonard, chargé d'opérer dans cette région, disposait de 2 compagnies d'infanterie de marine, 1 compagnie de tirailleurs algériens, et de 2 compagnies du régiment colonial, pour l'occupation de ce cercle.

Il reçut la mission de rouvrir la route d'Andriba, de gagner du terrain à droite et à gauche de cette route, de façon à se relier, sur la rive gauche de l'Ikopa, avec le cercle d'Arivonimamo, au nord-est avec le cercle d'Ambatondrazaka, et d'assurer l'occupation des vallées de la Betsiboka et de la Mahajamba.

Le 22 octobre 1897, le lieutenant-colonel faisait occuper Fihaonna, le 12 novembre Ambohitromby. De là, il se porta entre Babay et l'Ikopa, créa les postes d'Andrambantany (le 6 novembre), d'Ambato et d'Ambohibao (14 novembre), et remonta ensuite au nord du Marovatana. Du 15 novembre au 15 décembre, il marcha dans la direction d'Andriba et installa des postes à Maharidraza et à Kangéra, assurant ainsi la reprise et la sécurité des correspondances postales avec Andriba, dès le 13 décembre. C'était aussi l'accomplissement de la première partie de la mission qui avait été imposée à cet officier supérieur.

Le 17 janvier, le lieutenant-colonel Gonard passa l'Ikopa au gué de Tafanoa, et créa deux postes sur la rive gauche de ce fleuve. Pendant la nuit du 4 au 5 mars, le chef de ces deux postes se rendit maître de Rainijaïka. Il délivra 3.500 indigènes que ce chef retenait captifs ; ce qui assura la pacification de la rive gauche de l'Ikopa.

La soumission du territoire situé au nord-est aboutit plus difficilement, en raison de la présence du chef Rabezavana. Malgré l'excitation continuelle de ce rebelle, nous occupâmes, à la fin du mois de décembre, la vallée de la Sakasaraotra, où on établit le poste de Tikoderaina, au confluent de la Sakasaraotra avec l'Amsaribe. Au mois d'avril, nous avions réussi à obtenir 45.000 soumissions et la reddition de 1.000 fusils ; la route de Majunga était sûre et les régions du Marovalana et du Vonizongo entièrement pacifiées.

Le lieutenant-colonel Gonard, relevé de son poste, eut le commandant Lyautey pour successeur. Ce dernier se dirigea vers la Betsiboka et la Mahajamba avec les troupes réunies des cercles de Babay, d'Ambatondrazaka et d'Ambohidrabiby. Il se porta sur Marotsipirj, où Rabezavana s'était retiré après l'entrée de nos troupes dans cette ville, qu'elles trouvèrent évacuée dès le 3 mai. Le 15 mai, le commandant Lyautey enlevait Ambohimanzaka.

Rabezavana comprit que la lutte qu'il voulait soutenir était d'avance partie perdue. Il demanda à entrer en pourparlers pour faire sa soumission. On délégua des pouvoirs à Rainianjanoro, ancien 13e honneur, soumis depuis longtemps à notre autorité, et à Ratomahenina, juge, avec lesquels il avait été souvent en relations. A la suite des conférences, le rebelle envoya son père au poste d'Antsatrana, d'où il fut dirigé sur Ambodiamontana, offrir cette soumission. Deux jours après, le 29 mai, Rabezavana venait en personne se soumettre au capitaine Rémond. Il fut conduit au commandant Lyautey, alors à Morafeno, qui ordonna de faire une excursion avec ce chef parmi les insurgés d'Ambodiamontava (6 juin), de Betandraka (21), Tsaratanana (23) ; sa présence amena leur soumission.

Cercle d'Arivonimamo. — Ce territoire fut occupé par le commandant Reynes ayant sous ses ordres trois compagnies de tirailleurs algériens, une compagnie de tirailleurs sénégalais et une compagnie de miliciens alors en formation.

Sa situation était quelque peu inquiétante. Le Mamolakaza et le Valafotsy étaient infestés de bandes mi-sakalaves et mi-hovas conduites par Zamaria; dans l'Ambodirano et l'Ankaratra, on comptait seulement quelques bandes moins nombreuses que les premières.

Le commandant Reynes se hâta d'établir des postes à Ambohimasina, à Ambohihibelona, à Amboasary et à Amboniriano.

Les instructions qu'il avait reçues lui imposaient d'atteindre les frontières de l'Imérina et de rejeter les Sakalaves au delà du Sakoy. Il commença par débarrasser la zone des trois derniers postes créés, sans cesse harcelés par des bandes de rebelles, et se porta ensuite en avant. Le 10 novembre, il parvint à s'établir sur une ligne de postes : Ambohitrondona-Bealoko-Donantrotsara-Ambohimahiratra. Plus au nord, il s'étendit à Tsaramandrosa, d'où il contint les Tsimadilo.

Dans le cercle-annexe de Soavinandriana, le capitaine Comperat soutint, le 31 octobre, une violente attaque des rebelles contre ce point. Sa garnison était composée de 50 miliciens et d'un soldat d'infanterie de marine. Cette poignée d'hommes parvint à refouler l'adversaire.

Le capitaine Lamy fut aussi heureux dans le territoire de l'Ankaratra.

Au milieu de décembre, après quelques coups de main couronnés de succès, les insurgés étaient refoulés vers l'ouest et nous nous installions dans deux nouveaux postes créés à Menazary et à Ambohidrano.

Le 21 décembre, le commandant Reynes reçut l'ordre de se porter en avant, vers l'ouest, pour atteindre l'Imérina. Le 28 décembre, il marquait sa marche en avant par la création de postes à Nigilohy, à Ampalamanarivo, à Ambatomanjaka et à Belanitra, dont les garnisons excursionnèrent un peu partout, amenant de nombreuses soumissions dans le Mamolakaza.

Nous ne nous trouvions plus, à ce moment, qu'en présence d'un seul territoire rebelle : celui du Valafotsy. Le commandant Reynes dirigea ses opérations sur ce point. Le 2 mars 1898, il occupa Feonarivo, d'où il se porta sur la ligne Tsiroanomandidy-Ankavandra. Le premier point tomba entre nos mains à la fin de mars, le second dans le courant du mois de mai, assurant ainsi la pacification du dernier refuge des rebelles dans le cercle d'Arivonimamo.

***

Cercle d'Ambohidrabiby, plus tard cercle d'Ankazobé. — La répression des troubles dans ce cercle fut confiée au commandant Mougeot. Il disposait de trois compagnies de tirailleurs malgaches et d'une compagnie d'infanterie de marine.

Les insurgés, obéissant à Rabozaka, tenaient la haute vallée de la Mananara et la forêt entre l'Imérina et le Mangoro ; d'autres bandes relevant de l'autorité de Rabezavana, dont nous avons déjà parlé, occupaient, sur le territoire de ce cercle, la rive gauche de la Betsiboka jusqu'au sud d'Ambohidibiby.

Le commandant Mougeot tourna d'abord ses armes contre Rabozaka. Il attaqua ses bandes les 14, 17 et 20 octobre et les refoula ; au cours de sa poursuite, il créa des postes à Ambohidratimo et à Aryoky. De ce dernier point il se porta au-devant du lieutenant-colonel Combes revenant d'Ambatondrazaka ; chemin faisant, il établit le poste d'Ambatomainty.

Le 9 novembre, ce dernier poste fut attaqué, mais sans succès, par les insurgés. Le 19 du même mois, de nouvelles bandes tentèrent d'enlever Ambohimanga ; elles échouèrent encore sur ce point.

C'est à la suite de ces attaques que le lieutenant-colonel Combes, commandant le 1er territoire militaire, dont le chef-lieu était à Tanifotsy, opéra personnellement contre les rebelles de Rabozaka.

Celui-ci avait élevé un réduit à Mampidongy, sur la lisière

de la forêt et sur les bords du Mananara. Le colonel résolut d'attaquer cette position par le nord, le sud et l'ouest. A cet effet, il disposa sur trois colonnes les troupes qu'il avait amenées. Les colonnes du nord et de l'ouest furent arrêtées dans leur marche par les débordements du Mananara. Celle du sud, commandée par le capitaine Lucciardi, réussit à aborder la position qu'elle trouva abandonnée (8 mars 1897). Le 9, il se lança à la poursuite de l'ennemi qu'il atteignit; il fit de nombreux prisonniers et prit des armes. Cette opération assura quelques soumissions et décida la dislocation des bandes de rebelles.

Le colonel Combes porta alors ses armes contre Rabezavana et enleva Vohilena et Antsatrara (28 avril). C'est à ce moment que, pour cause de maladie, le commandant du 1er territoire militaire fut relevé de ses fonctions. La suite des opérations échut au commandant Lyautey.

Après l'installation du poste de Marotsipoy, le capitaine Rémond fit, le 9 mai, une reconnaissance du massif de Vombohitra et y établit un poste de 20 tirailleurs, sous les ordres d'un sergent. Ce poste surveillait la rive gauche de la Betsiboka, le plateau d'Andriba, la plaine d'Antsatrara et la route de Morafeno; un poste optique le mettait en communication avec Vohilena et Antsatrara.

Les 10 et 11 mai, le capitaine Mourin, de l'état-major, réussit à établir la liaison entre les postes d'Andranomianita et de Marotsipoy; la colonne expéditionnaire ramena 32 bœufs, plusieurs prisonniers, des fusils et des munitions.

Ambohimanjaka était occupée par le capitaine Le Moan. Il reçut l'ordre de constituer une colonne pour se porter sur la rive gauche de la Mananta.

Un détachement de 40 tirailleurs sénégalais, 40 tirailleurs malgaches, 30 tirailleurs algériens et une pièce de 80 de montagne quitta Vohilena le 14 mai. Le 15, il franchit le Lakazaina, un peu au nord-ouest d'Antakana, et vint occuper Ambohimanjaka à midi; il s'empara, sur ce point, de six cents kilos de café.

De là il envoya quatre reconnaissances battre les environs pendant les journées des 15 et 16 mai.

La première colonne, sous le commandement du lieutenant Bloch, après avoir reconnu le chemin de Vohitsara, se relia à une reconnaissance partie de Vohilena également le 16 mai. Elle attaqua un groupe d'insurgés qui eut deux hommes tués et cinq prisonniers; ils abandonnèrent des armes, des munitions et un troupeau de 689 bœufs.

La seconde colonne, commandée par le lieutenant Colonna, fut dirigée vers le nord. Pendant la journée du 16 mai, elle eut aussi maille à partir avec des rebelles, auxquels elle tua deux hommes, fit trois prisonniers et enleva un convoi de 1.100 bœufs.

Le capitaine Mourin, commandant de l'expédition, dirigeait la troisième colonne avec le lieutenant Bellanger. Après avoir marché vers l'est et reconnu le massif montagneux d'Analamantsiva, elle attaqua les rebelles réfugiés dans une gorge boisée et leur tua deux hommes; cette action laissa entre nos mains quatorze prisonniers, des armes, des munitions et 232 bœufs. Pendant la journée du 17, le lieutenant Bellanger, poursuivant sa reconnaissance vers Ankazomena et Ambohimalazaka, réussit à capturer 320 bœufs.

Enfin, la quatrième colonne, commandée par le lieutenant Matagne, se porta sur Ambohimanjaka. Elle se fit précéder, le 15 mai, d'une avant-garde de 40 hommes qui rencontrèrent des bandes de rebelles en fuite à la sortie des marais d'Amparihiandrianbary. Ces bandes répondirent à nos propositions de soumission par des coups de fusil. Le lieutenant Matagne déploya sa troupe et repoussa l'ennemi en lui tuant trois hommes. Des patrouilles ramassèrent 130 prisonniers, des armes, des munitions et 600 bœufs. A 5 heures du soir, la colonne Matagne entrait dans Ambohimanjaka, assurant par ce poste sa liaison avec Marotsipoy.

Cercle d'Ambatomanga, plus tard cercle de Tsiafahy. — Le

lieutenant-colonel Borbal-Combret, commandant de ce cercle, disposait de cinq compagnies d'infanterie et d'une section d'artillerie. Elles furent renforcées plus tard par une compagnie de la légion étrangère et par une compagnie de tirailleurs malgaches.

L'insurrection était vive dans cette région : la ligne d'étapes peu sûre. Ambatomanga fut attaquée deux fois, les 12 et 24 septembre.

En présence de cette situation fort grave, le lieutenant-colonel Borbal-Combret reçut une double mission. Il devait rétablir d'abord la sécurité sur la ligne d'étapes et dans la vallée de Varahina en raison des établissements Laborde, et progresser ensuite vers le sud en délogeant de la forêt les bandes de Rainibetsimisaraka, qui s'y étaient réfugiées.

Il réussit sur la route d'étapes, dans les premiers jours d'octobre, à chasser devant lui les insurgés cachés dans les grottes d'Angovokely et sur le mont Kinoba. Il assura la sécurité de cette route en établissant des blockhaus et en créant des postes à Ambohimasina et à Nosivato.

Dans la région du sud nous occupions, à cette même époque d'octobre, la ligne Tsiafahy-Ambatomango. Le 20 octobre, le commandant du cercle quitta ce dernier point avec deux compagnies et une pièce de canon ; le 22, il réussit à enlever Ambohimazana, et le 23, Andrahankazina ; il installa un poste sur chacun de ces points. Il lança ensuite le capitaine Tahon dans la vallée de la Varahina, d'où on refoula les insurgés après leur avoir enlevé Lazama et Imerinarivo. D'un autre côté, le capitaine Thévenin, marchant le long de la route de Fianarantsoa, gagna Ambohitromby, où il établit un poste.

Les négociations entamées avec des bandes du Tsinjoarivo avaient fait prévoir une facile soumission de ces rebelles. Les jours se passèrent sans amener de solution. Alors le lieutenant-colonel Borbal-Combret, à la tête de la compagnie de la légion Deleuze, se porta sur Tsinjoarivo, en passant par Ambatolampy, le 14 décembre, et l'occupa sans coup férir. Leur chef fit sa soumission sur-le-champ.

Le 21 décembre, le lieutenant-colonel Borbal fut remplacé par le commandant Dujon.

Le nouveau chef militaire du cercle réunit ses troupes à Imerinarivo, au commencement de février, et passa l'Ikopa. Le 6 février, il s'empara de Nossi-Bé et d'Ambohimarina, où l'installation de postes lui valut de nombreuses soumissions.

C'est au capitaine Deleuze, à la tête de sa compagnie, que revint tout l'honneur de la difficile soumission de Rainibetsimisaraka, le 9 juin 1898.

Dans le secteur d'Anosibé, plus au sud, l'insurrection gagnait du terrain. Le lieutenant Grio était à peine installé à Anosibé, avec un peloton de tirailleurs malgaches, lorsque, le 10 mai, un parti de Tanalas l'attaqua. L'ennemi, repoussé avec des pertes importantes, exerça de violentes représailles contre les colons français. Dans le voisinage d'Ambohimanga, l'un de ceux-ci fut assassiné.

Un renfort ayant été demandé, on concentra sur ce point une compagnie de la légion étrangère, sous les ordres du capitaine Deleuze (19 mai), les miliciens de Fianarantsoa (le 20), un détachement d'infanterie de marine commandé par le capitaine Lefort (21 mai).

Ces troupes, réunies sous le commandement du capitaine Deleuze, exécutèrent une série de battues en forêts qui amenèrent la reddition de Revanario, chef des rebelles.

*
* *

Cercle de Moramanga. — Le commandant Noël disposait de deux compagnies de la légion étrangère et de trois compagnies de tirailleurs haoussas. Sa mission consistait à assurer la sécurité de la ligne d'étapes, d'occuper le nord et le sud de la route et de se relier aux autres cercles.

Il fit construire une série de blockhaus; ils se reliaient entre eux et avec les postes d'Analamozaotra, d'Ampasimpotsy, de Moramanga et d'Andakana. De plus, pour parer aux attaques pouvant venir du nord, il construisit, dans cette même direction, deux blockhaus sur les sentiers de la forêt d'Analamazoatra, créa des postes à Ambohidray et à Analabé, dans la vallée du Mangoro.

Cette organisation suffit pour assurer la sécurité de la route, sur laquelle aucune attaque nouvelle ne fut signalée.

Le lieutenant-colonel Combes se chargea, en qualité de commandant du 1er territoire militaire, d'exécuter la seconde partie du programme des opérations dévolues au commandant Noël.

Il se dirigea contre la forêt située entre l'Imerina et le Mangoro qui donnait abri aux nombreuses bandes des rebelles. Tandis qu'il opérait le rassemblement de ses forces sur la lisière occidentale de la forêt, le lieutenant-colonel Combes avait chargé le capitaine de Thuy d'occuper la lisière orientale de cette forêt avec sa compagnie de la légion étrangère renforcée de tirailleurs haoussas et de Sénégalais. Ces deux groupes marchèrent à la rencontre l'un de l'autre, chassant devant eux les bandes d'insurgés. Après cette opération la troupe du capitaine de Thuy fut répartie entre les postes de Mandialaza, de Betafo, d'Ambozaka et de Rabezavana.

On pouvait croire, après cette démonstration, que l'ennemi allait se soumettre. Il n'en fut rien et il redoubla de hardiesse. Le 27 décembre, il attaqua les postes d'Alarobia et de Soavina avec des bandes évaluées à 500 rebelles. Ce fut avec le concours des troupes des autres postes qu'on réussit à refouler ces bandes dans la forêt, après leur avoir fait subir de très grosses pertes. De notre côté, nous déplorions la mort du lieutenant Guillet et de plusieurs hommes.

La poursuite de ces bandes fut confiée au lieutenant-colonel Hurstel, du régiment d'Algérie.

A la suite de cette affaire le nouveau commandant de l'opération vint, avec trois compagnies de tirailleurs algériens, cerner la position Ambohibao-Ambohidrahimo-Sabotsy et Ankramadinika. Une série de battues régulières faites en forêt aboutirent à la dislocation des bandes d'insurgés.

Les mois de janvier et de février furent marqués par des attaques du poste d'Anjozohibato que les troupes réussirent à repousser chaque fois.

D'un autre côté, le capitaine Brûlard, de la légion étrangère, occupa Meninitra, d'où il assura sa liaison avec les troupes du cercle d'Ambatondrazaka et celles de la garnison de Tanifotsy.

Au sud du Mangoro, le lieutenant Grio réussit à amener la soumission des Betsimisarakas de la région d'Anosibé.

Nous fûmes moins heureux sur la rive droite du Mangoro. Il fallut d'abord construire de nombreux blockhaus sur la lisière orientale de la forêt et créer, sur le territoire, plusieurs cercles militaires. Ces démonstrations influèrent beaucoup sur l'esprit des bandes rebelles qui comprirent, avec leur faiblesse, l'inutilité de la résistance. Dès le milieu du mois de mars, on reçut quelques soumissions qui se succédèrent assez rapidement pour qu'en avril on pût considérer la pacification comme un fait accompli. Mais ce fut au prix d'excessives fatigues qui avaient rendu, à cette époque, plus de la moitié de l'effectif indisponible.

Cercle de Vakinankaratra, plus tard cercle de Betafo. — Ce pays était tranquille. Nos troupes n'y firent aucune opération. Il fut occupé au mois de février par une compagnie de tirailleurs malgaches dans le but d'assurer seulement la pénétration dans le Betsiry.

Résumé de la situation.

La campagne même, dans la marche de Majunga à Tananarive, avait été dure pour nos troupes ; l'œuvre de la pacification de l'Imérina ne leur fut pas plus douce. Là aussi elles révélèrent de grandes qualités auxquelles le général Galliéni rend le plus éclatant hommage.

Les opérations qui ont amené en six mois la pacification de l'Imérina, écrit-il dans son rapport, complètement insurgée en 1896, font ressortir une fois de plus les qualités de dévouement, d'entrain, de ténacité de nos troupes coloniales. Poursuivies en pleine saison des pluies, dans un pays boisé, marécageux, coupé de nombreux cours d'eau, avec un ravitaillement rendu laborieux par la difficulté des communications, elles nous coûtèrent des pertes importantes, et un moment, nos hôpitaux et ambulances étaient insuffisants pour contenir les 1.200 blessés ou malades du corps d'occupation.

Mais ce fut cette ténacité de nos officiers et soldats, exécutant en dépit de tous les obstacles le programme méthodique de pacification qui leur avait été tracé, qui contribua le plus à abattre l'insurrection des pays hovas. Cette qualité essentielle et l'extrême bienveillance déployée vis-à-vis des malheureux habitants soumissionnaires, auxquels ils s'empressaient de venir en aide par des distributions de vivres et de vêtements, font le plus grand honneur aux troupes du corps d'occupation de Madagascar.

CHAPITRE III

OPÉRATIONS CONTRE LES REBELLES DES PROVINCES

Programme général des opérations. — Expéditions dans le nord et le nord-ouest ; provinces d'Analalava et de Nossi-Bé. — Opérations dans le Bouěni oriental. — Opérations dans le Betsiriry, le Menabé et le Mahilaka. — Opérations dans le 4ᵉ territoire militaire. — Pacification du cercle de Tulléar. — Pénétration au sud du Betsileo, chez les Baras et les Tanalas. — Opérations sur le territoire de Fort-Dauphin. — Mouvement insurrectionnel dans le nord. — Résultats des opérations. — Divisions territoriales de Madagascar. — Répartition des troupes dans les postes militaires.

Programme général.

La deuxième partie du programme du général Galliéni comportait une série d'incursions chez les principales tribus de Madagascar, pour les même raisons que celles qui avaient fait entreprendre la pacification de l'Imérina.

Cette action avait un but militaire et politique. Du dernier nous n'en parlerons pas. Au point de vue militaire, le programme de notre résident général comportait deux solutions qu'il expose en ces termes dans son rapport :

La première consistait à former un réseau de postes très serré sur les frontières pour protéger les villages amis : ce système avait l'inconvénient d'immobiliser des garnisons nombreuses dans un rôle purement défensif. En outre, il est évident qu'il aurait fallu les compléter par l'occupation de tous les points des côtes sud et ouest se prêtant au débarquement, afin d'empêcher la contrebande de guerre ; de sorte que, en résumé, nous aurions eu deux lignes de postes militaires sans aucune communication entre elles et sans action extérieure.

Ne valait-il pas mieux se donner pour but d'occuper le pays intermédiaire et de l'ouvrir à la colonisation et à l'activité de nos commerçants ? Cela revenait à reporter en avant les garnisons des postes frontières et à leur donner un rôle actif.

Nous allons voir dans quelles circonstances difficiles il fut possible aux lieutenants du général Galliéni d'accomplir la tâche qui leur incomba.

Expéditions dans le nord et le nord-ouest. Provinces d'Analalava et de Nossi-Bé.

La première incursion de nos armées sur les territoires du nord et du nord-ouest fut faite dans les provinces d'Analalava et de Nossi-Bé, les plus réputées par leurs avantages pour la colonisation en raison de leur richesse en caoutchouc et la présence de nombreux troupeaux de bœufs dans leurs pâturages. De plus, leurs habitants, les Antakares et les Sakalaves, ne demandaient qu'à secouer le joug hova qui les tenait si rudement. Enfin, au point de vue militaire en particulier, l'importance stratégique de Diégo-Suarez était une raison très sérieuse pour tenter sans retard la pacification de ce territoire.

Le premier point désigné pour l'occupation fut Mandritzara. Le 7 décembre, M. Pradon, résident de la province de Maroantsetra, quitta cette ville avec trois gardes de milice et occupa, sans coup férir, Mandritzara, le 18 décembre, après quelques engagements préliminaires avec Rakotovoamoramanga.

Les Hovas comprirent de suite toute l'importance qu'il y avait pour eux à garder cette position. Ils ne cessèrent de harceler les troupes laissées à sa surveillance. Aussi dut-on envoyer à M. Pradon la 5ᵉ compagnie de tirailleurs malgaches, commandée par le capitaine Clavel, et composée de 10 Européens et 120 Malgaches. Cette compagnie devait poursuivre les rebelles, créer des postes où il serait urgent, pousser jusqu'à la côte nord-ouest en opérant sur ce point sa liaison avec les milices détachées de Nossi-Bé dans l'intérieur des terres.

Le capitaine Clavel et M. Pradon quittèrent Maroantsetra

Madagascar.   23

le 6 février, et vinrent à Belandriana le 4 mars. Le 6, ils atteignirent les rebelles dans le voisinage d'Ampometo. La lutte fut des plus vives, nous y perdîmes le dixième de notre effectif; en revanche nous y ramassâmes un énorme butin. Le capitaine Clavel, continuant sa marche en avant, atteignit Antsoby le 8 mars, Andrianosamonta le 13. Ce dernier point était déjà occupé par M. Toupel, résident de Nossi-Bé, grâce à l'appui que la compagnie de débarquement du *Météore* lui avait prêté et qui avait permis aussi l'occupation de Mevarano (5 février) et celle d'Andranosamonta (11 février), après avoir refoulé des bandes rebelles de Hovas. Il continua sa mission et réussit à désagréger les insurgés.

Le capitaine de Toquenne avait été désigné pour résider à Analalava. Il s'embarqua à Tamatave le 19 juin. Il emmenait avec lui la 7ᵉ compagnie de tirailleurs malgaches, avec mission de réprimer l'insurrection sur le territoire de sa résidence.

Dès le 29 juin il s'empara de Tsiaabazaka, le 6 juillet d'Ankiziny, où il ramassa 400 fusils, 5 canons et les drapeaux de la reine. A la suite de ce fait d'armes, 1.600 Hovas firent leur soumission et le pays ne donna plus signe de la moindre rébellion.

Rakotovoamoramanga avait réussi à s'échapper après l'affaire d'Ankiziny. La défection de ses bandes l'amena à faire sa soumission entre les mains de M. Pradon (23 juillet).

Opérations dans le Bouëni oriental.

A la suite de l'attaque du poste d'Ambato, le capitaine de Bouvié, commandant la 7ᵉ compagnie de tirailleurs haoussas, fut chargé de réprimer le mouvement insurrectionnel du Bouëni. Il partit de Marowoay et gagna Maroadabo, où il arriva le 10 avril. Le 15, il battit les rebelles à Vativoka, remonta le Mahazamba et installa un poste à Taratanana, le 24, qui amena quelques soumissions.

La rive gauche du Benarivo étant signalée comme le refuge des bandes hovas de Rainilavy, la compagnie de Bouvié fut portée sur ce territoire. Le 9 mai, elle attaqua les rebelles à Mempikong et les battit; après avoir installé un poste sur ce dernier point, la troupe rentra à Majunga.

Rainilavy profita du départ de cette colonne pour attaquer, avec 1.200 hommes, le poste de Mempikong (12 juillet); il échoua dans sa tentative.

Le capitaine de Bouvié fut rappelé sur-le-champ et fut renforcé par la 7e compagnie de tirailleurs malgaches (capitaine de Toquenne). Le 24 août il atteignit le chef des rebelles. Nous perdîmes dans cette affaire 1 officier et 22 hommes. Rainilavy se reporta en arrière, sur la position de Mazokoamena.

Le commandant de l'expédition demanda immédiatement des renforts. Ils lui furent envoyés de Majunga (21 août) et d'Ambatondrazaka (1er septembre). Ces troupes furent placées sous les ordres du commandant Rouland. Elles arrivèrent, le 6 septembre, devant les positions ennemies qu'elles enlevèrent trois jours après (9 septembre).

La chute de Mazokoamena nous valut la soumission des rebelles. Le 8 novembre, le chef suivait cet exemple.

Opérations dans le Betsiriry, le Menabé et le Mahilaka.

Les incursions des Sakalaves du Menabé central dans le Betsiriry, centre des exploitations aurifères, imposaient l'occupation de cette région et une rapide pacification pour permettre aux colons européens de retrouver une sécurité complète.

Le commandant du cercle de Betafo avait réussi à faire établir un poste à Antataidirano, dans le courant du mois de mai. Vers le milieu de juin, le capitaine Mazillier, commandant la 4e compagnie de Sénégalais, s'installait à Maindrizava, avec un détachement de conducteurs et de mulets; il fit de ce point un centre de ravitaillement pour la colonne en voie de formation. Il tenta aussi d'amener par des propositions pacifiques les rebelles à composition. Les Sakalaves lui répondirent en l'attaquant à deux reprises.

Le 10 août, trois compagnies sénégalaises, un peloton de tirailleurs algériens et une section d'artillerie furent concentrés à Mandrizavo, à Ankavandra la 3ᵉ compagnie de Sénégalais et la 8ᵉ compagnie de Haoussas, dont la portion principale occupait Maintirano avec des détachements à Morondava et à Mahabo.

Toutes ces troupes furent placées sous le commandement du chef de bataillon Gérard, chef d'état-major du corps expéditionnaire.

D'après les renseignements que le commandant Gérard avait recueillis, les Sakalaves occupaient en force Anosymena, ayant à leur tête Mahatanty, et Ambiky où commandait Toera.

Il se dirigea d'abord contre Anosymena. Le 14 août, à 7 heures du matin, après une marche de nuit de onze heures, sur un terrain marécageux et couvert de roseaux, l'artillerie donna le signal de l'attaque. Les troupes, divisées en quatre colonnes, se portèrent en avant, en tirant le moins possible, et abordèrent la position ennemie à la baïonnette. Les Sakalaves, surpris par la brusquerie de cette attaque et effrayés de l'effet des obus à mélinite, s'enfuirent dans toutes les directions, laissant sur le champ 60 tués et une centaine de blessés ; nous avions à déplorer la mort de cinq hommes, dont un tirailleur sénégalais et quatre piroguiers indigènes.

Le capitaine Robin fut chargé d'occuper Mahatanty et de poursuivre les fuyards qui s'étaient réfugiés dans les marais.

Le 18 août, de nombreux Sakalaves du Betsiriry prêtèrent serment de fidélité dans un kabar tenu à Anosymena.

Pour opérer contre les bandes réfugiées à Ambiky (1), il fallait compter avec les obstacles du terrain boisé, coupé d'étangs et de marécages où les embuscades sont faciles.

---

(1) Ambiky, aujourd'hui poste Turquois, en mémoire du lieutenant du génie de ce nom, tué dans l'affaire du 5 octobre 1897. (Décision du général Galliéni du 2 mai 1898.)

Le commandant Gérard, après avoir créé un poste à Bemena (1), organisa son plan d'opérations.

Il divisa sa colonne en trois fractions. Celle de gauche devait marcher par la rive gauche de la Tsiribihina et se relier avec le détachement de Mahabo ; celle du centre descendrait le fleuve en pirogue ou marcherait par la rive droite ; celle de droite, se portant sur le Manambola, se relierait avec la 3ᵉ compagnie sénégalaise en marche d'Ankavandra sur Bekopaka (2).

Ambiky fut enlevé le 30 août dans les mêmes conditions que l'avait été Anosymena. Les Sakalaves tirèrent quelques coups de fusil en s'enfuyant ; ils laissèrent 97 morts parmi lesquels le roi Toera. On ramassa plus de 2.500 fusils.

Ces deux succès permirent de créer des postes à Ankalalobé (3) et à Androngony ; ils amenèrent de nombreuses soumissions et le dépôt de 1.000 fusils ; plus tard, après l'installation d'un secteur à Mahabo, 4.000 autres fusils furent reçus.

Le commandant Gérard se rendit, par mer, à Behenjavilo et à Mantirano ; de là, il gagna l'intérieur des terres. Après avoir atteint Bemaraba, il créa des postes à Andzia (4) et à Ambalarano. En remontant à Tomboharano, par le Manambolo, il fut attaqué et dut soutenir une lutte de deux jours, au cours de laquelle il subit d'importantes pertes.

Au milieu du mois de septembre, on croyait à la soumission complète des Sakalaves et à la sécurité du pays, quand de nou-

---

(1) Bemena, aujourd'hui poste Dejoux, en mémoire du lieutenant d'infanterie de marine de ce nom, tué le 26 octobre 1897, au cours de la marche de Bemena à Ambiky. (Décision du général Galliéni du 2 mai 1898.)

(2) Bekopaka, aujourd'hui poste Pierron, en mémoire du sergent d'infanterie de marine de ce nom, tué le 21 octobre 1897, au cours de la marche de Bekopaka à Ankalalobé. (Décision du général Galliéni du 2 mai 1898.)

(3) Ankalalobé, aujourd'hui poste Chambaud, en mémoire du lieutenant d'infanterie de marine de ce nom, tué à Ankalalobé, le 5 octobre 1897. (Décision du général Galliéni du 2 mai 1898.)

(4) Andzia, aujourd'hui poste Ali-Souadou, en mémoire du sergent sénégalais de ce nom, tué le 24 septembre 1897, au cours de la marche d'Andzia à Tomboharano. (Décision du général Galliéni du 2 mai 1898.)

velles bandes reprirent leurs habitudes de pillage et de commerce illicite, suivies bientôt d'un soulèvement au nord et au sud.

Le 21 septembre, un convoi de pirogues allant de Benjavilo (1) à Bekopaka, fut attaqué. Le 27, le lieutenant Martin et dix hommes tombèrent dans une embuscade, d'où ils sortirent au prix d'efforts héroïques. Le lendemain, un détachement, sous les ordres du commandant Gérard, fut assailli dans le bois de Mandrazo. On dut se battre deux heures; au cours de cette lutte, nos hommes reçurent des projectiles bizarres : des morceaux de corail, des cailloux de quartz, des pieds de marmites furent extraits des plaies des blessés, par le médecin du *Météore*. Nous eûmes 11 Sénégalais tués ou blessés, parmi lesquels le capitaine Morin. Le même jour, le poste de Bekopaka fut attaqué si vigoureusement, que des Sakalaves réussirent à pénétrer à l'intérieur de l'enceinte. On les repoussa en perdant deux tués et quatre blessés.

Le 5 octobre, à la pointe du jour, le poste d'Ambiky fut attaqué par 400 Sakalaves. On eut raison de cette attaque qui coûta la vie au lieutenant Turquois, à l'adjudant Renaut (2) et à sept indigènes; nous avions à déplorer, en plus, quatorze blessés.

Deux jours après, le 7 octobre, le poste d'Ankalalobé, fort de quinze hommes, fut surpris. Le lieutenant Chambaud, qui le commandait, commit la grave imprudence d'envoyer sa troupe, sauf la sentinelle et son ordonnance, en corvée. Sous prétexte de tenir un kabar, les habitants se réunirent à proximité du poste. Après quelques minutes d'un entretien cordial avec l'officier, celui-ci fut assommé à coups de bâton; les deux hommes du poste eurent le même sort.

---

(1) Benjavilo, aujourd'hui poste Rocheron, en mémoire du lieutenant d'infanterie de marine, noyé en mer, le 11 janvier 1898, au cours du voyage de Benjavilo à Maintirano, qu'il avait entrepris, malgré la tempête régnant sur la côte, pour le ravitaillement du secteur de Manambolo. (Décision du général Galliéni du 2 mai 1898.)

(2) Port Ambiky s'appelle aujourd'hui port Renaut, en mémoire du vaillant adjudant.

Le 9 octobre, ce fut le tour du poste de Bemena et de celui d'Andemba (1); dans ce dernier, nous perdîmes encore un officier, le lieutenant Randey (2).

Sans attendre des ordres supérieurs, les commandants des postes voisins, de leur propre initiative, se portèrent au secours de leurs camarades menacés. Le capitaine Robin et le lieutenant Monchat, avec des tirailleurs algériens et des conducteurs sénégalais, allèrent de Mahaba sur Ambiky. Le capitaine Durand, chemin faisant de Bemena à Ambiky, eut à soutenir de violents combats dans lesquels il perdit le lieutenant Dejoux (3) et plusieurs hommes.

Le lieutenant-colonel Septans, gouverneur désigné du pays des Sakalaves, reçut l'ordre de partir de suite de Majunga, avec mission de « concentrer la majeure partie de ses forces sur la Tsiribihina, afin de venir à bout le plus rapidement possible de la rébellion dans la région comprise entre ce fleuve et le Manambolo ; tenir solidement les points de la côte se prêtant à un débarquement, afin d'empêcher le commerce d'armes et de munitions ; consolider les résultats acquis précédemment ». Il emmena avec lui la 1re compagnie de la légion et la 1re compagnie du régiment colonial.

Une série de reconnaissances fut entreprise, que la saison des pluies vint interrompre. On se contenta de faire occuper Tulléar, avec la 1re compagnie de la légion, Ambohiba par la 5e compagnie sénégalaise et Maintirano par la 9e compagnie du régiment colonial, puis on procéda à l'organisation du territoire.

Cette organisation ne changea en rien l'état du pays; la saison des pluies n'apporta pas davantage une trêve complète.

---

(1) Andemba, aujourd'hui poste Randey, en mémoire du lieutenant du bataillon de tirailleurs algériens, tué à la défense d'Andemba, le 10 octobre 1897. (Décision du général Galliéni du 2 mai 1898.)

(2) Randey (François-Xavier-Paul), né le 18 mai 1865. Entré au service le 10 mai 1884, sorti de Saint-Maixent et sous-lieutenant le 10 mars 1889, lieutenant le 15 octobre 1891 au 1er tirailleurs algériens.

(3) Dejoux (M.-E.-R.), né le 15 septembre 1867. Élève à l'École de Saint-Cyr le 28 octobre 1887 ; sous-lieutenant le 1er octobre 1889; lieutenant le 4 décembre 1891.

A la fin de janvier, le capitaine Lucciardi, commandant du cercle de Betsiry, dont les troupes résistaient mal au climat à cause de l'inaction à laquelle elles étaient condamnées, ayant reçu deux sections de la 1re compagnie de Sénégalais, s'avança dans la boucle que forment le Mahajilo et le Mania à leur confluent. Il occupa les points principaux des rives extérieures, dont il fit de véritables têtes de pont. De là, il refoula les Sakalaves dans le Menabé et réussit à leur reprendre, le 4 juin, Ankalalobé, que nous avions perdu dans les circonstances que l'on sait.

Le commandant du cercle de Betafo avait marché aussi vers le Sakay et installé, le 4 mars, un poste à Ankazoabo (1).

Pendant l'exécution des opérations de détail que nous venons d'exposer, un plan général avait été adopté. L'objectif principal était l'occupation solide des vallées de la Tsiribihina et du Manambolo; faute de temps et de troupes, on dut se borner à la première rivière. Le colonel Sucillon reçut la direction de cette opération.

Il se porta, par la rive gauche, contre Inguerezza, frère du roi Toera. Les mois de juin et de juillet furent employés à cette marche avec des troupes prélevées dans les cercles de Morondava, de Betafo et du Betsiriry. On créa une série de postes dans l'espoir d'intimider les Sakalaves et de les amener à composition. Mais, fidèles à leur tactique, ils continuèrent la lutte d'embuscade.

Le 23 août, les commandants des trois cercles, réunis à Antsoa, décidèrent que les postes de la rive gauche excursionneraient le plus loin possible, tandis que le commandant de Putz et le capitaine Lucciardi débarrasseraient la rive droite.

Nous tentâmes une dernière conciliation avec les Sakalaves, par l'intermédiaire de M. Larsen, capitaine de la marine mar-

---

(1) Ankazoabo, aujourd'hui poste Flayelle, en mémoire du capitaine de la légion étrangère de ce nom, tué le 12 mars 1898, à l'attaque du repaire de Vohinghezo. (Décision du général Galliéni du 2 mai 1898.)

chande norvégienne, qui se prévalait, pour aboutir, de ses anciennes relations avec les chefs du Ménabé ; il échoua.

Le commandant Putz prorogea au 26 septembre le délai pour la reprise des hostilités, dont l'ouverture avait été fixée antérieurement au 1er de ce mois. Le 29, n'ayant reçu aucune réponse à son ultimatum, il marcha sur Soatanimbary, qu'il enleva, créa un poste à Ankazoaboravo, revint à la mer. Il reçut quelques soumissions dans le voisinage de Belo, où il établit également un poste.

Opérations dans le 4ᵉ territoire militaire.

Après la constitution de ce territoire avec les cercles d'Ankazohé, de Maevatanana et de Mahavary, le lieutenant-colonel Lyautey reçut la mission de « pénétrer méthodiquement dans le pays, à peu près inconnu, situé à l'ouest de la Menavava et à occuper successivement les rivières de la Mahavavy et de l'Andranomavo, en se reliant au nord avec la province de l'Ambongo, au sud avec le 2ᵉ territoire ».

L'adjonction du cercle de Maintirano, le 12 mars, à ce territoire, élargissait la mission du lieutenant-colonel. Dès ce moment, il s'agissait « de coordonner les efforts des commandants des cercles de Maintirano et de la Mahavavy, de manière à occuper progressivement le pays entre la mer, l'Ambongo et le 2ᵉ territoire, et à pacifier la région du Fonjia, sise au nord d'Ambalarano (Manambao) et signalée comme le repaire de nombreux rebelles bien armés. »

Au moment où les opérations allaient commencer, le commandant Ditte avait obtenu la soumission de la plus grande partie du cercle de Maintirana ; la route Maintirana-Belalitsy-Anja-Ambalarano entièrement dégagée et, sur le dernier point, un poste créé comme centre de ravitaillement des troupes opérant dans le Fonjia.

Le capitaine de Bouvié partit, de son côté, le 6 mai, de Stampiky. Il réussit, en moins de deux mois, à pacifier le territoire voisin de la Mahavavy, à installer des postes et à assurer le ravitaillement. Le 6 juillet, il opéra sa jonction avec le commandant Ditte, à Ambabarano.

C'est à cette même date, 6 juillet, que commencèrent les opérations dans le Fonjio. Elles se terminèrent le 12 août par la dislocation des bandes de rebelles et la création de quatre postes sur le massif. De là, le commandant Ditte se porta sur Milanga, prit possession de Mossy-Voalavo et de Vilamatso; après cela, il fit sa jonction avec les troupes du cercle de Mahavavy, au pied du pic d'Ambohitrosy.

Cette jonction assurait la pacification de la région côtière, du Mahilaka et du Milanja.

Pacification du cercle de Tulléar.

Le 19 juin 1897, le général Galliéni, au cours d'un voyage sur les côtes, avait demandé, à son passage à Tulléar, au roi Tampomanana de lui faire sa soumission. Le souverain refusa et se déclara en hostilité ouverte contre la France.

Le général invita le commandant d'armes de Diégo à envoyer à M. Estèbe, notre résident à Tulléar, un détachement mixte de troupes composé de la 6ᵉ compagnie de tirailleurs malgaches et de quelques disciplinaires, sous le commandement du capitaine Genin.

L'assassinat du garde de milice Bligny, commandant le poste de Manambo, tombé dans un guet-apens que lui avait fait tendre Tampomanana, imposait des représailles.

Du mois d'août au mois de novembre, nos troupes firent une série de reconnaissances entre l'Onilaky et le Mangoka. Elles aboutirent à la création de postes à Manera (1), sur la route d'Ihosy à Ankazoabo, chez les Baras-Imanonas; à Ankatofotsy sur l'Onikaly, mais sans avoir pu atteindre Tampomanana dans sa fuite.

---

(1) Manera, aujourd'hui poste de Romanarany, en mémoire du tirailleur malgache de ce nom, tué le 12 mars 1898 à l'attaque du repaire de Vohinghezo. (Ordre du général Galliéni du 2 mai 1898.)

Ces reconnaissances révélèrent l'antipathie des populations de la région qui s'étend au nord de Tulléar jusqu'au Mangoky, et les sympathies des Baras-Imanonas pour nous.

M. Estèbe fut chargé d'assurer la sécurité entre Tulléar et Ramohira, où le lieutenant chancelier d'Ihosy avait créé un poste, avec le concours de la 1re compagnie de la légion qui lui avait été envoyée de Morondava à la fin du mois de décembre; en même temps que partait cette compagnie, la 5e de Sénégalais était envoyée à Ambohibé sur le Mangoky, signalé comme le repaire de plusieurs bandes de rebelles.

A la suite des premières opérations sur le territoire de Tulléar et des Baras, tous les insoumis se retirèrent vers le nord-ouest, dans une région accidentée et boisée, au confluent du Mangoky et du Malio, appelée Vohinghezo dont les habitants étaient alliés aux Tanalas-Volambitas de la rive droite du Mangoky.

Le capitaine Flayelle, commandant la 1re compagnie de la légion et des troupes de la province de Tulléar, reçut l'ordre d'attaquer ce rassemblement. Il disposait d'un détachement de la 1re compagnie de la légion (lieutenant Montagnole); de quelques hommes de la 11e compagnie du 13e régiment d'infanterie de marine; d'une pièce de la 6e batterie de montagne (lieutenant Defert); d'un détachement de la 6e compagnie du 1er malgaches; d'un détachement de la 8e compagnie du 2e malgaches (sous-lieutenant Garenne); d'un détachement de la milice de Tulléar (inspecteur Carles); d'un détachement de la compagnie de Fianarantsoa (garde Morel).

Le 10 mars, il concentra ses troupes à Soaserano (1), se porta, après avoir passé le Malio, le 11 au soir, sur la position qu'il devait attaquer le 12 au matin, à 4 h. 45. Un témoin oculaire raconte ce fait d'armes en ces termes :

Bientôt, on a la certitude que les rebelles sont avertis : leurs sen-

---

(1) Soaserano, aujourd'hui poste Montagnole, en mémoire du lieutenant de ce nom, de la légion étrangère, tué le 12 mars 1898 à l'attaque du repaire de Vohinghezo. (Ordre du général Galliéni du 2 mai 1898.)

tinelles fuient devant les éclaireurs et les feux s'allument sur la montagne en face. On arrive devant un bois qui paraît impénétrable tant l'obscurité est devenue profonde. La colonne arrêtée, l'avant-garde se déploie.

Le capitaine veut attendre le jour avant d'attaquer, mais le lieutenant Montagnole s'est engagé au milieu des abatis avec deux éclaireurs. C'est le signal d'une décharge générale et que l'on évalue à 200 coups de fusil. Le capitaine lance les légionnaires sur les traces du lieutenant. Il traverse avec eux les abatis, mais il est difficile de pousser de l'avant, car on ignore absolument le terrain ; on ne voit que les coups de feu qui vous aveuglent, et la fusillade à bout portant est tellement intense que les hommes n'entendent rien. On ne sait pas ce qu'est devenu le lieutenant. Une voix dans le fourré crie : « En arrière! » Mais le capitaine, avec un geste superbe et de toutes ses forces : « Mais non, pas en arrière !... En avant!... » A ce moment, il tombe frappé de deux balles, l'une au poumon, l'autre à l'abdomen. Il tombe à la renverse en disant à son ordonnance (1) qui, quittant le convoi, s'était porté à ses côtés dès les premiers coups de feu : « Griseur, je suis mort (2). »

Le lieutenant Montagnole (3), dont on rapporta le corps, avait reçu sept balles (4).

Le lieutenant Defer prit alors le commandement de la troupe et ordonna l'enlèvement de la position qui fut effectué par un mouvement tournant conduit par le sous-lieutenant Garenne.

L'ennemi fut poursuivi et le lieutenant Defer réussit à ramener le détachement vers 10 h. 1/2 à Soaserano. Nous avions

---

(1) A propos de ce vaillant ordonnance, l'ordre général n° 239 (10 avril 1898) mentionne sa conduite en ces termes :

« Griseur, soldat de 1re classe à la 1re compagnie du bataillon étranger, ordonnance de M. le capitaine Flayelle :

» Se trouvant en dehors de la ligne de feu, est allé sous les balles ramasser le corps de son capitaine mortellement frappé, est revenu ensuite chercher le corps du lieutenant Montagnole, puis est retourné au feu. »

(2) Flayelle (Louis-Charles-Marie), né le 23 septembre 1858, entré au service le 25 octobre 1878, sous-lieutenant au 94e régiment d'infanterie à sa sortie de Saint-Cyr le 1er octobre 1880 ; lieutenant le 20 juillet 1885 aux tirailleurs algériens ; capitaine le 20 octobre 1891 au 131e de ligne et plus tard au 2e étranger.

(3) Montagnole (Francisque-Germain), né le 31 juillet 1869, entré au service le 11 octobre 1887, sous-lieutenant à sa sortie de Saint-Maixent le 1er avril 1893 ; lieutenant le 1er avril 1895.

(4) *Bulletin du comité de Madagascar*. Juin 1898, page 322.

perdu, outre les 2 officiers, 1 légionnaire et 2 tirailleurs tués et 4 légionnaires blessés (1).

M. Estèbe, résident civil, étant arrivé à l'expiration de son séjour colonial, fut remplacé, à la tête du cercle de Tulléar, par le capitaine de Toquenne dont on n'a pas oublié les succès dans la pacification de la province d'Analalava. Cet officier conçut un plan d'opérations à la suite desquelles les bandes rebelles furent attaquées les unes après les autres.

Le capitaine de Toquenne se mit en marche à la fin de juillet. Reprenant le premier objectif du capitaine Flayelle, il fit opérer des détachements partis du Mangoky et de Sambololo qui amenèrent, dans les premiers jours d'août, la soumission de Tampomanana et de ses alliés.

Après cette excursion, le capitaine de Toquenne remonta le Mangoky et installa un poste dans le voisinage de Vohinghezo. Il engagea de suite des pourparlers avec les rebelles. Si ces pourparlers n'amenèrent pas leur soumission, ils révélèrent le peu de chance de réussite d'une attaque de vive force de cette position avant une sérieuse occupation de la rive droite du Mangoky. Ne pouvant effectuer cette attaque avec les effectifs dont il disposait, il se borna à un investissement progressif, mettant le pays occupé à l'abri des incursions, en attendant le concours des troupes d'occupation des autres cercles voisins. Il reconnut le cours du Mangoky et l'utilisa pour le ravitaillement de sa troupe. De là, il se porta sur l'Onikaly et l'organisa militairement jusqu'à la limite du pays des Baras-Vindas.

Ces démonstrations suffirent pour amener bientôt la soumission des rebelles de la région côtière, au sud du Betsiléo et du pays des Baras-Imanonas.

---

(1) A la suite de cette importante action, le général Galliéni a porté à l'ordre du jour les noms suivants :

Capitaine Flayelle, lieutenant Montagnole, les soldats Durlach, Griseur, Vonech, Mangalli, Laos, Pugin, Schmider, tous de la 1ʳᵉ compagnie du bataillon étranger; Courvoisier, 2ᵉ canonnier conducteur à la 6ᵉ batterie de montagne, et Romanarany, tirailleur à la 8ᵉ compagnie du 2ᵉ régiment malgache.

Pénétration au sud du Betsiléo chez les Baras et les Tanalas.

Les Baras et les Tanalas n'étaient guère connus que par les razzias qu'ils faisaient périodiquement dans le Betsiléo. Pour protéger ce pays contre les incursions de ces deux tribus, il fallait créer des postes et assurer la sécurité des communications entre Fianarantsoa et Fort-Dauphin, entre Tulléar et Farafangana.

Dans les premiers mois de l'année 1897, des détachements de troupes furent envoyés à Ivohibé, Ihosy et Ikongo; des postes ayant pour chef un lieutenant chancelier furent établis sur les deux premiers points.

Le lieutenant chancelier d'Ihosy avait reçu la mission de se relier avec Tulléar. Au mois de juillet, il créa le poste de Ranohira sur la rive droite du Malio, celui de Soaserana au confluent du Malio et du Mangoki; ces deux établissements amenèrent quelques soumissions et le refuge des bandes de rebelles sur la rive gauche du Malio, dans la région de Vohinghezo, où elles se rencontrèrent avec nos troupes dans les circonstances que nous connaissons.

Le lieutenant d'Ivohibé eut à lutter contre les Baras-Iantsantras, du roi Isambo, qui se soumirent après avoir subi quelques échecs.

Du côté d'Ikongo, les rebelles se réfugièrent, pendant les mois d'août et de septembre, sur des rochers inaccessibles où ils constituèrent des approvisionnements considérables et s'y retranchèrent. Le massif d'Ikongo affecte la forme d'un gigantesque fer à cheval dont la concavité est tournée vers l'est. Dans le pays, il est surnommé « l'acropole des Tanalas ». C'est une position formidable contre laquelle les Hovas se heurtèrent souvent.

Le commandant Cléret reçut la mission de déloger ces rebelles de leur repaire, avec le concours des détachements de troupes de Fianarantsoa et d'Ikongo. Le 10 octobre au matin, les rebelles, croyant que les chrétiens observaient scrupu-

leusement le repos dominical, relâchèrent toute surveillance.
Nos troupes, favorisées par le froid et un brouillard intense,
gagnèrent silencieusement le plateau jusqu'au dernier retranchement. Le lieutenant Bonal, commandant l'extrême pointe,
y arriva sans avoir donné le moindre éveil; au moment de
franchir le retranchement, il était rejoint par les autres détachements. L'ennemi ne tira pas un coup de fusil; il prit la fuite
laissant entre nos mains cinq à six mois d'approvisionnements
de toute nature.

D'un autre côté, à la suite de l'assassinat du garde de milice
Philippini, qui commandait le poste de Tsivoy (province de
Fort-Dauphin), un détachement de tirailleurs malgaches avait
été envoyé à Fianarantsoa; il créa des postes à Betroky et à
Tamo-Tamo. Ce résultat permit au commandant Cléret d'assurer les communications d'Ivonhibi sur Farafangana; d'Ikosy
sur Tulléar; de Betroky et Tamo-Tamo sur Fort-Dauphin.

Au mois de mai 1898, le commandant Michaud succéda au
commandant Cléret. Il réussit, après quelques opérations heu-
reuses, à soumettre les populations des hautes vallées de Mena-
rakaka et de Lantsara, dont les incursions menaçaient la sécurité de la route de Fianarantsoa-Ivohibé. Après ces résultats,
il tenta la soumission du territoire traversé par la route
d'Ivohibé-Farafangana; il ne réussit qu'à augmenter le nombre des postes; la population se réfugia dans la forêt où elle
est encore à l'état de rebelles.

Opérations dans le territoire de Fort-Dauphin.

Le 23 juin 1897, le général Galliéni, à son passage à Fort-
Dauphin, constatait la situation troublée de cette province
livrée à l'anarchie la plus complète.

Dès son arrivée à Tamatave, le général envoya la 4e compagnie de la légion étrangère, sous les ordres du capitaine Brûlard, à Fort-Dauphin, où elle débarqua le 26 août.

Cet officier s'attacha à rouvrir les communications avec le
secteur de Tamo-Tamo; créa des postes sur le chemin de Fort-

Dauphin à ce point; sépara les populations Antonosys des Antandroys qu'il refoula sur le Mandrara, après avoir créé une série de postes pour surveiller ces derniers rebelles.

Pendant la mauvaise saison, on dut réprimer des incursions des Antandroys; cette répression aboutit à convaincre ces populations de leur impuissance et amena leur soumission.

Mouvement insurrectionnel dans le nord (octobre-novembre 1898).

Le 26 octobre, le poste d'Ambalavelona était attaqué; le 27, MM. Frontin, commis de résidence, Dubois, Durand, Vergniaud, Lebreton, Cadet, Gouraud, Casemayor, colons, étaient assassinés.

Dès que ces nouvelles furent connues à Helleville, M. Chauvot, administrateur de Nossi-Bé, partit sur-le-champ pour Ankify, où la compagnie de débarquement du *Fabert* le rejoignit; il s'installa au port d'Ambalavelo.

Le général Galliéni, mis au courant de ces graves incidents, constitua une compagnie de marche à Majunga, comprenant 150 Sénégalais, des recrues arrivées de la côte d'Afrique et des rapatriables dont on retarda l'embarquement. Cette troupe fut placée sous les ordres du capitaine Laverdure; elle arriva à Ankify le 3 novembre.

Les premiers renseignements recueillis sur l'ennemi indiquaient que le mouvement insurrectionnel ne s'étendait pas seulement à la vallée du Sambirano, mais aussi à la région de l'Ankaizinana, où le garde de milice Gouraud, commandant le poste de Bealanana, fut massacré dans la nuit du 1er au 2 novembre, et à la vallée de la Sofia.

En présence de cette extension du mouvement insurrectionnel, le général Galliéni organisa une seconde compagnie de marche formée avec des éléments de la première, sous les ordres du commandant Mondon. Il faisait porter le chef de bataillon Lamolle, commandant du cercle d'Ambatondrazaka, sur Mandritsara et Betendriana, après l'arrivée d'une compagnie de tirailleurs malgaches et d'une pièce de canon venues de l'Imérina.

Le capitaine Laverdure se porta sur Ambalavelo d'où, après y avoir laissé un détachement, il gagna Marotoalana. C'est là que le garde de milice Ettori avait été assassiné avec un sergent et un caporal indigènes, le 21 octobre, après l'abandon de ses miliciens.

Le commandant Mondon, débarqué à Analalava le 17 novembre, se porta, après avoir renforcé ce poste et installé des garnisons à Befotaka et à Maromandia, sur Bealanana. Le capitaine Laverdure marchait également vers ce point. Il y arriva le 6 décembre, précédant le commandant de trois jours. Le poste fut reconstruit et laissé au commandement du capitaine Briard.

Tandis que le commandant Mondon rentrait à Analalava, le capitaine Laverdure, de concert avec le *Gabès*, effectuait la pacification de la presqu'île d'Anorontsangana tenue par une bande de rebelles.

Le commandant Mondon fut rejoint, le 22 décembre, à Analalava, par le commandant Lamolle qui venait d'opérer aussi contre les populations de Mandritsara. Il y reçut, les 4, 5 et 6 décembre, une compagnie de tirailleurs malgaches; avec un détachement de cette troupe il reconquit Antakahary, tandis que la fraction principale avec laquelle il marchait dans la direction nord-ouest sur Befandriana et Bealanana, arrivait le 15 décembre sur ce dernier point, d'où elle se rabattit sur Analalava.

Résultats de ces opérations.

Quels furent les résultats de toutes ces excursions? M. le général Galliéni les fixe ainsi qu'il suit dans son rapport :

1° *Zone complètement pacifiée qui a été remise à l'administration civile et où le maintien de l'ordre est confié à la milice, exceptionnellement à des troupes régulières.* — Cette zone comprend toute la côte est (provinces de Vohémar, de Diégo, de Moroantsara, de Fénérive, de

Tamatave, territoire des Betsimarakas du sud, province de Manan-jary et de Farafangana); une partie de la côte nord-ouest (île de Nossi-Bé et province de Majunga); le Betsiléo (province d'Ambot-sira et une partie de celle de Fianarantsoa).

2° *Zone pacifiée, mais où il est indispensable de conserver pendant quelque temps encore l'administration militaire, parce que la soumission des indigènes y est de date trop récente pour qu'il ne subsiste pas encore çà et là des ferments de révolte qui ne tarderaient pas à se manifester si un changement radical était apporté au régime administratif.* — Cette zone comprend l'Imérina (1er et 3e territoires militaires, partie des 2e et 4e territoires militaires), les cercles d'Analalava et de la Grande-Terre, le cercle de Fort-Dauphin.

3° *Zone dont la pacification n'est pas achevée et où nous sommes en présence de peuplades sauvages et belliqueuses.* — Cette zone comprend le cercle des Baras et de Tulléar, une partie des cercles de Maintirano et de la Mahavavy.

4° *Zone dans laquelle nous n'avons encore fait aucune tentative de pénétration :* le pays Mahafaly.

Divisions terrritoriales de Madagascar.

Il n'est pas superflu, croyons-nous, de faire connaître, dans ce même chapitre, quelles sont, à la suite de ces opérations, les divisions administratives de l'île de Madagascar.

Elles comportent 4 territoires militaires et 11 provinces indépendantes. Leurs subdivisions sont des cercles et des secteurs.

I. *Territoires militaires.*

1er territoire militaire :

Cercle de Moramanga, avec les secteurs de Moramanga, Didy, Merimatatra, Sabotsy, Beparasy ;

Cercle d'Ambatondrazaka, avec les secteurs de Salazaïna, Amparafaravala, Maranano, Imerimandrosa.

2e territoire militaire :

Cercle de Tsiafahy, avec les secteurs nord et sud de la Varahina, Amdramasina et Vorohamery ;

Cercle de Miarinarino, avec les secteurs de Mamolakazo, Valalafotsy, Mandridrano, Tsiroanomandidy ;

Cercle annexe de Betafo, avec les secteurs d'Antsirabé, Inanatonana, Betsiriry ;

Cercle annexe d'Arivonimamo, avec les secteurs d'Ankanratra, Ambatolampy.

3ᵉ territoire militaire et gouvernement de Tananarive :

Secteurs du Vohamery Ambohimanga, Ambohidratrimo, Ifaly.

4ᵉ territoire militaire :

Cercle d'Ankazobé, avec les secteurs de Kiangara, Fihaonana, Manankasina ;
Cercle de Vohilena avec le secteur d'Antsatrana ;
Cercle de Mevatanana.

II. *Provinces indépendantes.*

Province des Betsiléo, avec les cercles de Fort-Dauphin, des Baras et des Tanalas.

Province de Vohémar.	Province de Mananjary.
— Moraantsetra.	— Faranfagana.
— Fenérive.	— Majunga.
— Tamatave.	— Analalava.
— Andevorante.	— Tulléar.

Répartition des troupes dans les postes.

État-major du corps d'occupation : Tananarive.

Directions d'artillerie : Tananarive, Tamatave, Diégo-Suarez, Majunga.

Direction du génie : Tananarive.

Bataillon de la légion étrangère : 1ʳᵉ compagnie, province de Tulbat ; 2ᵉ compagnie, Onoroudiou ; 3ᵉ compagnie, Mangolki ; 4ᵉ compagnie, Fort-Dauphin ; dépôt : Tamatave.

13ᵉ régiment d'infanterie de marine :

1ʳᵉ compagnie : Ankazobé, Ambohitromby, Manansary.

2ᵉ — Ampanotokana, Fiohonna, Soavenimerina, Imerinavaratra.

3ᵉ — Vohilena, Andranomanitra.

4ᵉ, 5ᵉ, 7ᵉ compagnies et dépôt : Tananarive.

6ᵉ compagnie : Beheryy, Tsialahy, Ifandra.

8ᵉ — Anjozorobe, Ambohitrolomahitsy, Ankazodandy, Analabe.

9ᵉ — Tananarive, Ambatondrazaka, Tsaratanana.

10ᵉ — Antsirabé, Betalo, Inananatonana, Ramainandro, Soavinandriana.

11ᵉ — Ivohibé, Ihosy, Ikongo, Ichanaly.

12ᵉ — Fianarantsoa, Midongy, Farafangana.

Bataillon de la Réunion :

2e compagnie : Ambohimarina.

3e   —   Ankeramadinika, Manjakadriana, Ambohimalaza, Ibougnon.

Régiment colonial :

1re compagnie : Ankatrivo.	7e compagnie : Bekodia.	
2e · · · Mahabo.	8e — Andemba.	
3e — Bekopaka.	9e — Tamboharano.	
4e — Ambiky.	Dépôt : Majunga.	
5e — Morondava.		

1er régiment de tirailleurs malgaches :

1re compagnie : Tamatave.	7e compagnie : Tulléar.
2e — Amparalaravolo	8e — Morondava.
3e — Ivohibé.	9e — Anosimbohamgy
4e — Andriamena.	10e — Maramanga.
5e — Midongy.	11e — Betatao.
6e — Bekodra.	12e — Andriba.

2e régiment de tirailleurs malgaches :

1re compagnie : Soanerana.	8e compagnie : Ihosy.
2e — Ankavondra.	9e — Miandrivazo.
3e — Fenoarivo.	10e — Miarinarivo.
4e — Beria.	11e — Maintirano.
5e — Soavinandriana	12e — Morondava.
6e — Midongy.	Dépôt : Soanerana.
7e — Tamotano.	

4e batterie à pied : Antsirane, Morondava.

6e   —   de montagne : Tananarive, Fianarantsoa, Ihosy.

5e compagnie d'ouvriers (détachement de Tananarive) : Tananarive, Mahatsara.

5e compagnie d'ouvriers (détachement de Diégo-Suarez) : Diégo-
Suarez.

1re compagnie de conducteurs : Tananarive, Mahatsara, Ambodi-
nisy, Tamatave, Fort-Dauphin.

2e compagnie de conducteurs : Majunga, Maevetanana, Moran-
dava.

3e compagnie de conducteurs : Tananarive, Majunga, le Menabé.

13e et 14e compagnies du génie : Tananarive, chantiers de la
Mandraka, Beforona, Tranambahyny, Antongombato, Ambodimanga, Tamatave, Majunga.

2e compagnie de disciplinaires : Diégo-Suarez, Maintirano.

Prévôté : Tananarive, Ambohidratriana, Andakana, Anevoka,
Ampasinité, Manambantra, Andevorante, Tampina, Tamatave,
Diégo, Majunga, Fianarantsoa.

SURSUM CORDA !

Nous voici à la fin de notre tâche.

Nous nous sommes efforcé, au cours de cette étude, de rappeler dans quelles circonstances le général Duchesne et ses lieutenants ont amené les couleurs françaises de Majunga à Tananarive.

Nous avons essayé de montrer aussi comment, après la prise de Tananarive, un autre de nos généraux, le général Galliéni, a accompli sa mission de pacificateur.

Mais il nous a fallu, et comme pour faire un cadre de deuil à l'œuvre de ces deux éminents soldats, faire ressortir aussi le triste bilan de cette campagne.

Quoi qu'il découle de ces récits, l'heure ne peut pas être toujours aux récriminations. Ne vaut-il pas mieux s'incliner devant le passé, le méditer et travailler, l'heure venue, pour éviter le retour des erreurs ?

Du reste, les fautes commises n'incombent pas à ces deux généraux. Tout esprit affranchi de parti pris ne peut être inspiré que de respect et d'admiration pour tous ceux, généraux et officiers, qui eurent, à un titre quelconque, un commandement sur la terre malgache.

Il faut, pour comprendre tout le mérite de ces chefs, revivre ces tableaux si bien dépeints par M. le docteur Reynaud ; se rappeler cette longue exode d'hommes malades et démoralisés le long de la route de Majunga à Tananarive.

Il faut penser aussi que les guerres coloniales n'offrent pas un ennemi savant à combattre, puissant en artillerie. Il y a autre chose que les balles et le canon : la terre et le climat ; ajoutons-y les difficultés de vivre dans un pays dont les

productions ne sont pas toujours celles qui forment la base
de la nourriture de l'Européen.

La terre et le climat ont bientôt raison de l'homme que les
forces physiques abandonnent en même temps que le moral
dépérit. Voilà les véritables ennemis, les plus redoutables
pour un chef d'expédition coloniale.

Il y a des palliatifs au mal; mais c'est aux organisateurs
qu'il appartient de les mettre en œuvre.

Le premier moyen consiste en un sage recrutement des
troupes, en la recherche d'hommes *faits* et d'un moral éprouvé,
« ce roi de la guerre, le reste n'étant qu'une triste prose reliée
en veau », ainsi que le dit de Brack.

Quant aux autres moyens, ils sont multiples; ils ne peuvent
être élaborés que par des hommes d'une expérience consommée. Il n'est pas difficile de coucher sur le papier telle prescription, de faire cadrer des heures entre elles, quant à l'emploi du temps; d'assurer le chargement de navires, quant au
cube des denrées à transporter; d'établir la durée d'une
marche à travers une région, sur une carte; à un ingénieur
habile et rompu à tous les calculs de tracer sur une feuille de
papier l'itinéraire d'une route en relevant les hauteurs qu'il
faudra niveler par des déblais ou les dépressions à combler
par des remblais.

Mais de là à l'action il y a loin; nous savons trop bien par
l'expédition même de Madagascar quelle distance sépare la
préparation de l'exécution lorsque celle-ci surtout s'accomplit
avec les moyens mis à la disposition, sans qu'il soit possible
de réparer les erreurs commises par le travail préparatoire.

Si aucun enseignement tactique ne se dégage de l'étude de
cette campagne, nous y recueillons de grandes leçons qui mettent au bout de notre plume, en guise de conclusion, ces
mots : *Sursum corda !*

Oui, haut les cœurs pour lire cette histoire d'hier; haut les
cœurs pour la méditer ; surtout haut les cœurs si, à une heure
que nous ne connaissons pas, nous devons retirer l'épée du

fourreau et, sous le prétexte de servir la cause de la civilisation, marcher à la conquête d'un autre peuple !

Haut les cœurs ! et pensons aux enfants de la France qui manquent à cette heure à l'appel, au foyer où ils étaient attendus et qu'ils ne revirent jamais !

Aujourd'hui que le temps a calmé un peu les passions déchaînées contre les organisateurs de l'expédition, que les douleurs des familles atteintes par le deuil sont moins cuisantes, le souvenir des responsabilités apparaît sous un autre jour.

Haut les cœurs ! et regardons là-bas, vers cette nouvelle conquête de la France. Avec les cinq mille tombes qui jalonnent les étapes douloureuses de nos soldats, nous entrevoyons au sommet du calvaire le drapeau français. Il apparaît couvert de gloire, et les mots « HONNEUR ET PATRIE » qu'il porte dans ses plis flottant sous le ciel bleu de l'Afrique, en imposant l'oubli du passé, nous donnent confiance en l'avenir et nous emplissent de respect et d'admiration pour tous ceux, morts et vivants, officiers et soldats, qui ont pris part à cette douloureuse et cruelle leçon de l'histoire.

PIÈCES JUSTIFICATIVES

I

Paris, le 15 mars 1895.

Instruction sur le paquetage pour les soldats d'infanterie entrant dans la composition du corps expéditionnaire de Madagascar.

La tenue et le paquetage des hommes d'infanterie, autres que les tirailleurs algériens, sont déterminés par les dispositions ci-après s'appliquant respectivement aux trois principales éventualités qui pourront se présenter, savoir :

La traversée;

La marche et le combat, sac au dos;

La marche et le combat, le sac étant placé sur des voitures ou confié à des porteurs indigènes.

I. Traversée.

1° *Sur l'homme.*

L'homme aura sur lui une plaque d'identité avec cordon, un petit bidon avec courroie et enveloppe, une ceinture de flanelle, une paire de souliers et guêtres en toile, avec sous-pieds (paire), un caleçon, une chemise de flanelle de coton, une cravate, un casque avec coiffe, un pantalon de flanelle, une paire de bretelles de pantalon, un paletot molleton, une ceinture de laine, un mouchoir, un étui-musette contenant le quart et la cuiller, une gamelle individuelle.

Chaque homme conservera par devers lui un béret, un quart d'effet de petite monture, une trousse et une paire d'espadrilles, une chemise en flanelle de coton et un caleçon de rechange, un pantalon et un bourgeron de toile du service d'instruction. Ces effets seront contenus dans le sac à distribution, à raison de un sac pour une demi-escouade.

Tous les autres effets et ustensiles seront arrimés dans un ou sur le sac comme il est dit au § 2 ci-dessous, ou arrimés en ballots séparés pour être distribués à l'arrivée au point de débarquement.

L'armement en caisses (les cartouches également en caisses) et les havresacs, garnis ainsi qu'il est dit ci-dessous, seront placés à fond de cale.

2° *Chargement du havresac.*

a) *A l'intérieur* : Une moustiquaire, pliée à la dimension du sac et placée contre le dos du sac, un paletot de toile cachou, *idem*, et placé sur la moustiquaire; un mouchoir, recouvrant le paletot de toile cachou ; deux cartouchières, à plat l'une à côté de l'autre, leur bord inférieur contre le fond du sac; un porte-épée et la troisième cartouchière sur les deux premières; le ceinturon roulé, le D et la bretelle de suspension avec crochets, dans le vide existant dans le haut du sac; une bretelle de fusil.

Enfin, le pantalon de toile plié aux dimensions du sac et recouvrant le tout, le livret individuel dans la poche de la patelette du sac.

b) *Sur le sac* : La toile de tente et le morceau de toile chinée, roulés, l'un dans l'autre, en boudin, de façon à encadrer le dessus et les côtés du sac et fixés, en fer à cheval, à la partie supérieure, au moyen de deux petites courroies et de la grande courroie de charge et, au bas des côtés, par les courroies de côté à ce destinées.

Les piquets attachés sur le côté gauche, à l'aide de la courroie de côté, et de la courroie de capote reliée à la petite courroie de charge de gauche.

II. Marche et combat, sac au dos.

1° *Sur l'homme.*

L'homme portera sur lui : une plaque d'identité, une ceinture de flanelle, une paire de brodequins, un caleçon, une chemise en flanelle de coton, une cravate, un casque avec coiffe, un pantalon de flanelle, une paire de bretelles, un paletot de molleton, une ceinture de laine, un mouchoir, un étui-musette renfermant une journée de vivres de l'ordinaire, un quart, une cuiller, un bidon de deux litres avec courroie, un ceinturon complet, un porte-épée, une bretelle de suspension, un fusil, une épée-baïonnette avec fourreau et quinze paquets de cartouches, une serpe avec étui, pendue au ceinturon entre le porte-épée et la cartouchière de gauche.

2° *Chargement du havresac.*

a) *A l'intérieur* : Une chemise en flanelle de coton tapissant le dos du sac; une paire de souliers, à plat contre le fond du sac, un paletot en toile cachou, roulé en boudin sur le flanc gauche du sac; deux sachets à vivres et, suivant le cas, une boîte de potage condensé, l'un sur l'autre, sur le flanc droit du sac, un mouchoir tapissant le vide central et recouvrant le pain de guerre (24 tablettes) qui est arrimé ainsi qu'il suit : deux rangées de huit tablettes chacune, placées verticalement et parallèles au plan formé par le fond du sac, deux rangées de deux chacune, bordant les précédentes à droite et parallèles aux côtés du sac; quatre galettes placées à plat sur les seize premières; une trousse et un quart de petite monture sur le paletot de toile cachou; puis, successivement, à plat sur le devant du sac, une paire de guêtres en toile, un caleçon de rechange et une moustiquaire. Le livret individuel sera placé dans la poche de la patelette du sac.

b) *Sur le sac :* La tente-abri, le morceau de toile chinée et les piquets de tente seront placés comme il a été indiqué ci-dessus pour le paquetage de la traversée; le béret sera roulé dans la toile de tente. L'ustensile collectif et la gamelle individuelle seront placés conformément à l'instruction sur le paquetage en usage en France.

Un pantalon de toile sera roulé en boudin et placé sous la toile de tente, sur le haut du sac.

OBSERVATION.

Les voitures Lefebvre du train de combat porteront les collets à capuchon et les couvertures, soit 605 kilos environ. Seront placés à la réserve d'effets, le second pantalon de flanelle et la seconde paire de brodequins.

III. Marche et combat, le sac étant placé sur voitures ou confié à des porteurs.

Dans cette hypothèse, l'homme portera sur lui, outre les effets indiqués au § II, 1° :

Le sac-tente-abri et la bande de toile chinée, roulés en sautoir, les piquets de tente, liés à la partie de la boucle qui se trouve dans le dos, au moyen de la courroie de capote et d'un des cordeaux de petit piquet ; la gamelle individuelle, à plat sur la toile de tente le couvercle en dessus et attachée au moyen des deux autres cordeaux de petit piquet passant dans les deux oreilles.

La toile de tente renfermera le béret.

Le sac, allégé de ces derniers effets, conservera, par ailleurs, le mode de paquetage indiqué au § II.

II

Instruction sur les précautions à prendre et les mesures hygiéniques à adopter à Madagascar.

L'Européen qui vient habiter les régions intertropicales doit, autant que possible, adapter son genre d'existence au nouveau milieu dans lequel il est appelé à vivre. La résistance et l'endurance au climat débilitant des pays chauds seront d'autant plus grandes que les précautions basées sur l'expérience seront plus rigoureusement observées.

Les dangers auxquels le soldat est particulièrement exposé sous les tropiques sont : l'insolation, l'action du refroidissement nocturne et celle des émanations du sol, l'usage d'eaux de mauvaise qualité, le surmenage, autant de facteurs qu'il n'est pas possible de supprimer, mais que de sages dispositions permettent d'atténuer dans de certaines limites.

Une nourriture saine et relativement abondante a été prévue pour tous les hommes appelés à prendre part à l'expédition ; ceux-ci ont été dotés, en outre, d'un costume colonial et d'un équipement répondant aux conditions climatériques. Il importe, d'autre part, *que chacun s'attache à assurer*, dans la mesure du possible, *la pratique constante des dispositions hygiéniques* dont le détail suit et qui sont applicables, soit en station, soit en marche.

A) Prescriptions hygiéniques.

a) Le port du casque sera obligatoire pour tout le monde, depuis le lever jusqu'après le coucher du soleil ; les insolations, parfois mortelles, sont, en effet, toujours à redouter, en pays intertropical, même quand le ciel est couvert.

b) *En aucun cas*, les hommes ne doivent se coucher sur la terre nue ; les officiers et gradés veilleront, à cet effet, à l'emploi judicieux de la toile imperméable et de la couverture de laine.

c) Les hommes doivent porter constamment la ceinture de flanelle et si, durant les heures chaudes, ils sont autorisés à porter le pantalon de toile, le pantalon de drap doit être repris le soir pour éviter la diarrhée.

d) On devra veiller à maintenir la propreté corporelle des hommes par de fréquentes ablutions froides, de courte durée, faites, autant que possible, avec de l'eau de pluie, de puits ou de rivière, et en évitant de se servir de celle des mares ou des rizières. On fera, notamment, laver les pieds et la partie interne des cuisses, pour éviter les écorchures et l'apparition des eczémas, susceptibles de se transformer en plaies suppurantes.

e) Les troupes ne devront jamais se mettre en marche à jeun et sans avoir, au moins, pris le café ; celles pour qui le mouvement serait retardé jusqu'après 9 heures du matin auront mangé la soupe avant le départ.

f) Les hommes devront *toujours*, dans les marches, emporter le bidon plein d'une infusion légère de café non sucré et ne faire usage que de cette boisson pendant les routes ; il leur sera recommandé de boire à petites gorgées, tant pour éviter la transpiration trop abondante que pour ménager cette boisson, qui doit suffire pour toute la durée de l'étape.

g) On devra choisir pour faire la grand'halte, et surtout pour camper, des terrains éloignés des flaques d'eau stagnantes et des marécages et, si possible, les placer sur des points élevés, aérés et pas trop éloignés de l'eau vive. On évitera soigneusement de s'établir à proximité immédiate de terrassements ou de travaux de terre *récents*. En dressant les tentes, on battra le sol en le remuant le moins possible pour extraire les racines et l'aplanir ; au camp, des corvées rigoureuses de propreté seront faites, matin et soir ; les tentes et leurs abords, ainsi que les alentours des cuisines, seront balayés ; les ordures, portées au loin, seront enfouies ou brûlées.

h) Les feuillées seront uniformément établies suivant le modèle ci-après :

Chaque compagnie, escadron ou batterie, creuse, en avant du front de bandière et à une distance minima de 30 mètres au delà des cuisines, *quatre* sillons parallèles, longs de dix mètres, espacés de un mètre et isolés l'un de l'autre, autant que possible, par des haies de branchages rapportés. La largeur de ces sillons est celle du fer de bêche ; leur profondeur de 0,80 à 1 mètre. La terre est déposée sur les deux côtés. L'homme se place au-dessus du sillon, face au dehors, et repousse du pied cette terre, après avoir satisfait à ses besoins, de façon à *recouvrir entièrement* les matières fécales. Quand les sillons sont ainsi remplis à moitié, on les comble, après y avoir (si on en dispose) versé une solution de sulfate de fer à 2 %, *et la terre est foulée au-dessus.*

i) Les troupes pouvant être appelées à se succéder dans les mêmes campements, il importera que tout emplacement quitté soit l'objet, avant le départ, d'un nettoyage rigoureux. Les feuillées seront toujours recouvertes et on fera enfouir ou incinérer tous les détritus fermentescibles. Ce soin incombera, en principe et sans autre avis, aux détachements d'arrière-garde, *dont le chef demeurera responsable de l'exécution.*

j) Il n'a pas été possible de trouver un filtre de campagne suffisamment pratique et donnant une réelle sécurité. Or, l'eau étant le véhicule le plus habituel de la plupart des maladies et sa qualité étant douteuse, au moins dans la zone côtière et basse de Madagascar, il faudra *faire tous les efforts* pour amener les hommes à se rendre compte de la nécessité de ne faire usage *que d'eau bouillie.* Si l'eau est trouble, il sera bon de la clarifier, au préalable, avec de l'alun, puis de la tamiser à travers un linge, pour la débarrasser des grosses impuretés ; on la corrigera, ensuite, en la faisant bouillir pendant cinq minutes au moins et en y faisant infuser du thé ou du café. Le tafia de la ration servira exclusivement à aromatiser légèrement cette boisson.

k) L'usage des boissons alcooliques, à l'exception du vin et de la bière, sera rigoureusement interdit. Les débitants de boissons qui enfreindraient cet ordre formel seront l'objet des mesures les plus rigoureuses ; leurs établissements seront consignés à la troupe et même fermés.

B) Maladies.

Les maladies qui menacent davantage les troupes à Madagascar sont : la variole, la fièvre palustre, la syphilis et les plaies et ulcères.

La *variole* est une maladie très répandue dans l'île, où elle sévit souvent épidémiquement. Toutes les troupes du corps expéditionnaire ayant été revaccinées, soit avant leur embarquement, soit pendant la traversée, n'ont rien à redouter de cette affection ; mais les coolies et conducteurs pour lesquels cette mesure prophylactique n'aurait pas été prise devront être vaccinés sans retard. Les chefs de corps et de détachements veilleront à la stricte exécution de cette prescription.

Le *paludisme* est le danger le plus sérieux du pays malgache ; pour en prévenir les atteintes, tout au moins pour empêcher les accès pernicieux, si rapidement mortels, la quinine sera prise à titre préventif, par toutes les troupes, ainsi que par les coolies. Chaque homme devra, à cet effet, prendre deux pilules de chlorhydrate de quinine, les lundi, mardi, mercredi et jeudi de chaque semaine, au commencement du premier repas du jour (café). Pour éviter l'accoutumance, on s'abstiendra de ce médicament les vendredi, samedi et dimanche. Les officiers seront rendus responsables de l'application rigoureuse de cet ordre, dont la non-exécution pourrait entraîner de graves conséquences.

Les corps de troupe ont tous été pourvus largement de sel de quinine ; quant aux petits détachements et aux isolés, des mesures seront prises pour qu'ils ne soient pas oubliés, et des boîtes de 100 pilules seront distribuées à tous les chefs de petits groupes.

Les *maladies vénériennes* sont d'une fréquence extrême à Madagascar, où la syphilis s'observe, presque sans exception, chez tous les habitants.

Si les accidents syphilitiques ne sont pas d'une extrême gravité sur ce peuple, vacciné depuis plusieurs générations et qui jouit ainsi d'une sorte d'immunité, on ne saurait en conclure qu'il en sera de même avec nos jeunes troupes d'Europe. Et comme cette généralisation ne permettra pas, sans doute, d'organiser sévèrement un service de visites sanitaires, on ne saurait trop prévenir les soldats du *danger certain* auquel ils s'exposeront, volontairement, chaque fois qu'ils fréquenteront cette population contaminée.

Toutes les *plaies*, même les simples excoriations, mal soignées ou abandonnées à elles-mêmes, sont susceptibles de devenir le point de départ d'accidents graves ; on devra donc exiger absolument que les hommes consultent le médecin, dans tous les cas de blessures, même légères, surtout quand elles siègeront aux pieds ou aux mains.

Les plaies les plus usuelles sont dues à des piqûres de moustiques, que les hommes ont grattées ; ils pourront les éviter en faisant régulièrement usage de la moustiquaire ou, du moins, en ne couchant pas avec les pieds et les mains nus.

Il n'existe à Madagascar, ni serpents venimeux, ni bêtes féroces ; mais les crocodiles pullulent dans tous les cours d'eau et peuvent se trouver même dans les moindres mares. Ce saurien, à peu près inoffensif sur terre, devient très agile dans l'eau et, partant, très dangereux pour les hommes isolés ; toutefois, il fuit le bruit et les *agglomérations humaines*. Défense *expresse* sera faite aux hommes d'aller puiser de l'eau individuellement, de plonger les mains dans l'eau, quand ils seront à bord des chalands, et surtout de se baigner ou de se laver isolément. L'homme qui enfreindrait cet ordre pourrait payer de sa vie, ou d'une atroce mutilation, un moment d'imprudence.

Le général commandant en chef fait appel au dévouement et à l'énergie de tous les officiers et gradés pour assurer l'exécution étroite et consciencieuse des ordres ou des conseils pratiques qui précèdent. Les conditions sanitaires constituent, dans tous les pays intertropicaux, et à Madagascar autant au moins qu'ailleurs, un danger plus sérieux sans doute que le feu de l'ennemi; tous doivent bien s'en pénétrer et s'efforcer de lutter par tous les moyens contre la fonte des effectifs.

Majunga, le 10 mai 1895.

Pour ampliation :

Le Chef d'état-major,

Signé : TORCY.

Le Général commandant en chef,

Signé : Ch. DUCHESNE.

III

Majunga, le 4 juin 1895.

Instruction relative aux marches et opérations de détail dans la partie montagneuse de l'île.

Conditions générales.

Les dispositions générales des règlements sur les exercices et sur le service en campagne doivent être appliquées, sous la réserve seulement d'être adaptées aux conditions spéciales résultant des difficultés du terrain et de la situation tropicale de l'île. Ces conditions impliquent, essentiellement : 1° un allongement fréquent des colonnes et une vitesse de marche réduite, ce qui oblige à fractionner les éléments de marche ; 2° la difficulté de se déployer régulièrement en vue du combat.

I. Des marches.

Unité de marche. — En raison de l'allongement et pour en réduire les inconvénients, l'unité de marche devra être très faible ; ce sera, soit le bataillon, soit même la compagnie. Mais on devra, toutes les fois que le terrain le permettra, faire avancer en plusieurs colonnes parallèles, les unités d'un bataillon ; celles-ci marcheront alors, suivant la nature du terrain, soit en file, soit en colonne ouverte, par front de demi-section ou même par front de section. On devra laisser, entre chacune des unités de marche, une certaine distance — 100 mètres au moins — variable avec l'état des passages ; dans ces espaces, destinés à atténuer les à-coups, marcheront les quelques mulets tolérés dans l'intérieur des colonnes (train de combat) et les chevaux des officiers qui auront mis pied à terre.

Reconnaissances avant les marches. — En raison de l'incertitude sur la viabilité des chemins, il conviendra de faire reconnaître à l'avance l'étape à parcourir et le bivouac à occuper ensuite, chaque fois que cette reconnaissance sera possible. On déduira des renseignements reçus les dispositions de marche à adopter. Il faut compter que l'allure de marche sera toujours très ralentie et ne dépassera pas, en moyenne, trois kilomètres à l'heure.

Haltes. — Les haltes régulièrement espacées ne seront généralement pas possibles ; la durée de la marche entre deux arrêts devra varier en raison de la nature du terrain, de la fatigue de la troupe, des difficultés du passage des trains et de la nécessité tactique d'atteindre plus ou moins rapidement l'objectif.

Dans les montées, il est recommandé de faire, en moyenne, une pause de 5 minutes toutes les 25 minutes. Ces pauses doivent, autant que possible, être faites sur les terrains plats (nécessaire surtout aux animaux).

On devra également, autant que possible, dans chaque unité de marche, se conformer scrupuleusement aux prescriptions du règlement, en faisant arrêter la tête, de façon à permettre à la queue de serrer, après le passage de tout défilé ou de tout obstacle difficile à franchir.

Toutes les fois que la durée de parcours dépasse six heures, il doit être fait une grand'halte, pendant les heures chaudes de la journée (de 10 heures à 2 heures au moins).

Exécution des marches. — A moins de nécessité de guerre, on évitera de mettre les troupes en mouvement pendant les heures chaudes.

En tête de chaque unité de marche, on placera, pour régler l'allure, un gradé bien habitué à la montagne ; dans les lacets, on évitera soigneusement de prendre les raccourcis.

Lorsque les trains seront constitués en voitures, il devra toujours y être adjoint une unité constituée, qui se fractionnera par voitures ou groupes de voitures, pour *passer* ou *retenir* dans les passages difficiles, caler les roues et parer aux accidents. Toute voiture hors de service devra être poussée hors de la route pour dégager la voie et son contenu transbordé, autant que possible, sur les autres voitures. Si ce transport est impossible, une voiture, escortée au besoin, sera envoyée du gîte d'étapes pour rapporter les objets restés en arrière.

Place des officiers. — Lorsque l'étroitesse des chemins ne permettra pas aux officiers de marcher sur le flanc de la colonne, le commandant de l'unité de marche se tiendra toujours en tête. Dans les compagnies, le chef de la première section marchera en tête, si le capitaine ne s'y trouve déjà ; les chefs des autres sections se tiendront à la gauche de leur section, pour en mieux surveiller la marche et pour faire suivre les hommes.

Tenue. — Les coups de main, les reconnaissances, les pointes en pays ennemi et, en général, toutes les opérations militaires permettant de revenir au point de départ, se feront sans sacs ; les hommes n'emporteront, pour ces opérations, que leurs cartouches, le nombre nécessaire de journées de vivres, le collet à capuchon et la toile chinée roulée en sautoir.

II. Exploration.

Ce service, qui, en plaine, est confié à la cavalerie, incombera très souvent à l'infanterie, en raison des difficultés du terrain.

Pour l'exécution de cette mission, le commandant de la troupe d'exploration emploiera les procédés qu'il jugera les meilleurs. Il sera généralement avantageux de se porter, aussi loin que possible, sur une forte position, de s'y installer solidement, avec la moitié au moins de sa troupe et de lancer, de ce point, un certain nombre de fractions, comme autant de coups de sonde sur l'ennemi ; son point faible reconnu, s'y porter avec tout son monde et y attendre, sauf ordre contraire, les troupes restées en arrière, avec lesquelles on doit, à moins d'impossibilité, être resté en communication.

Une pratique à recommander consiste à toujours débroussailler largement les abords des points de stationnement, même purement temporaires. Il n'est pas interdit d'accélérer l'opération en brûlant les herbes, mais à la condition d'observer le vent, au préalable, de façon à ne pas susciter un incendie susceptible de gêner la marche des colonnes et convois, ou de compromettre la sécurité du détachement même qui l'aurait allumé.

III. Service de sûreté en marche.

Chaque colonne devra se faire précéder d'un détachement volant (une escouade franche pour une compagnie, deux ou trois pour un bataillon) commandé par un officier.

Ce détachement précédera la colonne d'aussi loin que possible, de façon à s'assurer que la route n'est pas occupée par l'ennemi.

Lorsque la piste ne suit pas la crête, ces escouades enverront des patrouilles sur les sommets qui la dominent. Ces patrouilles, si elles ne peuvent suivre, parallèlement à la route, resteront en place et rejoindront la queue de la colonne ; elles seront, au besoin, remplacées à leur escouade par l'avant garde.

Avant-garde. — Indépendamment de ces détachements francs, chaque colonne sera précédée de l'avant garde habituelle.

Lorsqu'il se présentera des ravins ou des vallées étroites, la colonne ne descendra, pour les traverser, que lorsque la crête opposée sera occupée. De même, lors des haltes, l'avant-garde ou les groupes qui la précèdent ne devront pas s'arrêter à mi-côte ; ils pousseront jusqu'à ce qu'ils embrassent une étendue de terrain suffisante.

A moins de circonstances exceptionnelles, on évitera de mettre de l'artillerie à l'avant-garde ; elle y serait trop exposée et une longue colonne de mulets, en avant des troupes, nuirait à la rapidité des mouvements, D'ailleurs l'artillerie de montagne, dont les effets sont peu puissants, ne peut préparer l'attaque, par son feu, aussi efficacement que l'artillerie de campagne; elle n'a d'intérêt à prendre position que lorsque l'infanterie, ayant engagé le combat, aura déjà gagné du terrain et pourra couvrir la mise en batterie.

Pour ces motifs, l'artillerie marchera, soit après la première unité du gros, soit même en avant des unités qui doivent former la réserve en cas de combat.

Si l'ennemi est signalé, la colonne ne s'arrête pas sur place pendant que s'effectue la reconnaissance; elle dégage le sentier en se rassemblant à droite ou à gauche. Si elle se trouve dans un défilé, elle continue pour se rassembler à son débouché, afin que les derniers éléments, l'artillerie notamment, puissent se rapprocher.

Protection des convois. — Avec les troupes de l'échelon de première ligne ne marcheront, quand une rencontre sera à prévoir, que les mulets des batteries de tir et ceux porteurs d'outils et de cacolets.

Tous les autres mulets devront, en principe, être maintenus en arrière des troupes appelées à prendre part à l'action, en une colonne spéciale, protégée par l'arrière-garde.

IV. Service de sûreté en station.

La ligne de surveillance sera constituée par des postes à la cosaque, de cinq à six hommes, et postés *sur tous les sentiers*, assez en avant de la position de défense pour que la troupe qu'ils couvrent puisse s'y installer avant l'arrivée de l'ennemi.

Ils seront fournis et relevés par des grand'gardes, de la force maxima d'un peloton, installées sur les points dont l'occupation s'impose.

Pour les troupes en première ligne, le service de sûreté devra, presque toujours, former un cercle complet, les derrières étant exposés, en raison de la facilité d'opérer des coups de main en montagne. Ce réseau, complété par des patrouilles très nombreuses et par des *piquets* (qui seront, en principe, de la force d'une compagnie par face), constituera, en cas d'attaque, le premier élément de défense.

S'il se produit, la nuit, aux avant-postes, une fusillade assez vive pour faire croire à une attaque, les piquets prendront d'abord les armes et renforceront au besoin les grand'gardes. Si ce renforcement ne suffit pas, les officiers font lever les hommes sans bruit, les rassemblent, *dans un silence complet,* derrière les faisceaux et attendent. Il est absolument interdit de tirer, la nuit, sauf à *bout portant* et s'il ne subsiste aucun doute sur la présence de l'ennemi.

V. Combat.

Défensive. — Il est peu probable que, dans la campagne actuelle, des fractions importantes de troupe aient à combattre en restant sur la défensive. Si le cas se présente, l'emploi judicieux de la puissance de feu du fusil modèle 1886 doit permettre à toute troupe, gardant son calme, de repousser les attaques d'un ennemi infiniment plus nombreux.

Offensive. — Dans l'attaque des positions, qui sera probablement le cas général des combats à livrer, on doit, chaque fois qu'on le peut, surtout en pays montagneux, menacer les flancs et la ligne de retraite, en même temps qu'on attaque sur le front.

En général, les Orientaux, quels qu'ils soient, occupent le sommet des positions, et leur tir (sauf dans le cas, assez rare, où ils sont pourvus d'armes à tir rapide et de munitions en nombre suffisant) est rare et lent.

Susceptibles de tenir avec une certaine fermeté et d'attendre leur ennemi à bout portant, quand l'attaque est directe, ils deviennent indécis et craintifs et lâchent pied facilement quand ils se voient débordés.

Dans l'attaque, il faut arrêter, de temps en temps, la ligne pour laisser respirer les hommes, ce qui est sans danger si on utilise les angles morts, toujours nombreux ; il faut, surtout, arrêter les hommes quand la ligne de combat est près d'atteindre la position, afin qu'ils puissent ensuite l'enlever d'un seul bond, sans être essoufflés, et tirer avec calme sur les défenseurs, lorsque ceux-ci abandonnent leurs positions.

La reconnaissance préparatoire faite, sous la protection des premiers éléments de l'avant-garde, devra déterminer le flanc le plus accessible ou le moins bien défendu ; c'est sur ce flanc, sinon même vers les derrières, que sera dirigée la plus grande partie des forces.

L'artillerie appuie les mouvements des troupes en canonnant l'artillerie ennemie, les retranchements, et en fouillant les ravins servant d'abris aux réserves. L'artillerie de montagne ne pouvant se mouvoir que lentement, il lui sera toujours affecté, *même sans ordre particulier*, un soutien spécial, par l'unité la plus rapprochée, à quelque arme que cette unité appartienne (infanterie, génie, voire même cavalerie ou train).

Poursuite. — La poursuite par feux de salve devra toujours être faite avec calme, mais vigoureusement et jusqu'à la limite de l'action des feux ; elle sera complétée par une poursuite effective chaque fois que les troupes ne seront pas trop fatiguées après l'enlèvement de la position, ou que le danger de tomber dans une embuscade ne paraîtra pas sérieusement à redouter.

Retraite. — On ne doit, en principe, jamais reculer. Contre un ennemi comme celui que va combattre le corps expéditionnaire, le danger réel commence seulement avec la retraite. Une troupe qui ne peut plus avancer doit s'arrêter sur une crête, aussi près que possible de l'ennemi, et s'y retrancher en attendant des renforts.

Si, dans des circonstances tout à fait exceptionnelles, la retraite ne pouvait être évitée, on devrait faire occuper par de petites fractions (une section au plus sur chaque point) trois ou quatre positions au moins, en échiquier, couvrant tous les sentiers utilisables et pouvant être évacuées sans se masquer réciproquement.

Au signal donné, la ligne bat en retraite en démasquant la première position, qui couvre brusquement l'ennemi de feux de salve ; la ligne, sous cette protection, se retire lentement en se reformant. Quand elle est à l'abri du feu, elle reprend l'ordre de marche.

Les fractions laissées sur les positions se retirent, les unes après les autres, sous la protection du feu de celles qui sont en arrière.

Il est bon, dans le cas prévu, de mettre en batterie une section d'artillerie sur une position de repli, avec ses munitions sorties des caisses, pour contenir, au besoin, l'ennemi par un feu rapide.

Le Général commandant en chef,
Signé : Ch. DUCHESNE.

Pour ampliation :
Le Chef d'état-major.
Signé : TORCY.

IV

Suberbieville, le 24 juin 1895.

Concentration du corps expéditionnaire vers Suberbieville et organisation du commandement dans la zone de l'arrière.

Le succès des opérations de l'avant-garde du corps expéditionnaire et l'occupation de Mévatanana-Suberbieville obligent à prévoir, dès maintenant :

1° La constitution des postes de la ligne d'étapes et l'organisation du commandement sur les territoires situés dans la zone de l'arrière;

2° L'organisation des convois de ravitaillement, soit par terre, soit par eau, entre Majunga et Suberbieville;

3° La concentration, entre Marololo-Suberbieville et au delà, des troupes du corps expéditionnaire, pour la construction de la route carrossable et la reprise de la marche en avant sur Tananarive.

Ces différentes questions recevront, sauf modification imposée par les circonstances, les solutions ci-après :

I. Constitution des postes de la ligne d'étapes et organisation du commandement dans la zone de l'arrière.

En principe, les postes intermédiaires entre Majunga et Marowoay, ainsi que ceux compris entre Marowoay et Ambato, Ambato et le confluent, cesseront d'avoir leur utilité et seront successivement supprimés, aussitôt après le passage des derniers échelons de ravitaillement.

A partir de ce moment, les communications entre Majunga et Marowoay se feront *exclusivement par la voie fluviale*, pour les isolés et pour les ravitaillements.

Les postes d'Ankaboka (rive gauche de la Betsiboka), *point initial*, et de Marololo (rive droite de l'Ikopa), *point terminus* de la navigation fluviale, seront maintenus. La jonction entre les services de l'avant et ceux de l'arrière se fera à *Marololo*, où seront représentés tous les services de l'arrière et où l'état-major du corps expéditionnaire laissera également un officier.

En conséquence, la double ligne de communications du corps expéditionnaire, après le repliement des postes intermédiaires, ne sera plus jalonnée que par les postes de Majunga, Marowoay, Ankaboka, Ambato et Marololo. Cette dernière station détachera au confluent même (rive gauche de la Betsiboka), pour la garde du pont, un poste annexe, dont Marololo fournira la garnison et assurera le ravitaillement.

Ces postes seront gardés par les éléments ci-après :

Majunga............	2 compagnies laissées par la 2ᵉ brigade.
Marowoay............	2 —	—
Ankaboka............	2 —	laissées par la 1ʳᵉ brigade.
Ambato..............	1 —	—
Marololo (et le confluent).	1 —	—

Mavetanana, Suberbieville, Ampasiry, etc., jusqu'à Andriba, 4 compagnies et 1 section d'artillerie laissées par la 2ᵉ brigade.

En avant d'Andriba, 4 compagnies et une section d'artillerie laissées par la 2ᵉ brigade.

Ces garnisons auront à assurer le déchargement éventuel du matériel, la garde des magasins et celle des postes optiques isolés (Ambodinabatekel, Ankarafantsika, etc.), à raison d'une section, relevée périodiquement, pour chacun de ces postes.

Leur rôle comportera, en outre, une certaine mobilité ; elles devront faire de fréquentes reconnaissances dans les environs de leur poste, en vue d'y maintenir l'ordre. Comme troupes d'étapes, elles relèveront du colonel directeur des étapes, qui aura qualité, le cas échéant, pour en modifier temporairement la composition.

Tout le territoire compris entre Majunga et le confluent de la Betsiboka et de l'Ikopa sera placé sous le commandement immédiat du directeur des étapes, qui pourra, toutefois, déléguer une partie de son autorité au commandant d'armes de Majunga, son adjoint, sur le territoire compris entre cette place et Meravane.

Le directeur des étapes exercera, par délégation, sur le territoire soumis à son commandement, tous les droits de police politique et militaire dévolus au général commandant en chef. Il aura pour mission :

1° D'assurer la tranquillité du pays, sans entrer dans le détail de son administration intérieure et en évitant d'y faire de la politique ;

2° D'entretenir de bons rapports avec les chefs traditionnels du pays, sans leur rien promettre, mais en leur répétant, à toute occasion, que nous sommes venus à Madagascar pour y faire régner, dès à présent et par la suite, le droit et la justice ;

3° D'imposer, au besoin, par l'emploi de la force et des mesures de rigueur qu'il jugera nécessaires, le maintien de l'ordre public dans la zone de l'arrière.

Il ne devra prendre aucune mesure importante, ni aucun engagement d'avenir, sans en avoir référé au général en chef.

Les limites de la zone de l'arrière, à l'est et à l'ouest, sont difficiles à

déterminer; elles ne sauraient, en aucun cas, dépasser le cours du Mahajamba, ni celui de Mahavavy.

L'action militaire extérieure à ces limites appartient exclusivement, à
moins d'ordre spécial du général en chef, au commandant de la division
navale, avec qui, le cas échéant, le directeur des étapes aurait à combiner
ses opérations.

D'autre part, le lieutenant-colonel adjoint au directeur des étapes exercera, sous l'autorité de celui-ci, et en qualité de commandant du détachement constitué avec les divers personnels militaires et les unités
appelées à assurer le service dans la zone de l'arrière, les pouvoirs judiciaires définis par les articles 33 et 35 du Code de justice militaire. Il ne
perdra pas de vue que les Européens non militaires ne sont justiciables
que du conseil de guerre du quartier général (article 24 du règlement sur
le service des étapes du 20 novembre 1889).

II. Organisation des convois de ravitaillement par terre ou par eau.

D'après les expériences tentées jusqu'à ce jour, il paraît à peu près
certain que le mode d'emploi le plus efficace de la flottille consistera,
actuellement, à utiliser les quatre grandes canonnières pour remonter, à
chaque voyage, deux chalands dans le secteur fluvial moyen, d'Ankaboka
à Ambato (éventuellement seulement jusqu'à Marololo) et les huit petites
canonnières pour remorquer, par voyage, un chaland, dans le secteur
supérieur d'Ambato à Marololo.

Exceptionnellement, lorsqu'il y aura à transporter de Marololo à Suberbieville un matériel encombrant ou très lourd, une petite canonnière
pourra le remonter avec un chaland jusqu'au tafia de Mavetanana (près
de Manganoro).

Si, comme il y a tout lieu de le croire, les expériences qui se continuent confirment la possibilité d'assurer dans les conditions sus-indi-
quées les transports par voie fluviale entre Ankaboka et Marololo et
d'amener, par eau, en ce dernier point, de 2.600 à 2.800 tonnes de matériel
par mois, il n'y aurait à prévoir, comme transports intensifs par voie de
terre, que l'envoi à Suberbieville, par voitures Lefebvre, de tout le matériel débarqué à Marololo, plus un certain complément (500 à 600 tonnes
par mois) à transporter, par voiture, entre Ambato et Marololo.

Par suite, le colonel commandant l'artillerie, à qui délégation a été
donnée pour organiser le service des convois par voiture, aura à l'établir
d'après les bases ci-après :

1° Entre Ambato et Marololo (3 étapes), voyage en 7 jours, dont 1 pour
le repos. Pour transporter 600 tonnes environ, en 30 jours, soit 20 tonnes
par jour, il faut prévoir l'emploi de 7 groupes de 100 voitures Lefebvre;

2° Entre Marololo et Suberbieville (2 étapes) pour les voitures chargées,
1 jour de repos, retour en 1 jour, voyage en 4 jours.

Pour transporter 3.200 tonnes en 30 jours, soit 107 tonnes par jour, il
faut prévoir la réunion, entre Marololo et Suberbieville, de 4 groupes de
535 voitures (550 en chiffres ronds), soit 2.200 voitures.

Le reliquat des voitures attelées sera poussé jusqu'à Suberbieville pour être utilisé, au fur et à mesure de l'avancement de la route, dans la direction d'Andriba.

III. Concentration du corps expéditionnaire vers Suberbieville. Emplacements occupés ou déjà prescrits pour les divers éléments du corps expéditionnaire, à la date du 24 juin.

EMPLACEMENTS	Iʳᵉ BRIGADE.	IIᵉ BRIGADE.	TROUPES NON EMBRIGADÉES.	D'ÉTAPES.
Tsarasaotra.......	Régiment d'Algérie.	»	»	»
Suberbieville.....	40ᵉ bataillon de chasseurs.	»	10ᵉ escadron de chasseurs d'Afrique.	»
Andavakoka......	1ᵉʳ groupe d'artillerie, moins la section de munitions.	»	»	»
Camp des Hauteurs-Dénudées.	2 compagnies du 1ᵉʳ bataillon du 200ᵉ.	»	»	»
Ambato..........	2 compagnies du 1ᵉʳ bataillon du 200ᵉ ; 3ᵉ bataillon du 200ᵉ (en route)	»	»	»
Ankarafantsika...	»	Bataillon malgache (construis. la route).	»	»
Marowoay.......	»	1ᵉʳ bataillon du 13ᵉ régiment ; bataillon de volontaires de la Réunion.	2ᵉ groupe d'artillerie de terre (en route).	»
Mevarane........	»	1/2 2ᵉ bataillon du 13ᵉ régiment.	»	»
Ankaboka........	»	3ᵉ bataillon du 13ᵉ régiment.	»	1/2 2ᵉ bataillon du 13ᵉ (6ᵉ et 8ᵉ compagnies).
Ambodinabatokel.	»	1/2 bataillon haoussa.	»	1/2 bataillon haoussa.
Marohogo........	»	Groupe d'artillerie de marine.	»	»
Majunga.........	»	»	»	»

OBSERVATIONS. — Le régiment d'Algérie et le 40ᵉ bataillon de chasseurs travaillent à la route. du confluent à Suberbieville et Tsarasaotra.

La 1ʳᵉ section de munitions devra rallier le 1ᵉʳ groupe d'artillerie à Suberbieville aussitôt que l'achèvement de la route le permettra.

Les compagnies du génie, tout en avançant isolément sur Suberbieville, auront à remplir leur mission spéciale.

Ordres de mouvement.

1re *brigade.* — Le 3e bataillon du régiment d'Algérie partira de Marololo le 30 juin, de manière à arriver à Suberbieville le 1er juillet.

Le 1er bataillon du même régiment, temporairement maintenu entre Beratsimanana et Suberbieville jusqu'à complet achèvement de la route, rejoindra Suberbieville vers la même date.

Aussitôt que le 3e bataillon du 200e sera arrivé à Ambato, tout le 1er bataillon viendra se concentrer à Marololo.

Le camp des Hauteurs-Dénudées sera abandonné, après le passage du 3e bataillon du 200e; une section de ce régiment appartenant au 1er bataillon, d'abord, puis au 3e, campée au confluent (rive gauche de la Betsiboka), restera seule chargée de la garde du pont.

Le 3e bataillon du 200e fournira au génie les compagnies nécessaires pour l'achèvement de la route d'Ambato au pont de la Betsiboka. Dès que ce travail aura été déclaré terminé par le service du génie et la route reconnue carrossable, le bataillon entier se concentrera aux Hauteurs-Dénudées et viendra, aussitôt après, remplacer à Marololo le 1er bataillon du régiment qui gagnera Suberbieville.

2e *brigade.* — Les mouvements des troupes de la 2e brigade devront être réglés de manière à remplacer, dans chaque poste, *unité pour unité,* les éléments de la 1re brigade se portant en avant.

Le 1er bataillon du 13e régiment de marine, qui a reçu l'ordre de remplacer à Marowoay le 3e bataillon du 200e, sera donc dirigé sur Ambato, puis sur Marololo, pour remplacer le bataillon susdit. Il sera suivi par le bataillon malgache, puis, successivement, par le 2e demi-bataillon du 13e et le demi-bataillon haoussa (marchant ensemble), le 3e bataillon du 13e et le bataillon des volontaires de la Réunion.

Les batteries d'artillerie de marine et les divers services de la 2e brigade suivront les mouvements de ces bataillons, dans les conditions qui seront fixées par M. le général commandant la 2e brigade, lequel se portera lui-même sur Ambato et Marololo en même temps que le demi-2e bataillon du 13e régiment de marine et le demi-bataillon haoussa.

En règle générale, les éléments échelonnés sur la ligne des communications doivent rester en relations constantes, l'élément en arrière se tenant exactement informé des mouvements de celui qui précède de manière à pouvoir immédiatement le remplacer, même s'il n'a pas reçu, en temps utile, d'ordre de mouvement du général de brigade.

En pareil cas, toute unité qui se porte en avant, sans avoir été effectivement remplacée dans son poste, doit y laisser une garde provisoire, qui rejoint ultérieurement.

MM. les généraux commandant les brigades, le colonel directeur des étapes et les commandants et directeurs des divers services sont chargés d'assurer, chacun en ce qui le concerne, la notification et l'exécution de ces dispositions.

Le Général commandant en chef,
Signé : Ch. DUCHESNE.

V

Organisation des trains et convois du corps expéditionnaire pour la marche en avant.

Suberbieville, le 16 juillet 1895.

En vue d'assurer le ravitaillement du corps expéditionnaire en vivres et en matériel et de régler le jeu des convois de chaque brigade, de manière à ce qu'elles puissent prendre alternativement la tête du corps expéditionnaire, dans sa marche sur Tananarive, le général en chef a arrêté les mesures ci-après :

I. Envoi à l'avant de tous les conducteurs, mulets et voitures, actuellement disséminés dans la zone de l'arrière.

Le service des étapes ne disposera dans la zone de l'arrière que des conducteurs, mulets et voitures normalement affectés : 1° aux officiers du service des étapes ; 2° aux troupes d'étapes ; 3° au service de la tête d'étapes et du port de débarquement et sous les réserves ci-après :

a) 50 mulets de trait du service de la tête d'étapes et du port de débarquement seront remplacés par 50 bœufs porteurs ;

b) Les mulets et voitures des troupes d'étapes seront conduits par des soldats muletiers fournis par les troupes elles-mêmes.

Tous les conducteurs indigènes, mulets et voitures, qui auraient pu être alloués, à titre provisoire et en dehors des fixations réglementaires, à certains officiers isolés, corps ou services, devront leur être retirés *immédiatement* et reversés au train, en vue de la constitution des nouveaux échelons de ravitaillement.

Sous aucun prétexte, aucun mulet ne devra être utilisé comme mulet de selle, en dehors des mulets de cette catégorie prévus aux tableaux d'effectifs de guerre.

S'il y a lieu de monter provisoirement certains officiers, il leur sera alloué, à titre tout à fait exceptionnel et après autorisation spéciale du général en chef, un cheval prélevé sur les animaux disponibles du dépôt de remonte mobile ou du 10° escadron.

Il y a un intérêt de *premier ordre*, pour le prompt succès de l'expédition, à ce que tous les conducteurs indigènes, mulets et voitures, qui ne sont pas indispensables au service de l'arrière, soient dirigés sur l'avant.

Le général en chef ne saurait admettre aucune tolérance, à cet égard, dans la zone des étapes et il réprimerait avec la plus grande rigueur, en en rendant responsables les chefs de détachement ou de service, toute infraction aux prescriptions formelles de la présente note.

M. le colonel directeur des étapes aura à veiller à leur exécution de la manière la plus stricte.

II. Constitution des trains des corps de troupe et services de l'avant.

1° ETATS-MAJORS ET SERVICES. — Les états-majors et services seront dotés, en principe, des conducteurs indigènes, mulets et voitures prévus par les tableaux d'effectifs.

Dans le cas où un état-major ou service aurait à se porter en avant, au delà du point que peuvent atteindre les voitures, il lui sera alloué, provisoirement, un certain nombre de mulets de bât supplémentaires, à prélever sur le convoi administratif de la brigade de tête ou sur la compagnie de conducteurs sénégalais.

2° TROUPES. — Le général en chef se réserve, en cas de besoin, de prélever, sur les conducteurs indigènes des corps de troupe, les indigènes nécessaires pour la conduite des voitures des échelons de ravitaillement. Ils seront remplacés, s'il y a lieu, par des soldats muletiers fournis par les corps eux-mêmes et pris, de préférence, parmi les hommes qui supportent difficilement le poids du sac.

a) *Infanterie*. — Chaque bataillon ou état-major de régiment n'aura normalement, avec lui, que le nombre de mulets prévu par le tableau d'effectifs, soit 36 (dont 8 mulets de cacolets ou de litières). Ces mulets seront bâtés ou attelés, suivant que la troupe sera en première ou en deuxième ligne. Il ne sera prévu, normalement, ni transport d'outils de campagne, ni transport de munitions.

Si le général commandant la brigade de tête le juge nécessaire, il pourra renforcer, à titre provisoire, le nombre de mulets de bât affectés à chaque unité, à l'aide d'animaux prélevés, soit sur le convoi administratif de la brigade, soit sur la compagnie des conducteurs sénégalais.

Les outils affectés aux bataillons, pour le travail de construction de la route, seront transportés, dans ces conditions, à raison de 1 mulet de bât pour 30 outils, ou une voiture pour 80 à 100 outils.

En principe, lorsque les brigades alterneront pour prendre la tête, les bataillons échangeront entre eux leurs mulets de bât et leurs mulets de voitures comme il est indiqué ci-après :

État-major de régiment algérien avec l'état-major du 13ᵉ régiment de marine ;

État-major du 200ᵉ avec l'état-major du régiment colonial ;

1ᵉʳ bataillon du régiment d'Algérie avec le 1ᵉʳ bataillon du 13ᵉ régiment de marine ;

2ᵉ bataillon du régiment { 1/2 2ᵉ bataillon du 13ᵉ régiment de marine ;
d'Algérie avec les { 1/2 bataillon haoussa ;

3ᵉ bataillon du régiment d'Algérie avec le 3ᵉ bataillon du 13ᵉ régiment d'infanterie de marine ;

1ᵉʳ bataillon du 200ᵉ avec le bataillon malgache.

Le bataillon de chasseurs n'aura que des mulets de bât (37) renforcés, en cas de besoin, comme il a été dit ci-dessus.

b) *Cavalerie*. — L'escadron de cavalerie n'aura, jusqu'à nouvel ordre et en principe, que des animaux de bât.

c) *Artillerie*. — Les premiers échelons des batteries de montagne marcheront avec leurs animaux de bât ; les deuxièmes échelons, les batteries montées, les sections de munitions, les sections de parc marcheront avec leurs voitures, dans les conditions indiquées plus loin.

d) *Génie.* — Les compagnies du génie chargées du tracé de la route ou de l'exécution des travaux techniques, le long de la route en construction, n'auront que des mulets de bât (19 chacune) renforcés, s'il y a lieu, dans les mêmes conditions que pour les troupes d'infanterie, par les soins du général commandant la brigade de tête.

Le matériel technique qu'elles ne pourront pas transporter à leur suite leur sera amené, suivant les besoins, par les échelons de ravitaillement.

III. Constitution des échelons de ravitaillement.

1° Il n'est pas prévu d'échelons de ravitaillement nᵒˢ 1 et 2 ; les convois administratifs des brigades en tiennent lieu, pour la marche en avant au delà de Suberbieville.

Le convoi actuel de la 1ʳᵉ brigade (mulets de bât) sera dénommé échelon n° 1 et affecté à la brigade de tête (1ʳᵉ ou 2ᵉ brigade).

Le convoi actuel de la 2ᵉ brigade (mulets attelés) sera dénommé échelon n° 2 et affecté à la brigade de queue.

2° La compagnie de conducteurs sénégalais restera constituée et sera affectée, en principe, à la brigade de tête pour le ravitaillement et le transport des outils et du matériel qui ne pourraient être assurés par les mulets de bât des corps.

3° Les 432 mulets d'Obock, qui ne peuvent être attelés, seront échangés contre un même nombre de mulets de bât, ou exceptionnellement de selle, actuellement employés dans les corps de troupe ou services et susceptibles d'être utilisés comme mulets de trait.

A l'aide de ces mulets, on constituera trois nouveaux échelons.

Les échanges dont il s'agit devront être effectués immédiatement, en ce qui concerne les corps et services de la zone de l'arrière. Des ordres ultérieurs régleront les échanges dans la zone de l'avant.

4° Les autres échelons seront formés dès que l'arrivée des nouveaux mulets envoyés de France le permettra (vers le 20 juillet) et seront dirigés sur Suberbieville, le plus rapidement possible.

5° Les ambulances cesseront d'être affectées à une brigade spéciale ; leurs déplacements successifs seront réglés directement par les soins de l'état-major du corps expéditionnaire.

Il ne sera réservé, pour leurs déplacements, qui ne seront jamais simultanés, qu'un seul des groupes de mulets et voitures prévus pour les ambulances au tableau d'effectifs de guerre (1 mulet de selle, 22 mulets de bât, 21 mulets de trait).

Les 22 mulets de bât pourront être utilisés, soit pour l'évacuation des malades, soit pour constituer, par prélèvement sur l'ambulance la plus avancée, une section d'ambulance qui suivra la brigade de tête ; les 12 mulets de trait et leurs voitures resteront avec le gros de l'ambulance de tête et seront utilisés pour les diverses corvées du poste où se trouvera cette partie de l'ambulance.

Lorsqu'il y aura lieu de déplacer une des ambulances, il sera mis à sa disposition le nombre des voitures nécessaires au transport de son matériel.

6° En vue d'augmenter autant que possible le nombre des échelons de ravitaillement prévus au tableau d'effectifs de guerre (22, non compris les convois de brigade), les mulets et voitures réservés pour les formations ci-après seront, jusqu'à nouvel ordre, répartis en trois échelons de ravitaillement de 150 voitures environ et deux sections de 50 voitures, par les soins de M. le colonel commandant l'artillerie, et dénommés échelons de ravitaillement A, B, C, D.

	Mulets.
Convoi d'une ambulance	35
Groupe des hôpitaux (n°s 2, 3, 4)	229
Boulangerie de campagne	110
Réserve d'effets	50
Voitures-citernes	40
Mulets du service des étapes (remplacés par 50 bœufs)	50
A prélever sur les mulets de bât du convoi actuel du quartier général	50
TOTAL	564

7° De plus, les éléments de l'artillerie concourront au ravitaillement dans les conditions ci-après :

a) *Batteries de montagne.* — Le premier échelon de combat de chaque batterie de montagne ne sera jamais utilisé, en principe, pour le ravitaillement.

Les voitures Lefebvre des deuxièmes échelons (25 par batterie) seront, par contre, affectées au ravitaillement, autant que possible dans les environs du point de stationnement des échelons de combat, de manière à pouvoir, au besoin, reconstituer la batterie complète dans les vingt-quatre heures.

Une ou deux batteries, avec un officier supérieur commandant du groupe, seront placées sous les ordres directs de chaque général commandant de brigade.

Les batteries non désignées pour marcher avec les brigades seront, jusqu'à nouvel ordre, considérées comme artillerie d'étapes.

b) *Batteries montées.* — Les batteries montées seront dirigées, aussitôt que possible, sur Suberbieville.

Une ou deux sections de batterie montée marcheront à la gauche de la brigade de tête, aussi près que le permettra le degré d'avancement de la route, de manière à pouvoir appuyer, le cas échéant, les mouvements offensifs de cette brigade.

Tout l'excédent des voitures Lefebvre des deux batteries (55 à 60) sera utilisé pour le ravitaillement.

c) *Sections de munitions.* — Les trois sections de munitions (233 voitures au total) constitueront un groupe spécial, dont les mouvements seront réglés directement par le général en chef, sur la proposition de M. le colonel commandant l'artillerie. Elles seront utilisées pour le transport des vivres et du matériel chaque fois qu'il sera nécessaire.

Les trois sections de munitions seront dirigées sur Suberbieville, dans le plus bref délai.

d) *Sections de parc.* — Les 3ᵉ et 4ᵉ sections de parc (66 voitures par section) seront dirigées sur Suberbieville, dans le plus bref délai, et seront, de même, utilisées pour le ravitaillement.

Les voitures dont pourrait avoir besoin le service de l'artillerie, à Majunga ou dans certains postes de l'arrière, lui seront fournies par prélèvement sur les voitures affectées au service des étapes.

8° Le parc du génie (88 mulets et 67 voitures) sera dirigé, immédiatement, sur Suberbieville.

M. le lieutenant-colonel commandant le génie ne devra laisser temporairement en arrière que les mulets et voitures nécessaires pour l'achèvement des routes, ponts et lignes télégraphiques.

Le service des étapes fournira au service du génie, à Majunga et dans les postes de l'arrière, les moyens de transport dont il pourrait avoir besoin.

En résumé, et dans ces conditions, le corps expéditionnaire pourra disposer, à Suberbieville, pour son ravitaillement, des moyens de transport ci-après :

1° A très bref délai:

En première ligne, en avant de la tête de route :

	Mulets.
Convoi administratif n° 1, en mulets de bât	150
Compagnie de conducteurs sénégalais, en mulets de bât	450
Total en mulets de bât	600

En deuxième ligne, le long de la route :

	Voitures.
Convoi administratif n° 2 de la brigade de queue	150
9 échelons, nᵒˢ 3, 4, 5, 6, 7, 8, 9, 10 et 13	1.350
Echelons A, B, C, D (environ)	550
Deuxièmes échelons des batteries de montagne	125
Batteries montées	66
Sections de munitions	233
— de parc	112
Parc du génie	67
Total	2.653

Soit : 17 échelons de 150 voitures et 2 sections de 50.

2° Dans un délai de 30 à 40 jours :

	Voitures.
(Probablement) 2 échelons, 11 et 12, actuellement indisponibles pour épidémie de morve	300
3 échelons constitués à l'aide de mulets remplacés par des mulets d'Obock	450
5 échelons constitués à l'aide des mulets qui arriveront de France vers le 20 juillet	800
Total	1.550

Soit : 10 échelons de 150 voitures.

IV. Ordre de mouvement des échelons de ravitaillement.

M. le colonel commandant l'artillerie devra diriger sur Suberbieville, d'accord avec M. le général commandant la 2ᵉ brigade, aussitôt que la viabilité de la route le permettra, au moins sept échelons de ravitaillement de 150 voitures (non compris le convoi administratif de la 2ᵉ brigade).

Ces voitures, ainsi que le convoi de la 2ᵉ brigade, seront échelonnées entre Marololo et Tsarasaotra de la manière suivante, en vue d'assurer le ravitaillement de Suberbieville et de Tsarasaotra :

Marololo : 1ᵉʳ échelon ;
Beratsimanana : 2ᵉ et 3ᵉ échelons ;
Suberbieville : 4ᵉ et 5ᵉ échelons ;
Behanana : 6ᵉ et 7ᵉ échelons ;
Tsarasaotra ou mieux Beritzoka (si possible) : 8ᵉ échelon, convoi administratif de la 2ᵉ brigade.

La mise en place de ces échelons aux points susdits s'opèrera comme il suit :

Tous les échelons partiront d'Ambato avec leur plein chargement ; ils le compléteront, s'il y a lieu, à Marololo. Les 1ᵉʳ, 2ᵉ, 3ᵉ, 4ᵉ et 5ᵉ échelons déposeront ce chargement à Suberbieville, puis les 1ᵉʳ, 2ᵉ et 3ᵉ retourneront en arrière prendre les emplacements susindiqués.

Les 6ᵉ, 7ᵉ et 8ᵉ compléteront leur chargement à Suberbieville et le conduiront jusqu'à Tsarasaotra, pour venir prendre en arrière les emplacements ci-dessus fixés.

A partir du moment où ces emplacements seront occupés, le ravitaillement de Suberbieville, d'abord, puis celui de Tsarasaotra s'opèreront comme il suit :

Le 1ᵉʳ échelon, chargé à Marololo, conduira chaque jour des voitures pleines à mi-chemin entre ce point et Beratsimanana, où le 2ᵉ échelon les lui échangera contre ses voitures vides, pour les amener le jour même à Beratsimanana.

Le lendemain, le 3ᵉ échelon conduira ses voitures pleines jusqu'à mi-chemin de Suberbieville, où le 4ᵉ échelon les échangera contre ses voitures vides, pour les amener à Suberbieville, où elles seront déchargées.

Le ravitaillement entre Suberbieville et Tsarasaotra s'effectuera par un jeu analogue des 5ᵉ, 6ᵉ, 7ᵉ et 8ᵉ échelons.

Dans ces conditions, les convois ne pourront enlever, chaque jour, de Marololo, que 30 tonnes ; or, les canonnières peuvent y amener environ 70 tonnes par jour.

En supposant que les pirogues ou, éventuellement, la *Poursuivante*, puissent transporter 10 tonnes, en moyenne, par jour, entre Marololo et Suberbieville, il resterait à enlever journellement 30 tonnes (non compris les réserves).

Il est donc de toute urgence de doubler, sinon de tripler, dans le plus bref délai, le nombre des échelons entre Marololo et Suberbieville.

M. le colonel commandant l'artillerie aura, par suite, à constituer, dans les conditions indiquées ci-dessus et le plus tôt possible, huit nouveaux échelons, qui seront répartis comme il suit :

Les 9ᵉ et 10ᵉ à Marololo ;

Les 11ᵉ, 12ᵉ, 13ᵉ et 14ᵉ à Beratsimanana ;

Les 15ᵉ et 16ᵉ à Suberbieville.

De cette manière, on pourra enlever journellement 90 tonnes, soit 20 tonnes environ de plus que n'en peuvent débiter les chalands (ou les pirogues poussées jusqu'à Suberbieville). En moins de dix-sept jours, le stock en réserve à Marololo sera enlevé (la garnison de cette place et les troupes de passage en auront consommé une bonne partie).

En vue d'accélérer cette opération, M. le commandant de la flottille fluviale et M. le colonel directeur des étapes hâteront par tous les moyens le rassemblement, entre Marololo et Suberbieville, de toutes les pirogues et de tous les canots Voruz disponibles.

Les dix échelons livrables pendant la deuxième période indiquée ci-dessus pourront, vraisemblablement, être réunis à Suberbieville, du 15 au 25 août. Mais, à ce moment, la route sera ouverte jusque vers Ampotaka et le ravitaillement entre Suberbieville et la tête d'étapes exigera un minimum de dix-huit échelons.

Il serait, par suite, de toute nécessité, à ce moment, de n'avoir plus à laisser, entre Marololo et Suberbieville, qu'un minimum de quatre échelons.

MM. les généraux commandant les brigades, le colonel directeur des étapes, le colonel commandant l'artillerie, le capitaine de vaisseau commandant la flottille fluviale, les commandants et directeurs des divers services sont chargés d'assurer, chacun en ce qui le concerne, la notification et l'exécution de ces dispositions.

Le Général commandant en chef,

Signé : Ch. Duchesne.

VI

Note collective.
Constitution et ravitaillement de la colonne du corps
expéditionnaire.

Au camp du Ponceau, le 30 juillet 1895.

I. Constitution de la colonne du corps expéditionnaire.

État-major et services. Services administratifs et services de la trésorerie et des postes. — Afin de réduire au strict nécessaire le personnel des divers services et au minimum le nombre des rationnaires, il ne sera constitué qu'une seule sous-intendance et un seul service de la trésorerie et des postes, pour l'ensemble des corps et services de la colonne.

Service de santé. — Le service de santé de la colonne et notamment les deux ambulances seront sous la direction de M. le médecin-major de 1ʳᵉ classe Hocquard, délégué de M. le médecin inspecteur-directeur et médecin-chef de la colonne.

Infanterie. — La première brigade se composera, en principe, de 5 bataillons; la deuxième, de 4 bataillons.

Cavalerie. — Un demi-escadron de cavalerie, commandé par le capitaine commandant le 10ᵉ escadron de chasseurs d'Afrique, sera rattaché à la brigade de tête et recevra les ordres directs du général commandant cette brigade.

Artillerie. — L'artillerie de la colonne comprendra deux groupes :

1° Le groupe de l'artillerie de marine, sous le commandement de M. le commandant Henry, composé de :

1 batterie de montagne (avec mulets de bât exclusivement; 62 coups par pièce);

1 batterie de montagne ayant la composition normale (mulets de bât et voitures; 76 coups par pièce).

2° Le groupe de l'artillerie de terre, sous le commandement de M. le commandant Ruffey, composé de :

1 batterie de montagne (avec mulets de bât exclusivement);

1 section de batterie de campagne;

1 section mixte de munitions.

Génie. — En principe, deux compagnies du génie marcheront avec la colonne.

Pour étudier et déterminer le tracé de la route, il sera constitué une brigade, dite « de tracé », composée de : MM. les capitaines Pons et Digue, du génie; de MM. le capitaine Aubé et le lieutenant de réserve Bénévent, du service des renseignements, et de M. Haberer.

M. le général commandant la brigade de tête assurera la protection de ces officiers à l'aide de sa cavalerie et d'un détachement d'infanterie dont il déterminera l'effectif et le rôle, suivant les circonstances.....

II. Ravitaillement.

Dispositions générales. — En raison de la difficulté des transports et en vue d'éviter tout gaspillage, le nombre des rations allouées à chaque officier, faisant partie de la colonne ou stationné au sud de Suberbieville, sera réduit, à partir du 1ᵉʳ août, dans les proportions suivantes :

Rations.

Officiers subalternes............................	1 1/2
— supérieurs............................	2
— généraux............................	3
Général en chef............................	4

La ration des chevaux et mulets, tant pour les animaux de la colonne que pour ceux des convois, est fixée provisoirement, d'autre part, à 2 kilogr. d'orge et 2 kilogr. de paddy, ou à 3 k. 500 d'orge. Celle des mulets abyssins est limitée à 2 kilogr. de grain (orge ou paddy).

Le général en chef interdit de la manière la plus absolue, soit de toucher des vivres à titre remboursable, soit de forcer les bons.....

Constitution de magasins. — Il est prévu, jusqu'à nouvel ordre, la constitution de deux magasins administratifs, gérés chacun par un officier d'administration, dont l'un au camp du Ponceau et l'autre au camp des Sources.

Les approvisionnements existant actuellement au Beritzoka y resteront et seront pris en charge par l'officier d'approvisionnement du 40ᵉ bataillon de chasseurs.

Troupeaux de bœufs. — Il sera constitué un parc divisionnaire de 500 bœufs, et, par bataillon, un parc de 50 bœufs.

Ces derniers parcs, qui auront à ravitailler non seulement le bataillon chargé de leur garde, mais aussi les petites unités (batteries, compagnies du génie) qui leur seront rattachées par le général commandant la brigade, seront maintenus à leur effectif normal par prélèvement sur le parc divisionnaire.....

Évacuations. — A son passage au Beritzoka, le 31, M. le médecin-chef examinera s'il y a lieu d'évacuer un certain nombre de malades en traitement à l'ambulance n° 1.

Dans le cas de l'affirmative, il soumettra les mesures à prendre, en vue de cette évacuation, au général en chef, qui donnera des ordres au directeur des étapes de la zone sud.

Le Général commandant en chef,
Signé : Ch. DUCHESNE.

VII

Composition de la colonne mobile, 12 septembre 1895.

NOTA : Les nécessités de la mise en page ont obligé à placer ce document avant la note relative à la constitution de la colonne.

Composition de la colonne

ÉLÉMENTS.	OFFICIERS.			ORDON-NANCES.	TROUPES.
	GÉ-NÉRAUX.	SUPÉ-RIEURS.	SUBALTER-NES.		
Avant-garde.					
Général en chef................	1	»	»	3	1 (1)
Cabinet militaire et civil.......	»	1	4 (2)	5	»
Etat-major de la colonne.......	1	2	3	7	6
Service des renseignements....	»	1	1	2	»
— du génie..............	»	1	»	1	»
Services administratifs.........	»	»	1 (4)	1	4 (5)
Prévôté.....................	»	1	»	1	5 (6)
Etat-major d'une brigade......	1	»	3 (7)	5	2 (7 *bis*)
— d'un régiment......	»	1	2 (8)	3	3 (8 *bis*)
1 ba- (Etat-major de bataillon.	»	1	4 (9)	5	11 (10)
taillon 1 compagnie..........	»	»	3	»	120
(A). 3 compagnies.........	»	»	9	»	360
1 bataillon....................	»	1	16	5	491
1 —	»	1	16	5	491
Peloton de cavalerie...........	»	»	1	»	12
Commandement du groupe d'ar-tillerie de la colonne.......	»	1	2 (13)	3	»
1 batterie de montagne........	»	»	4	»	78
1 — —	»	»	4	»	78
1 compagnie du génie.........	»	»	14 (15)	»	150
Section d'ambulance...........	»	1 (19)	3 (20)	3	14 (21)
1 compagnie du génie.........	»	»	3	»	150
Convoi (pour mémoire)........	»	»	»	»	»
Troupeau (pour mémoire)......	»	»	»	»	»
	3	12	83	49	1.976
Gros.					
Etat-major de brigade.........	1	»	3 (7)	5	2 (7 *bis*)
— de régiment........	»	1	2 (8)	3	3 (8 *bis*)
3 bataillons..................	»	3	48	15	1.473
1 peloton de cavalerie.........	»	»	1	»	12 (12)
1 batterie...................	»	»	4	»	78
Services administratifs.........	»	1 (16)	1 (17)	2	8 (18)
Section d'ambulance...........	»	1 (23)	5 (24)	5	18 (25)
	1	6	64	30	1.594
TOTAL de l'avant-garde et du gros	4	18	147	79	3.570
Convoi.....................	»	2 (27)	23 (28)	25	35
Troupeau (pour mémoire)......	»	»	»	»	»
Réserve.					
Etat-major de régiment........	»	2	3	5	3
2 bataillons..................	»	2	32	10	982
Services administratifs.........	»	»	1	1	3
	»	4	36	16	988
Convoi de la réserve..........	»	»	6 (28)	6	8
Troupeau (pour mémoire)......	»	»	»	»	»
TOTAL de l'avant-garde, du gros et de la réserve....	4	22	183	95	4.558
TOTAL des convois...........	»	2	29	31	43
TOTAUX GÉNÉRAUX........	4	24	212	126	4.601

mobile (12 septembre 1895).

CONDUC-TEURS indigènes (B).	CHE-VAUX.	MULETS.	OBSERVATIONS.
			(1) Porte-fanion.
10	4	10	(2) Dont un interprète.
	5		(3) Y compris les mulets porteurs des archives.
12	14	12 (3)	(4) Officier d'administration comptable de la fraction du convoi
2	4	2	détaché à l'avant-garde.
1	2	1	(5) Commis et ouvriers d'administration pour la surveillance
1	2	1	des troupeaux et la manutention des denrées.
2	6	2	(6) 1 gradé et 4 gendarmes à cheval.
6	8	6	(7) Deux officiers d'ordonnance et un interprète.
2	3	3	(7 bis) Dont 1 secrétaire.
	4		(8) 1 capitaine adjoint au colonel, 1 lieutenant ou sous-lieute-
18	1	36 (11)	nant porte-drapeau.
	3	3	(8 bis) 1 sergent secrétaire. 1 maréchal des logis chef de service
18	8	36	des réapprovisionnements des munitions, 1 chef armurier.
18	8	36	(9) Dont 1 médecin.
1	14	2	(10) 1 adjudant. 1 vaguemestre. 1 sergent d'approvisionnement.
			1 caporal clairon. 1 caporal muletier. 1 caporal infirmier. 2 armu-
1	3	2	riers. 1 maréchal ferrant. 1 bourrelier. 1 secrétaire.
38	4	66	(11) 12 mulets de bagages, porte. archives et fonds, 11 mulets
38	4	66	de vivres et orge; 4 mulets de munitions. 5 mulets de cacolets;
29	4	57 (14)	4 mulets haut-le-pied (sacs ou effets des hommes fatigués).
13	4	14 (22)	(12) Y compris l'escorte du général en chef.
1	3	3	(13) Le lieutenant adjoint au commandant faisant fonctions
»	»	»	d'officier d'approvisionnement. 1 vétérinaire.
»	»	»	(14) 3 mulets de bagages ou archives ; 1 mulet d'artifices ; 1 mu-
211	107	355	let d'outils de mineurs ; 6 mulets d'outils de terrassiers ; 4 mu-
			lets de matériel optique ; 12 mulets de vivres ; 30 mulets porteurs
			de sacs.
6	8	6	(15) Dont un lieutenant spécialement chargé du service optique.
2	3	3	(16) Sous-intendant. chef des services administratifs de la co-
54	24	108	lonne.
1	14	2	(17) Officier d'administration comptable du convoi.
38	4	66	(18) Commis et ouvriers d'administration pour la manutention
2	3	2	des denrées et la surveillance du troupeau.
16	5	17 (26)	(19) Médecin-major de 1re classe, chef du service de santé de la
			colonne.
119	61	204	(20) 2 médecins et 1 officier d'administration.
			(21) 12 infirmiers. 1 brigadier du train, 1 conducteur du train.
330	168	559	(22) Dont 3 mulets de bagages et 2 mulets de vivres.
			(23) Médecin-major de 1re classe. chef de l'ambulance.
1.100	60	1.780	(24) 3 médecins. 1 aumônier. 1 officier d'administration.
»	»	»	(25) 16 infirmiers. 1 maréchal des logis, 1 conducteur du train.
			(26) Dont 5 mulets de bagages et 3 mulets de vivres.
3	5	5	(27) 1 officier supérieur commandant le convoi. 1 vétérinaire
36	16	72	principal chef du service vétérinaire de la colonne.
1	1	1	(28) Dont 1 vétérinaire.
40	22	78	Nota A. — Les bataillons sont supposés partant à l'effectif de
			496 hommes. Il est bien entendu qu'ils marcheront avec tous les
300	14	420	hommes de troupe valides, même si l'effectif susdit est dépassé.
»	»	»	Nota B. — Les 1er bataillon du régiment d'Algérie, 3e du 200e.
			et les 1re et 3e bataillons du 13e régiment d'infanterie de marine
			conserveront seuls des conducteurs indigènes pour la conduite
370	190	637	des mulets. à raison de 1 indigène pour 2 mulets. Les autres
1.400	74	2.200	bataillons y pourvoiront à l'aide des ordonnances et muletiers
			comptant à l'effectif.
1.770	264	2.837	

VIII

Camp de Mangasoavina, le 5 septembre 1895.

Note collective pour la constitution de la colonne légère.

Pour la marche du corps expéditionnaire d'Andriba sur Tananarive, il sera constitué une colonne légère sur les bases ci-après :

I. Organisation de la colonne légère.

La colonne légère comprendra trois groupes principaux.

1° *Avant-garde.*

1 état-major de brigade ;
1 état-major de régiment ;
3 bataillons ;
1 peloton de cavalerie ;
2 batteries (avec le commandant du groupe d'artillerie de la colonne) ;
2 compagnies du génie (11ᵉ et 13ᵉ) ;
1 section d'ambulance.

Le général en chef et la fraction du quartier général qui doit faire partie de la colonne légère marcheront, en principe, avec l'avant-garde, qui constituera le principal échelon de combat.

L'avant-garde sera suivie d'un troupeau et d'un convoi, prélevés sur le troupeau et le convoi généraux et représentant cinq ou six jours de vivres, au maximum.

2° *Gros.*

1 état-major de brigade ;
1 état-major de régiment ;
3 bataillons ;
1 peloton de cavalerie ;
1 batterie de montagne ;
1 section d'ambulance ;

Le convoi principal et le troupeau de la colonne, moins les échelons de convoi détachés à l'avant-garde.

3° *Réserve.*

La réserve comprendra :

1 régiment de marche de 2 bataillons et un convoi destiné à son ravitaillement.

En principe, au moins au départ d'Andriba, l'*avant-garde* marchera à une étape en avant du gros, lequel précédera la réserve de deux étapes.

Les états-majors de brigade et les troupes d'infanterie alterneront, après chaque bond de quatre ou cinq étapes, pour constituer l'avant-garde. Un tour pourra également être établi entre les batteries de montagne, suivant les propositions du commandant du groupe d'artillerie.

II. Rations. Bagages des officiers et des corps.

En vue de réduire au strict minimum les animaux de bât, on se conformera aux dispositions ci-après :

1° Le taux des rations restera fixé aux chiffres spécifiés par l'ordre général n° 65.

La viande de conserve entrant dans la constitution éventuelle de la ration devra être considérée comme une réserve, à laquelle on puisera seulement au cas où la viande fraîche viendrait à manquer ou sur un ordre spécial du général en chef.

2° Le nombre des rations allouées aux officiers sera maintenu aux chiffres fixés par la note collective du 30 juillet, n° 15 C.

3° Les bagages des officiers seront réduits aux quantités ci-après :

	Cantines.	Tentes.	Lits.	Tables.
Général en chef........................	5	1	1	1
Généraux............................	3	1	1	1
Officiers supérieurs....................	1	1	1	1
— subalternes..................	1/2	1/2	1	»

Les officiers généraux, officiers sans troupe et assimilés disposeront, pour les popotes, d'un mulet (100 kil.) par groupe de 4 officiers et au dessous. Le transport de celles des officiers des corps de troupe sera assuré par les mulets à la disposition des corps dont le détail est donné ci-après.

4° Chaque groupe d'état-major ou services, chaque corps de troupe devra emporter, partie sur ses mulets de convoi, partie sur le sac, 4 jours de vivres et d'orge ou de paddy.

Le convoi de la colonne sera constitué à 18 jours de vivres et d'orge ou paddy.

Dans ces conditions, la colonne, dans sa marche sur Tananarive, sera alignée, au départ d'Andriba, à 22 jours de vivres et d'orge, y compris les vivres du sac.

III. Constitution des divers états-majors, corps et services de la colonne.

Le tableau ci-joint indique, d'une façon détaillée, la composition des divers états-majors et services, ainsi que le nombre des mulets qui leur sera alloué ; une note collective fera connaître les officiers désignés pour rester à la disposition du colonel directeur des étapes.

I. *Infanterie.* — Les régiments qui marcheront alternativement avec l'avant-garde et le gros seront :

1° Le régiment d'Algérie (colonel Oudri), avec son drapeau ;

2° Le régiment de marche (colonel Bouguié), composé comme il suit, avec le drapeau du 13° régiment d'infanterie de marine ;

1er bataillon du 13° régiment d'infanterie de marine ;

Bataillon malgache ;

Bataillon mixte : 2 compagnies du 3ᵉ bataillon du 13ᵉ régiment d'infanterie de marine, 2 compagnies de Haoussas.

L'état-major de chacun de ces régiments ne comprendra que le colonel, l'officier adjoint au colonel et le porte-drapeau, comme il est indiqué au tableau ci-joint.

Le régiment de marche de la réserve (colonel de Lorme) comprendra :

Le 3ᵉ bataillon du 200ᵉ, avec le lieutenant-colonel commandant le régiment et le drapeau du corps ;

1 bataillon mixte : { 2 compagnies du 3ᵉ bataillon du 13ᵉ régiment d'infanterie de marine, 2 compagnies de Haoussas, } avec le drapeau du régiment colonial.

Les porte-drapeaux du 200ᵉ et du régiment colonial feront partie de l'état-major du régiment de marche de la réserve.

Chaque bataillon d'infanterie n'aura qu'un médecin.

Chaque compagnie n'aura que 3 officiers.

Les bataillons sont supposés partant à l'effectif de 496 hommes.

Ils marcheront, toutefois, avec tous les hommes valides, même si leur effectif dépasse le chiffre prévu.

Le convoi de chaque bataillon sera composé de 36 mulets, savoir :

12 mulets de bagages, popotes, archives et fonds ;

11 mulets de vivres ou orge ;

4 mulets de munitions (20 cartouches environ par homme) ;

5 mulets de cacolets ;

4 mulets haut-le-pied (sacs ou effets des hommes fatigués).

Les bâts de cacolet ou de litière en excédent dans les bataillons d'infanterie devront être échangés, immédiatement, contre des bâts ordinaires, qui seront délivres aux corps par la 6ᵉ compagnie *bis* du train (échelon Gendron).

Le 1ᵉʳ bataillon du régiment d'Algérie, le 3ᵉ du 200ᵉ et les 1ᵉʳ et 3ᵉ bataillons du 13ᵉ régiment d'infanterie de marine conserveront, seuls, des conducteurs indigènes pour la conduite des mulets, à raison de 1 indigène par 2 mulets. Les autres bataillons y pourvoiront à l'aide des ordonnances et muletiers comptant à l'effectif.

L'état nominatif de tous les conducteurs indigènes en excédent sera adressé, le 8 au plus tard, à l'état-major du corps expéditionnaire.

II. *Cavalerie.* — Dans l'effectif des pelotons de cavalerie qui figure sur le tableau ci-joint est comprise l'escorte du général en chef, qui entrera en déduction du nombre des cavaliers du peloton marchant avec le gros.

III. *Artillerie.* — Les trois batteries d'artillerie seront placées sous le commandement du commandant Henry.

Le commandement du groupe de l'artillerie ne comprendra, outre le commandant, que son adjoint, faisant fonctions d'officier d'approvisionnement, et le vétérinaire (M. Choteau).

Les batteries d'artillerie ne transporteront pas de munitions d'infanterie ; chacune d'elles devra être dotée de 62 coups par pièce.

IV. *Génie.* — Les 11ᵉ et 13ᵉ compagnies du génie, marchant avec l'avant-garde, seront employées alternativement, lorsqu'il y aura lieu, à rendre le sentier malgache praticable aux mulets.

Les sacs des hommes de la compagnie qui devra travailler seront portés par des mulets. Un nombre de mulets suffisant sera adjoint, à cet effet, à l'unique parc de compagnie, qui marchera avec la colonne.

Une seule des deux compagnies aura 4 officiers (1 capitaine et 3 lieutenants). Le 3ᵉ lieutenant, désigné par le lieutenant-colonel commandant le génie, sera spécialement chargé du service de la télégraphie optique, sous la direction de cet officier supérieur. 8 télégraphistes (avec un appareil de 30 et 3 appareils de 10) seront compris dans l'effectif de cette compagnie.

Chaque compagnie aura 3 mulets, pour les bagages, popotes et archives.

Les deux compagnies auront, en outre, comme il a été dit, un parc commun comprenant :

  1 mulet d'artifices ;
  1 mulet d'outils de mineurs ;
  6 mulets d'outils de terrassiers ;
  12 mulets de vivres et orges ;
  4 mulets de matériel optique ;
  30 mulets porteurs de sacs (environ).

Il demeure entendu que les télégraphistes et les appareils seront répartis entre les trois groupes de la colonne, selon les besoins et d'après les ordres du général en chef.

V. *Ambulance.* — Deux sections d'ambulance marcheront, l'une avec l'avant-garde et l'autre avec le gros.

. La 1ʳᵉ section, outre le médecin-major de 1ʳᵉ classe, chef du service de santé de la colonne, comprendra :

  2 médecins-majors de 2ᵉ classe ou aides-majors et leurs ordonnances ;
  1 officier d'administration ;
  12 infirmiers ;
  1 brigadier et 1 conducteur du train ;
  13 conducteurs indigènes et 14 mulets, dont 3 mulets de bagages et 2 mulets de vivres ;

La 2ᵉ section comprendra :

  1 médecin-major de 1ʳᵉ classe, médecin chef de l'ambulance ;
  3 médecins-majors de 2ᵉ classe ou aides-majors, dont 2 seront renvoyés, le cas échéant, à l'arrière, pour accompagner les malades évacués ;
  1 officier d'administration ;
  1 aumônier ;
  5 ordonnances ;
  1 maréchal des logis du train ;
  1 conducteur du train ;
  16 conducteurs indigènes et 17 mulets, dont 5 mulets de bagages et popotes et 3 mulets de vivres.

VI. *Convois.* — Le convoi général de la colonne (avant-garde et gros) marchera avec ce dernier groupe, comme il a été dit ci-dessus.

Chaque jour, jusqu'à une date qui sera fixée par le général en chef, les mulets de chacun des trois échelons, déchargés des vivres consommés, seront renvoyés sur l'arrière.

Ces animaux seront utilisés, au retour, pour l'évacuation des malades ou blessés jusqu'à Andriba, dans des conditions (dans tous les cas assez précaires) qui feront l'objet d'instructions spéciales.

En vue de faciliter ces évacuations, tous les bâts de cacolets ou de litière des bataillons d'infanterie en excédent du chiffre fixé ci-dessus (5 bâts de cacolets) seront versés, comme il a été dit, à la 6ᵉ compagnie *bis* du train (échelon Gendron).

Les mulets des convois, à leur retour à Andriba, seront reconstitués en échelons de ravitaillement et remis en route pour l'avant, dans les conditions réglées par la direction des étapes.

Chaque convoi ou fraction de convoi sera géré par un officier d'administration comptable, chargé des distributions et assisté d'un nombre de commis et ouvriers d'administration proportionnel à l'importance du convoi.

Les cadres des convois comprendront en principe :

1° Convoi de la colonne principale (avant-garde et gros) :

1 officier supérieur commandant le convoi ;
2 vétérinaires, dont le vétérinaire principal ;
1 capitaine pour 500 mulets ;
1 lieutenant ou sous-lieutenant pour 100 mulets ;
1 gradé pour 50 mulets.

2° Convoi de la réserve :

1 capitaine commandant le convoi ;
1 lieutenant ou sous-lieutenant pour 100 mulets ;
1 gradé pour 50 mulets.

Les détails de l'organisation des convois, des évacuations et des ravitaillements éventuels feront l'objet d'instructions spéciales.

IV. Soldes et avances de fonds.

Le service de la trésorerie et des postes ne devant rallier la colonne qu'ultérieurement, à Tananarive, le général en chef a décidé qu'en vue de faire face aux premiers besoins, les officiers sans troupe et corps de troupe toucheront, à Andriba, avant le départ de la colonne, à titre d'avance, la solde du mois de septembre.

En outre, les trois officiers comptables toucheront le chiffre maximum fixé par les règlements, soit 35.000 francs.

V. Ordres de mouvement.

L'ordre de marche des trois groupes de la colonne et les dates de départ seront notifiés ultérieurement.

MM. les généraux commandant les brigades et MM. les commandants et chefs de service du corps expéditionnaire sont chargés d'assurer, chacun en ce qui le concerne, l'exécution de ces prescriptions.

Le Général commandant en chef,
Signé : Ch. DUCHESNE.

IX

Mangasoavina, le 10 septembre 1895.

Dispositions générales relatives à la marche et au ravitaillement des divers groupes de la colonne légère.

I. Ordre normal de marche.

L'ordre de marche des trois groupes de la colonne (avant-garde, gros et réserve) sera réglé par MM. les généraux commandant l'avant-garde et le gros et le colonel commandant la réserve.

En ce qui concerne spécialement le premier groupe (avant-garde) l'ordre normal de marche sera, en principe, le suivant, lorsque le général en chef marchera avec ce groupe :

Tête d'avant-garde.

1 compagnie d'infanterie du 1er bataillon ;

1re compagnie du génie, sans sacs, avec son parc, chargée d'améliorer le sentier pour faciliter le passage des mulets ;

1 détachement de cavalerie. (Lorsque le terrain le permettra, ce détachement formera la pointe d'avant-garde. Dans tous les cas, il assurera la communication entre la tête d'avant-garde et les autres éléments du premier groupe.)

Avant-garde.

(Départ 30 minutes après la tête d'avant-garde.)

3 compagnies du 1er bataillon ;

État-major du régiment ;

Troupeau représentant un jour de viande fraîche.

Gros.

(Départ 30 minutes après l'avant-garde.)

1 compagnie du 2e bataillon ;

État-major du corps expéditionnaire ;

État-major de la brigade ;

3 compagnies du 2e bataillon ;

2 batteries ;

2 compagnies du 3e bataillon.

Trains régimentaires.

(Départ 20 minutes après le gros.)

2ᵉ compagnie du génie;
Section de munitions;
Ambulance;
Trains régimentaires (mulets de bagages et de vivres);
1/2 compagnie du 3ᵉ bataillon.

Convoi et arrière-garde.

(Départ 1 h. 30 après les trains régimentaires.)

1/2 compagnie du 3ᵉ bataillon;
Convoi et troupeau de l'avant-garde;
1 compagnie du 3ᵉ bataillon (arrière-garde).

II. Organisation des trains régimentaires.

Chaque bataillon d'infanterie sera immédiatement suivi de son train de combat (mulets de munitions, de cacolets (1) et mulets haut-le-pied) (2).

La compagnie du génie d'avant-garde sera suivie des mulets portant les outils du parc.

Tous les autres mulets constitueront les trains régimentaires.

Chaque train régimentaire sera commandé par l'officier d'approvisionnement de la formation à laquelle il appartient.

M. le lieutenant Magentie remplira, outre les fonctions de commandant du convoi du quartier général, celles d'officier d'approvisionnement du même groupement.

La compagnie du génie qui ne marchera pas avec l'avant-garde précèdera immédiatement les trains régimentaires et concourra à leur protection, avec une demi-compagnie d'infanterie, marchant derrière ces trains. Un lieutenant de la susdite compagnie du génie sera spécialement chargé de la conduite des mulets du train régimentaire des deux compagnies du génie, qui comprendront aussi les mulets portant les sacs de la compagnie d'avant-garde.

A moins d'ordre contraire, la section de munitions et l'ambulance marcheront en tête des trains régimentaires qui se suivront dans l'ordre ci-après:

Train du quartier général;

---

(1) Un des mulets de cacolets portera quatre brancards et quatre paniers de pansement.

(2) Par modification aux indications de la note collective du 5 septembre, l'état-major du régiment du gros sera doté de deux mulets d'outils portant chacun dix-sept pioches, huit pelles, cinq haches; l'état-major du régiment de la réserve, d'un mulet portant les mêmes outils.

Train de l'état-major de la brigade ;
Train du régiment d'infanterie ;
Train de la cavalerie ;
Train de l'artillerie (bagages et vivres) ;
Train du génie (bagages, vivres et sacs).

Le groupe constitué par la section de munitions, les trains régimentaires et les détachements chargés de leur protection seront placés, pour la marche, sous les ordres de M. le capitaine Bourgeois de l'état-major du corps expéditionnaire, qui remplira les fonctions de vaguemestre général de l'avant-garde de la colonne. Un gendarme lui sera adjoint pour assurer la police des trains.

L'organisation et la marche des trains des deuxième et troisième groupes de la colonne (gros et réserve) seront réglées par les commandants de ces groupes.

III. Organisation du troupeau et des convois.

Troupeau. — La fraction du troupeau qui marchera, en principe, derrière l'avant-garde, ne comprendra que les bœufs à abattre dès l'arrivée au bivouac, de manière que la distribution de la viande puisse être faite autant que possible, chaque jour, avant 3 heures de l'après-midi.

Les bouchers des corps seront chargés de la conduite de ces animaux, sous le commandement du plus ancien.

Le reste du troupeau, qui marchera derrière le convoi, sera placé sous une garde spéciale composée à l'*avant-garde* de cinq tirailleurs algériens, au *gros* de vingt-cinq Malgaches, et, à la *réserve*, de dix Haoussas.

Lorsque la 2e brigade prendra la tête, les Malgaches alterneront avec les tirailleurs algériens.

Convois. — En principe, les convois seront subdivisés en autant de groupes qu'ils comprennent de jours de vivres.

L'officier d'administration comptable de chaque convoi et les commis et ouvriers d'administration qui lui sont adjoints marcheront en tête du convoi, avec les mulets porteurs des denrées, vivres et orge, à distribuer dès l'arrivée au bivouac.

Conformément aux prescriptions de la note collective du 5 septembre dernier, les mulets dont la charge aura été consommée seront renvoyés, chaque jour, à moins d'avis contraire, vers l'arrière ; les étapes de retour seront réglées de manière qu'ils n'aient pas à marcher plus de sept jours (y compris les étapes de l'aller), sans un jour de repos intermédiaire, et que la distance parcourue à vide soit comprise entre 16 et 24 kilomètres. L'étape entre Ampotoka et Mangasoavina (exceptionnellement de 28 kilomètres) sera toujours parcourue, en principe, en un seul jour et sera suivie d'un jour de repos.

Le tableau ci-joint fait connaître les dates auxquelles les mulets renvoyés rallieront probablement Mangasoavina. Ces dates sont calculées par rapport à la date de départ de l'avant-garde.

M. le général commandant le deuxième groupe (gros) et M. le colonel commandant le 3e groupe (réserve) régleront, d'après ces indications générales, la marche de retour des mulets déchargés et assureront leur encadrement, d'après les propositions des commandants de convoi, à l'aide des cadres en officiers et sous-officiers dont disposeront ces derniers.

Trois gendarmes, dont un gradé, seront mis à la disposition du commandant du convoi du gros pour en assurer la police.

IV. Service des distributions.

Pour éviter toute perte de viande, il ne sera abattu, à partir du jour du départ de la colonne, que le nombre d'animaux strictement nécessaire pour les besoins d'une journée de chaque groupe principal (avant-garde, gros et réserve).

A cet effet, le comptable de chacun des groupes indiquera journellement au boucher chef le nombre des animaux à abattre et à faire marcher à la place indiquée au paragraphe III ci-dessus.

L'administration ne disposant, pour ce service, que de 3 bouchers valides (1 par formation), les ouvriers de cette profession existant dans les corps et dont les noms seront ultérieurement indiqués seront mis, par groupe, à la disposition de chacun des comptables.

Les distributions se feront, en principe, deux heures après l'arrivée de la tête du convoi.

Afin d'accélérer cette opération, elle se fera simultanément pour les vivres et pour la viande : pour les vivres, sous la direction de l'officier comptable de la colonne et, pour la viande, par les soins du boucher chef.

Les parties prenantes devront toujours se munir des ustensiles nécessaires pour toucher le tafia, le saindoux, etc., lorsqu'elles n'auront pas à recevoir en entier un récipient de l'administration.

Il est expressément prescrit de rapporter au magasin tous les tonnelets et les sacs vides, qui doivent être repris par les convois retournant en arrière.

Ces convois recevront, avant leur départ, les vivres et l'orge nécessaires pour le retour, jusqu'au jour inclus de leur arrivée à Mangasoavina. Lorsque leur effectif ne sera pas suffisant, pour qu'il leur soit distribué un bœuf par journée ou par journée et demie de nourriture, on leur distribuera de la viande de conserve, à raison de 250 grammes par Européen et par jour, et de 125 grammes par conducteur.

V. Service médical.

Le service médical des unités de la colonne qui n'ont pas de médecin sera assuré dans les conditions ci-après :

Avant-garde.

Quartier général : Médecin chef de la colonne.

| Cavalerie, batteries et section d'artillerie, compagnie du génie. | Un médecin de la section d'ambulance d'avant-garde désigné nominativement par le médecin chef de la colonne. |
| Convoi. | Médecin du 1ᵉʳ bataillon du régiment d'Algérie ; Médecin du 1ᵉʳ bataillon d'infanterie de marine. |

Gros.

| Cavalerie et batterie. | Un médecin de la section d'ambulance du gros, désigné nominativement par le médecin chef de la colonne. |
| Convoi. | Un médecin de la section d'ambulance du gros, désigné nominativement par le médecin chef de la colonne. |

Ces médecins recevront des instructions du médecin chef de la colonne et de leurs chefs de corps et de service, en vue d'assurer, dès la notification du présent ordre, le service médical dont il s'agit.

Chaque section d'ambulance sera dotée d'un mulet supplémentaire, en vue du transport de 4 paniers de pansement pour les besoins des troupes non embrigadées (cavalerie, artillerie et génie).

En outre, le convoi de chacun des groupes de la colonne comprendra un nombre de mulets porteurs de paniers de pansement correspondant à l'effectif des convois (un mulet pour chacun des convois de l'avant-garde et de la réserve, deux mulets pour le convoi du gros).

VI. Ravitaillement de la colonne légère.

En principe et autant qu'il est possible de le prévoir actuellement, les mulets qui seront renvoyés en arrière par la colonne seront groupés à Mangasoavina, par détachements de 200 à 250 mulets.

Chaque détachement aussitôt constitué sera utilisé, jusqu'à ordre contraire, pour ravitailler la colonne légère, à Tananarive, en denrées rares en Émyrne (sucre, café, farine, tafia, saindoux, pain de guerre, etc).

Il est bien entendu que, jusqu'à avis contraire, ces mulets devront emporter l'orge pour les 18 étapes (quinze jours de marche environ) à parcourir entre Mangasoavina et Tananarive.

Exceptionnellement, les mulets renvoyés par l'avant-garde le premier jour, et par le gros le deuxième jour, qui rentreront à Mangasoavina le troisième jour du départ de l'avant-garde, soit le 16, si l'avant-garde part le 14, repartiront dès le quatrième jour (17), avec la réserve, pour remplacer ultérieurement, au convoi du gros, la journée de vivres que l'avant-garde aura consommée le premier jour de marche.

Le Général commandant en chef,
Signé : Ch. DUCHESNE.

Pour ampliation :
Le Chef d'état-major,
Signé : TORCY.

Mouvement des mulets déchargés renvoyés vers l'arrière.

	LES MULETS RENVOYÉS		
	PAR L'AVANT-GARDE	PAR LE GROS	PAR LA RÉSERVE
	rallieront Mangasoavina		
Le 1er jour......	Le 2e jour.	»	»
2e —	3e —	Le 3e jour.	»
3e —	5e —	4e —	»
4e —	»	6e —	Le 5e jour.
5e —	8e —	»	6e —
6e —	9e —	9e —	8e —
7e —	10e —	10e —	»
8e —	13e —	11e —	11e —
9e —	15e —	14e —	12e —
10e —	17e —	16e —	15e —
11e —	»	18e —	17e —
12e —	20e —	»	19e —
13e —	21e —	21e —	»
14e — (après	»	22e —	22e —
le départ de l'a-			
vant-garde).			

EXEMPLE : En supposant que l'avant-garde parte le 14 septembre, le dixième jour qui suivra son départ, soit le 23 septembre, rentreront à Mangasoavina les mulets renvoyés le 20 septembre par l'avant-garde et le gros; le 11e jour qui suivra son départ, soit le 24 septembre, rentreront à Mangasoavina les mulets renvoyés le 21 septembre par le gros et la réserve.

X

Antanétibé, le 18 septembre 1895.

Ordre de mouvement pour la journée du 19 septembre 1895.

Les Hovas ont établi une série d'ouvrages (14 environ), sur les chemins de l'est et du centre, qui traversent le massif de l'Ambohimena; le chemin de l'ouest ne paraît pas être défendu.

Le corps expéditionnaire attaquera, demain 19, ces positions, en deux colonnes.

Colonne de droite sous les ordres de M. le général Voyron.

La colonne de droite, guidée par M. le capitaine Aubé, suivra le chemin de l'ouest ; sa mission est de tourner les ouvrages construits par l'ennemi sur les deux autres chemins ; son objectif est l'ouvrage établi à la cote 1462.

Elle comprendra : 6 compagnies de tirailleurs malgaches et haoussas ; 1 bataillon d'infanterie de marine ; le demi-escadron de cavalerie ; une section d'artillerie (8ᵉ batterie, sous les ordres du capitaine Boucher), la 13ᵉ compagnie du génie.

Le demi-escadron de cavalerie, réuni en entier sous les ordres de M. le général Voyron, sera chargé spécialement d'éclairer la colonne de droite. Départ de Kinadjy, de la colonne de droite, à 5 heures du matin.

Colonne de gauche sous les ordres de M. le général Metzinger.

La colonne de gauche attaquera les ouvrages établis sur les chemins du centre et de l'est. Son objectif est également l'ouvrage établi à la cote 1462, où les deux colonnes feront leur jonction. Elle comprendra : les 3 bataillons de la 1ʳᵉ brigade (dont 1 formera la réserve), les 9ᵉ et 16ᵉ batteries et 1 section de la 8ᵉ batterie ; la section de munitions ; la 11ᵉ compagnie du génie ; la section d'ambulance de l'avant-garde de la colonne légère. Départ du camp, à 6 heures du matin.

Dispositions générales.

MM. les généraux commandant les deux colonnes régleront les mouvements des colonnes placées respectivement sous leurs ordres.

Ils feront porter le sac aussi loin qu'ils le jugeront possible.

Munitions.

Le général commandant en chef recommande, de la manière la plus expresse, d'éviter, avec le plus grand soin, tout gaspillage de munitions d'infanterie ou d'artillerie. L'infanterie n'agira que par feux de salve ; l'artillerie ne tirera que sur des objectifs bien déterminés et situés à portée efficace. Elle cessera le feu aussitôt que le résultat cherché aura été obtenu.

Trains régimentaires.

Les trains régimentaires seront maintenus jusqu'à ordre contraire, soit sur les emplacements où auront été laissés les sacs des troupes d'infanterie, soit dans les bivouacs occupés par les colonnes, dans la soirée du 18, suivant que MM. les généraux commandant les colonnes le jugeront le plus avantageux.

Les diverses unités des colonnes seront seulement suivies du train de combat (munitions et cacolets).

Ambulance du gros et convois.

La section d'ambulance du gros et les convois de l'avant-garde et du gros resteront campés à Antanétibé, jusqu'à nouvel ordre, sous la garde d'une compagnie de la 2ᵉ brigade ; une autre compagnie de cette brigade se portera comme réserve et comme point d'appui, au point culminant de la croupe, allongée dans la direction est-ouest, à l'extrémité de laquelle se trouve Kinadjy (soit vers l'intersection des chemins conduisant de Kinadjy et d'Antanétibé à la cote 1462).

Route suivie par le général commandant en chef.

Le général commandant en chef bivouaquera, le 18 au soir, à Kinadjy, près de la colonne de droite et suivra la marche de la colonne de gauche.

Vivres.

Les distributions, le 19 au soir, après le combat, auront lieu par prélèvements sur les vivres du train régimentaire. Des ordres seront donnés pour remplacer, ultérieurement, les vivres ainsi consommés. Selon toute probabilité, les convois, après avoir fait repos le 19, rejoindront, le 20, les emplacements occupés par les deux groupes, d'après les ordres qui leur seront envoyés le 19 au soir.

Le *Général commandant en chef*,
Signé : Ch. DUCHESNE.

XI

Camp de Mahatsinjo, 24 septembre 1895.

Ordre de mouvement pour la journée du **25 septembre 1895**.

Dispositions générales.

Les 1er et 2e groupes de la colonne légère, qui ont opéré, aujourd'hui 24 septembre, leur jonction au camp de Mahatsinjo, continueront la marche sur Tananarive, demain 25 septembre, en une seule colonne, sous le commandement immédiat du général en chef.

Le train régimentaire des deux groupes, ainsi que les convois, seront réunis : les premiers, sous le commandement de M. le capitaine Bourgeois ; les seconds, sous le commandement de M. le commandant Delestrac.

Le reliquat du convoi de la 2e brigade (capitaine Neyrand) marchera en tête du convoi administratif.

Le 3e groupe de la colonne légère continuera à suivre, à une journée de marche, les deux premiers groupes.

Renseignements sur l'ennemi.

L'ennemi, qui avait paru avoir l'intention de défendre le passage du Kelalina et les contreforts sud-ouest du Lohavohitra, s'est replié, ce matin, devant les reconnaissances effectuées par la 2e brigade, dans la direction de Babay. Certains renseignements font penser qu'en raison de l'arrivée de renforts de Tananarive, l'ennemi pourrait essayer d'arrêter la colonne sur la rive gauche de l'Amjomoka, ou dans le défilé qui suit.

Ordre de marche.

Les deux premiers groupes se mettront en marche dans l'ordre des bivouacs, la 2e brigade en tête.

La cavalerie formera la pointe d'avant-garde ; elle adressera tous ses rapports et ses comptes rendus au colonel commandant les bataillons d'avant-garde et prendra ses ordres.

Point initial :

Face sud du camp de la 2e brigade.

Tête d'avant-garde.

2ᵉ compagnie (passage au point initial, 5 h. 30).
13ᵉ compagnie du génie.

Gros de l'avant-garde.

1 bataillon (au point initial à 5 h. 45).
État-major du régiment.
État-major de la brigade.
1 batterie.
1 compagnie.
Troupeau (une journée de viande pour la colonne).

Gros de la colonne.

1 bataillon de la 2ᵉ brigade (au point initial à 6 h. 15).
Général en chef et état-major général.
État-major de la 1ʳᵉ brigade (au point initial à 6 h. 25).
2 batteries (au point initial à 6 h. 26).
État-major du régiment d'Algérie.
2 bataillons.

Trains régimentaires.

11ᵉ compagnie du génie (au point initial à 6 h. 50).
Section de munitions.
Ambulance du 1ᵉʳ groupe.
Bagages et vivres du quartier général.
        —   de la cavalerie.
        —   du génie.
        —   de la 2ᵉ brigade.
        —   de la 1ʳᵉ brigade.
Ambulance du 2ᵉ groupe.
1 compagnie.

Convois.

1 compagnie (point initial à 8 heures).
Convoi du 1ᵉʳ groupe.
    —   du 2ᵉ   —
Troupeau.

Arrière-garde.

2 compagnies.

Flanc-garde.

Une compagnie fournie par l'un des deux bataillons d'avant-garde flanquera la colonne, à l'est, de façon à empêcher toute surprise d'un ennemi embusqué sur les pentes du Lohavohitra. Cette compagnie se mettra en marche un quart d'heure avant la tête d'avant-garde, soit à 5 h. 15, et rejoindra, vers le gué de l'Amjomaka, le gros de la colonne dans lequel elle rentrera, soit avant, soit après les convois administratifs.

Renvoi des mulets déchargés.

M. le commandant Delestrac renverra vers l'arrière, dans les conditions prévues par la note collective du 10 septembre, *tous* les mulets *déchargés* des convois des 1er et 2e groupes, le 26 au matin, et donnera des ordres au commandant du convoi du 3e groupe (réserve) pour qu'il renvoie, le 27, *tous* les mulets de ce convoi *déchargés*.

A partir de ces dates, aucun mulet ne sera plus renvoyé vers l'arrière, à moins d'avis contraire.

MM. les généraux commandant les 1re et 2e brigades sont chargés, comme commandants de chacun des deux camps occupés par la colonne, de notifier les dispositions qui précédent aux chefs des corps et services stationnés dans leurs bivouacs.

> *Le Général commandant en chef,*
> Signé : Ch. DUCHESNE.

XII

Camp d'Andavabary, le 25 septembre 1895.

Ordre de mouvement pour la journée du 26 septembre 1895.

Renseignements sur l'ennemi.

L'ennemi, qui s'était arrêté à Sabotsy, n'y a laissé qu'une forte arrière-garde et a continué son mouvement de retraite, au delà du Manarano, vers Nosivola. Il paraît peu probable qu'il essaie de défendre le passage de cette rivière.

Ordre de marche

La colonne continuera sa marche sur Tananarive. La 1ʳᵉ brigade prendra la tête.

L'ordre de marche sera le même (sauf en ce qui concerne la flanc-garde) que pour la journée du 25 septembre.

Point initial.

Front sud du bivouac de la 1ʳᵉ brigade.

Passage au point initial.

Tête d'avant-garde et gros de l'avant-garde (sous les ordres du général Metzinger), respectivement 5 h. 15 et 5 h. 30.

Gros de la colonne, 6 heures.

État-major de la 2ᵉ brigade, 6 h. 10.

Trains régimentaires, 6 h. 45.

Convois, 8 h. 30.

Le général en chef marchera, avec le gros de l'avant-garde, en avant de la batterie.

Emplacement probable des bivouacs.

La colonne suivra la route de Tananarive, en passant par Antanétibé et le Fandrozana (carte de l'Imerina au 1/200.000ᵉ); la tête d'avant-garde ne dépassera pas la ligne des crêtes d'Alakamisy, en arrière de laquelle les bivouacs pourront vraisemblablement être établis.

A moins de circonstances imprévues imposant la marche immédiate en avant, la colonne fera séjour, le 27, au camp d'Alakamisy, où elle sera rejointe, ce même jour, par le 3ᵉ groupe (réserve).

Le Général commandant en chef,
Signé : Ch. Duchesne.

XIII

Tsimahandry, le 27 septembre 1895.

Ordre de mouvement pour la journée du 28 septembre 1895.

Dispositions générales.

Le 3ᵉ groupe de la colonne (réserve) cesse de fonctionner, à dater du 28, comme formation de marche indépendante.

Le bataillon du 200ᵉ rentre sous le commandement immédiat de M. le général Metzinger ; le bataillon mixte, sous le commandement immédiat de M. le général Voyron.

M. le général Voyron demeure libre de reconstituer sur leurs bases normales le 3ᵉ bataillon du 13ᵉ de marine et le bataillon haoussa.

M. le général Metzinger et M. le général Voyron disposeront comme ils le jugeront utile de MM. le colonel de Lorme et le lieutenant-colonel Bizot.

Renseignements sur l'ennemi.

L'ennemi, qui paraît s'attendre à une attaque directe de Tananarive, par l'Ikopa, rassemble ses forces au sud d'Ambohidratrimo et sur les deux rives du Mamba.

Route que suivra la colonne.

La colonne légère continuera sa marche demain 28, dans la direction d'Imerimandroso, de manière à tourner par le nord et par l'est le grand bassin de rizières formé par le Mamba et ses affluents.

Elle passera par Alakamisy, Fiakarana, Ambohidava.

Bivouac probable du 28 au soir.

Si les circonstances le permettent, la colonne bivouaquera au sud-est d'Imerimandroso, sur la rive gauche de l'affluent du Mamba qui passe à l'est de ce village.

Ordre de marche.

La 2ᵉ brigade prendra la tête.

Point initial.

Angle sud-est du camp.

Pointe d'avant-garde.

Demi-escadron de cavalerie.

Tête d'avant-garde.

1 bataillon de la 2ᵉ brigade (passage au point initial, 5 h. 15).
État-major de régiment.
1 compagnie du génie.

Flanc-garde.

Derrière la tête d'avant-garde marcheront immédiatement : 1 bataillon de la 1ʳᵉ brigade et la 16ᵉ batterie d'artillerie, sous le commandement du colonel Oudri. Ce détachement s'arrêtera à Alakamisy et ne se remettra en marche qu'après le passage du convoi. Il constituera alors l'arrière-garde défensive de la colonne.

Gros de l'avant-garde.

2 bataillons de la 2ᵉ brigade (point initial, 5 h. 45).
État-major de la 2ᵉ brigade.
2 batteries.
1 bataillon de la 2ᵉ brigade.
Troupeau (une journée de viande).

Gros.

État-major de la 1ʳᵉ brigade (point initial, 6 h. 45).
2 bataillons de la 1ʳᵉ brigade.

Trains régimentaires.

Ordre normal (point initial, 7 h. 30).
Derrière les trains régimentaires : 1 compagnie du 4ᵉ bataillon de la 1ʳᵉ brigade.

Convois.

1 compagnie du 4ᵉ bataillon de la 1ʳᵉ brigade (point initial, 9 h. 15).

Convois des trois groupes sous le commandement de M. le commandant Delestrac.

Troupeau.

Arrière-garde.

2 compagnies du 4ᵉ bataillon de la 1ʳᵉ brigade.

Quartier général.

Le général en chef marchera avec le gros de l'avant-garde.

Le Général commandant en chef,
Signé : Ch. DUCHESNE.

XIV

Camp de Nosy, 28 septembre 1895.

Ordre de mouvement pour la journée du 29 septembre 1895.

Renseignements sur l'ennemi.

Les reconnaissances n'ont signalé aucun rassemblement armé dans la région comprise entre Imerimandroso, Ambohimanga, Lazaina. L'ennemi paraît avoir concentré ses forces dans les environs immédiats de Tananarive.

D'après les derniers renseignements parvenus, le camp pourrait, néanmoins, être attaqué *cette nuit* ; les bataillons de grand'garde devront exercer la plus grande vigilance ; en cas d'alerte, les troupes se rangeront, *en silence*, derrière les faisceaux.

Route que suivra la colonne.

La colonne continuera, demain 29, sa marche sur Tananarive, par Sahafa et Lazaina (où elle rejoindra la route directe d'Ambohimanga à Tananarive). Après avoir passé le Mamba, elle se dirigera sur Ilafy.

Bivouac probable du 29 au soir.

Si les circonstances le permettent, la colonne bivouaquera au sud d'Ilafy, en arrière de la crête qui s'étend d'Anamalahitsy à Ambohibé.

Ordre de marche.

La 1re brigade prendra la tête.

Pointe d'avant-garde.

1/2 escadron de cavalerie.

Tête d'avant-garde.

1 bataillon (passage au point initial à 5 h. 15).
État-major du régiment.
1 compagnie du génie.

Gros de l'avant-garde.

1 bataillon.
État-major de brigade (au point initial à 5 h. 30).
2 batteries.
1 bataillon.
Troupeau.

Gros de la colonne.

1 bataillon de la 2e brigade (au point initial à 6 h. 15).
État-major de la 2e brigade.
1 batterie (moins 1 section).
2 bataillons de la 2e brigade.

Trains régimentaires.

Ordre normal (passage au point initial à 7 h. 10).
Derrière les trains régimentaires : 1 compagnie du 4e bataillon de la 2e brigade.

Convois.

1 compagnie du 4e bataillon de la 2e brigade (au point initial à 8 h. 10).

Quartier général.

Le général en chef marchera avec le gros de l'avant-garde.

Dispositions spéciales pour la protection du convoi.

Les deux compagnies de grand'garde, sur la crête au nord du camp, s'y maintiendront jusqu'au départ du dernier échelon du convoi et formeront, ensuite, l'arrière-garde du convoi. Un bataillon de la 1ʳᵉ brigade et une section d'artillerie se porteront sur la crête au sud du camp, de manière à s'y trouver à 8 heures du matin, et s'y maintiendront pendant tout le défilé du convoi et de son arrière-garde. Ce bataillon et la section formeront, ensuite, l'arrière-garde défensive de la colonne.

> *Le Général commandant en chef,*
> Signé : Ch. DUCHESNE.

XV

Camp d'Ilafy, 29 septembre 1895.

Ordre de mouvement pour la journée du 30 septembre 1895.

La colonne se portera demain, 30, sur Tananarive en deux échelons composés : l'un, de la 1ʳᵉ brigade et du bataillon malgache qui lui servira de flanc-garde à l'est et au sud ; l'autre, des 3 bataillons restants de la 2ᵉ brigade.

Le premier échelon, commandé par M. le général Metzinger, comprendra, en outre, deux batteries d'artillerie, une compagnie du génie et la cavalerie.

La 8ᵉ batterie d'artillerie et la 2ᵉ compagnie du génie marcheront avec l'échelon commandé par M. le général Voyron.

L'opération prévue comprendra deux phases distinctes :

La première, ayant pour objet de s'emparer de la ligne de crêtes qui s'étend, de l'observatoire, dans la direction du nord ; la seconde, le bombardement et, s'il est nécessaire, l'enlèvement de vive force de la place.

Le premier échelon commencera son mouvement à 5 h. 15 du matin.

M. le général Metzinger réglera les détails de sa marche, qui devra le conduire, par Soamandrarina et Ambatomaro, vers le massif d'Ankatso.

M. le commandant Ganeval viendra, ce soir même, prendre les ordres de M. le général Metzinger, qui lui assignera son itinéraire pour la première et, éventuellement, pour la seconde phase de l'opération.

Le deuxième échelon commencera son mouvement à 6 h. 30, et marchera dans l'ordre indiqué ci-après :

1 compagnie;

1 compagnie du génie (passage au point initial à 6 h. 30);

1 batterie;

État-major du corps expéditionnaire;

État-major de la 2ᵉ brigade;

3 compagnies;

Les 2 sections d'ambulance (point initial, 6 h. 30);

La section de munitions;

Les trains régimentaires dans l'ordre normal;

Le convoi administratif et le troupeau (immédiatement derrière les convois régimentaires) encadrés par le bataillon haoussa, dans les conditions que réglera M. le commandant Delestrac.

Les deux compagnies du bataillon d'infanterie de marine qui tiennent la grand'garde à Ambohitrarahaba y resteront jusqu'à ce qu'elles reçoivent l'ordre de se porter en avant.

Le deuxième échelon suivra le chemin qui conduit d'Ilafy à Ambatofotsy; ses éléments de tête se rassembleront à l'est de ce dernier village et les trains et convois viendront se masser en arrière d'eux.

Une des deux compagnies établies en grand'garde à Ilafy y restera jusqu'à l'entier écoulement des convois et suivra, ensuite, leur mouvement, par la même route qu'eux. L'autre compagnie de la même grand'garde se mettra en marche à 5 h. 15 du matin, pour gagner, par la ligne des crêtes, le village d'Ambohibé, d'où elle suivra le mouvement, en se maintenant à hauteur de l'escorte du convoi.

Dispositions générales.

Il est expressément recommandé de ne comprendre dans les trains de combat que les mulets de munitions et de cacolets.

Les éclopés seront laissés, avec les mulets supplémentaires, aux trains régimentaires.

Si la distribution régulière ne peut pas être faite demain, les troupes consommeront, après-demain, un jour de vivres du sac.

Le Général commandant en chef,

Signé : Ch. DUCHESNE.

XVI

Circulaire du 12 octobre 1896 au sujet du programme de pacification.

Les nombreux pillages et incendies qui ont lieu encore journellement aux environs de Tananarive prouvent que, dans chaque cercle militaire nouvellement créé, les zones qui sont situées en arrière de nos postes de première ligne sont encore insuffisamment organisées et garanties contre les incursions des insurgés. Il est urgent de mettre un terme à ces incidents, qui, s'ils n'étaient arrêtés, montreraient notre impuissance vis-à-vis des fahavalos et, en accumulant les ruines dans l'Emyrne, arriveraient à affamer sous peu troupes et population.

Le général commandant supérieur rappelle à MM. les commandants des cercles militaires que leur mission comprend deux parties bien distinctes : 1° avec leurs postes avancés, gagner peu à peu du terrain en avant, de manière à diminuer progressivement l'étendue des régions occupées par les insurgés; 2° organiser en même temps les zones en arrière en y rappelant les populations, en faisant reprendre les cultures, et surtout en mettant les villages et les habitants à l'abri de nouvelles incursions des fahavalos.

Cette deuxième partie de leur mission doit appeler surtout l'attention des commandants de cercle, parce qu'elle est en même temps la plus délicate et la plus urgente. Actuellement, on peut dire qu'une anarchie complète règne en Emyrne, et, tant qu'ils ne l'auront pas fait cesser, ils ne peuvent espérer obtenir de résultats sérieux au point de vue de la pacification.

Leur premier devoir consiste à bien organiser le pays, de manière à assurer partout l'unité de direction et d'action. Ils doivent, dans ce but, en prenant pour base les divisions administratives indigènes, partager leurs cercles en un certain nombre de secteurs, chacun d'eux ayant à sa tête un officier, un sous-officier, un garde de la milice ou un fonctionnaire européen, «responsable» vis-à-vis d'eux de la tranquillité et de la sécurité du secteur.

Ces commandants de secteur ont sous leurs ordres, et pour les seconder dans leur commandement, les gouverneurs ou sous-gouverneurs, ainsi que les chefs de cent et de mille, «responsables» également de l'ordre et de tous les événements quelconques survenus dans la subdivision administrative qui leur est confiée. Ce n'est que par ce système de responsabilités bien établies que les commandants de cercle parviendront à prendre en main la direction effective de leurs cercles, à ramener l'ordre dans ces régions si troublées et à saisir les coupables à chaque fait de pillage.

Dès qu'ils auront pu ainsi réorganiser l'administration indigène, aux divers degrés de la hiérarchie, il leur sera facile d'entrer en relations directes avec les habitants de chaque localité, de distinguer les gens paisibles des fauteurs de désordres, qui pourront être connus nominativement, et de prendre, dès lors, toutes les mesures nécessaires pour éviter les pillages et incendies qui retardent aujourd'hui la pacification; ils ne devront pas hésiter à punir sévèrement les chefs indigènes qui pactiseraient avec les rebelles et devront, au contraire, demander des récompenses pour ceux qui se distingueraient par leur zèle et leur dévouement à leur tâche. Ils choisiront eux-mêmes les moyens qui leur paraîtront les meilleurs pour mettre les villages à l'abri des tentatives des fahavalos: petits postes de miliciens, soldats européens détachés avec quelques habitants armés, patrouilles de nuit, maisons fortifiées sur les enceintes des villages, secours que ceux-ci doivent se prêter mutuellement, etc.

Le général commandant supérieur attache une importance toute particulière aux mesures qui auront été prises dans chaque cercle pour se conformer aux prescriptions ci-dessus. Il désire que le travail d'organisation du cercle en secteurs, avec les qualités et noms des chefs de ces secteurs, avec l'indication des mesures de sécurité prises, lui soit envoyé avant le 1er novembre. De plus, les événements de pillage et incendies devront toujours être portés à sa connaissance, soit par notes de service, soit par les communications optiques, en indiquant: les raisons qui ont empêché de s'y opposer, les itinéraires suivis par les bandes, les mesures de répression prises contre les chefs indigènes coupables de négligence, de manque de surveillance ou même de connivence avec les rebelles, etc.

Ce n'est qu'avec cet ensemble de précautions et ce système de responsabilités que les commandants de cercle parviendront à ramener l'ordre et la tranquillité dans le pays en arrière, à le fermer aux bandes de fahavalos, et pourront alors marcher sûrement et méthodiquement en avant, avec leurs postes de première ligne. Ceux-là seuls devront toujours avoir une certaine force; mais en arrière, en présence d'un ennemi aussi mobile et peu consistant que celui auquel nous avons affaire ici, il faut des petits postes ou blockhaus de peu d'hommes, mais bien fortifiés, munis de cartouches en quantité suffisante et commandés par des officiers ou gradés énergiques, qui peuvent trouver là de nombreuses occasions de se distinguer.

Le système de grands postes, comme le prouve l'expérience, ne permet pas d'obtenir des résultats pratiques au point de vue de la pacification. Il doit donc être modifié pour se prêter aux circonstances du pays et des hommes au milieu desquels nous nous trouvons.

GALLIÉNI.

XVII

Note-circulaire du 22 octobre 1896 au sujet des incendies de villages.

Il résulte de l'examen des rapports établis par les commandants de cercle, de poste ou de reconnaissance, qu'il a été fait un usage souvent excessif et injustifié des incendies de villages, comme moyen de répression à l'égard de leurs habitants.

Le général commandant supérieur des troupes et des territoires militaires invite MM. les commandants de cercle à donner des ordres formels pour mettre fin à de tels procédés, qui ruinent inutilement le pays et ne peuvent qu'accroître le nombre de ceux qui vont rejoindre les bandes rebelles.

En principe, on devra plutôt faire connaître aux indigènes que les biens de ceux qui auraient ainsi abandonné leurs demeures pour prendre part à l'insurrection et qui ne seraient pas rentrés à une date fixée par les commandants de cercle seront confisqués et distribués entre les habitants fidèles.

Ce n'est que dans des cas absolument exceptionnels que certains villages pourront être incendiés à titre de châtiment; une telle mesure ne sera jamais prise que sur l'ordre et la responsabilité personnelle des commandants de cercle, et il sera toujours rendu compte, d'une manière détaillée, des circonstances qui l'auraient motivée.

GALLIÉNI.

FIN

TABLE DES MATIÈRES

DEUXIÈME PARTIE

SUR LA TERRE MALGACHE

LIVRE PREMIER

OPÉRATIONS PRÉLIMINAIRES DE L'AVANT-GARDE (COLONNE METZINGER)

CARTES

CROQUIS

PORTRAITS

Paris et Limoges. — Imprimerie militaire Henri CHARLES-LAVAUZELLE.

Paris et Limoges. — Imprimerie et librairie militaires Henri CHARLES-LAVAUZELLE.

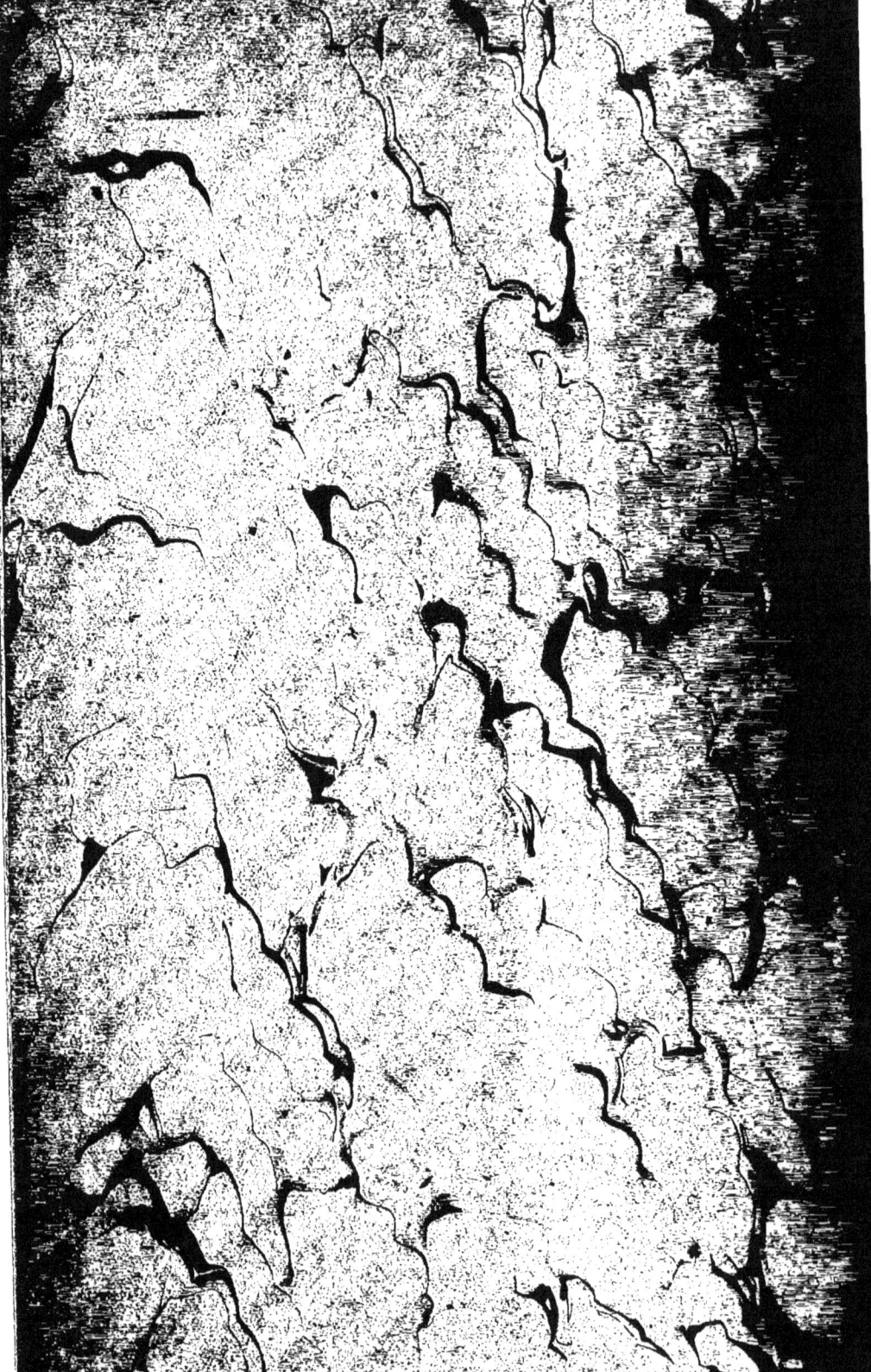

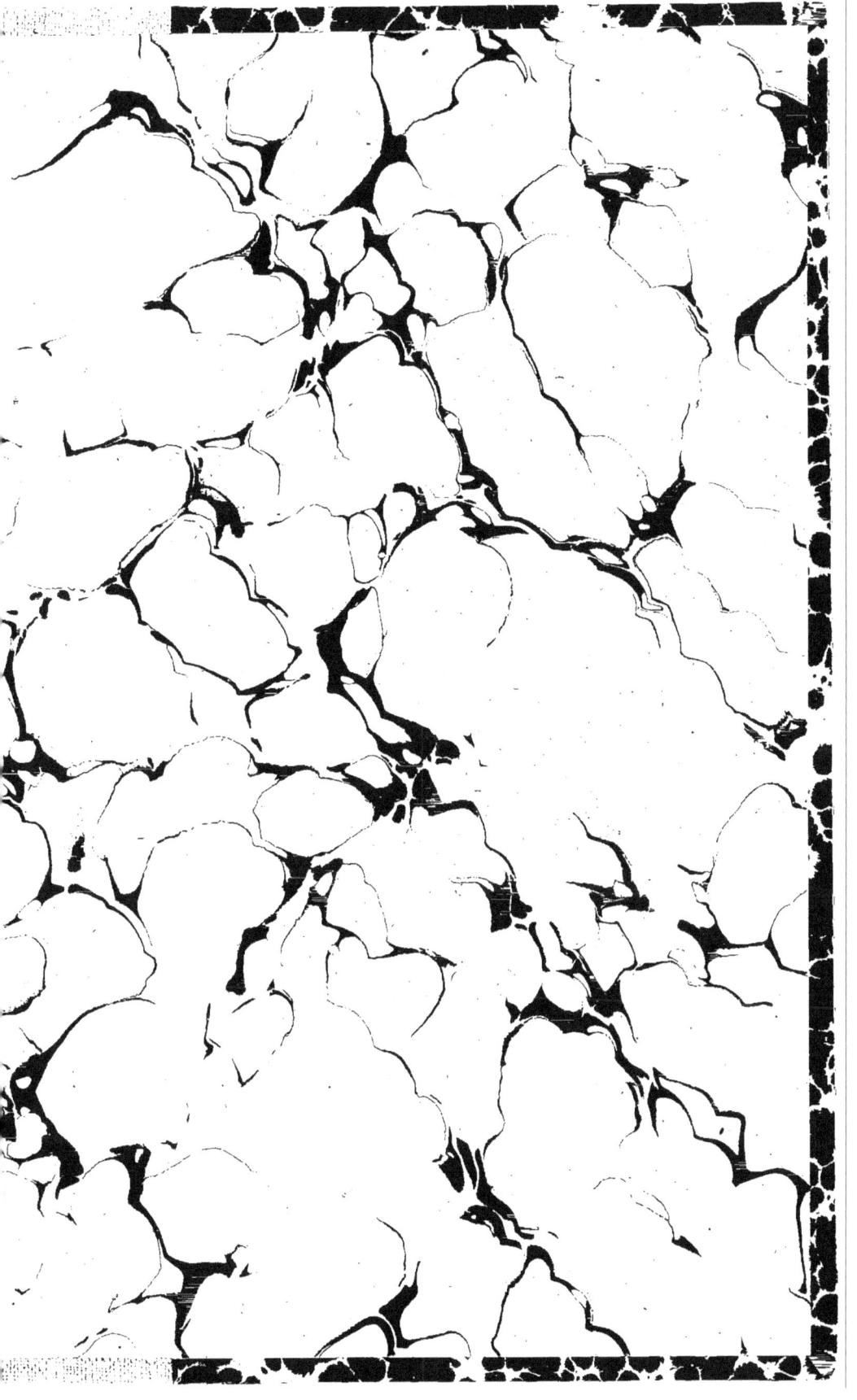

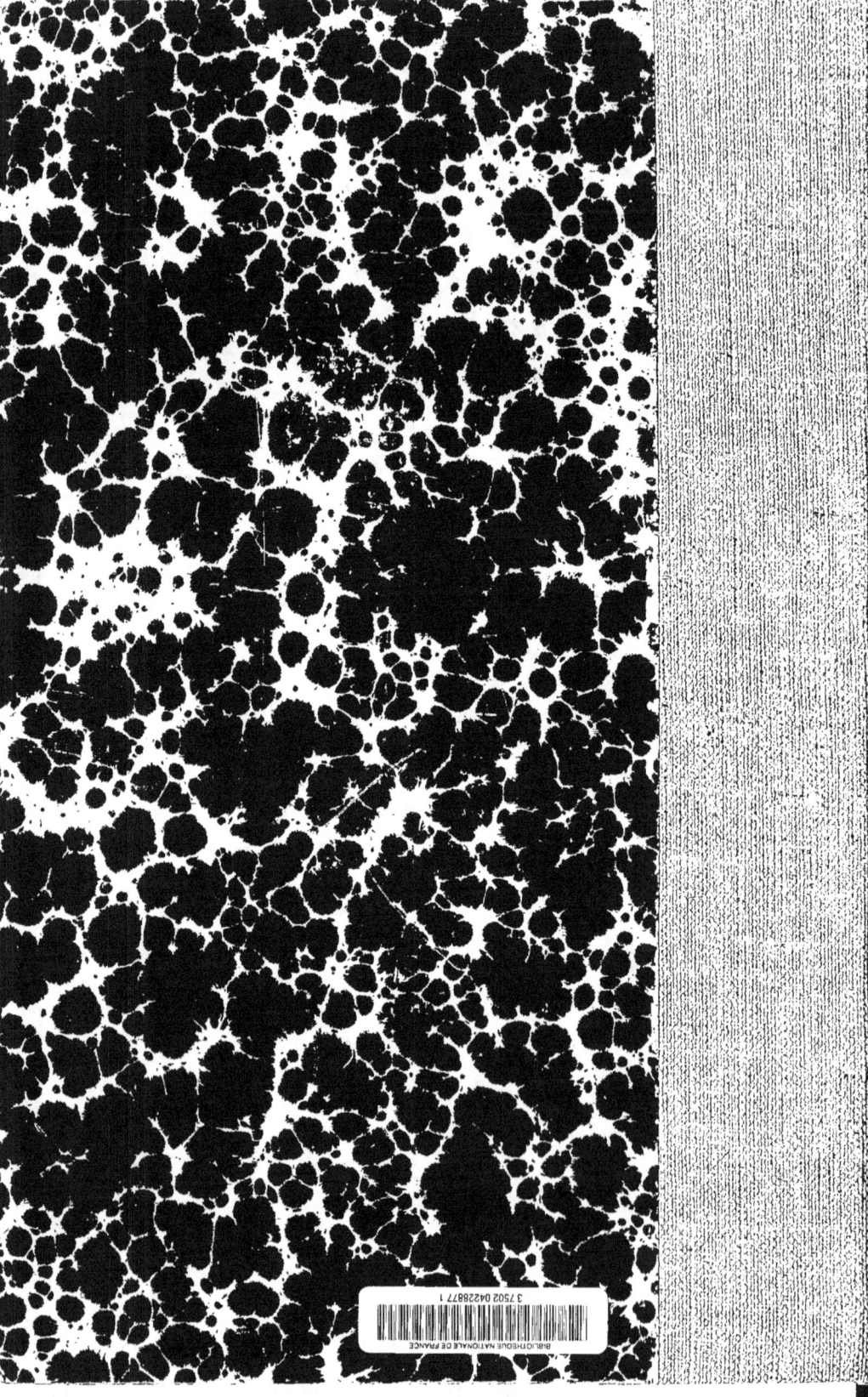

BIBLIOTHEQUE NATIONALE DE FRANCE

3 7502 0422887 1

www.ingramcontent.com/pod-product-compliance
Lightning Source LLC
Chambersburg PA
CBHW070757030726
47504CB00003B/589